南华期货研究所/南华基金金融及衍生品系列丛书

利率与债券结构式产品创新：驱动债券金融科技创新

Bond and Interest Rate Structured Products: FinTech Innovation Products

陈松男 著

中国财经出版传媒集团
中国财政经济出版社

图书在版编目（CIP）数据

利率与债券结构式产品创新：驱动债券金融科技创新／陈松男著．--北京：中国财政经济出版社，2022.8

（南华期货研究所/南华基金金融及衍生品系列丛书）

ISBN 978-7-5223-0908-8

Ⅰ．①利…　Ⅱ．①陈…　Ⅲ．①债券市场-研究-中国
Ⅳ．①F832.51

中国版本图书馆 CIP 数据核字（2021）第 235563 号

责任编辑：贾延平　　责任校对：徐艳丽
封面设计：陈宇琰　　责任印制：刘春年

利率与债券结构式产品创新：驱动债券金融科技创新
LILYU YU ZHAIQUAN JIEGOUSHI CHANPIN CHUANGXIN：
QUDONG ZHAIQUAN JINRONG KEJI CHUANGXIN

中国财政经济出版社 出版
URL：http：//www.cfeph.cn
E-mail：cfeph@cfeph.cn

社址：北京市海淀区阜成路甲 28 号　邮政编码：100142
营销中心电话：010-88191522　编辑中心电话：010-88190957
天猫网店：中国财政经济出版社旗舰店
网址：https：//zgczjjcbs.tmall.com
北京时捷印刷有限公司印刷　各地新华书店经销
成品尺寸：170mm×240mm　16 开　22.5 印张　405 000 字
2022 年 8 月第 1 版　2022 年 8 月北京第 1 次印刷
定价：78.00 元
ISBN 978-7-5223-0908-8
（图书出现印装问题，本社负责调换，电话：010-88190548）
本社质量投诉电话：010-88190744
打击盗版举报热线：010-88191661　QQ：2242791300

前　　言

自1990年以来，结构式金融产品已陆续出现在国际金融市场。银行、证券公司、信托公司和保险公司积极推出各式各样的金融产品，其中包含保本型、高收益型、股权挂钩式、利率挂钩式、汇率挂钩式和黄金指数挂钩式等多种类型的金融产品。国际投资人对这些结构式金融产品也展现出相当的热情，因此，金融产品的销售盛况空前。预期结构式产品的市场仍会在国内外持续扩充发展。对发行商而言，结构式金融产品可产生极大的利润和商机。同时，投资人也可从多样的金融产品中选择能够满足他们所要求的金融产品，以作为投资用途和资产配置的金融工具，还可以提高投资人的投资收益率，降低投资组合的风险。银行也可减少超额的存款，增加费用收入的来源，诸如申购费用或每年信托保管费用，并可提高资产收益率，降低资本充足率。同时，证券公司、保险公司、信托公司、共同基金和理财管理也能够获利。

但真正了解结构式产品的各种风险收益特征，诸如设计和创新、定价（合理价格）、潜在风险、发行商成本分析与避险策略，以及投资人潜在获利的可能性等重要特征甚少为人所知。因此，本书是为想要了解结构式金融产品的证券、银行、信托、保险、共同基金、资产管理和理财管理的从业人员、产品发行机构（证券公司、银行、信托、保险等）以及在校大学生精心设计的。

本书内容适用对象如下：

1. 投资者可从本书中了解各类型的利率和债券金融产品的设计特征、潜在风险和潜在获利的可能性，从而选取适合本身所要求的风险与收益合理的理财与资产配置的金融产品。

2. 证券公司、银行、信托、保险、资产管理和相关金融机构的从业人员也应该了解利率和债券各类型金融产品的设计特征、潜在风险和获利潜力。

3. 发行商的新金融产品设计员工和金融工程专业人士更应理解本书内各类型金融产品的设计和创新分析、产品的定价（成本评估）与利润分析，以及发行金融产品的避险策略。

4. 金融专业在校学生可将本书作为利率和债券结构式金融产品的案例分析参考用书。金融工程专业的学生应该了解各类型金融产品的定价与利润分析，以及发行新产品的风险对冲策略。

上述内容本书都有详细的介绍与分析。

自从《结构式产品设计与创新》的第一册和第二册出版后，深受证券、银行、信托、资产管理公司与各校教授和学生们的热爱，同时也让我更加了解学术服务金融业界的迫切需求。本书延续第一册和第二册的服务和研究精神，以实务应用为主，兼顾理论应用基础。

本书包括十六种不同类型的利率与债券产品的实际案例，每一个利率与债券产品都比《结构式产品设计与创新》第一册和第二册中的产品更具有奇异性（More Exotic Structures），更能代表当今利率与债券产品的创新技术，因此，更能促进各阶层的读者进一步深入了解利率和债券产品的各种收益和风险特征、设计创新、高端定价技术、潜在风险与发行商的产品成本分析和对冲策略。

希望本书能够提升读者的金融创新研发能力，提高构建高效率与有竞争力的利率和债券产品创新水平，挖掘正确的定价新技术与风险对冲策略，并增强国际竞争力。

欢迎读者的批评与指教，以作为日后修正和改进的参考。

感谢南华期货公司罗旭峰董事长对本书的大力支持，使本书得以早日与读者见面，同时也感谢内人林丽萍女士辛勤的工作，为本书的编撰与校对提供了很大的助力。

陈松男博士　敬笔

上海交通大学

上海高级金融学院

（美国马里兰大学金融学终身教授）

2022 年 8 月

目　　录

第一章　研究方法[①]

一
简　　介

本章的目的是提供读者在利率与债券产品方面的关联基础原理，并给本书以后各章节的解析提供实务应用的科学根据。建议读者阅读其实务应用的经济概念。此外，Libor 市场利率模型理论同样适用于我国以 LPR、Shibor、国库券利率等作为标的利率的模型。建议读者首先阅读第二章“Hull - White 利率三叉树模型的构建”，以及第三章“附有卖回权的债券定价：三叉树定价应用”，才能够驾轻就熟地充分了解每章所介绍的定价方法和关联分析的内容。

自 1997 年 Brace、Gatarek 及 Musiela（BGM）提出 Libor 市场模型（Libor Market Model）开始，学者们相继将市场模型持续扩充、发展。相较于过去传统利率模型描绘的瞬间短期利率或瞬间远期利率的随机过程，如 Vasicek、Hull - White、HJM 等，目前市场模型则是将着眼点放在市场上可观察且为有限期间的指标利率上，如 Libor 利率或互换利率。

在市场模型的设定下，利率上限期权以及互换期权的计算方式为 Black 模型实务应用的正当性提供了详细的理论基础，因此可直接将市场上利率波动率的报价套入公式，简化模型校准的过程。另外，市场模型所描绘的是市场上观察得到的指标利率，而非抽象存在的瞬间利率，故只需透过市场资料即可描述目前的市

① 陈松男教授的讲义，研究特助张嘉云整理。

场利率期间结构利率的波动结构，进一步增进产品定价的准确性。

依据指针利率的不同，市场模型可分为两类：第一类是以 BGM 模型为首的对数正态远期 Libor 利率模型（Lognormal Forward - Libor Model，LFM，也就是 Libor 市场模型）；第二类则是 Jamishidian 发展出来的对数正态远期互换利率模型（Lognormal Forward - Swap Model，LSM）。由于对数正态远期 Libor 利率模型假设远期 Libor 利率服从正态分布，又可透过公式计算出远期互换利率，较适合作为定价利率衍生产品的研究方法，所以本章将针对对数正态远期 Libor 利率模型（以下简称“LFM”）进行更深入的说明。此外，本章的理论与实务应用同样适用于国内的指标利率，比如 LPR、Shibor、商业票据（CP）利率、国债收益率等。

二 模型架构

由前言可知，Libor 市场模型所关注的是一连串远期 Libor 利率的改变、波动以及彼此间的相关性。假设 t 代表所处时点，模型内有 M 个远期利率 $F_k(t), k=1,\cdots,M$，且 $F_k(t)=F(t;T_{k-1},T_k)$，(T_{k-1},T_k) 代表每个远期利率所包含的区间，其中 T_k 是远期利率的到期日，T_{k-1} 是远期利率的生效日，也就是当时间到达 T_{k-1} 时，远期利率生效成为即期利率，即 $F_k(T_{k-1})=F(T_{k-1};T_{k-1},T_k)=L(T_{k-1},T_k)$。此外，$\tau_k=T_k-T_{k-1}$ 代表区间内的时间长度，$\tau_0=T_0-t$ 表示第一个远期利率距离生效日的时间长度。更详细的理论基础，建议读者参阅《利率衍生品设计原理与应用》①。

在 Q^k 测度下，也就是使用与远期利率 $F_k(t)$ 相同到期日之零息债券价格 $P(\cdot,T_k)$ 作为计价单位的 T_k - 远期概率测度（T_k - Forward Measure），$F_k(t)$ 会是一个平赌过程（Martingale），主要是基于简单复利状况下，$F_k(t)P(t,T_K)$ 是一个可被复制的资产价格［本金为 $1/\tau_k$，透过买卖同等单位的 $P(t,T_{K-1})$ 及 $P(t,T_K)$］，即：

$$F_k(t)P(t,T_K)=[P(t,T_{k-1})-P(t,T_k)]/\tau_k \tag{1-1}$$

故 $F_k(t)P(t,T_K)$ 除以计价单位 $P(\cdot,T_k)$ 后会是一个平赌过程，即：

---

① 陈松男著：《利率衍生品设计原理与应用》，机械工业出版社 2014 年版，第 11 章和第 12 章。

$$\frac{F_k(t)P(t,T_K)}{P(t,T_k)}=E^{Q^k}\left[\frac{F_k(T_{k-1})P(T_{k-1},T_k)}{P(T_{k-1},T_k)}\right]\Rightarrow F_k(t)=E^{Q^k}[F_k(T_{k-1})]$$

依据此，远期利率 $F_k(t)$ 的随机过程可表示为：

$$dF_k(t)=\underline{\sigma}_k(t)F_k(t)dZ^k(t),t\leqslant T_{k-1} \tag{1-2}$$

其中，$Z^k(t)$ 表 M 维的标准布朗运动（Standard Brownian Motion），是一个 $M\times 1$ 的垂直向量，元素间的关系由瞬间共变异矩阵 $\rho=(\rho_{i,j})_{i,j=1,\cdots,M}$ 来表示：

$$dZ^k(t)dZ^k(t)'=\rho dt \tag{1-3}$$

另外，$\underline{\sigma}_k(t)$ 是一个 $1\times M$ 的水平向量，表示远期利率 $F_k(t)$ 的变异系数，除第 k 个元素为 $\sigma_k(t)$ 外，余者皆为 0，即：

$$\underline{\sigma}_k(t)=[0\quad 0\quad \cdots\quad \sigma_k(t)\quad \cdots\quad 0\quad 0]$$

至此，公式（1－2）可更清楚表示如下：

$$dF_k(t)=[0\quad 0\quad \cdots\quad \sigma_k(t)\quad \cdots\quad 0\quad 0]_{1\times M}F_k(t)\begin{bmatrix} dZ_1^k(t)\\ \vdots\\ dZ_k^k(t)\\ \vdots\\ dZ_M^k(t)\end{bmatrix}_{M\times 1} \tag{1-4}$$

为容易说明及便于运算，将上述的向量关系转换为纯量关系，可得以下结果：

$$dF_k(t)=\sigma_k(t)F_k(t)dZ_k^k(t),t\leqslant T_{k-1} \tag{1-5}$$

其中，$dZ_k^k(t)$ 的上标 k 代表的是在测度 Q^k 之下；下标 k 表示在 $M\times 1$ 垂直向量中第 k 个元素；$\sigma_k(t)$ 则用来表达远期利率 F_k 在时点 t 的瞬间波动率。

在运用上，根据 Brigo 及 Mercurio（2001），经由测度转换，可进一步得知在不同的测度 Q^i 下，远期 Libor 利率的随机过程为：

$$i<k,t\leqslant T_i:\ dF_k(t)=\sigma_k(t)F_k(t)\sum_{j=i+1}^{k}\frac{\rho_{k,j}\tau_j\sigma_j(t)F_j(t)}{1+\tau_jF_j(t)}dt+\sigma_k(t)F_k(t)dZ_k^i(t)$$

$$i=k,t\leqslant T_{k-1}:\ dF_k(t)=\sigma_k(t)F_k(t)dZ_k^i(t) \tag{1-6}$$

$$i>k,t\leqslant T_{k-1}:\ dF_k(t)=-\sigma_k(t)F_k(t)\sum_{j=i+1}^{i}\frac{\rho_{k,j}\tau_j\sigma_j(t)F_j(t)}{1+\tau_jF_j(t)}dt+\sigma_k(t)F_k(t)dZ_k^i(t)$$

从模型的基本架构可以注意到，最重要的参数就是波动率 $\sigma_k(t)$ 与相关系数矩阵 ρ，因此接下来两部分将针对利率波动率结构和相关系数结构进行详细介绍。

三 利率波动率结构

习惯上，通常假设远期利率 $F_k(t)$ 的波动率呈现分段常数（Piecewise - Constant）的状态；换言之，远期利率的波动率会随着所在区间 (T_{i-1}, T_i) 的不同而有所差异，区间内则维持不变，目的在于简化及缩减模型估计参数。

依据不同的设定，Brigo 及 Mercurio（2001）将分段常数的利率波动率结构区分为五种类型。

（一）$\sigma_{k,\eta(t)}$ 型态

若波动率同时受到所处时点以及远期利率到期日的影响，即 $\sigma_k(t) = \sigma_{k,\eta(t)}$，$\eta(t) = m if T_{m-2} < t < T_{m-1}$，则模型中 M 个远期利率的波动率结构可由表 1 - 1 来说明，其中“列”代表 M 个远期利率，“栏”代表所处时点的位置，可知需估计 $(1+M) \cdot M/2$ 个参数［$\eta(t)$ 是时间 t 之后的第一个利率支付期］。

表 1 - 1　波动率结构 $\sigma_{k,\eta(t)}$ 型态

$\sigma_k(t) = \sigma_{k,\eta(t)}$		所处时点 t				
		$(0, T_0)$	(T_0, T_1)	(T_1, T_2)	…	(T_{M-2}, T_{M-1})
远期利率	$F_1(t)$	$\sigma_{1,1}$	*	*	…	*
	$F_2(t)$	$\sigma_{2,1}$	$\sigma_{2,2}$	*	…	*
	⋮	⋮	⋮	⋮	⋮	⋮
	$F_M(t)$	$\sigma_{M,1}$	$\sigma_{M,2}$	$\sigma_{M,3}$	…	$\sigma_{M,M}$

注：* 代表不存在。

（二）$\lambda_{k-[\eta(t)-1]}$ 型态

假设远期利率的波动率只受到期期限（Time - to - Maturity）的影响，数学表示为 $\sigma_k(t) = \sigma_{k,\eta(t)} =: \lambda_{k-[\eta(t)-1]}$，表 1 - 2 说明此设定下 M 个远期利率的波动率结构，总共需要估计 M 个参数。

表 1－2　　　　波动率结构 $\lambda_{k-[\eta(t)-1]}$ 型态

$\sigma_k(t)=\sigma_{k,\eta(t)}$		所处时点 t				
		$(0,T_0)$	(T_0,T_1)	(T_1,T_2)	…	(T_{M-2},T_{M-1})
远期利率	$F_1(t)$	λ_1	*	*	…	*
	$F_2(t)$	λ_2	λ_1	*	…	*
	⋮	⋮	⋮	⋮	⋮	⋮
	$F_M(t)$	λ_M	λ_{M-1}	λ_{M-3}	…	λ_1

（三）s_k 型态

假设各个远期利率的波动率不随所处时点改变而变化，即波动率为常数，数学表示为 $\sigma_k(t)=\sigma_{k,\eta(t)}:=s_k$，模型中 M 个远期利率的波动率结构可由表 1－3 说明之，共需 M 个估计参数。

表 1－3　　　　波动率结构 s_k 型态

$\sigma_k(t)=\sigma_{k,\eta(t)}$		所处时点 t				
		$(0,T_0)$	(T_0,T_1)	(T_1,T_2)	…	(T_{M-2},T_{M-1})
远期利率	$F_1(t)$	s_1	*	*	…	*
	$F_2(t)$	s_2	s_2	*	…	*
	⋮	⋮	⋮	⋮	⋮	⋮
	$F_M(t)$	s_M	s_M	s_M	…	s_M

（四）$\phi_k\Psi_{\eta(t)}$ 型态

假设波动率可分解为两类参数（提高模型自由度），分别受远期利率到期日和所处时点的影响，即 $\sigma_k(t)=\sigma_{k,\eta(t)}:=\phi_k\Psi_{\eta(t)}$，则模型中 M 个远期利率的波动率结构可由表 1－4 说明，需估计 $2M$ 个参数。从参数的形式上可观察出，s_k 型态的波动率结构是此类型的特例，即设定所有的 Ψ 等于 1 且 $\phi=s$。除此之外，如此的波动率结构设定将导致单因子模型，即相关系数矩阵是一个秩数为 1（Rank－One）的形式①，也就是所有相关系数均为 1。

① 详见 Brace，A.，Dun，T.，and Barton，G.（1998）"Towards a Central Interest Rate Model" FMMA notes working paper。

表 1－4　波动率结构 $\phi_k \Psi_{\eta(t)}$ 型态

$\sigma_k(t)=\sigma_{k,\eta(t)}$		所处时点 t				
		$(0,T_0)$	(T_0,T_1)	(T_1,T_2)	…	(T_{M-2},T_{M-1})
远期利率	$F_1(t)$	$\phi_1\Psi_1$	*	*	…	*
	$F_2(t)$	$\phi_2\Psi_1$	$\phi_2\Psi_2$	*	…	*
	⋮	⋮	⋮	⋮	⋮	⋮
	$F_M(t)$	$\phi_M\Psi_1$	$\phi_M\Psi_2$	$\phi_M\Psi_3$	…	$\phi_M\Psi_M$

（五）$\phi_k\varphi_{k-[\eta(t)-1]}$ 型态

假设波动率可拆解为两类参数（提高模型自由度），分别受远期利率到期日和到期期限的影响，数学表示为 $\sigma_k(t)=\sigma_{k,\eta(t)}:=\phi_k\varphi_{k-[\eta(t)-1]}$，表 1－5 说明此设定下 M 个远期利率的波动率结构，共需 $2M$ 个估计参数。从参数的形式上可观察出，$\lambda_{k-[\eta(t)-1]}$ 型态的波动率结构是此类型的特例，即设定所有的 ϕ 等于 1 且 $\varphi=\lambda$。

表 1－5　波动率结构 $\phi_k\varphi_{k-[\eta(t)-1]}$ 型态

$\sigma_k(t)=\sigma_{k,\eta(t)}$		所处时点 t				
		$(0,T_0)$	(T_0,T_1)	(T_1,T_2)	…	(T_{M-2},T_{M-1})
远期利率	$F_1(t)$	$\phi_1\varphi_1$	*	*	…	*
	$F_2(t)$	$\phi_2\varphi_2$	$\phi_2\varphi_1$	*	…	*
	⋮	⋮	⋮	⋮	⋮	⋮
	$F_M(t)$	$\phi_M\varphi_M$	$\phi_M\varphi_{M-1}$	$\phi_M\varphi_{M-2}$	…	$\phi_M\varphi_1$

四　相关系数矩阵

许多利率衍生产品（如互换期权）的未来现金流量同时涉及多个远期利率，因此商品的价格会受远期利率彼此间相关程度的影响，所以在定价上必须将相关系数矩阵纳入考量。

由模型可知，远期利率两两间的相关性是由 $\rho_{i,j}$ 所决定，也就是 $M\times1$ 垂直向量（代表 M 维布朗运动）中两两元素的相关系数，即：

$$dZ_i(t)dZ_j(t)=d\langle Z_i,Z_j\rangle_t=\rho_{i,j}dt \tag{1-7}$$

但是在实际运用上，要建立起 $M\times M$ 的相关系数矩阵只会提高运算的复杂和困难程度，所以有学者提出缩减相关系数矩阵的建议，即利用线性代数方法减少模型中变异解释因子的个数，说明如下。

给定一个满秩（Full Rank）的 $M\times M$ 相关系数矩阵 ρ，由于 ρ 是一正定对称矩阵（Positive - Definite Symmetric Matrix），所以 ρ 可改写为：

$$\rho=PBP' \tag{1-8}$$

此处 P 是由实数组成的正交矩阵（Orthogonal Matrix），即 $P'P=PP'=I_M$，B 是由 ρ 的特征值（Eigenvalue）所组成的对角矩阵（Diagonal Matrix）。令 Λ 表示一个对角矩阵，其元素为 B 元素的平方根，若假设 $A:=P\Lambda$，则可得：

$$AA'=P\Lambda(P\Lambda)'=P\Lambda\Lambda'P'=PBP'=\rho$$

$$A'A=(P\Lambda)'P\Lambda=\Lambda'P'P\Lambda=\Lambda'I\Lambda=B \tag{1-9}$$

依据这个理论，Rebonato（1999）建议可以透过一个秩数为 $n(n<M)$ 的 $M\times n$矩阵 C 来仿效 $\rho=AA'$的拆解过程，使得 BB'会是同样秩数为 n 的相关系数矩阵。好处在于可以将模型中原本的 M 维布朗运动 Z 转为 n 维布朗运动 W，也就是把远期利率随机过程中的随机项 $dZ(t)$用 $CdW(t)$替代，且随机项间的相关系数结构从 $dZdZ'=\rho dt$ 变成 $CdW(CdW)'=CdWdW'C'=CC'dt$，其意思是将模型的变异解释因子由 M 个缩减为 n 个。

接着令 $\rho^C=CC'$，C 矩阵的元素则经由以下公式代入：

$$c_{i,1}=\cos\theta_{i,1}$$

$$c_{i,k}=\cos\theta_{i,k}\sin\theta_{i,1}\Lambda\sin\theta_{i,k-1},\quad 1<k<n$$

$$c_{i,n}=\sin\theta_{i,1}\Lambda\sin\theta_{i,n-1} \tag{1-10}$$

在上述设定下，可保证 ρ^C 是一个正定矩阵，且其对角线元素均为 1。此外，建立起整个相关系数矩阵所需参数，共有 $M\times(n-1)$。

五 远期互换利率的计算

如前所述，在 Libor 市场模型下，可经由公式计算出远期互换利率。其推导过程如下：考虑一个远期生效利率互换契约，契约生效日为 T_0，浮动端与固定端的支付时点为$(T_1,T_2,\cdots,T_n)$，$\tau_K=T_k-T_{k-1}$代表区间内的时间长度，其中固

定端的支付利率为 K，浮动端的指标利率在支付时点的前一期重设，即（$T_0, T_1, \cdots, T_{n-1}$），则利率互换契约买方（Payer Party，付固定利率收浮动利率）的各期损益为：

$$\tau_i[F_i(T_{i-1})-K] \qquad i=1,2,\cdots,n \tag{1-11}$$

故买方契约价值为（假设现在时点 $t<T_0$）：

$$\sum_{i=1}^{n} P(t,T_i)\tau_i E_t^i[F_i(T_{i-1})-K] \qquad \text{时间 } t \text{ 之后的付息日为 } T_1,T_2,\cdots,T_n$$

$$= \sum_{i=1}^{n} P(t,T_i)\tau_i[F_i(t)-K]$$

$$= \sum_{i=1}^{n} P(t,T_i)[1+\tau_i F_i(t)-(1+\tau_i K)]$$

$$= \sum_{i=1}^{n} [P(t,T_{i-1})-(1+\tau_i K)P(t,T_i)] \tag{1-12}$$

基于买卖双方公平原则，固定利率 K 须使此远期生效利率互换契约的期望现值等于0，故：

$$0 = \sum_{i=1}^{n} [P(t,T_{i-1})-(1+\tau_i K)P(t,T_i)]$$

$$\Rightarrow K = \frac{P(t,T_0)-P(t,T_n)}{\sum_{i=1}^{n}\tau_i P(t,T_i)} = \frac{1-\prod_{j=1}^{n}[1+\tau_j F_j(t)]^{-1}}{\sum_{i=1}^{n}\tau_i\prod_{j=1}^{j}[1+\tau_j F_j(t)]^{-1}} \tag{1-13}$$

K 为远期互换利率 $S(t)$，由公式（1-13）可知，远期互换利率系由同时点的各区间远期利率 $F_j(t)$ 组合而成。对于互换利率的经济含义和实务应用，建议参阅《固定收益证券与衍生品》第 15 章（机械工业出版社出版）。

六 蒙地卡罗模拟的应用

由于 Libor 市场模型（LMM）下采用多因子捕捉远期利率间相关的特性以建构一个一般化模型来描述利率期间结构，然而多因子 LMM 的非马可夫特性（Non-Markovian）致使其树状模型（Tree Model）的节点无法成结（Recombining），因此实务上多采用断续化的蒙地卡罗模拟法来定价商品，说明如下。

根据 Brigo 及 Mercurio（2001），已知在即期 Libor 利率测度下，远期 Libor 利

率的随机过程为：

$$dF_k(t) = \sigma_k(t)F_k(t)\sum_{j=1}^{k}\frac{\rho_{k,j}\tau_j\sigma_j(t)F_j(t)}{1+\tau_jF_j(t)}dt + \sigma_k(t)F_k(t)dZ_k^d(t) \quad (1-14)$$

经Itô lemma运算可得：

$$d\ln F_k(t) = \sigma_k(t)\sum_{j=1}^{k}\frac{\rho_{k,j}\tau_j\sigma_j(t)F_j(t)}{1+\tau_jF_j(t)}dt - \frac{\sigma_k(t)^2}{2}dt + \sigma_k(t)dZ_k^d(t) \quad (1-15)$$

利用尤拉及米斯旦定理（Euler and Milstein Schemes）进行断续化或离散化（Discretization），可得：

$$\ln F_k^{\Delta t}(t+\Delta t) = \ln F_k^{\Delta t} + \sigma_k(t)\sum_{j=1}^{k}\frac{\rho_{k,j}\tau_j\sigma_j(t)F_j^{\Delta t}(t)}{1+\tau_jF_j(t)}\Delta t - \frac{\sigma_k(t)^2}{2}\Delta t + \sigma_k(t)[Z_k^d(t+\Delta t) - Z_k^d(t)] \quad (1-16)$$

此处：

$\Delta Z(t+\Delta t) = Z(t+\Delta t) - Z(t) \sim N(0,\rho\Delta t), \rho = (\rho_{i,j})_{i,j=1,\cdots,M}$

所以，在时点 $t+\Delta t$ 的远期利率可表示为：

$$F_k^{\Delta t}(t+\Delta t) = F_k^{\Delta t}(t) \times \exp\left[\sigma_k(t)\sum_{j=1}^{k}\frac{\rho_{k,j}\tau_j\sigma_j(t)F_j^{\Delta t}(t)}{1+\tau_jF_j(t)}\Delta t - \frac{\sigma_k(t)^2}{2}\Delta t + \sigma_k(t)\Delta Z_k^d(t+\Delta t)\right] \quad (1-17)$$

如此可使用多变量的蒙地卡罗法模拟出未来各区间远期利率变化的路径。

第二章　Hull - White 利率三叉树模型的构建

一

Hull - White 利率三叉树模型简介

一般利率模型，诸如 CIR（Cox，Ingersoll and Ross，1985）、Vasicek（1977），Courtadon（1982）、Longstaff（1982）等，都有下列缺点：

1. 无法准确描述现行利率期限结构（Current Term Structure of Interest Rates）。

2. 无法描述利率（或债券价格）的波动率期限结构（Term Structure of Volatility）。

3. 无法准确定价利率上限期权（Caps）、利率下限期权（Floors）及互换期权（Swaptions），也就是模型价格（Model Prices）无法与利率期权（Caps，Floors 及 Swaptions）的市场价格一致（即由模型计算出来的价格不准确，与市场价格不同）。

Ho 及 Lee（1986）采用新的方法，使他们的利率模型可以描述任何特种形式的利率期限结构。之后，相继有 BDT［Black，Derman and Toy（1990），Milne and Trunbull（1989）］，以及 HJM［Heath，Jarrow 及 Morton（1987）］的多因子利率的改进模型，并能够准确描述现行的利率期限结构（Current Term Structure）。但因模型较复杂，需要更多的计算时间（尤其是 HJM 方法）。

此外，实务界经常采用不同的利率模型来定价利率衍生品，举例如下：

1. 一般假设远期利率是对数正态分布，并假设远期利率的波动率是时间递减的函数。而后采用 Black（1976）的期货期权定价模型 $\{C = e^{-rT}[FN(d_1) - KN(2)]\}$ 来定价利率上限期权（Caps）。

2. 当定价债券的欧式期权及利率互换期权时，又另外假设债券远期价格是对数正态分布，而后以 Black（1976）的模型定价。

以上两个例子的前后假设不一致，以致远期利率的模型波动率及债券远期价格的模型波动率无法作一致性的比较。因此，无法决定不同利率衍生品波动率的综合风险（Aggregate Exposures），比如利率期权的波动率风险是否可以抵销互换期权的波动率风险。在风险控管方面形成难以估计的情况。

Hull - White（1990）建议一种较概化的利率模型，它不但能准确描述现行的利率期限结构与波动率期限结构外，其模型价格也能够与利率衍生品（Caps，Floors 及 Swaptions）的市场价格一致（即由模型计算出的价格与市场价格一致、准确）。因此，在本章中，我们将介绍 Hull - White 的利率模型及利率期权定价模型，但仅限于单因子利率模型（One - Factor Interest Rate Model）。对于两个因子利率模型，请参阅作者的《金融工程学》第 34 章。

二 因子利率模型

一般均值回归模型（Mean - Reversion Model）可表示为：

$$dr = a(b - r)dt + \sigma r^{\beta} dZ \tag{2-1}$$

此处：

dr——利率的瞬间变动，r 代表瞬间利率或称短期利率（Short Rate），诸如 over - night rate，1 - week rate 等；

a——利率反转速度（Mean - Reversion Speed）或反转力道；

b——利率的长期水平；

σr^{β}——利率变动的瞬间标准差（每单位时间 dt）；

或：$Var(dr) = \sigma^2 r^{2\beta} dt$；

β——正值常数；

dZ——标准布朗运动的变量，$Z \sim N(0, dt)$。

对式（2-1）中的参数作不同的假设值，就可以产生不同的利率模型，例如：

1. CIR 利率模型：令 $\beta=\frac{1}{2}$

$$dr=a(b-r)dt+\sigma\sqrt{r}dZ \tag{2-2}$$

当 $\beta=\frac{1}{2}$，在某些情况下，模型利率会等于零，而且不能准确描述利率期限结构。但对债券及利率期权则有封闭解的定价模型。

2. Vasicek（1977）利率模型：令 $\beta=0$

$$dr=a(b-r)dt+\sigma dZ \tag{2-3}$$

当 $\beta=0$，在某些情况下，模型利率会变成负值，与实务情况不符，且无法准确描述利率期限结构。

3. Ho－Lee（1986）利率模型：令 $b=0$，$\beta=0$

$$dr=adt+\sigma dZ \tag{2-4}$$

Ho－Lee 模型对利率期限结构的描述比较满意，但因无利率均值回归项，利率可能会向下从而变成负值。

Hull－White（1990）建议采用较一般式（或概化）的利率模型如下：

$$dr=[\theta(t)+a(t)(b-r)]dt+\sigma(t)r^{\beta}dZ \tag{2-5}$$

此处，式（2－5）内的漂移项（Drift）多增加一项 $\theta(t)$，它是时间的函数。

其实，式（2－5）也是均值回归模型的一种，将式（2－5）改写成为：

$$dr=a(t)[b'(t)-r]dt+\sigma(t)r^{\beta}dZ \tag{2-6}$$

此处，$b'(t)=\frac{\theta(t)}{a(t)}+b$

所以，$b'(t)$代表随时间变动的利率长期水平，$a(t)$代表利率反转速度，也会随着时间变动（增强或变弱）。因式（2－5）或式（2－6）的参数自由度增加，故对描述现行利率期限结构及利率波动率期限结构的能力强，可准确描述很多期限结构，也能更准确定价利率衍生品。此外，由式（2－5）及式（2－6）也可产生前述各种利率模型的延伸型，并成为 Hull－White 模型的特别模型（Special Cases）。例如：

1. 延伸型的 CIR 模型：令 $\beta=\frac{1}{2}$

$$dr=a(t)[b'(t)-r]dt+\sigma(t)\sqrt{r}dZ \tag{2-7}$$

建议与式（2－2）进行比较。

2. 延伸型的 Vasicek 模型：令 $\beta=0$

$$dr=a(t)[b'(t)-r]dt+\sigma(t)dZ \tag{2-8}$$

建议与式（2－3）进行比较。

3. 延伸型的 Ho－Lee 模型：令 $\beta=0$，$b'(t)=0$

$$dr=a(t)dt+\sigma(t)dZ \qquad (2-9)$$

建议与式（2－4）进行比较。

4. Black－Derman－Toy（BDT）模型

$$d\ln r=\left[\theta(t)-\frac{\partial\ln\sigma(t)}{\partial t}\ln r\right]dt+\sigma(t)dZ \qquad (2-10)$$

此处：以 $\ln r$ 替 r，$\frac{\partial\ln\sigma(t)}{\partial t}=\frac{\sigma'(t)}{\sigma(t)},\sigma'(t)=\frac{\partial\sigma(t)}{\partial t}$。

由上面几个延伸型特例可知，Hull－White 利率模型是相当概化的模型，它包括许多单因子利率模型，这些模型都是 Hull－White 的特别模型。

三 构建利率三叉树的步骤

我们采用 Hull－White 比较简化的模型：

$$dr=[\theta(t)-ar]dt+\sigma dZ \qquad (2-11)$$

在离散时间（Discrete Time）下，可以写为：

$$\Delta r=[\theta(t)-ar]\Delta t+\sigma\Delta Z \qquad (2-12)$$

假设现在零息利率期限结构（或零息利率曲线）为：

$r_t=0.8-0.7e^{-0.14t}$

式（2－12）内的参数设定为 $a=0.1$（利率均值回归系数）

$\sigma=0.1$（即期利率均值的波动率，$\sigma^2=1\%$）

参数 a 和 σ 的选定必须实际由校准（Calibration）求算，亦即利用平值利率上/下限期权（Caps and Floors）的市场价格经由上限及下限期权的定价公式，重复求算最佳的组合值 a 及 σ。

按如下构建利率三叉树模型（以四期三叉树模型作为介绍基础）。

◇ 步骤1：

求算每一节点往上、中、下的概率（p_u、p_m 及 p_d），并决定利率从哪一期开始呈现均值回归。在第一步骤，我们令期初利率 $r_0=0$ 及 $\theta(t)=0$，则式（2－12）成为：

$$\Delta r=-ar\Delta t+\sigma\Delta Z \qquad (2-13)$$

$\therefore E(\Delta r) = -ar \cdot \Delta t = Mr$,

$M = -a\Delta t$，它是决定均值回归的一个重要参数。

$$V = \mathrm{Var}(\Delta r) = \sigma^2 \Delta t \Rightarrow \sqrt{V} = \sigma\sqrt{\Delta t} \tag{2-14}$$

我们在本例中，选择 $\Delta t = 0.5$（半年，实务情况下可能是 1 个月、3 个月等）。

$$\therefore M = -a\Delta t = -0.1 \times 0.5 = -0.05 \tag{2-15}$$

$$\sqrt{V} = \sigma\sqrt{\Delta t} = 0.1 \times \sqrt{0.5} = 0.0707 \tag{2-16}$$

为构建极小三叉树模型的误差，Hull－White 对利率变动的幅度 Δr 选取为：

$\Delta r = \sqrt{3V} = \sqrt{3}(0.0707) = 0.1225$

利率三叉树的结构式是由三种结构组合而成：正常结构（Normal Branching Process）、往上结构（Upward Branching Process）及往下结构（Downward Branching Process）。每一个结构都有三个概率：利率往上升概率 p_u、往下降概率 p_d 及不变概率 p_m。分述如下：

1. 正常结构（Normal Branching Process）

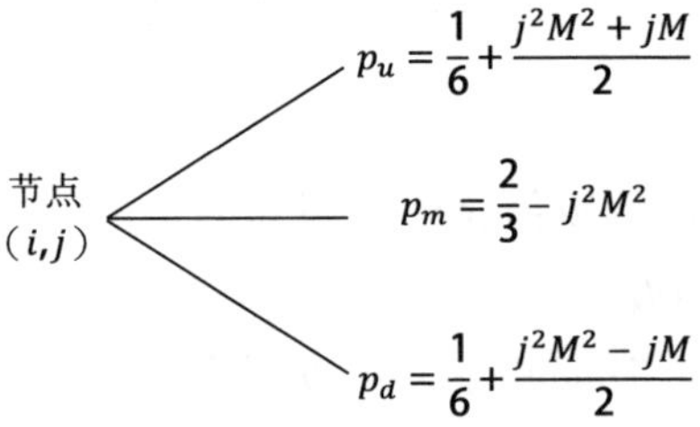

注：时间指标 i 不决定三个概率，而 M 值都是固定不变。

所以，节点高低的指标 j 才是决定这三个概率的主要因素。

此处：p_u、p_d 及 p_m 分别代表在节点（i，j）未来利率往上、不变及往下的概率。节点（i，j）代表在 i 期的第 j 个节点。

2. 往上结构（Upward Branching Process）

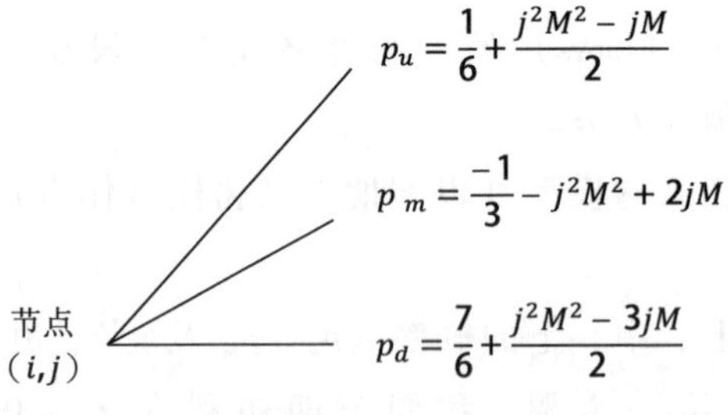

利率具有均值回归的特性，当利率达到低点后，会呈现水平的走势或往上的走势。这种走势称为往上行的结构，详见图 2－1 的节点 Y。

注：与上面“1. 正常结构”的注解相同，j 是决定这三个概率的主要因素。

3. 往下结构（Downward Branching Process）

节点 (i,j)

$$p_u = \frac{7}{6} + \frac{j^2M^2 + 3jM}{2}$$

$$p_m = \frac{-1}{3} - j^2M^2 - 2jM$$

$$p_d = \frac{1}{6} + \frac{j^2M^2 + jM}{2}$$

当利率达到高点时，其均值回归的特性会使利率呈现水平走势或往下的走势，称为往下行的结构。详见图 2－1 的节点 Q。

注意上面所有的概率都是由 j 及 M 所决定的，并不受期数指数 i 的影响。因 $M = -0.05$，在求算概率时必须辨认在（i，j）节点未来一期的利率结构（正常，往上或往下），然后辨认 j 的位置。例如，图 2－1 中，由 A 点[节点（0，0）]起是正常结构，其三个概率 p_u、p_m 及 p_d 是正常结构的概率。

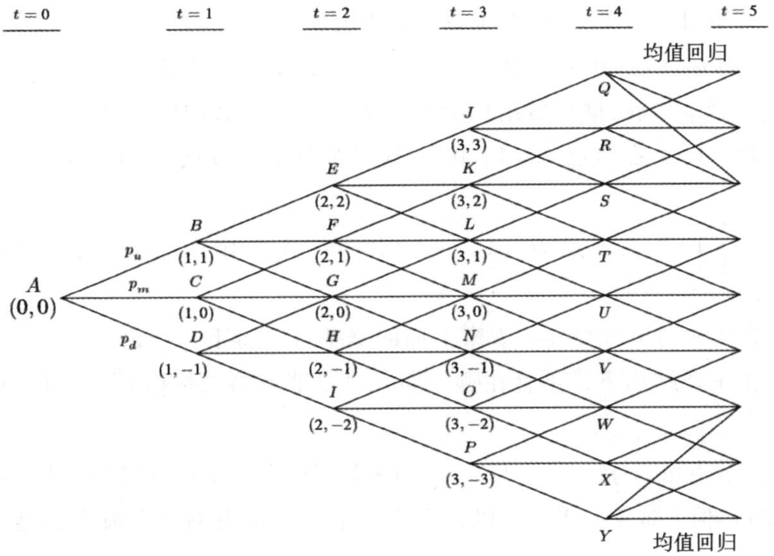

图 2－1 利率三叉树

图 2－1 中，节点 A 标示为（0，0），其他节点的标示如下：

$$\begin{matrix} i=1 \\ (t=1) \end{matrix} : \begin{cases} B=(1,1), j=1 \\ C=(1,0), j=0 \\ D=(1,-1), j=-1 \end{cases}$$

$$\begin{array}{c}i=2\\(t=2)\end{array}:\begin{cases}E=(2,2),j=2\\F=(2,1),j=1\\G=(2,0),j=0\\H=(2,-1),j=-1\\I=(2,-2),j=-2\end{cases}$$

$$\begin{array}{c}i=3\\(t=3)\end{array}:\begin{cases}J=(3,3),j=3\\K=(3,2),j=2\\L=(3,1),j=1\\M=(3,0),j=0\\N=(3,-1),j=-1\\O=(3,-2),j=-2\\P=(3,-3),j=-3,\end{cases}$$

依次类推。

每一个结构关联概率的求算如下：

$i=0$：在节点 A（0，0），$j=0$；由（0，0）节点起是正常结构，其三个概率 p_u、p_m 及 p_d 是正常结构的概率（但公式内的 $j=0$）。

$i=1$（即 $t=1$）：在节点 B（1，1），$j=1$；由此节点起是正常结构，其三个概率 p_u、p_m 及 p_d 也根据正常结构的概率求算（但公式内的 $j=1$）。

$i=1$（$t=1$）：在节点 C（1，0），其三个概率与节点 A（0，0）相同，因为 $j=0$。

$i=1$（$t=1$）：在节点 D（1，－1），$j=-1$，用正常结构的三个概率求算（但公式内的 $j=-1$）。

其余节点的利率可类推。观察上面的概率可获得下列结论：

（1）在正常结构下，不管在哪一期，只要节点第二指标 j 是一样，则概率会相同。

例如：节点（i，j）、（$i+1$，j）、（$i+2$，j）等，虽然其时间指标不同（i，$i+1$，$i+2$），但 j 都是一样。所以，由这三个节点出发的三个概率都是一样（见公式）。

又如：节点（2，2）、（3，2）、（4，2）等，都是 $j=2$，求算三个节点中的任何一个节点的概率，就是其他两个节点的概率（公式内的 $j=2$）。

（2）同理，在往上结构下，不管在哪一期的时间指标，只要 j 是一样，都是利用往上结构的三个概率公式求算。所以，只要求算出其中一个节点的三个概率，就是其他节点（相同 j）的概率。

（3）在往下结构下，也是如此推算。

各节点的概率求算如下：

①同属于节点高低位置指标 $j=0$ 的节点及其概率如下：

正常结构 Node A：（0，0）$\Rightarrow j=0$，[Nodec C：（1，0），Node G：（2，0），Node M：（3，0），Node U：（4，0）等概率相同，因为公式内的 $j=0$]

上面这几个节点出发的三个概率求算如下（$j=0$）：

$$p_u=\frac{1}{6}+0=\frac{1}{6}=0.167,\ (j=0)$$

$$p_m=\frac{2}{3}+0=\frac{2}{3}=0.666$$

$$p_d=\frac{1}{6}+0=\frac{1}{6}=0.167$$

$r_A=0=r_C=r_G=r_M=r_U$（同是属于 $i=0$ 的节点）

②同属于节点高低位置指标 $j=1$ 的节点及其概率如下：

正常结构 Node B：（1，1）$\Rightarrow j=1$，[Node F：（2，1），Node L：（3，1），Node T：（4，1）等的概率相同，因为公式内的 $j=1$]

上面这几个节点出发的三个概率求算如下：

$$p_u=\frac{1}{6}+\frac{1^2\times(-0.05)^2+1\times(-0.05)}{2}=0.143,(j=1)$$

$$p_m=\frac{2}{3}-1^2\times(-0.05)^2=0.664$$

$$p_d=\frac{1}{6}+\frac{1^2\times(-0.05)^2-1\times(-0.05)}{2}=0.193$$

$r_B=r_O+1\Delta r=12.25\%=r_F=r_L=r_T$（同属于 $i=1$ 的节点利率）

③同属于节点高低位置指标 $j=-1$ 的节点及其概率如下：

正常结构 Node D：（1，-1）$\Rightarrow j=-1$，[Node H：（2，-1），Node N：（3，-1），Node V：（4，-1）都是相同概率，因为公式内的 $j=-1$]

注：当时期（或时间）指标 $i=3$ 时，三叉树节点位置高低指标有 $j=3$（最高节点）、2、1、0、-1、-2、-3（最低节点）。所以，Node（3，-1）是指第 3 期、节点位置是第 5 高位（从上往下数）或倒数第 3 位置（即 $j=-1$）。

上面这几个节点出发的概率求算如下（$j=-1$）：

$$p_u=\frac{1}{6}+\frac{(-1)^2\times(-0.05)^2+(-1)\times(-0.05)}{2}=0.193$$

$$p_m=\frac{2}{3}-1^2\times(-0.05)^2=0.664$$

$$p_d=\frac{1}{6}+\frac{(-1)^2\times(-0.05)^2-(-1)\times(-0.05)}{2}=0.143$$

$r_D=r_O+(-1)\Delta r=-12.25\%=r_H=r_N=r_V$（同属于 $i=-1$ 的节点利率）

④同属于节点高低位置指标 $j=2$ 的节点及其概率如下：

正常结构 Node E：（2，2）$\Rightarrow j=2$，［Node K：（3，2），及 Node S：（4，2）都是相同概率，因为公式内的 $j=2$］

$$p_u=\frac{1}{6}+\frac{2^2\times(-0.05)^2+2\times(-0.05)}{2}=0.122$$

$$p_m=\frac{2}{3}-2^2\times(-0.05)^2=0.656$$

$$p_d=\frac{1}{6}+\frac{2^2\times(-0.05)^2-2\times(-0.05)}{2}=0.222$$

$r_E=r_O+2\Delta r=24.5\%=r_K=r_S$（同属于 $j=2$ 的节点）

⑤同属于节点高低位置指标 $j=-2$ 的节点及其概率如下：

正常结构 Node I：（2，−2）$\Rightarrow j=-2$，［Node O：（3，−2），及 Node W：（4，−2）都是相同概率］

$$p_u=\frac{1}{6}+\frac{(-2)^2\times(-0.05)^2+(-2)\times(-0.05)}{2}=0.222$$

$$p_m=\frac{2}{3}-(-2)^2\times(-0.05)^2=0.656$$

$$p_d=\frac{1}{6}+\frac{(-2)^2\times(-0.05)^2-(-2)\times(-0.05)}{2}=0.122$$

$r_i=r_O+(-2)\Delta r=-24.5\%=r_O=r_W$（同属于 $j=1$ 的节点利率）

⑥同属于节点高低位置指标 $j=3$ 的节点及其概率如下：

正常结构 Node J：（3，3）$\Rightarrow j=3$，［Node R：（4，3）都是相同概率］

$$p_u=\frac{1}{6}+\frac{3\times(-0.05)^2+3\times(-0.05)}{2}=0.103$$

$$p_m=\frac{2}{3}-3^2\times(-0.05)^2=0.644$$

$$p_d=\frac{1}{6}+\frac{3\times(-0.05)^2-3\times(-0.05)}{2}=0.253$$

$r_J=r_O+3\Delta r=36.75\%=r_R$（同属于 $j=3$ 的节点）

⑦同属于节点高低位置指标 $j=-3$ 的节点及其概率如下：

正常结构 Node P：（3，−3）$\Rightarrow j=-3$，［Node X：（4，−3）都是相同概率］

$$p_u = \frac{1}{6} + \frac{(-3)^2 \times (-0.05)^2 + (-3) \times (-0.05)}{2} = 0.253$$

$$p_m = \frac{2}{3} - (-3)^2 \times (-0.05)^2 = 0.644$$

$$p_d = \frac{1}{6} + \frac{(-3)^2 \times (-0.05)^2 - (-3) \times (-0.05)}{2} = 0.013$$

$r_P = r_O + (-3)\Delta r = -36.75\% = r_x$（同属于 $j = -3$ 的节点）

⑧同属于节点高低位置指标 $j = 4$ 的节点及其概率如下：

正常结构 Node Q：(4，4) $\Rightarrow j = 4$

$$p_u = \frac{7}{6} + \frac{4^2 \times (-0.05)^2 + 3 \times 4 \times (-0.05)}{2} = 0.887$$

$$p_m = -\frac{1}{3} - 4^2 \times (-0.05)^2 - 2 \times 4 \times (-0.05) = 0.026$$

$$p_d = \frac{1}{6} + \frac{4^2 \times (-0.05)^2 + 4 \times (-0.05)}{2} = 0.087$$

$r_Q = r_O + 4\Delta r = 49\%$

⑨同属于节点高低位置指标 $j = -4$ 的节点及其概率如下：

正常结构 Node Y：(4，－4) $\Rightarrow j = -4$

$$p_u = \frac{1}{6} + \frac{(-4)^2 \times (-0.05)^2 - (-4) \times (-0.05)}{2} = 0.087$$

$$p_m = -\frac{1}{3} - (-4)^2 \times (-0.05)^2 + 2 \times (-4) \times (-0.05) = 0.026$$

$$p_d = \frac{7}{6} + \frac{(-4)^2 \times (-0.05)^2 - 3 \times (-4) \times (-0.05)}{2} = 0.887$$

$r_Y = r_O + (-4)\Delta r = -49\%$

以上求算出各节点的初步利率和概率（p_u、p_m 及 p_d），整理列报如下：

A	*B*	*C*	*D*	*E*	*F*	*G*	*H*	*I*	*J*	*K*	*L*
0	12.25%	0	-12.25%	24.5%	12.25%	0	-12.25%	-24.5%	36.75%	24.5%	12.25%
0.167	0.143	0.167	0.193	0.122	0.143	0.167	0.193	0.222	0.103	0.122	0.143
0.666	0.664	0.666	0.664	0.656	0.664	0.666	0.664	0.656	0.644	0.656	0.644
0.167	0.193	0.167	0.143	0.222	0.193	0.167	0.143	0.122	0.253	0.222	0.193

M	*N*	*O*	*P*	*Q*	*R*	*S*	*T*	*U*	*V*	*W*	*X*	*Y*
0	-12.25%	-24.5%	-36.75%	49%	36.75%	24.5%	12.25%	0	-12.25%	-24.5%	-36.75%	-49%
0.167	0.193	0.222	0.253	0.887	0.103	0.122	0.143	0.167	0.193	0.222	0.253	0.087
0.666	0.664	0.656	0.644	0.026	0.644	0.656	0.664	0.666	0.664	0.656	0.644	0.026
0.167	0.143	0.122	0.103	0.087	0.253	0.222	0.193	0.167	0.143	0.122	0.103	0.887

我们决定利率均值回归位的时点，利用公式如下：

$$\frac{-0.184}{M} < j_{max} < -\frac{-0.816}{M}$$

选择大于$\frac{-0.184}{M}$的最小整数为往上升而后均值回归的时点 j_{max}，

$$\therefore \frac{-0.184}{M} = \frac{-0.184}{-0.05} - 3.68 \Rightarrow j_{max} = 4 (M = -\alpha \Delta t = -0.05)$$

注：回转参数值 α（即回转力道）越大，M 越大，则 j_{max}会越小，利率均值回归越快。

同样决定利率往下均值回归的时点 j_{min}，其公式如下：

$$\frac{-0.184}{M} < j_{min} < -\frac{0.816}{M}$$

$$\Rightarrow j_{min} = -j_{max} = -4$$

本范例是四期三叉树模型，作为介绍的基础，此三叉树不出现均值回归的结构。若构建四期以上的三叉树，就会出现从第四期起利率呈现均值回归：利率达到最高点后就会呈现水平走势或向下的走势（比如，利率往下结构的节点 Q）。若利率达到最低点后也会呈现水平走势或往上的走势（比如，利率往上结构的节点 Y）。详见图利率三叉树（见图 2-1）的展示。往上或往下结构的概率计算公式正如前述的公式。

一旦求算出各节点的利率及决定均值回归的时点后，我们就进行第二步骤。

◇步骤 2：

我们不再设定 $\theta(t)=0$ 及 $r_0=0$。回归原来的 Hull-White 利率模型如下：

$$dr = [\theta(t) - \alpha r] dt + \sigma dw \tag{2-17}$$

第二步骤是要决定每一期 $\theta(t)$ 的估计值。由理论得知，第 i 期（即时间 $i\Delta t$）的漂移项是$[\hat{\theta}(t) - \alpha\alpha_i]\Delta t$，其中 α_i 与漂移项的关系可表示为：

$$[\hat{\theta}(t) - a\alpha_i]\Delta t = \alpha_i - \alpha_{i-1}$$

$$\therefore \hat{\theta}(t) = \frac{\alpha_i - \alpha_{i-1}}{\Delta t} + a\alpha_i$$

α_i 将在构建三叉树时求解，并决定每一个节点的即期利率。

由理论可证明 $\hat{\theta}(t)$ 是一致估计值（Consistent Estimator）。

$i.e.\ \lim_{\Delta t \to 0}\hat{\theta}(t) = \theta(t)$

构建最后三叉树的计算：

首先由现在的零息曲线，求算折现率。

$r_t = 0.8 - 0.7e^{-0.14t}$，$\Delta r = \sqrt{3V} = 0.1225$（前面已计算）

$r_{0.5} = 0.8 - 0.7e^{-0.14\times0.5} = 14.732\%$

$r_1 = 0.8 - 0.7e^{-0.14\times1} = 19.145\%$

$r_{1.5} = 0.8 - 0.7e^{-0.14\times1.5} = 23.259\%$

$r_2 = 0.8 - 0.7e^{-0.14\times2} = 27.095\%$

$r_{2.5} = 0.8 - 0.7e^{-0.14\times2.5} = 30.672\%$

$r_3 = 0.8 - 0.7e^{-0.14\times3} = 34.007\%$

$r_{3.5} = 0.8 - 0.7e^{-0.14\times3.5} = 37.116\%$

$r_4 = 0.8 - 0.7e^{-0.14\times4} = 40.015\%$

其次，求算 Arrow - Debreu 价格 $Q_{i,j}$，它是未来求偿（或支付）1 美元的现值。

第一期的 $Q_{i,j}$ 及 α_1，求算如下：

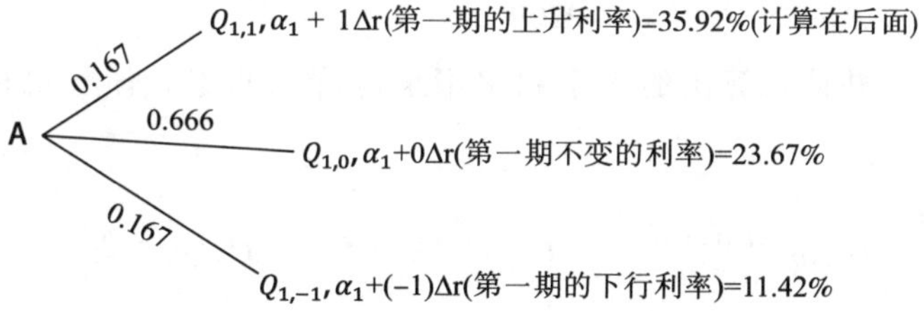

$Q_{1,1} = 0.167e^{-0.14732\times0.5} = 0.1551$，$\Delta t = 0.5$

$Q_{1,0} = 0.666e^{-0.14732\times0.5} = 0.6187$

$Q_{1,-1} = 0.167e^{-0.14732\times0.5} = 0.1551$

再次，我们求算决定第一期三个利率的 α_1。其决定必须是求算出的三个利率用来定价两期零息债券的价格等于其市场价格 P（0，1）。

$\Delta t = 0.5$（半年），“1” =2 个半年期

$$\therefore \underbrace{P(0,1)}_{\downarrow} = Q_{1,1}e^{-(\alpha_1+\Delta r)\times 0.5} + Q_{1,0}e^{-\alpha_1\times 0.5} + Q_{1,-1}e^{-(\alpha_1-\Delta r)\times 0.5}$$

$$e^{-0.19145\times 1} = 0.1551e^{-(\alpha_1+0.1225)\times 0.5} + 0.6187e^{-\alpha_1\times 0.5} + 0.1551e^{-(\alpha_1-0.1225)\times 0.5}$$

$$\Rightarrow \alpha_1 = 0.2367$$

· 第一期的三个即期利率：

$R_B = \alpha_1 + 1 \cdot \Delta r = 0.2367 + 0.1225 = 35.92\%$

$R_C = \alpha_1 + 0 \cdot \Delta r = 23.67\%$

$R_D = \alpha_1 + (-1)\Delta r = 0.2367 - 0.1225 = 11.42\%$

· 第二期的 $Q_{i,j}$ 及 α_2，求算如下：

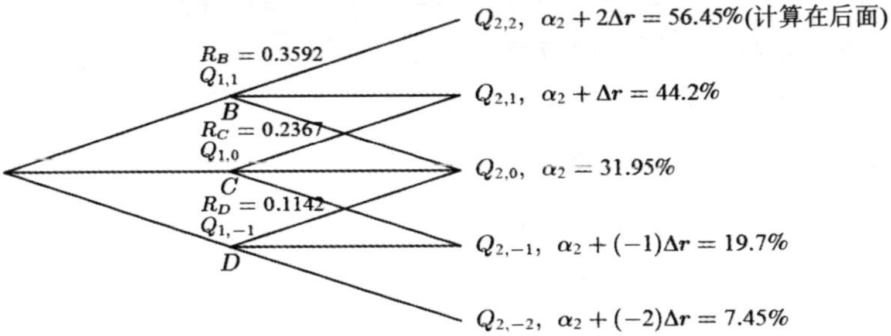

Arrow - Debreu 价格 Q：

$Q_{2,2} = Q_{1,1}P_u e^{-0.3592\times 0.5} = 0.0185$

$Q_{2,1} = Q_{1,1}P_m e^{-0.3592\times 0.5} + Q_{1,0}P_u e^{-0.2367\times 0.5} = 0.1779$

$Q_{2,0} = Q_{1,1}P_d e^{-0.3592\times 0.5} + Q_{1,0}P_m e^{-0.2367\times 0.5} + Q_{1,-1}P_u e^{-0.1142\times 0.5} = 0.4194$

$Q_{2,-1} = Q_{1,0}P_d e^{-0.2367\times 0.5} + Q_{1,-1}P_m e^{-0.1142\times 0.5} = 0.1891$

$Q_{2,-2} = Q_{1,-1}P_d e^{-0.1142\times 0.5} = 0.0209$

再求算 α_2，并使求算出的 5 个利率用来定价三期零息债券价格等于市场价格 P（0，1.5）：

$$\underbrace{P(0,1.5)}_{\downarrow} = Q_{2,2}e^{-(\alpha_2+2\Delta r)(0.5)} + Q_{2,1}e^{-(\alpha_2+\Delta r)(0.5)} + Q_{2,0}e^{-\alpha_2(0.5)} + Q_{2,-1}e^{-(\alpha_2-\Delta r)(0.5)} + Q_{2,-2}e^{-(\alpha_2-2\Delta r)(0.5)}$$

$$e^{-0.23259\times 1.5} = 0.0185e^{-(\alpha_2+2\Delta r)0.5} + 0.1779e^{-(\alpha_2+\Delta)0.5} + 1.4194e^{-\alpha_2(0.5)} + 0.1891e^{-(\alpha_2-\Delta r)0.5} + 0.0209e^{-(\alpha_2-2\Delta r)\times 0.5}$$

$$\Rightarrow \alpha_2 = 0.3195$$

所以，第二期的 5 个即期利率求算如下：

$R_E = \alpha_2 + 2\Delta r = 0.3195 + 2\times 0.1225 = 56.45\%$

$R_F = \alpha_2 + \Delta r = 0.3195 + 0.1225 = 44.2\%$

$R_G = \alpha_2 + 0\Delta r = 31.95\%$

$R_H = \alpha_2 + (-1)\Delta r = 0.3195 - 0.1225 = 19.7\%$

$R_I = \alpha_2 + (-2)\Delta r = 0.3195 - 2 \times 0.1225 = 7.45\%$

· 第三期的求算如下：

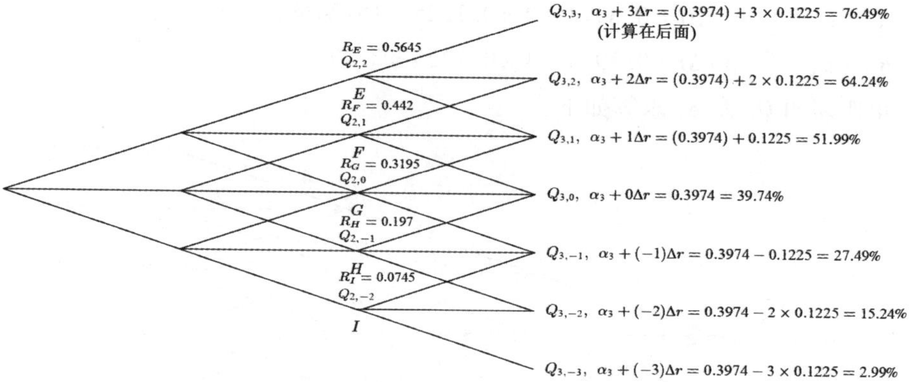

Arrow – Debreu 价格 $Q_{i,j}$：

$Q_{3,3} = Q_{2,2}P_u e^{-0.5645 \times 0.5} = 0.0017$

$Q_{3,2} = Q_{2,2}P_m e^{-0.5645 \times 0.5} + Q_{2,1}P_u e^{-0.442 \times 0.5} = 0.0295$

$Q_{3,1} = Q_{2,2}P_d e^{-0.5645 \times 0.5} + Q_{2,1}P_m e^{-0.442 \times 0.5} + Q_{2,0}P_u e^{-0.3195 \times 0.5} = 0.1575$

$Q_{3,0} = Q_{2,1}P_u e^{-0.442 \times 0.5} + Q_{2,0}P_m e^{-0.3195 \times 0.5} + Q_{2,-1}P_u e^{-0.197 \times 0.5} = 0.2987$

$Q_{3,-1} = Q_{2,0}P_d e^{-0.3195 \times 0.5} + Q_{2,-1}P_m e^{-0.197 \times 0.5} + Q_{2,-2}P_u e^{-0.0745 \times 0.5} = 0.1780$

$Q_{3,-2} = Q_{2,-1}P_d e^{-0.197 \times 0.5} + Q_{2,-2}P_m e^{-0.0745 \times 0.5} = 0.0379$

$Q_{3,-3} = Q_{2,-2}P_d e^{-0.0745 \times 0.5} = 0.0025$

之后再求算 α_3，并使求算出的 7 个利率用来定价四期零息债券价格等于市场价格 P（0，2）：

$$\therefore \underbrace{P(0,2)}_{\downarrow} = Q_{3,3}e^{-(\alpha_3+3\Delta r)\times 0.5} + Q_{3,2}e^{-(\alpha_3+2r)\times 0.5} + Q_{3,1}e^{-(\alpha_3+\Delta r)\times 0.5} + Q_{3,0}e^{-\alpha_3\times 0.5}$$

$$+ Q_{3,-1}e^{-(\alpha_3-r)\times 0.5} + Q_{3,-2}e^{-(\alpha_3-2\Delta r)\times 0.5} + Q_{3,-3}e^{-(\alpha_3-3\Delta r)\times 0.5}$$

$$e^{-(0.27095)\times 2} = 0.0017e^{-(\alpha_3+3\Delta r)0.5} + 0.0295e^{-(\alpha_3+2\Delta r)\times 0.5} + 0.1575e^{-(\alpha_3+\Delta r)\times 0.5}$$

$$+ 0.2987e^{-\alpha_3\times 0.5} + 0.178e^{-(\alpha_3-\Delta r)\times 0.5} + 0.0379e^{-(\alpha_3-2\Delta r)\times 0.5}$$

$$+ 0.0025e^{-(\alpha_3-3\Delta r)\times 0.5}$$

$$\Rightarrow \alpha_3 = 0.3974$$

∴ 第三期的 7 个即期利率求算如下：

$R_J = \alpha_3 + 3\Delta r = 0.3974 + 3 \times 0.1225 = 76.49\%$

$R_K = \alpha_3 + 2\Delta r = 0.3974 + 2 \times 0.1225 = 64.24\%$

$R_L = \alpha_3 + \Delta r = 0.3974 + 0.1225 = 51.99\%$

$R_M = \alpha_3 + 0\Delta r = 39.74\%$

$R_N = \alpha_3 + (-1)\Delta r = 0.3974 - 0.1225 = 27.49\%$

$R_O = \alpha_3 + (-2)\Delta r = 0.3974 - 2 \times 0.1225 = 15.24\%$

$R_P = \alpha_3 + (-3)\Delta r = 0.3974 - 3 \times 0.1225 = 2.99\%$

第四期的 $Q_{i,j}$及 α_4 求算如下：

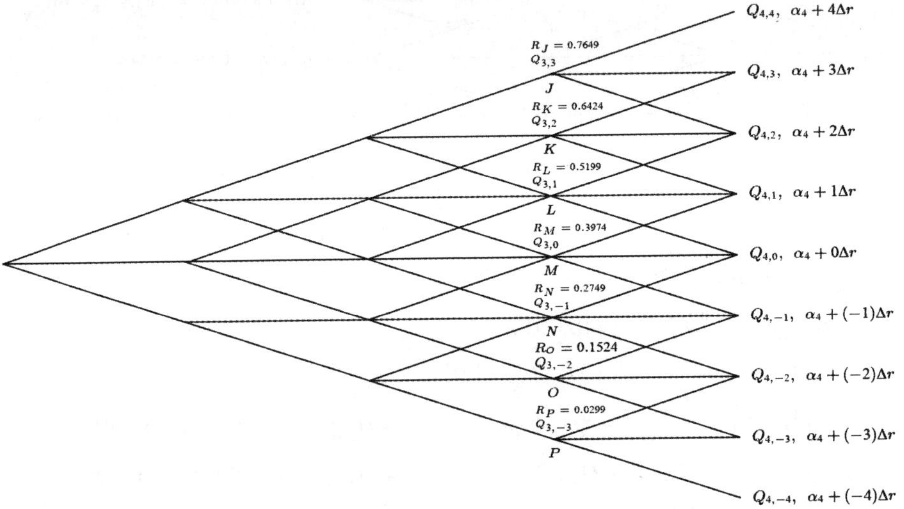

Arrow - Debreu 价格 $Q_{i,j}$：

$Q_{4,4} = Q_{3.3} P_u e^{-0.7649 \times 0.5} = 0.0001$

$Q_{4.3} = Q_{3,3} P_m e^{-0.7649 \times 0.5} + Q_{3,2} P_u e^{-0.6424 \times 0.5} = 0.0034$

$Q_{4,2} = Q_{3,3} P_d e^{-0.7649 \times 0.5} + Q_{3,2} P_m e^{-0.6424 \times 0.5} + Q_{3,1} P_u e^{-0.5199 \times 0.5} = 0.0317$

$Q_{4,1} = Q_{3,2} P_d e^{-0.6474 \times 0.5} + Q_{3,1} P_m e^{-0.5199 \times 0.5} + Q_{3,0} P_u e^{-0.3974 \times 0.5} = 0.1263$

$Q_{4,0} = Q_{3,1} P_d e^{-0.5199 \times 0.5} + Q_{3,0} P_m e^{-0.3974 \times 0.5} + Q_{3,-1} P_u e^{-0.2749 \times 0.5} = 0.2165$

$Q_{4,-1} = Q_{3,0} P_d e^{-0.3974 \times 0.5} + Q_{3,-1} P_m e^{-0.2749 \times 0.5} + Q_{3,-2} P_u e^{-0.1524 \times 0.5} = 0.1517$

$Q_{4,-2} = Q_{3,-1} P_d e^{-0.2749 \times 0.5} + Q_{3,-2} P_m e^{-0.1524 \times 0.5} + Q_{3,-3} P_u e^{-0.0299 \times 0.5} = 0.0458$

$Q_{4,-3} = Q_{3,-2} P_d e^{-0.1524 \times 0.5} + Q_{3,-3} P_m e^{-0.0299 \times 0.5} = 0.0059$

$Q_{4,-4} = Q_{3,-3} P_d e^{-0.0299 \times 0.5} = 0.0003$

再求算 α_4，并使求算出的 7 个利率用来定价五期零息债券价格等于其市场价格 P（0，2.5）：

$\therefore P(0, 2.5) = Q_{4,4} e^{-(\alpha_4 + 4\Delta r) \times 0.5} + Q_{4,3} e^{-(\alpha_4 + 3\Delta r) \times 0.5} + Q_{4,2} e^{-(\alpha_4 + 2\Delta r) \times 0.5} +$

$Q_{4,1}e^{-(\alpha_4+\Delta r)\times 0.5} + Q_{4,0}\ e^{-\alpha_4\times 0.5} + Q_{4,-1}\ e^{-(\alpha_4-\Delta r)\times 0.5} + Q_{4,-2}\ e^{-(\alpha_4-2\Delta r)\times 0.5} + Q_{4,-3}e^{-(\alpha_4-3\Delta r)\times 0.5} + Q_{4,-4}e^{-(\alpha_4-4\Delta r)\times 0.5}$

$$e^{-0.30672\times 2.5} = 0.001e^{-(\alpha_4+4\Delta r)\times 0.5} + 0.0034e^{-(\alpha_4+3\Delta r)\times 0.5} + 0.0317e^{-(\alpha_4+2\Delta r)\times 0.5} + 0.1263e^{-(\alpha_4+\Delta r)\times 0.5} + 0.2165e^{-(\alpha_4)\times 0.5} + 0.1517e^{-(\alpha_4-\Delta r)\times 0.5} + 0.0458e^{-(\alpha_4-2\Delta r)\times 0.5} + 0.0059e^{-(\alpha_4-3\Delta r)\times 0.5} + 0.0003e^{-(\alpha_4-4\Delta r)\times 0.5} \Rightarrow \alpha_4 = 0.4815$$

将 α_4 及 Δr 代入下列利率公式，求算出 9 个即期利率：

$\alpha_4 + j\Delta r$，$j = 4, 3, 2, 1, 0, -1, -2, -3, -4$

就是第四期的 9 个即期利率。

我们已完成介绍如何构建四期利率三叉树模型，其延伸至其他更多期数的三叉树也可依次类推。若运用 C++程式码电算就很容易。读者可以参阅《初阶金融工程学与 Matlab、C++电算应用》第 16 章～24 章的各类型利率与债券产品的三叉树定价数值分析范例（繁体字版，台北新陆书局）。

四 构建利率三叉树电脑程式：C++

```
clear all;
a=0.1;
sigma=0.1;
dt=0.5;
r=0;
m=8;

M=-a.*dt;
V=power(sigma,2).*dt;
dr=sqrt(3.*V);
j_max=ceil (-0.184./M)
j_min=-j-max;

tree=zeros(2.*j_max+1,m);
prob=zeros(2.*j_max+1,m,3);
for i=1:m
    upper=min(j_max,i-1);
    for k=j_max+1:upper+j_max+1
```

```
%点 (j_max+1,i) 即本章中的点 (i,0)
tree[2. *(j_max+1)-k,i] = r+[k-(j_max+1)]. *dr
%树由 j=0 往上长至 min(j-max,i-1)
```

tree (k,i) = r - [k - (j_max + 1)]. * dr ;

% 树由 j = 0 往下长至 max[j_min, - (i - 1)]

If　i > j_max + 1

% reverse 第二期之后概率完全和前一期相同：

```
prob(2.*(j_max+1)-k,i,:)=prob[2.*(j_max+1)-k,i-1,:);
prob(k,i,:)=prob(k,i-1,:)
```

else

% 按照正常模式(no reverse,i. e. ,Exhibit 1A)长树：

```
        j=k-(j_max+1);
        prob(2.*(j_max+1)-k,i,:)=[1./6+(power(j.*M,2)+j.*M)./2;2./
          3-power(j.*M,2); 1./6+(power(j.*M,2)-j.*M)./2];
        prob(k,i,1)=prob(2.*(j_max+1)-k,i,end);
        prob(k,i,2)=prob(2.*(j_max+1)-k,i,2);
        prob(k,i,end)=prob(2.*(j_max+1)-k,i,1);
    end
end
```

if i = j_max + 1, % 第一次开始 reverse 时的概率配置：

```
        prob(1,i,:)=[7./6+(power(j_max.*M,2)+3.*j_max.*M)./2;-1./
         3-power(j_max.*M,2)-2.*j_max.*M; 1./6+(power(j_max.*M,2)
         +j_max.*M)./2];
        prob(2.*j_max+1,i,:)=[1./6+(power(-j_max.*M,2)-(-j_max).*M)./2;
         -1./3-power(-j_max.*M,2)+2.*(-j_max).*M;7./6+(power(-j_max.*M,2)
         -3.*(-j_max).*M)./2];
    end
end
%% Exhibit 2 Finished %%%%%%%%%%%%%%%%%%%%%%%%%%%%%%%%%%%%%%%%%%%%%%%



  Q_tree = zeros(2.*j_max+1,m);
  alp = zeros(1,m+1);
  r_mkt = zeros(1,m+1);

  Q-tree(j_max+1,1)=1;
  for i 1:m+1
      r_mkt(i)=0.8-0.7.*exp(-0.14.*i.*dt);
```

```
end
alp(1) = r_mkt(1);

for i = 2:m
    upper = min(j_max,i-1);
    if i > j_max+1
        Q_tree(1,i) = Q_tree(1,i-1).*prob(1,i-1,1).*exp(-(alp(i-1)
          +j_max.*dr).dt);
        Q_tree(2,i) = Q_tree(1,i-1).*prob(1,i-1,2).*exp(-(alp(i-1)
          +j_max.*dr).dt);
        Q_tree(3,i) = Q_tree(1,i-1).*prob(1,i-1,3).*exp(-(alp(i-1)
          +j_max.*dr).dt);
        for j = 2:2.*j_max
            Q_tree(j-1,i) =
Q_tree(j-1,i)+Q_tree(j,i-1).*prob(j,i-1,1).*exp(-(alp(i-1)-(j_max+1-j)
  .*dr).*dt);
            Q_tree(j,i) = Q_tree(j,i)+Q_tree(j,i-1).*prob(j,i-1,2).
              *exp(-(alp(i-1)-(j_max+1-j).*dr).*dt);





        end
        Q_tree(end-2,1) =
Q_tree(end-2,i)+Q_tree(end,i-1).*prob(end,i-1,1).*exp(-(alp(i-1)
  -j_max.*dr).dt);
        Q_tree(end-1,i) =
Q_tree(end-1,i)+Q_tree(end,i-1).*prob(end,i-1,2).*exp(-(alp(i-1)-
  j_max.*dr).*dt);
        Q_tree(end,i) = Q_tree(end,i)+Q_tree(end,i-1).*prob(end,i-1,3)
          .*exp(-(alp(i-1)-j_max.*dr).*dt);
    else
        Q_tree(j_max+1-upper,i) =
Q_tree(j_max+1-upper+1,i-1).*prob(j_max+1-upper+1,i-1,1).*exp(-(alp(i-1)
  +(i-2).*dr).*dt);
        Q_tree(j_max+1-upper+1,i)=
Q_tree(j_max+1-upper+1,i-1).*prob(j_max+1-upper+1,i-1,2).*exp(-(alp(i-1)
  +(i-2).*dr).*dt);+Q_tree(j_max+1-upper+2,i-1).*prob(j_max+1-upper
  +2,i-1,1).*exp(-(alp(i-1)+(i-3).*dr).*dt);
        for j=j_max+1-upper+2:j_max+1+upper-2
            Q_tree(j,i)=
Q_tree(j-1,i-1).*prob(j_max+1-upper+j-2,i-1,3).*exp(-(alp(i-1)-(j_max+1-j
  +1).dr).*dt)+Q_tree(j,i-1).*prob(j,i-1,2).*exp(-(alp(i-1)-(j_max+1
  -j).*dr).*dt)+Q_tree(j+1,i-1).*prob(j+1,i-1,1).*exp(-(alp(i-1)-(j_max
  +1-j-1).*dr).*dt);
        end
        Q_tree(j_max+1+upper-1,i) =
Q_tree(j_max+1+upper-1,i-1).*prob(j_max+1+upper-1,i-1,2).*exp(-(alp(i-1)
```

```
-(i-2).dr).*dt)+Q_tree(j_max+1-upper-2,i-1).*prob(j_max+1-upper-2,
i-1,3).*exp(-(alp(i-1)-(i-3).*dr).*dt);
      Q_tree(j_max+1-upper,i) =
Q_tree(j_max+1+upper-1,i-1).*prob(j_max+1+upper-1,i-1,3).*exp(-(alp
 (i-1)-(i-2).*dr).*dt);
   end

   sum = 0;
   for j = j_max+1-upper:j_max+1+upper
       sum = sum+Q_tree(j,i).*exp(-(j_max+1-j).*dr.*dt);
   end
   log(sum)
   exp(-r_mkt(i).*i.*dt)
   alp(i)=(log(sum)-log(exp(-r_mkt(i).*i.*dt)))./dt;
   tree(j_max+1-upper:j_max+1+upper,i)=tree(j_max+1-upper:j_max+1
     +upper,i)+alp(i);
end
tree
```

五

结论

在本章中，我们已经详细介绍了 Hull – White 利率三叉树模型。首先介绍模型的概念，而后详细介绍构建利率三叉树模型的步骤。第一步骤是先求算各节点的上升、下降及不变的三个概率，并决定利率的均值回归时点。第二步骤是建立利率三叉树，并以 Arrow – Debreu 价格的观念作为折现因子。最后，我们提供 C + + 程式码作为构建利率三叉树模型的电算工具。

本章参考文献

1. 陈松男博士著，《金融工程学》，第三十四章“利率双因子模型”（ 繁体字版，台北新陆书局）。

2. Hull，J. and White，“one – factor Interest Rate Models and the Valuation of Interest Rate Derivative Securities”，Journal of Financial and Quantitative Analysis，28（1993），235 ~ 254.

3. Hull，J. and White，“Numerical Procedures for Implementing Term Structure Model I：Single – Index Models”，Journal of Derivatives，Fall 1994，5 ~ 16.

4. 陈松男博士著，《初阶金融工程学与 Matlab、C + + 电算应用》，（繁体字版，台北新陆书局）。

第三章　附有卖回权的债券定价：三叉树定价应用

一　三叉树定价应用简介

在前一章我们详细介绍了如何构建利率三叉树模型。三叉树的定价当然比利率二叉树的定价更准，因为三叉树所代表的未来即期利率（Spot Rates）的随机过程比二叉树准确。利率三叉树模型定价附有期权债券（Option - Embedded Bond）的原理与步骤基本与二叉树模型的相同，都是将未来债券现金流量的期望值一期一期地倒推折现至期初（t=0）。在本章中，我们利用已构建完成的利率三叉树模型来定价纯债券［Pure Bond，即没有附加任何期权的债券，比如没有附加卖回或赎回权的债券（Puttable or Callable Bond）］。

二　附有卖回权的债券的定价过程

可赎回债券是指债券发行人（或公司）赋予债券持有人将债券以一定的价格卖回给发行公司的权利。在债券到期前，若债券市场价格低于一定的价格时，投资人有权利要求发行人以既定的价格买回此债券，这样的债券对投资人是有利的，投资人可以较高的价格将债券卖回给发行公司。以公式表示如下：

$V_t = Max[Put\ Price, PV(Future\ Cash\ Flow)]$

此处：V_t——在节点 t 的未来现金流量现值；

Put Price——卖回价格。

以下介绍如何定价附有可卖回权的债券。

（一）范例：标的债券

标的债券为 1 年期，面额 100 美元，票面利率 2%，每季计息。由于是每季付息，所以每次分配的债息为 0. 5 美元（即 100 × 0. 02 × 0. 25 = 0. 5)，故最后一期的现金流量为 100. 5 美元（100 + 0. 5 = 100. 5)。在每一付息日，债券持有人可以面额 100 美元卖回给发行公司（都可以改为人民币计价与 LPR 利率)。

◇ 步骤 1：建立利率三叉树

根据前一章构建三叉树的方法，我们借用已完成构建的 Hull & White 利率三叉树的利率走势及概率（见图 3 – 1)。

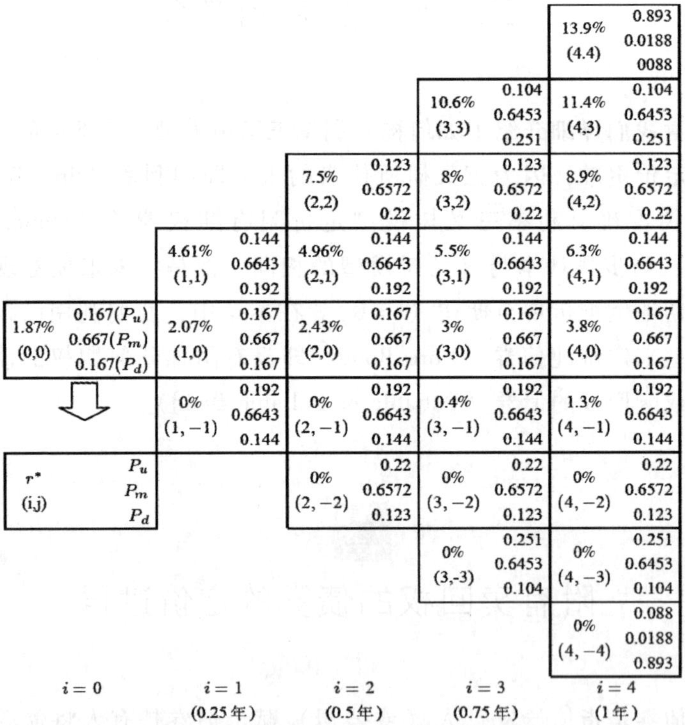

图 3 – 1　利率三叉树

此处：r^*——当时利率（每一节点的利率是年利率)；

$(i,\ j)$ ——时点 i 的第 j 个节点；

P_u——利率上行的概率；

P_d——利率下行的概率；

P_m——利率保持不变的概率。

◇ 步骤 2：计算纯债券价格（倒推折现）

首先不考虑卖回条款，纯粹透过折现倒推来求算纯债券的价格。以一个一般式简单地说明折现倒推的运算过程：

$$\text{Cash flow}_i = \frac{p_u \cdot \text{Cashflow}_{u,i+1} + p_m \cdot \text{Cashflow}_{m,i+1} + p_d \cdot \text{Cashflow}_{d,i+1}}{1 + \text{Current\_ rate}_i}$$

注：i 表示期数。

利用上面公式与已知的利率三叉树及利率，我们从第四期将债券现金流量倒推至第 0 期，即可得到债券价格。其定价过程及结果见图 3－2。详细计算过程如下：

第三期债券价格倒推如下：$N[i][j]$ 代表第 i 期第 j 个位置的节点债券价格（或现金流量）。比如 $N[4][4]$ 代表第四期的第四节点，$N[3][2]$ 代表第三期的第二节点，其他类推。

$$N[3][3] = \frac{(N[4][4]+0.5)\times p_u[3] + (N[4][3]+0.5)\times p_m[3] + (N[4][2]+0.5)\times p_d}{1+(r[3][3]/4)}$$

$$= \frac{(100+0.5)\times 0.104 + (100+0.5)\times 0.6453 + (100+0.5)\times 0.251}{1+(0.106/4)}$$

$$N[3][2] = \frac{(N[4][3]+0.5)\times p_u[2] + (N[4][2]+0.5)\times p_m[2] + (N[4][1]+0.5)\times p_d[2]}{1+(r[3][2]/4)}$$

$$= \frac{(100+0.5)\times 0.123 + (100+0.5)\times 0.6572 + (100+0.5)\times 0.22}{1+(0.08/4)} = 98.5491$$

$$N[3][1] = \frac{(N[4][2]+0.5)\times p_u[1] + (N[4][1]+0.5)\times p_m + (N[4][0]+0.5)\times p_d[1]}{1+(r[3][1]/4)}$$

$$= \frac{(100+0.5)\times 0.144 + (100+0.5)\times 0.6643 + (100+0.5)\times 0.192}{1+(0.055/4)} = 99.1666$$

$$N[3][0] = \frac{(N[4][1]+0.5)\times p_u[0] + (N[4][0]+0.5)\times p_m[0] + (N[4][-1]+0.5)\times p_d[0]}{1+(r[3][0]/4)}$$

$$= \frac{(100+0.5)\times 0.167 + (100+0.5)\times 0.6667 + (100+0.5)\times 0.167}{1+(0.03/4)} = 99.8217$$

$$N[3][-1] = \frac{(N[4][0]+0.5)\times p_u[-1] + (N[4][-1]+0.5)\times p_m[-1] + (N[4][-2]+0.5)\times p_d[-1]}{1+(r[3][-1]/4)}$$

$$= \frac{(100+0.5)\times 0.192 + (100+0.5)\times 0.6643 + (100+0.5)\times 0.144}{1+(0.004/4)}$$

$$= 100.4297$$

$$N[3][-2] = \frac{(N[4][-1]+0.5) \times p_u[-2] + (N[4][-2]+0.5) \times p_m[-2] + (N[4][-3]+0.5) \times p_d[-2]}{1+(r[3][-2]/4)}$$

$$= \frac{(100+0.5) \times 0.22 + (100+0.5) \times 0.6572 + (100+0.5) \times 0.123}{1(0/4)}$$

$$= 100.5201$$

$$N[3][-3] = \frac{(N[4][-2]+0.5) \times p_u[-3] + (N[4][-3]+0.5) \times p_m[-3] + (N[4][-4]+0.5) \times p_d[-3]}{1+(r[3][-3]/4)}$$

$$= \frac{(100+0.5) \times 0.251 + (100+0.5) \times 0.6453 + (100+0.5) \times 0.104}{1+(0/4)}$$

$$= 100.5302$$

之后，将第三期各节点计算出的折现价值 $N[i][j]$ 加上第三期可得到利息 0.5 美元，再利用该期已知的 3 个概率（P_u、P_m、P_d）各乘以其所对应的第三期折现值 $N[i][j]$（已加上 0.5）的 3 个乘积加总，再倒推折现至第二期，如下：

$$N[2][2] = \frac{(N[3][3]+0.5) \times p_u[2] + (N[3][2]+0.5) \times p_m[2] + (N[3][1]+0.5) \times p_d[2]}{1+(r[2][2]/4)}$$

$$= \frac{(97.9349+0.5) \times 0.123 + (98.5491+0.5) \times 0.6572 + (99.1666+0.5) \times 0.22}{1+(0.075/4)}$$

$$= 97.3048$$

$$N[2][1] = \frac{(N[3][2]+0.5) \times p_u[1] + (N[3][1]+0.5) \times p_m[1] + (N[3][0]+0.5) \times p_d[1]}{1+(r[2][1]/4)}$$

$$= \frac{(98.5491+0.5) \times 0.144 + (99.1666+0.5) \times 0.6643 + (99.8217+0.5) \times 0.192}{1+(0.0496/4)}$$

$$= 98.5118$$

$$N[2][0] = \frac{(N[3][1]+0.5) \times p_u[0] + (N[3][0]+0.5) \times p_m[0] + (N[3][-1]+0.5) \times p_d[0]}{1+(r[2][0]/4)}$$

$$= \frac{(99.1666+0.5) \times 0.167 + (99.8217+0.5) \times 0.6667 + (100.4297+0.5) \times 0.167}{1+(0.0243/4)}$$

$$=99.7779$$

$$N[2][-1]=\frac{(N[3][0]+0.5)\times p_u[-1]+(N[3][-1]+0.5)\times p_m[-1]+(N[3][-2]+0.5)\times p_d[-1]}{1+(r[2][-1]/4)}$$

$$=\frac{(99.8217+0.5)\times 0.192+(100.4297+0.5)\times 0.6643+(100.5201+0.5)\times 0.144}{1+(0/4)}$$

$$=100.8563$$

$$N[2][-2]=\frac{(N[3][-1]+0.5)\times p_u[-2]+(N[3][-2]+0.5)\times p_m[-2]+(N[3][-3]+0.5)\times p_d[-2]}{1+(r[2][-2]/4)}$$

$$=\frac{(100.4297+0.5)\times 0.22+(100.5201+0.5)\times 0.6572+(100.5302+0.5)\times 0.123}{1+(0/4)}$$

$$=101.0217$$

再将第二期各节点所求算出的折现 $N[i][j]$ 价值加上第二期可得到利息 0.5 美元，再用该期已知的 3 个概率各乘以其所对应的第二期折现值 $N[i][j]+0.5$ 后的三个乘积的总和，再折现倒推至第一期，如下：

$$N[1][1]=\frac{(N[2][2]+0.5)\times p_u[1]+(N[2][1]+0.5)\times p_m[1]+(N[2][0]+0.5)\times p_d[1]}{1+(r[1][1]/4)}$$

$$=\frac{(97.3048+0.5)\times 0.144+(98.5118+0.5)\times 0.6643+(99.7779+0.5)\times 0.192}{1+(0.0461/4)}$$

$$=97.9816$$

$$N[1][0]=\frac{(N[2][1]+0.5)\times p_u[0]+(N[2][0]+0.5)\times p_m[0]+(N[2][-1]+0.5)\times p_d[0]}{1+(r[1][0]/4)}$$

$$=\frac{(98.5118+0.5)\times 0.167+(99.7779+0.5)\times 0.6667+(100.8563+0.5)\times 0.167}{1+(0.0207/4)}$$

$$=99.8003$$

$$N[1][-1]=\frac{(N[2][0]+0.5)\times p_u[-1]+(N[2][-1]+0.5)\times p_m[-1]+(N[2][-2]+0.5)\times p_d[-1]}{1+(r[1][-1]/4)}$$

$$= \frac{(99.779+0.5)\times 0.192+(100.8563+0.5)\times 0.6643+(101.0217+0.5)\times 0.144}{1+(0/4)}$$

$$=101.2034$$

最后将第一期价值加上当期利息 0.5 美元，反推得第零期的价格，如下：

$$N[0][0]=\frac{(N[1][1]+0.5)\times p_u[0]+(N[1][0]+0.5)\times p_m[0]+(N[1][-1]+0.5)\times p_d[0]}{1+(r[0][0]/4)}$$

$$= \frac{(97.9816+0.5)\times 0.167+(99.8003+0.5)\times 0.6667+(101.2034+0.5)\times 0.167}{1+(0.0187/4)}$$

$$=99.8344$$

所以，没有卖回权的债券价格为 99.8344。

以上求算纯债券价格的过程及结果见图 3－2。

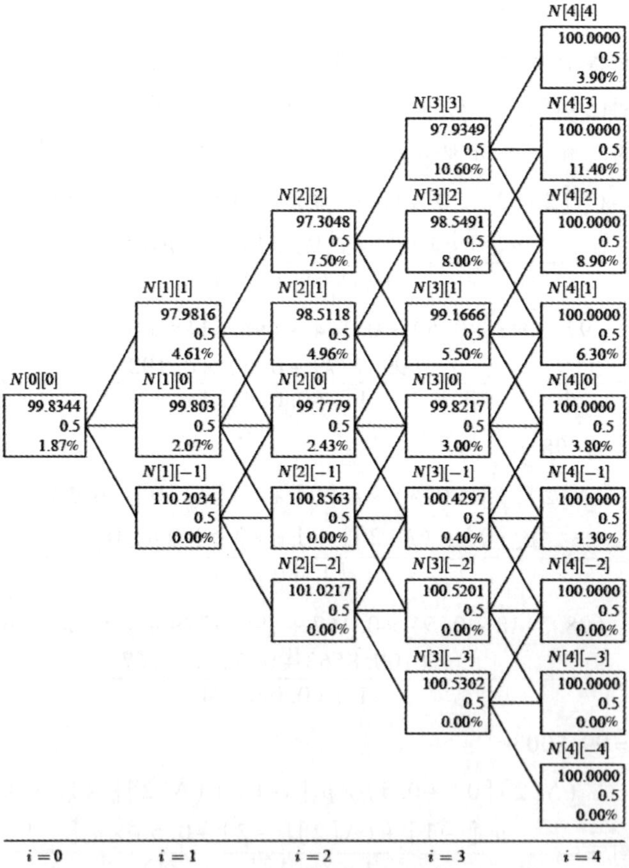

图 3－2 纯债券定价过程及结果

◇ 步骤3：求算纯债券价格后，我们再求算可卖回债券的价格，最后就可求算出卖回权（Puttable Option）的价值。

在此步骤中，我们纳入可卖回债券的特性：当债券价值的倒推折现现值小于约定卖回价格100美元（等于面额）时，投资人便会将债券卖回给发行者，即 $V_t = Max[Put\ Price\ 100, PV(Future\ Cash\ Flow)]$；折现程序如同步骤1和步骤2所述，只是必须将该条件式纳入每个节点考量，如有提前卖回，即 100 > PV（FCF），则该节点的折现现值 V_t 即为卖回价格100美元。若 PV（FCF）>100，则没有发生卖回。所以，该节点的折现现值仍是 PV（FCF）（$=V_t$）。而后倒推折现，最后可求出可卖回债券应有的价格为100.463美元。定价过程及结果见图3-2，详细说明如下：

折现回第三期：

$$N[3][3]=\frac{(N[4][4]+0.5)\times p_u[3]+(N[4][3]+0.5)\times p_m[3]+(N[4][2]+0.5)\times p_d[3]}{1+(r[3][3]/4)}$$

$$=\frac{(100+0.5)\times 0.104+(100+0.5)\times 0.6453+(100+0.5)\times 0.251}{1+(0.106/4)}$$

$$=97.9349$$

$$N[3][2]=\frac{(N[4][3]+0.5)\times p_u[2]+(N[4][2]+0.5)\times p_m[2]+(N[4][1]+0.5)\times p_d[2]}{1+(r[3][2]/4)}$$

$$=\frac{(100+0.5)\times 0.123+(100+0.5)\times 0.6572+(100+0.5)\times 0.22}{1+(0.08/4)}$$

$$=98.5491$$

$$N[3][1]=\frac{(N[4][2]+0.5)\times p_u[1]+(N[4][1]+0.5)\times p_m[1]+(N[4][0]+0.5)\times p_d[1]}{1+(r[3][1]/4)}$$

$$=\frac{(100+0.5)\times 0.144+(100+0.5)\times 0.6643+(100+0.5)\times 0.192}{1+(0.055/4)}$$

$$=99.1666$$

$$N[3][0]=\frac{(N[4][1]+0.5)\times p_u[0]+(N[4][0]+0.5)\times p_m[0]+(N[4][-1]+0.5)\times p_d[0]}{1+(r[3][0]/4)}$$

$$=\frac{(100+0.5)\times 0.167+(100+0.5)\times 0.6667+(100+0.5)\times 0.167}{1+(0.03/4)}$$

$$=99.8217$$

$$N[3][-1]=\frac{(N[4][0]+0.5)\times p_u[-1]+(N[4][-1]+0.5)\times p_m[-1]+(N[4][-2]+0.5)\times p_d[-1]}{1+(r[3][-1]/4)}$$

$$=\frac{(100+0.5)\times 0.192+(100+0.5)\times 0.6643+(100+0.5)\times 0.144}{1+(0.004/4)}$$

$$=100.4297$$

$$N[3][-2]=\frac{(N[4][-1]+0.5)\times p_u[-2]+(N[4][-2]+0.5)\times p_m[-2]+(N[4][-3]+0.5)\times p_d[-2]}{1+(r[3][-2]/4)}$$

$$=\frac{(100+0.5)\times 0.22+(100+0.5)\times 0.6572+(100+0.5)\times 0.123}{1+(0/4)}$$

$$=100.5201$$

$$N[3][-3]=\frac{(N[4][-2]+0.5)\times p_u[-3]+(N[4][-3]+0.5)\times p_m[-3]+(N[4][-4]+0.5)\times p_d[-3]}{1+(r[3][-3]/4)}$$

$$=\frac{(100+0.5)\times 0.251+(100+0.5)\times 0.6453+(100+0.5)\times 0.104}{1+(0/4)}$$

$$=100.5302$$

由于此可卖回债券（Puttable Bond）可用100美元卖回给发行者，故在每一个时点 t，该债券的价格为 $Put_t=Max$（折现的 CF_t，100），因此，该债券在第三期各节点的价格为：

$$N[3][3]=\max(N[3][3],100)=\max(97.9349,100)=100$$

$$N[3][2]=\max(N[3][2],100)=\max(98.5491,100)=100$$

$$N[3][1]=\max(N[3][1],100)=\max(99.1666,100)=100$$

$$N[3][0]=\max(N[3][0],100)=\max(99.8217,100)=100$$

$$N[3][-1]=\max(N[3][-1],100)=\max(100.4297,100)=100.4297$$

$$N[3][-2]=\max(N[3][-2],100)=\max(100.5201,100)=100.5201$$

$$N[3][-3]=\max(N[3][-3],100)=\max(100.5302,100)=100.5302$$

折现回第二期：

同样，我们利用图 3－1 的利率树和概率，以及步骤 1 所计算出第三期各节点可卖回债券的价格和可得利息 0.5 美元，倒推第一期该卖回债券的现金流量折现值。详细求算列表如下：

$$N[2][2]=\frac{(N[3][3]+0.5)\times p_u[2]+(N[3][2]+0.5)\times p_m[2]+(N[3][1]+0.5)\times p_d[2]}{1+(r[2][2]/4)}$$

$$=\frac{(100+0.5)\times 0.123+(100+0.5)\times 0.6572+(100+0.5)\times 0.22}{1+(0.075/4)}$$

$$=98.6700$$

$$N[2][1]=\frac{(N[3][2]+0.5)\times p_u[1]+(N[3][1]+0.5)\times p_m[1]+(N[3][0]+0.5)\times p_d[1]}{1+(r[2][1]/4)}$$

$$=\frac{(100+0.5)\times 0.144+(100+0.5)\times 0.6643+(100+0.5)\times 0.192}{1+(0.0496/4)}$$

$$=99.2988$$

$$N[2][0]=\frac{(N[3][1]+0.5)\times p_u[0]+(N[3][0]+0.5)\times p_m[0]+(N[3][-1]+0.5)\times p_d[0]}{1+(r[2][0]/4)}$$

$$=\frac{(100+0.5)\times 0.167+(100+0.5)\times 0.6667+(100.4297+0.5)\times 0.167}{1+(0.0243/4)}$$

$$=100.0344$$

$$N[2][-1]=\frac{(N[3][0]+0.5)\times p_u[-1]+(N[3][-1]+0.5)\times p_m[-1]+(N[3][-2]+0.5)\times p_d[-1]}{1+(r[2][-1]/4)}$$

$$=\frac{(100+0.5)\times 0.192+(100.4297+0.5)\times 0.6643+(100.5201+0.5)\times 0.144}{1+(0/4)}$$

$$=100.8905$$

$$N[2][-2]=\frac{(N[3][-1]+0.5)\times p_u[-2]+(N[3][-2]+0.5)\times p_m[-2]+(N[3][-3]+0.5)\times p_d[-2]}{1+(r[2][-2]/4)}$$

$$=\frac{(100.4297+0.5)\times 0.22+(100.5201+0.5)\times 0.6572+(100.5302+0.5)\times 0.123}{1+(0/4)}$$

$$=101.0217$$

由于此可卖回债券提供持有人可以 100 美元卖回给发行者，故在每一个时点 t，可卖回债券的价值为 $Put_t = Max$(折现的 CF_t,100)，因此该债券在第二期的价格为：

$N[2][2]=\max(N[2][2],100)=\max(98.67,100)=100$

$N[2][1]=\max(N[2][1],100)=\max(99.2988,100)=100$

$N[2][0]=\max(N[2][0],100)=\max(100.0344,100)=100.0344$

$N[2][-1]=\max(N[2][-1],100)=\max(100.8905,100)=100.8905$

$N[2][-2]=\max(N[2][-2],100)=\max(101.0217,100)=100.0217$

折现回第一期：

下一步，我们利用图 3-1 的利率树和概率，以及第二期各节点可卖回债券的价格加上可得利息 0.5 美元，倒推第一期该债券的现金流量折现值。第一期各节点的现金流量计算方式如下：

$$N[1][1]=\frac{(N[2][2]+0.5)\times p_u[1]+(N[2][1]+0.5)\times p_m[1]+(N[2][0]+0.5)\times p_d[1]}{1+(r[1][1]/4)}$$

$$=\frac{(100+0.5)\times 0.144+(100+0.5)\times 0.6643+(100.0344+0.5)\times 0.192}{1+(0.0461/4)}$$

$$=99.3913$$

$$N[1][0]=\frac{(N[2][1]+0.5)\times p_u[0]+(N[2][0]+0.5)\times p_m[0]+(N[2][-1]+0.5)\times p_d[0]}{1+(r[1][0]/4)}$$

$$=\frac{(100+0.5)\times 0.167+(100.0344+0.5)\times 0.6667+(100.8905+0.5)\times 0.167}{1+(0.0207/4)}$$

$$=100.2233$$

$$N[1][-1]=\frac{(N[2][0]+0.5)\times p_u[-1]+(N[2][-1]+0.5)\times p_m[-1]+(N[2][-2]+0.5)\times p_d[-1]}{1+(r[1][-1]/4)}$$

$$=\frac{(100.0344+0.5)\times 0.192+(100.8905+0.5)\times 0.6643+(101.0217+0.5)\times 0.144}{1+(0/4)}$$

$=101.2754$

由于此可卖回债券（Puttable Bond）允许投资人将债券以100美元卖回给发行者，故在每一个时点 t，其价值为 $Put_t = Max$(折现的 CF_t,100)。该债券在第一期的价格如下：

$N[1][1] = \max(N[1][1], 100) = \max(99.3913, 100) = 100$

$N[1][0] = \max(N[1][0], 100) = \max(100.2233, 100) = 100.2233$

$N[1][-1] = \max(N[1][-1], 100) = \max(101.2754, 100) = 101.2754$

最后折现回期初（$i=0$）。

已知第一期可卖回债券价格，再根据图3－1第零期的利率及概率，我们可以倒推第零期可卖回债券的价格，其计算方式如下：

$$N[0][0] = \frac{(N[1][1]+0.5)\times p_u[0] + (N[1][0]+0.5)\times p_m[0] + (N[1][-1]+0.5)\times p_d[0]}{1+(r[0][0]/4)}$$

$$= \frac{(100+0.5)\times 0.167 + (100.2233+0.5)\times 0.6667 + (101.2754+0.5)\times 0.167}{1+(0.0187/4)}$$

$$= 100.4623$$

借由上述步骤，我们可以得到目前该可卖回债券的价格为100.4623美元（见图3－3）。

（二）卖回权价值

根据上面的定价过程，包含在可卖回债券内的卖回权价值（Puttable Option）为可卖回债券的价格减去没有卖回权债券（即纯债券）的价格，用数学式表示如下：

the put value = the puttable bond − the option − free bond

= 100.4623 − 99.8344 = 0.6279

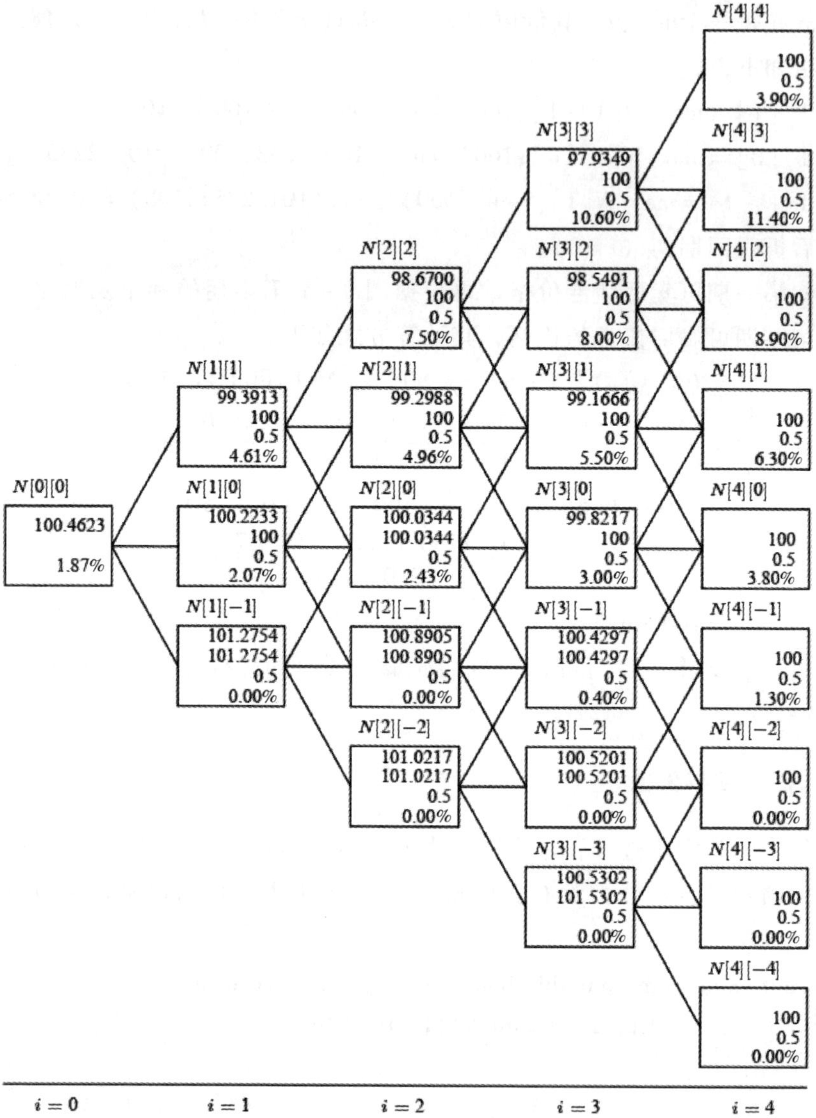

图 3－3 可卖回债券的定价过程及结果

三

求算纯债券及可卖回债券的C++程式码

```
#include<iostream>
#include<cmath>
using namespace std;
#define n 4
double MAX(double a, double b){return(a-b>0)?a:b;}
void main(){
   double c=0.02,F=100,dt=0.25,puttable=100,coupon=c*F*dt;
   double o_bond[n+1][2*n+1],p_bond[n+1][2*n+1];
   double M=-0.04877,v=0.0002141;
   double dr=sqrt(3*v);
   double alpha[n+1]={0.0187,0.0207,0.0243,0.03,0.038};
   double rate[n][2*n-1]={{0.0187},{0.0461,0.0207},
     {0.075,0.0496,0.0243},{0.106,0.08,0.055,0.03,0.004}};
   double prob[3][2*n-1]={{0.104,0.123,0.144,0.167,0.192,0.22,0.251},
                    {0.6453,0.6572,0.6643,0.6667,0.6643,0.6572,0.6453},
                    {0.251,0.22,0.192,0.167,0.144,0.123,0.104}};
for(int j=0;<=2*n;j++){
  o_bond[n][j]=F;
  p_bond[n][j]=F;
}


 for(int i=n;i>0;i--){
   for(int j=0;j<=2*(i-j);j++){
     o_bond[i-1][j]=((coupon+o_bond[i][j])*prob[0][n-1+j]
          +(coupon+o_bond[i][j+1])*prob[1][n-1+j]
          +(coupon+o_bond[i][j+2])*prob[2][n-1+j]/(1+rate[i-1][j]/4);
     p_bond[i-1][j]=((coupon+p_bond[i][j])*prob[0][n-1+j]
          +(coupon+p_bond[i][j+1])*prob[1][n-1+j]
          +(coupon+p_bond[i][j+2])*prob[2][n-1+j]/(1+rate[i-1][j]/4);
      p_bond[i-1][j]=MAX(100,p_bond[i-1][j]);
      cout<<p_bond[i-1][j]<<"";
      }
   cout<<endl;
  }
  cout<<"\n puttable bond:"<<p_bond[0][0]<<endl;
  cout<<"original bond:"<<o_bond[0][0]<<endl;
 }
```

C++程式执行结果

```
100 100 100 100 100.43 100.52 100.53
100 100 100.034 100.891 101.022
100 100.223 101.275
100.4623
```

→ 同步骤3结果

```
puttable bond: 100.4623
original bond: 99.8344
Press any key to continue
```

四 结　论

在本章中，我们已详细介绍如何利用 Hull - White 三叉树模型来定价纯债券及附有卖回权的债券的合理价格。首先介绍定价纯债券的过程，用图说明了其结果；其次介绍附有卖回权的债券的定价，在定价过程中必须决定及辨认在哪一个节点会发生卖回的情况，以便来决定适当的债券价格。一旦求算倒推回期初即是附有卖回权债券的合理价格。卖回权的价值是附有卖回权的债券价格减去纯债券价格。

第四章　美元区间保本票据定价与分析——挂钩长短天期固定年限互换利率[①]

利率互换（Interest Rate Swap，IRS）可说是最常见最基本的金融工具之一，合约双方约定在未来的数个特定时点互换一系列的现金流量，依据双方支付金额所钉住的利率分为浮动端及固定端；而一般最常见的约定浮动利率为 3M Libor 或 6M Libor，约定固定利率则是使该互换合约期初价值为 0 的远期互换利率（Forward Swap Rate）。本书的定价方法与关联分析，仍然适用于挂钩国内利率 LPR 和 Shibor 的产品。

固定年限利率互换（Constant Maturity Swap，CMS）是利率互换中的一种特殊型态，其浮动端不是钉住 Libor 或市场上常用的浮动利率，而是固定年限的互换利率（CMS Rate），且固定年限互换利率的期限比重设时间要长。举例来说，一个 5 年期固定年限利率互换，每半年付息互换一次，共互换 10 次，浮动端的利息则以每半年重设点时的两年期互换利率（Swap Rate）为准。固定年限利率互换的特别之处在于，其是一个由互换利率作为标的的衍生性产品，因此在定价上必须考量互换利率的变动过程。

而固定年限利率互换之所以逐渐受到重视，主要在于其提供了一种规避长天期利率风险的途径，避险者可经由固定年限利率互换对长天期资产或负债进行富有弹性和效率的避险。若固定年限利率互换合约中，两端均为浮动利率，例如收取“3M Libor + 利差（Spread）”，并支付两年期互换利率，此合约将使避险者的资产或负债在固定存续期间（或久期，Constant Duration）[②]，就能将收益率曲线平移的利率风险大致消除。因此，固定年限利率互换的运用日益受到重视，其交

① 本章由陈松男教授、研究特助张嘉云撰写。

② 详见本章附录。

易量亦与日俱增，进而接连发展出以固定年限互换利率作为连动标的的结构型产品。

自2002年国内开放银行代销连动债券开始，陆续引进了数档挂钩至固定年限互换利率的结构型产品，其条款设计也越来越多样化。而最近一年广为投资人所熟知的产品就是长短天期利差连动债券，下文以宝来投资管理（开曼）公司所代销的“美元区间保本票据”为例，进行产品定价与分析。

注：本书内任何一章（或产品）的定价和分析技术同样适用于国内LPR或Shibor为标的利率的各种利率产品。

一

美元区间保本票据产品介绍

（一）产品条款说明书（见表4-1）

表4-1　美元区间保本票据产品说明书

产品名称	美元区间保本票据（挂钩长短天期利差）
保管机构	宝来投资管理（开曼）公司
最小投资金额	10000美元（可以改为人民币计价）
投资期间	10年
挂钩标的	30年CMS：美元30年固定年限互换利率 2年CMS：美元2年固定年限互换利率 30/360 basis vs. 3 month USD Libor 路透社页面ISDAFIX1（纽约时间上午11：00）（可以改为LPR CMS利率）
有效期（起息日）	10年
发行价格	100%
保本率	100%
利息计算方式	7.55% ×n/N（每年） n：计息期间中30CMS-2CMS≥0的天数 遇非营业日则依前一日的比价结果 每个计息期间最末5日则依倒数第5日的比价结果 N：计息期间的天数

续表

利息计算	计算基础采取 30/360，每季计息
利息支付	每季付息
发行者提前买回条款	发行者可于每次付息日行使提前买回权（须于 5 天前通知投资人），提前买回需保证 100% 美元本金偿还，并与当期的配息一并入账
手续费	1%

（二）特色分析（见表 4－2、图 4－1）

表 4－2　　美元区间保本票据产品特色

产品组成	零息债券和利差数据看涨期权
投资期间	10 年
保本率	100%
连动标的	30CMS－2CMS
计息方式	若 30CMS≥2CMS，则该日计利息，即 7.55% ×合约本金/360；若 30CMS < 2CMS，则该日不予计息
最大风险	利息损失的机会成本风险
收益/风险	低风险，高收益
投资时机	预期长短天期利差在一定范围内波动
产品特色	1. 收益挂钩长短天期利差 2. 享有本金 100% 的保障 3. 每日比价，可降低投资风险
适合的投资者	较保守的投资人

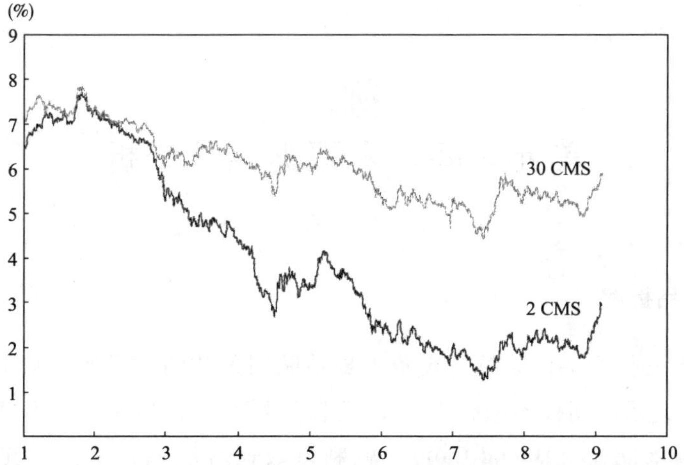

图 4－1　美元 30 年与 2 年固定年限互换利率部分的历史走势

美元区间保本票据的产品特色大致有以下三点：

1. 收益挂钩长短天期利差

发行机构为满足顾客需求，推出挂钩长短天期利差的结构型产品作为理财规划的首选，一方面是锁定长短天期利差在一定范围波动，另一方面则是因为经济逐渐复苏，将利差的范围逐渐放大可以保护利润。“美元区间保本票据”挂钩至30年和2年固定年限互换利率的差额，由图4-1可知，此差额已经持续4年，为正值，因此只要利率期间结构没有太剧烈的变化，投资人几乎可以保证享受到年收益率为7.55%的高收益。

2. 保本100%，无本金亏蚀风险

保本率代表投资人到期时可获得的本金保障比例。“美元区间保本票据”保障投资人到期时可领回100%的本金，所以即使互换利率曲线（Swap Rate Curve）发生巨幅变化，出现短天期互换利率高于长天期互换利率的情况，造成投资人无法赚取利润，投资人仍然可在票据到期时拿回原先投资的全部本金，不存在本金被亏蚀的风险。

3. 每日比价，降低投资风险

“美元区间保本票据”的另一个好处是每日计息，不同于一般长短天期利差票据，是连动每季或每半年配息时点的利差，在配息时点上很可能出现短天期互换利率超过长天期利率的状况，使投资人的收益率为0。故每日计息给投资者提供了更多投资机会，可分散投资风险至计息区间的每一天，对投资人来说这是相当有利的设计。

二

美元区间保本票据定价分析

（一）产品拆解

在不考虑发行商买回条款与投资人提前赎回条款的情况下，基于产品每日计息的特色，“美元区间保本票据”的每天收益可拆解为买入一个零息债券加上一个利差数据看涨期权（Digital Call）。就利差数据看涨期权来说，其标的为长短天期互换利率的利差，履约利差为0。也就是说，如果30年固定年限互换利率小于2年固定年限互换利率，投资人将无法获得任何收益；相反，若30年固定年限互换利率大于等于 2 年固定年限互换利率，投资人即可赚取一笔固定金额（本金 ×7.55%/360）。以公式表达如下：

$$\text{互换利率利差数据看涨期权的到期报偿}\ DC(t_i)=\begin{cases}\text{本金}\times\dfrac{7.55\%}{360},\text{若}\ USD\ 30CMS-USD\ 2\ CMS\geqslant 0\\0,\text{若}\ USD\ 30\ CMS-USD\ 2\ CMS<0\end{cases}\tag{4-1}$$

美元区间保本票据的每日实际收益相当于投资零息债券的收益加上每日到期的利差数据期权的收益。但因为票面利息是加总每 90 天内的结果统一于第 90 天支付，同时必须考量产品内含的发行商提前买回条款，所以将产品条款的报偿明确地拆解进行分析并不容易，故定价本产品时不采取推导封闭解或近似公式解的方式。

（二）定价方法

由于固定年限互换利率会受到利率期间结构的影响，故采用对数正态远期 Libor 利率模型（简称为 LFM），并配合用蒙地卡罗模拟法，直接观察未来远期利率的改变，并透过公式计算每日的 30 年与 2 年固定年限互换利率，进一步求得各期支付利息，并配合发行商买回条款的设定，经折现回推即可得知整个“美元区间保本票据”的价值。本节的定价方法同样适用于国内 LPR、Shibor 与国债收益率等的利率期权。

以下将详细说明“美元区间保本票据”的定价方法与定价过程。

◇ 步骤 1：收益率曲线的估计

因为产品的投资期间为 10 年，同时要观察最后一个计息日的 30 年固定年限互换利率，所以必须建立一条长达 40 年的收益率曲线。首先找出产品发行日当天的 USD 6M Libor 与 USD 12M Libor 报价，及一年以上且以年为单位的互换利率，如表 4－3 与表 4－4 所示。

表 4－3　　产品发行日 Libor 报价

期限（月）	利率（%）
6M Libor（$_0r_{0.5}$）	1.54
12M Libor（$_0r_1$）	2.0675

表 4-4　　产品发行日互换利率报价

期限（年）	利率（%）	期限（年）	利率（%）
1	2.0900	8	5.1400
2	3.0215	9	5.2725
3	3.6695	10	5.3820
4	4.1345	12	5.5565
5	4.4920	15	5.7410
6	4.7645	20	5.8965
7	4.9685	30	5.9505

注：互换利率可以用来求算一年以上以 0.5 年为单位的收益利率 ${}_0r_t$，$t=1.5$，2.0，2.5，…。

利用程序软件 Matlab 以非线性内插法（Cubic Spline）内插出以半年为单位的互换利率，接着利用拔靴法（Bootstrapping），经由以下公式求算出一年以上、半年为单位的收益率：

$$\begin{cases} S_{1.5}\times\dfrac{1}{2}\times e^{-{}_0r_{0.5}\times 0.5}+S_{1.5}\times\dfrac{1}{2}\times e^{-{}_0r_1\times 1}+1\times e^{-{}_0r_{1.5}\times 1.5}+S_{1.5} \\ \times\dfrac{1}{2}\times e^{-{}_0r_{1.5}\times 1.5}=1 \qquad (i) \\ S_2\times\dfrac{1}{2}\times e^{-{}_0r_{0.5}\times 0.5}+S_2\times\dfrac{1}{2}\times e^{-{}_0r_1\times 1}+S_2\times\dfrac{1}{2}\times e^{-{}_0r_{1.5}\times 1.5} \\ +S_2\times\dfrac{1}{2}\times e^{-{}_0r_2\times 2}+1\times e^{-{}_0r_2\times 2}=1 \qquad (ii) \end{cases}$$

在公式（i）中，$S_{1.5}$代表 1.5 年期的互换利率，${}_0r_{0.5}$、${}_0r_1$ 与${}_0r_{1.5}$分别表示市场上 0.5 年、1 年与 1.5 年的收益率，其中 $S_{1.5}$、${}_0r_{0.5}$与${}_0r_1$ 皆为已知，整个等式中只有${}_0r_{1.5}$是未知数，于是就能够计算出 1.5 年期的收益率。得知 1.5 年期的收益率后，再由公式（ii）求算出 2 年期的收益率，重复上述步骤，就可以估算出 2 年、2.5 年、3 年……以半年为单位的收益率，如表 4-5 所示。

表 4-5　　估计收益率曲线资料（${}_0r_t$，$t=1.5$，2.0，2.5，…）

年限（年）	收益率（%）	年限（年）	收益率（%）	年限（年）	收益率（%）	年限（年）	收益率（%）
0.5	1.5400	8.0	5.2353	15.5	5.9701	23	6.1561
1.0	2.0675	8.5	5.3142	16	5.9970	23.5	6.1556
1.5	2.5900	9	5.3838	16.5	6.0216	24	6.1541
2	3.0164	9.5	5.4483	17	6.0438	24.5	6.1520
2.5	3.3740	10	5.5086	17.5	6.0638	25	6.1492

续表

年限（年）	收益率（%）	年限（年）	收益率（%）	年限（年）	收益率（%）	年限（年）	收益率（%）
3	3. 6752	10. 5	5. 5649	18	6. 0816	25. 5	6. 1461
3. 5	3. 9322	11	5. 6176	18. 5	6. 0972	26	6. 1427
4	4. 1557	11. 5	5. 6669	19	6. 1108	26. 5	6. 1393
4. 5	4. 3547	12	5. 7134	19. 5	6. 1223	27	6. 1362
5	4. 5319	12. 5	5. 7574	20	6. 1320	27. 5	6. 1334
5. 5	4. 6881	13	5. 7990	20. 5	6. 1399	28	6. 1314
6	4. 8236	13. 5	5. 8381	21	6. 1461	28. 5	6. 1302
6. 5	4. 9403	14	5. 8748	21. 5	6. 1506	29	3. 1301
7	5. 0451	14. 5	5. 9090	22	6. 1538	29. 5	3. 1315
7. 5	5. 1444	15	5. 9408	22. 5	6. 1555	30	3. 1346

市场上所提供的信息只有到 30 年期的互换利率，因此超过 30 年期的收益率无法由以上方法求得。一般来说，收益率曲线的走势越是长天期越趋平缓。因此假设 30 年期以上的收益率如 30. 5 年、31 年……40 年与 30 年期收益率相等，然后再次利用 Matlab 软件用非线性插补法内插出每日的收益率，求得完整的收益率曲线（USD Libor Zero Curve），如图 4 - 2 所示。图 4 - 2 中的小圆圈是原本利用拔靴法求得的收益率，而框起来的部分则是超过 30 年期的收益率。

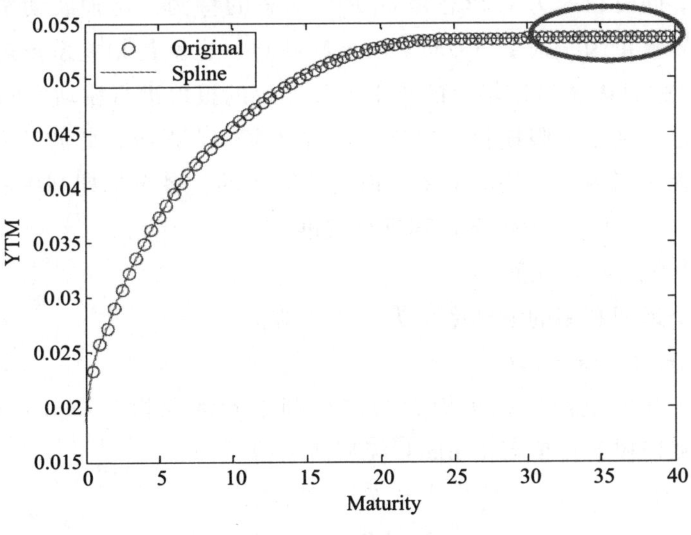

图 4 - 2　美元收益率曲线

◇步骤2：远期利率的估计

接着，利用内插出的每日收益率，由以下公式计算1天后、2天后、3天后……直到39.75年后的3个月远期利率：

$$e^{-{}_0r_{t_2}\cdot t_2}=e^{-{}_0r_{t_1}\cdot t_1}\cdot e^{-{}_{t_1}f_{t_2}\cdot(t_2-t_1)}$$

$$\Rightarrow {}_0r_{t_2}\cdot t_2={}_0r_{t_1}\cdot t_1+{}_{t_1}f_{t_2}\cdot(t_2-t_1) \tag{4-2}$$

$$\Rightarrow {}_{t_1}f_{t_2}=[{}_0r_{t_2}\cdot t_2-{}_0r_{t_1}\cdot t_1]/(t_2-t_1)$$

举例来说，1天后的3个月远期利率可由式（4-2）求得：

$${}_1f_{91}=\left[{}_0r_{91}\cdot\frac{91}{360}-{}_0r_1\cdot\frac{1}{360}\right]\Big/\left(\frac{91}{360}-\frac{1}{360}\right)$$

其中，${}_1f_{91}$代表1天后的3个月（即90天）远期利率，${}_0r_1$ 和${}_0r_{91}$则分别表示1天与91天的收益率。经上述方式，可求算1天后、2天后……直到39.75年后的3个月远期利率，共14310个（$39.75\times360=14310$）。

◇ 步骤3：模型参数校准

在LFM中，有两个相当重要的参数：利率波动率$\sigma_k(t)$与相关系数矩阵ρ，$\sigma_k(t)$决定了各个远期利率在不同时点的波动率，ρ则决定了各个远期利率彼此间的相关程度。

第1章研究方法中曾提及，Libor市场模型的波动率结构可设为各种不同的形态，本章采用s_k形态，即假设各个远期利率的波动率均为常数，并不会随着时间而改变。同时，因为s_k形态是$\phi_k\Psi_{\eta(t)}$形态的特例，这种波动率结构的设定根据理论将导致单因子模型（One Factor Model），也就是相关系数矩阵内的所有元素均为1。故只需透过市场上的价平上限期权的报价进行波动率的校准。

一般而言，利率上限期权的报价是以波动率作为报价，此波动率指的是利率上限期权包含区间内的平均波动率，而模型需要的是各个远期利率的波动率，其对应区间为$[T_{i-1},T_i]$，由以下过程进行校准。

【理论过程】

假设各个远期利率的波动率均为常数，即：

$F_i(t)$： $\sigma_i(t)=s_i=v_{T_{i-1}-Caplet}$

已知一个利率上限期权可拆解为多个利率看涨期权（Caplet），且LFM之下，利率看涨期权的价值可由Black模型所求得，即：

$$Cpl^{LFM}(0,T_{i-1},T_i,K)=Cpl^{Black}(0,T_{i-1},T_i,K,v_i)$$
$$=P(0,T_i)\tau_i Bl[K,F_i(0),v_i]$$

$$Bl[K,F_i(0),v_i]=E^i[F_i(T_{i-1})-K]^+ \quad \text{此处 } F_i(T_{i-1})=F(T_{i-1};T_{i-1},T_i)$$
$$=F_i(0)N\{d_1[K,F_i(0),v_i]\}-KN\{d_2[K,F_i(0),v_i]\}$$

$$d_1[K,F_i(0),v_i] = \frac{\ln[F_i(0)/K] + v_i^2/2}{v_i}$$

$$d_2[K,F_i(0),v_i] = \frac{\ln[F_i(0)/K] - v_i^2/2}{v_i}$$

$$v_i = \sqrt{T_{i-1}}\, v_{T_{i-1}-Caplet} = s_i\, \sqrt{T_{i-1}}$$

则 T_j 年期利率上限期权的理论价值①为：

$$Cap(0,T_j,K) = \sum_{i=1}^{j} \tau_i P(0,T_i) Bl[K,F_i(0), \sqrt{T_{i-1}}\, v_{T_{i-1}-Caplet}] \quad (4-3)$$

此处在 Cap 的市场报价时，$K = S_{0,j}(0) = S(0;T_0,T_j) = (0,T_i)$ 的远期互换率，根据的是第 1 章式（1－13）所求得的远期互换利率②。

而利用 T_j 年期利率上限期权的报价 $v_{T_j-Caplet}$ 求算其现金价格为：

$$Cap^{MKT}(0,T_j,K) = \sum_{i=1}^{j} \tau_i P(0,T_i) Bl[K,F_i(0), \sqrt{T_{i-1}}\, v_{T_j-Cap}] \quad (4-4)$$

可得等式关系以求算各远期利率的波动率，即公式（4－5）。

$$\sum_{i=1}^{j} \tau_i P(0,T_i) Bl[K,F_i(0), \sqrt{T_{i-1}}\, v_{T_j-Cap}] = \sum_{i=1}^{j} \tau_i P(0,T_i) Bl[K,F_i(0), \sqrt{T_{i-1}}\, v_{T_{i-1}-Caplet}] \quad (4-5)$$

【举例说明】

已知 1 年期与 2 年期的利率上限期权报价，且利率上限期权内含的利率上限看涨期权是 3 个月为一段区间，所以 1 年期利率上限期权内含 3 个利率上限看涨期权，2 年期利率上限期权则内含 7 个利率上限看涨期权，利用等式关系可写为：

1 年期：

$0.25P(0,0.5)Bl[K,F_{0.5}(0), \sqrt{0.25}\, v_{0.25-Caplet}] + 0.25P(0,0.75)Bl[K,F_{0.75}(0), \sqrt{0.5}\, v_{0.5-Caplet}] + 0.25P(0,1)Bl[K,F_1(0), \sqrt{0.75}\, v_{0.75-Caplet}] = 0.25P(0,0.5)Bl[K,F_{0.5}(0), \sqrt{0.25}\, v_{1-Cap}] + 0.25P(0,0.75)Bl[K,F_{0.75}(0), \sqrt{0.5}\, v_{1-Cap}] + 0.25P(0,1)Bl[K,F_1(0), \sqrt{0.75}\, v_{1-Cap}]$

---

① 以个别的 Caplet 而言，当 $K = F_i(T_{i-1}) = (0,T_i)$ 期的远期利率时，Caplet 是平值；若 $K > F_i(T_{i-1})$ 时，称为虚值，而 $K < F_i(T_{i-1})$，称为实值。

② 与上述①的定义类似，若 $K > S(0,T_0,T_j)$，Cap 是虚值；若 $K > S(0,T_0,T_j)$，则为虚值；又若 $K < S(0,T_0,T_j)$，称为实值。

2 年期：

$0.25P(0,0.5)Bl[K,F_{0.5}(0),\sqrt{0.25}v_{0.25-Caplet}]+0.25P(0,0.75)Bl[K,F_{0.75}(0),\sqrt{0.5}v_{0.5-Caplet}]+0.25P(0,1)Bl[K,F_1(0),\sqrt{0.75}v_{0.75-Caplet}]+0.25P(0,1.25)Bl[K,F_{1.25}(0),\sqrt{1}v_{1-Caplet}]+0.25P(0,1.5)Bl[K,F_{1.5}(0),\sqrt{1.25}v_{1.25-Caplet}]+0.25P(0,1.75)Bl[K,F_{1.75}(0),\sqrt{1.5}v_{1.5-Caplet}]+0.25P(0,2)Bl[K,F_2(0),\sqrt{1.75}v_{1.75-Caplet}]=0.25P(0,0.5)Bl[K,F_{0.5}(0),\sqrt{0.25}v_{2-Cap}]+0.25P(0,0.75)Bl[K,F_{0.75}(0),\sqrt{0.5}v_{2-Cap}]+0.25P(0,1)Bl[K,F_1(0),\sqrt{0.75}v_{2-Cap}]+0.25P(0,1.25)Bl[K,F_{1.25}(0),\sqrt{1}v_{2-Cap}]+0.25P(0,1.5)Bl[K,F_{1.5}(0),\sqrt{1.25}v_{2-Cap}]+0.25P(0,1.75)Bl[K,F_{1.75}(0),\sqrt{1.5}v_{2-Cap}]+0.25P(0,2)Bl[K,F_2(0),\sqrt{1.75}v_{2-Cap}]$

由于市场上只有各年限的利率上限期权报价，所以无法得知 3 个月为区间下各个区间远期利率的波动率。故以远期利率的到期日为准，进一步假设同一年内的各个远期利率的波动率均相等；将此设定代入 1 年期利率上限期权等式关系内，可得 0 年至 1 年间的波动率 $v_{(0.1)-Caplet}$。

$$v_{0.25-Caplet}=v_{0.5-Caplet}=v_{0.75-Caplet}=v_{(0,1)-Caplet}=v_{1-Cap} \tag{4-6}$$

接着假设：

$$v_{1-Caplet}=v_{1.25-Caplet}=v_{1.55-Caplet}=v_{1.75-Caplet}=v_{(1.2)-Caplet} \tag{4-7}$$

将式（4-6）和式（4-7）代入 2 年期利率上限期权等式关系内，得：

$0.25P(0,0.5)Bl[K,F_{0.5}(0),\sqrt{0.25}v_{(0,1)-Caplet}]+0.25P(0,0.75)Bl[K,F_{0.75}(0),\sqrt{0.5}v_{(0,1)-Caplet}]+0.25P(0,1)Bl[K,F_1(0),\sqrt{0.75}v_{(0,1)-Caplet}]+0.25P(0,1.25)Bl[K,F_{1.25}(0),\sqrt{1}v_{(1,2)-Caplet}]+0.25P(0,1.5)Bl[K,F_{1.5}(0),\sqrt{1.25}v_{(1,2)-Caplet}]+0.25P(0,1.75)Bl[K,F_{1.75}(0),\sqrt{1.5}v_{(1,2)-Caplet}]+0.25P(0,2)Bl[K,F_2(0),\sqrt{1.75}v_{(1,2)-Caplet}]=0.25\cdot P(0,0.5)Bl[K,F_{0.5}(0),\sqrt{0.25}v_{2-Cap}]+0.25P(0,0.75)Bl[K,F_{0.75}(0),\sqrt{0.5}v_{2-Cap}]+0.25P(0,1)Bl[K,F_1(0),\sqrt{0.75}v_{2-Cap}]+0.25P(0,1.25)Bl[K,F_{1.25}(0),\sqrt{1}v_{2-Cap}]+0.25P(0,1.5)Bl[K,F_{1.5}(0),\sqrt{1.25}v_{2-Cap}]+0.25P(0,1.75)Bl[K,F_{1.75}(0),\sqrt{1.5}v_{2-Cap}]+0.25P(0,2)Bl[K,F_2(0),\sqrt{1.75}v_{2-Cap}]$

因为已知 $v_{(0.1)-Caplet}$及 v_{2-Cap}，便可求解 1 年至 2 年间的波动率 $v_{(1.2)-Caplet}$。

根据以上说明，利用各年限利率上限期权的报价（见表 4-6），可求算出各个远期利率的波动率（见表 4-7），绘出波动率期间结构（见图 4-3）。同样，因为市场信息只有提供 1 年期至 10 年期的利率上限期权报价，加上利率波动率的期间结构越是长天期越趋于平缓，所以假设 10 年以上的远期利率的波动率与 9—10 年间的波动率相等，图 4－3 中框起来的部分是超过 10 年以上的波动率。

表 4－6　　产品发行日利率上限期权 Cap 报价

到期年限	Cap 报价（%）	到期年限	Cap 报价（%）
1	36.8	6	25.4
2	35.7	7	23.7
3	32.7	8	22.2
4	29.0	9	21.2
5	27.1	10	20

表 4－7　　经校准所求得的波动率结构

期间[注]	远期利率波动率（%）	期间	远期利率波动率（%）
0—1 年	36.8	5—6 年	20.629
1—2 年	35.373	6—7 年	17.407
2—3 年	29.912	7—8 年	15.33
3—4 年	23.101	8—9 年	15.915
4—5 年	23.276	9—10 年	12.164

注：依照远期利率对应的区间 $[T_{i-1}, T_i]$ 所属期间。

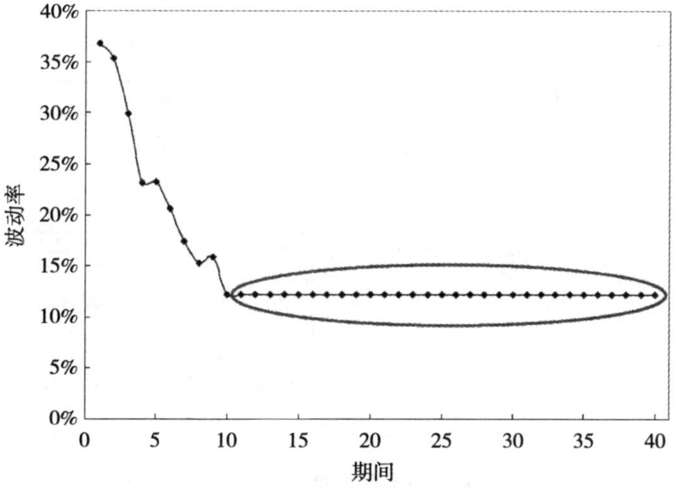

图 4－3　波动率期间结构

◇ 步骤 4：蒙地卡罗模拟

利用第一章式（1－17）进行远期利率模拟。由产品条款可知，是否给予固定配息取决于每日 30 年与 2 年固定年期互换利率孰高孰低。同时，依据模型的远期利率设定，模拟必须分为 90 组同时进行，遂将步骤 3 求算出的 14310 个远期利率整理成表 4－8，其中，F（0；3600，3690）表示期初已知 10 年后的 3 个月远期利率，F（0；14310，14400）则表示期初已知 39.75 年后的 3 个月远期利率。

表 4－8　　远期利率分组

组别	组内互为关联的远期利率各 159 个					
1	F（0；1，91）	F（0；91，181）	…	F（0；3511，3601）	…	F（0；14221，14311）
2	F（0；2，92）	F（0；92，182）	…	F（0；3512，3602）	…	F（0；14222，14312）
⋮	⋮	⋮	…	⋮	…	⋮
89	F（0；89，179）	F（0；179，269）	…	F（0；3599，3689）	…	F（0；14309，14399）
90	F（0；90，180）	F（0；180，270）	…	F（0；3600，3690）	…	F（0；14310，14400）

因为采用单因子模型，也就是同组内各个互为关联的远期利率间的相关系数均为 1，故在进行蒙地卡罗模拟时①，同组内的远期利率是使用同一个随机乱数。所以每往前模拟一天，就要自标准正态分配中抽取 90 个独立的随机样本，由第一章式（1－17）模拟远期利率变动的路径，并利用第一章式（1－13）计算出当日的 30 年与 2 年固定年期互换利率。另外要注意的是，远期利率生效成为即期利率后即由组内剔除，无须再进行模拟。以下以第一组为例进行说明：

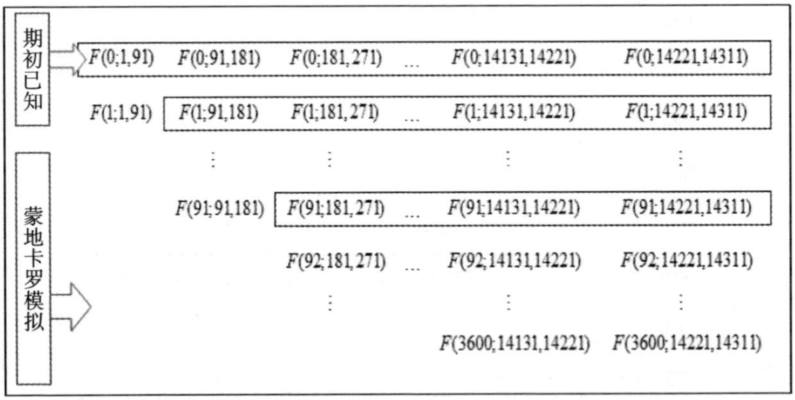

图 4－4　远期利率模拟过程（以第一组为例）

① 将相关系数假设为 1 是为了模拟的方便。更准确的方法是运用降秩方法。详见 P. Weigel（2004）的论文。

如图 4－4 所示，由期初往前模拟一天后，F（0；1，91）即生效成为 F（1；1，91），故由组内剔除，变成以 F（1；91，181）为首往前模拟直到第 91 天生效再由组内剔除，重复以上过程至投资期结束。

此外，在固定年限互换利率的计算上，是使用每日即期利率与以 3 个月作为区间的多个远期利率，所以第 1 天的互换利率计算是使用第一组模拟出的结果，而第 2 天则是使用第二组模拟出的结果，以此作 90 天的循环。

经上述过程，模拟出 10 年内每日的 30 年与 2 年固定年限互换利率，比较大小后，于每季度统计天数并计算利息，同时将发行商买回条款纳入考量，即在每个付息点比较产品现值和发行商买回价格（100% 本金）。若产品现值大于买回价格，发行商执行买回权，产品价值以买回价格计算；若产品现值小于买回价格，产品价值以现值计算。接着加上当期利息折现，持续回推至发行日。其中，根据即期 Libor 利率测度（Spot－LIBOR Measure），折现率是使用前一季度所模拟出的即期利率，举例来说，自第二季度折回第一季度的利率即是第一季度所模拟出的 3 个月 LIBOR 即期利率 F（90；90，180）。另外，自第一季度折回期初的利率是发行日时所观察到的 3 个月 Libor 利率 F（0；0，90）。

因为蒙地卡罗模拟是基于大数法则的数值方法，实验次数越多，其平均值就越趋近理论值，所以重复模拟过程 1 万次，再将 1 万次的结果予以平均，最后即可得出“美元区间保本票据”的价值。

（三）定价结果与利润分析

根据蒙地卡罗模拟 1 万次的结果，就可以得出“美元区间保本票据”的合理价格为 9876.209 美元，如果再加上 1% 的手续费，可知发行商利润为 223.791（$=10000-9876.209+1\%\times10000$）美元，10 年的总利润率为 2.266%（$=223.791/9876.209\times100\%$），每年平均收益率为 0.2243%（$\sqrt[10]{(1+2.266\%)}-1$），即每年有 22.43bp 的收益。

由于结构型产品能提供投资者不同的收益形态，内含的固定收益证券与期权的结合则可提供不同的风险组合，其设计具有提高市场完备性的创新价值。另外，投资人若要自行建构与“美元区间保本票据”相同的投资组合，必须分开购买多个零息债券和数据期权，同时将支付许多交易成本。故可将 223.791 美元的发行利润视作金融创新的价值和交易成本的节省。

但是在 1 万次模拟结果中发现，竟然有高达七成的机会发生首季度付息后发行商即提前赎回的状况，显示产品内含的买回条款可能使投资人无法持续享受高利差的好处，直到到期日，造成“美元区间保本票据”虽然投资期长达 10 年，但可能因发行机构提早强制买回，而成为一个短期投资工具。

另外，因为美元区间保本票据在利息计算上采取固定利率的方式，所以针对此部分尝试提高或减少付息利率，得出结果如表4－9及图4－5所示。由图4－5可知，发行商利润与配息利率呈现反向关系，当票面利率接近9.5%时，发行商达损益平衡。

表4－9　发行商盈亏分析（改变配息利率）

配息利率（%）	票据价值	利润（含手续费）	总利润率（%）	年平均收益率（%）
10.0	10144.751	－44.751	－0.441	－0.0442
9.5	10109.992	－9.992	－0.099	－0.0099
9.0	10068.350	31.650	0.314	0.0314
8.5	10019.161	80.839	0.807	0.0804
8.0	9958.793	141.207	1.418	0.1409
7.5	9876.209	223.791	2.266	0.2243
7.0	9795.574	304.426	3.108	0.3065
6.5	9682.113	417.887	4.316	0.4234
6.0	9539.119	560.881	5.880	0.5730

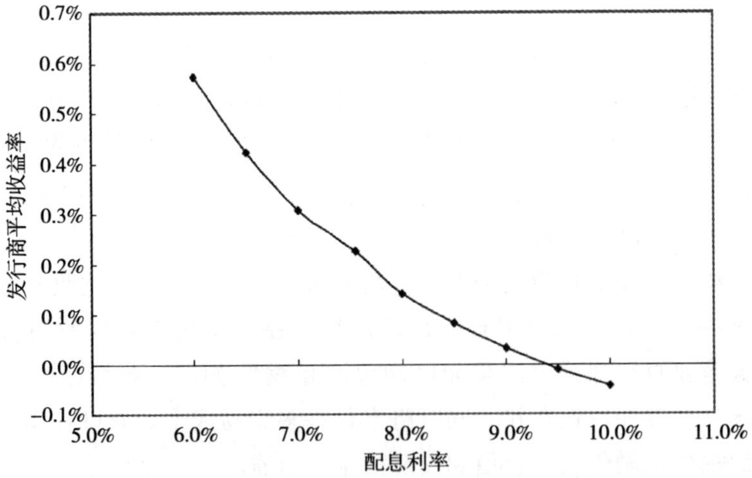

图4－5　发行商盈亏分析

三 敏感度分析与避险参数分析

（一）敏感度分析

1. 收益率曲线平移对产品价值的影响

由图4－6可看出，收益率曲线平移幅度与产品价值呈现反向关系。当收益率曲线向上平移时，票据的价值下降；当收益率曲线向下平移时，票据的价值提高。因为收益率曲线平移变化时，会使所模拟出的各个利率走势整个作同方向同幅度的移动，不会影响到长短天期利率间的关系，也就是长天期互换利率大于短天期互换利率的发生几率不会因此而改变。再者，票据的配息利率维持固定不变，所以当收益率曲线发生平移变动时，票据价值的改变主要来自投资人相对收益的变化。即当收益率曲线向上平移时，投资人获取的收益并不改变，但相对市场应有的收益是减少的，使票据价值下降；相反，当收益率曲线向下平移时，投资人获取的收益相对于市场而言是增加的，使票据价值上升。

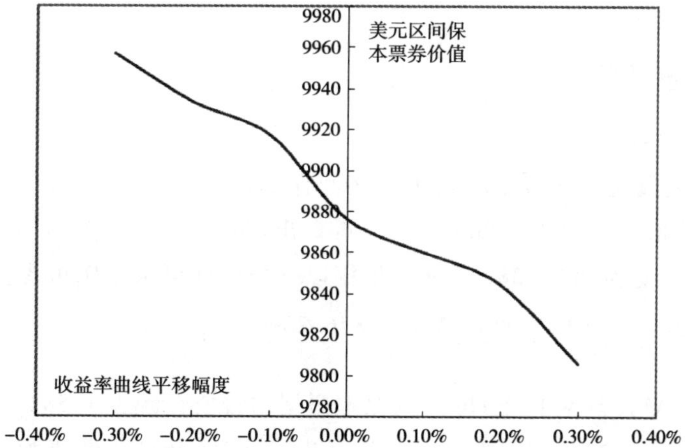

图4－6 收益率曲线平移幅度与美元区间保本票据价值的关系

2. 波动率期间结构平移对产品价值的影响

利率波动率结构的平移变化对票据价值的影响，并不如收益率曲线平移的趋势明确。由图4－7可观察出，波动率增加虽然会提高票据内隐含的期权价值，但同样会造成未来利率上涨的可能，对票据价值会有降低的作用，因此会发现，当向上平移的幅度增加到某一程度之后，利率上涨的力量将超过对期权增值的影响，造成票据价值呈现下滑走势。相反，波动率降低将使票据内隐含的期权价值下降，但同样，未来利率可能会较预期低，造成票据价值提高；当向下平移的幅度增加到某个程度后，可能是期权价值下跌的影响超过票据价值提升的力量，造成票据价值开始下滑。所以，波动率期间结构平移的幅度对此票据价值的影响并不呈现规则性。

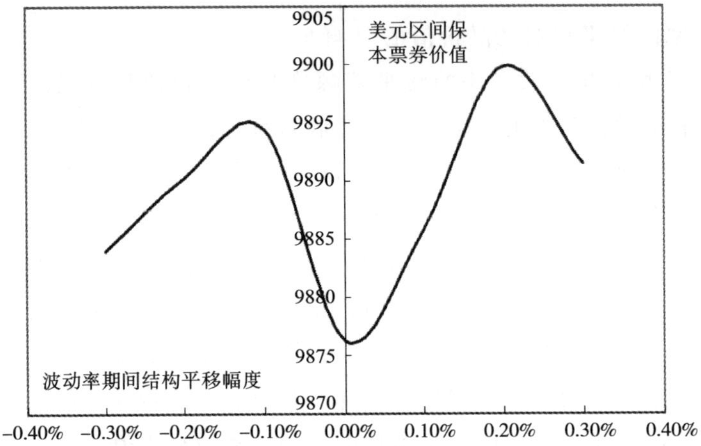

图 4-7 波动率期间结构平移幅度与美元区间保本票据价值的关系

（二）避险参数分析

1. Delta 参数

Delta 代表收益率曲线平移对美元区间保本票据价值的影响，首先算出原来的保本票据价值 V_0 为 9876.209 美元，再算出当收益率曲线向上平移 10bp 后保本票据价值 V_1 变为 9860.387 美元，依据以下公式即可求出Delta参数：

$$Delta = \frac{\Delta V}{\Delta r} = \frac{V_1 - V_0}{\Delta r} = \frac{9860.387 - 9876.209}{10} = -1.5822$$

其意义为当收益率上升 1bp，则保本票据的价值会减少 1.5822 美元。

实务上常用的避险方法为分段避险（Bucket Heding），做法为将收益率曲线切割成好几段，分段计算出各段收益率曲线的 Delta，然后加以避险。

2. Gamma 参数

Gamma 代表收益率曲线平移对美元区间保本票据 Delta 参数的影响，首先算出原来的保本票据价值 V_0为 9876.209 美元，再算出当收益率曲线向上平移 10bp

和向下平移 10bp 后保本票据的价值分别是（V_1）9860.387 美元和（V_2）9916.886 美元，依据以下公式可求出 Gamma 参数①：

$$Gamma=\frac{V_2-2V_0+V_1}{(\Delta r)^2}=\frac{9916.886-2\times9876.209+9860.387}{10^2}=0.24855$$

其意义为当收益率增加 1bp，保本票据的 Delta 参数会增加 0.24855。

3. Vega 参数

Vega 代表波动率期间结构改变对美元保本区间票据价值的影响，其计算方法与 Delta 类似，首先算出原本的保本票据价值 V_0 为 9876.209 美元，再算出当波动率结构向上平移 10bp 后保本票据价值 V_1 变为 9885.743 美元，依据以下公式可求出 Vega 参数：

$$Vega=\frac{\Delta V}{\Delta\sigma}=\frac{V_1-V_0}{\Delta\sigma}=\frac{9885.743-9876.209}{10}=0.9534$$

其意义为当波动率期间结构上升 1bp，保本票据价值会增加 0.9534 美元。

四 发行商的风险及避险策略分析

（一）发行商的风险

从“美元区间保本票据”的配息结构来看，发行商的风险主要来自长短天期利差的变化，但是由过去的走势来看，30 年与 2 年固定年限互换利率的差距持续为正，发行商相当于发行一个票面利率为 7.55% 的固定票息债券。所以，在长短天期互换利率的关系没有发生巨大变化的假设下，发行商所关注的风险是收益率下滑所带来的损失，因为当收益率出现下滑时，发行商给予投资人的收益相对较高（与市场应有的收益相比），造成发行商的成本提高，故透过附买回条款的作为每个区间需重新审视发行成本的机制，如果出现发行成本过高的情况，就强制买回票据。

（二）发行商避险策略

由前所述，“美元区间保本票据”可拆解为零息债券和利差数据看涨期权，

① 参见《初阶金融工程学与 Matlab、C++电算运用》，陈松男著，第十五章。

所以较可行的避险方式就是发行商直接针对期权的部分进行避险。因为发行商发行本产品就等同于卖出固定利率债券和利差数据看涨期权给投资人，所以只要买进一系列的利差数据看涨期权（履约利差为0）就可以规避上述利率风险，不过市场上不易存在上述形态每日到期的利差数据看涨期权，可能要通过与其他金融机进行（利率）交易才能达成避险，但仍有成本过高侵蚀利润的可能。

附录　利率互换的久期（或存续期）

利率互换可视作一个固定利率与一个浮动利率的债券组合。以支付浮动利率、收取固定利率的交易者为例，相当于买入一个固定利率债券并卖出一个浮动利率债券。而久期是指债券的有效到期期限或实质回收期限，主要用于衡量收益率曲线平行变动对债券价值的影响。

因此，对利率互换合约中，支付浮动利率、收取固定利率的交易者而言，该合约的存续期就是固定利率债券的存续期减去浮动利率债券的存续期；然而，因为利率互换中的浮动利率每期会作重设，所以越接近浮动利率的重设日，浮动利率债券的存续期间就越小。故利率互换的存续期间主要决定于固定利率债券的久期。

对于一个固定年限利率互换合约（Constant Maturity Swap），如果两端均为浮动利率，例如：收取3M Libor + Spread，支付两年期固定年限互换利率，对此端交易者而言，每当利率进行重设，则将此利率互换合约的存续期重新锁定在与两年期一般利率互换（2 - Year Interest Rate Swap）同样的水平。因为固定年限利率互换合约具有此固定存续期间的特性，所以可将收益率曲线发生平移变动的利率风险大致消除。

第五章　固定期限利率互换利差挂钩债券①

本章应用前文所提及的研究模型与方法进行挂钩式债券的定价，案例样本是花旗银行信托投资产品中的一个10年期利率连结海外债券。

一　产品介绍与分析

第一个样本是取自花旗银行指定用途信托投资产品，为10年期美元计价固定期限利率互换利差挂钩债券，每季度配息一次，发行机构可于每一配息日执行强制赎回权利，实际配息依票面利率及未来30年期美元互换利率大于或等于10年期美元互换利率的比率而定。首年固定票面年利率为7.75%，自第二年起票面年利率为"4% +8 × (CMS30 - CMS10)"，值得投资者注意的是此票面利率最低为0。表5-1为本产品的公开说明书内容。表5-2为配息计算。

表5-1　产品说明书

发行机构	澳洲联邦银行（Commonwealth Bank of Australia，S&P AA -/Moody's Aa3），是澳洲四大银行之一，提供商人银行、人寿、投资服务。该银行亦提供信用卡、房贷、存款、共同基金及退休产品服务，此外还有如中小企业放款、国际融资及股票经纪，目前共有1000家分行。Commonwealth Bank营运区域包括亚洲、英国与美国
债券类别	欧洲中期债券

① 本章由陈松男教授、研究特助庄筑丰撰写。

续表

有效期	10 年（若发行机构未执行强制赎回权利）
债券币别	美元（可以改为人民币计价）
到期本金赎回金额	票面金额的 100%

配息计算公式：票面利率 ×（n/N）。

表 5-2　　配息计算

计息期间	票面年利率
第一年	7.75%
第二年至第十年	4% +8 ×（CMS30 - CMS10） 最低为 0（可以改为 LPR CMS 利率）

1. n 为在计息期间内，CMS30 - CMS10≥0 的实际天数。
2. N 为计息期间天数（每月以 30 天计，每年以 360 天计）。
3. 第二年至第十年票面年利率的"CMS30 - CMS10"的决定日为当期计息期间（10/6—1/6；1/6—4/6；4/6—7/6；7/6—10/6）首日前 2 个美国政府公债营业日。
4. CMS30 与 CMS10 分别是 30 年期美元互换利率与 10 年期美元交换利率，互换利率系半年付息的利率互换，其计息方式为每月以 30 天计，每年以 360 天计，报价依上午 11 点路透社 ISDAFIXI 页面而定，若该日无报价资料，则以前一美国政府公债营业日的报价为计算基础。
5. 配息频率/计算方式：每季度一次，30/360（每月以 30 天计，每年以 360 天计）。
6. 配息日：自发行日年初起，每年的 1 月 6 日、4 月 6 日、7 月 6 日及 10 月 6 日为配息日，如当日非美国/英国营业日，则可顺延至下一个营业日。
7. 强制赎回：自发行日后，发行机构可在每一次配息日以票面金额的 100% 执行强制赎回权利。

由于互换利率的走势会影响债券配息的多寡，故将发行日前 9 个月的资料绘制成图，供投资者参考。从图 5-1 可以发现，30 年的互换利率几乎都会高于 10 年互换率，也就是利差均大于零，投资者可领到配息的机会相当高。

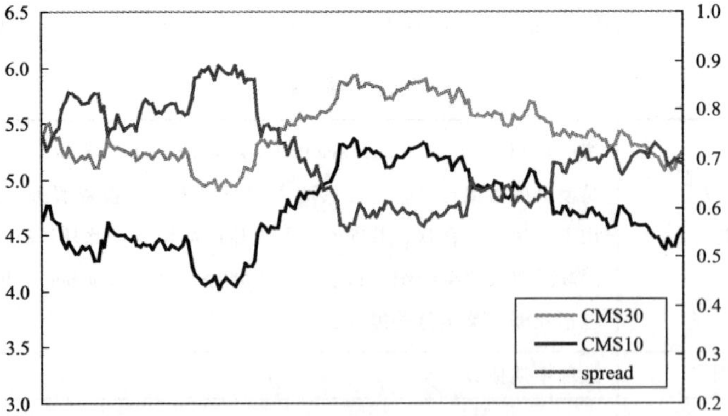

图 5-1　互换利率的部分历史走势

数据来源：Bloomberg。

以下介绍债券在各种情况下收益的计算范例：

（一）投资

投资者若于发行前以价格 100% 投资面额 100000 美元需付出的金额为：

应付金额 = 债券票面金额 + 投资手续费

$= 100000 \times 100\% + 100000 \times 0\%$

$= 100000$（美元）

（二）配息

以有效期内某年的 10 月 6 日为例，投资者可得该债券的配息金额为：假设该债券未经发行机构强制赎回，计息期间 30 年期美元互换利率大于或等于 10 年期美元互换利率的天数占计息期间总天数的 80%，且本次计息期间首日前 2 个营业日的“CMS30 - CMS10”为 0.204%，本次配息票面利率 = 8 × 0.204% + 4% = 5.632%。

领回金额 = 配息金额 - 配息手续费

$= (100000 \times 5.632\% \times 80\% \div 4) - (100000 \times 0.2\% \div 4)$

$= 1076.4$（美元）

（三）到期

若债券未经发行机构强制赎回，投资者持有该债券至 10 年到期日，可领回的金额为：假设该次计息期间 30 年期美元互换利率皆大于或等于 10 年期美元互换利率，且本次计息期间首日前 2 个营业日的“CMS30 - CMS10”为 0.388%，本次配息票面利率 = 8 × 0.388% + 4% = 7.104%。

领回金额 = 持有债券票面金额 + 配息金额 - 配息手续费

$= 100000 + 100000 \times 7.104\% \div 4 - 100000 \times 0.2\% \div 4 = 101726$（美元）

（四）强制赎回

若发行机构于发行后第 4 年的 10 月 6 日配息日执行强制赎回的权利，投资者可领回的金额为：假设该次计息期间 30 年期美元互换利率皆大于或等于 10 年期美元互换利率，且本次计息期间首日前 2 个营业日的“CMS30 - CMS10”为 0.568%，本次配息票面利率 = 8 × 0.568% + 4% = 8.544%。

领回金额 = 持有债券票面金额 + 配息金额 - 配息手续费

$$= 100000 + 100000 \times 8.544\% \div 4 - 100000 \times 0.2\% \div 4$$
$$= 102086 \text{（美元）}$$

二 投资者的风险

投资者投资“花旗银行指定用途信托投资型海外债券：10 年期利率连结可赎回投资型海外债券”，面临的风险有以下几种：

（一）市场风险

许多因素都会影响债券价格，包括但不局限于：相关收益率曲线的高低与形状、利率变动的程度以及对这些因素的未来预期等。上述因素的变化、剩余年限与发行机构的信用质量将会影响债券于次级市场的价格。

（二）信用风险

投资者需自行承担发行机构的信用风险，若投资期间发行商倒闭，投资者可能面临无法拿回全部本金的窘境。花旗银行在本产品仅扮演受托人的角色，协助信托人投资海外债券。

（三）利率风险

美元互换利率的变动将影响投资者所获得的债券配息，若本债券所有计息期间内，每一天 30 年期美元互换利率均低于或等于 10 年期美元互换利率，投资将无法获得任何配息。

（四）强制赎回性风险

发行机构可强制赎回债券，投资者可能面临提前到期的状况，有再投资风险。

（五）流动性风险

当市场发行不利于债券价格的变动时，投资者可能无法赎回全部的债券本金，债券的价值可能因为流动性不佳而无法在次级市场顺利出手，或是出手时价格有大幅折损，投资者在债券未到期前若想要卖出债券可能导致投资本金损失。在产品说明书中，有载明花旗环球金融公司会致力于提供债券的次级市场，但是投资者要明了次级市场不一定具有流动性，这会使债券的买卖价差（Bid/Ask Spread）远高于一般债券。

（六）汇兑风险

本产品是以美元计价，当付息或是债券到期投资者取回本金时，投资者将美元转换成其他货币时，有可能会因汇率变动而遭受本金损失。

三 定价过程

从个案产品——固定期限利率互换利差挂钩债券的结构看来，未来 10 年内每一天的 30 年期和 10 年期互换利率的走势与投资者的收益与债券的价格有关。而互换利率可由一连串的远期 Libor 利率计算出来，因此在 Libor 市场模型架构下，我们采用蒙地卡罗模拟法来求算远期的 Libor 利率，再把它转换成互换利率，模拟出债券每一期的票面利息，折现到目前求出债券价格。过程的每一个步骤，将在本段中清楚地描述，本部分的定价方法同样适用于 LPR1Y/LPR5Y 利率互换期权的定价。

（一）利率模型设定

本债券的收益是一季付息一次，每一次仿真出一条利率路径，在路径上可以决定出当期应支付的利息，欲求出现值要由最后一天的价格不断地往前折现，折现的利率是每一个当期的即期利率，也就是即期的 3M - Libor 利率，也就是以经间断调整后的货币市场账户 $B_d(t)$ 为计价转换（Numeraire）的即期 Libor 测度下进行定价。根据 Brigo - Mercurio（2001）①，在即期 Libor 测度之下远期利率的动态过程如下：

$$dF_i(t) = \sigma_i(t)F_i(t)\sum_{j=a(t)+1}^{i}\frac{\rho_{ij}\tau_j\sigma_j(t)F_j(t)}{1+\tau_jF_j(t)}dt + \sigma_i(t)F_i(t)dz_i^d(t) \qquad (5-1)$$

① 参见 “Interest Rate Models Theory and Practice”，D. Brigo and F. Mercurio（2001），P202 - 203。

此处，$F_i(t)$：在 t 时点 $T_{i-1} \sim T_i$ 间的 6M－Libor 远期利率；$F_i(t) = F(t; i-1, i)$；

$\sigma_i(t)$：远期利率的波动率；

ρ_{ij}：不同时段远期利率间的相关程度；

τ_i：年化的计息时间长度，6M－Libor 利率为 0.5，3M－Libor 利率为 0.25。

利用 Ito's Lemma 可以得到随机变动的过程：

$$d\ln F_i(t) = \sigma_i(t) \sum_{j=a(t)+1}^{i} \frac{\rho_{ij}\tau_j\sigma_j(t)\sigma_j(t)F_j(t)}{1+\tau_jF_j(t)}dt - \frac{\sigma_i(t)^2}{2}dt + \sigma_i(t)F_i(t)dz_i(t) \tag{5-2}$$

进一步将它间断化（Eular Discretization）（详见第一章）

$$\ln F_i^{\Delta t}(t+\Delta t) = \ln F_i^{\Delta t}(t) + \sigma_i(t) \sum_{j=a(t)+1}^{i} \frac{\rho_{ij}\tau_j\sigma_j(t)\sigma_j(t)F_j^{\Delta t}(t)}{1+\tau_jF_j^{\Delta t}(t)}\Delta t - \frac{\sigma_i(t)^2}{2}\Delta t + \sigma_i(t)z_i[(t+\Delta t)+z(t)] \tag{5-3}$$

根据第一章互换利率（Swap Rate）公式，可计算出 30 年和 10 年期互换利率。

$$S(t) = \frac{1-\prod_{j=1}^{n}\frac{1}{1+\tau_jF_j(t)}}{\sum_{i=1}^{n}\tau_i\prod_{j=1}^{i}\frac{1}{1+\tau_jF_j(t)}} \quad [\text{详见第一章式（1-13）}] \tag{5-4}$$

此处，$S(t)$ 为远期互换利率，契约期间为 $T_0 \sim T_n$ 间每半年互换一次的固定方支付利率，浮动方支付的利率为 6M－Libor 利率。

（二）参数设定

根据产品公开说明书，债券产品的有效期为 10 年，以第一年 10 月 6 日那天市场上的 Libor 利率、利率互换（IRS）和利率上限期权（Cap）的市场报价为起始数据进行参数估计。进行的步骤如下（若利率是 LPR，我们运用 LPR 的利率互换和它的 Cap 的报价）：

1. 远期 Libor 利率估计

在市场上看到的 Libor 利率都是 1 年以内的即期利率，需要模拟的却为远期的 Libor 利率，且大部分都在 1 年以上，所以必须借着目前的即期利率以及 1 年以上的互换利率，推导出远期利率。在表 5－3 中的互换利率为 6 个月付息一次的利率互换报价，以拔靴法（Bootstrapping）可转换成 Libor 利率。

表 5-3　　产品发行日的 Libor 和 IRS 市场资料

即期 Libor 利率（%）		各年期的 IRS（%）	
隔夜	1.8088	1 年	2.4940
1 星期	1.8200	2 年	2.9820
2 星期	1.8281	3 年	3.3470
1 个月	1.8400	4 年	3.6370
2 个月	1.9300	5 年	3.8750
3 个月	2.0450	6 年	4.0770
4 个月	2.0956	7 年	4.2520
5 个月	2.1500	8 年	4.3950
6 个月	2.2163	9 年	4.5200
7 个月	2.2706	10 年	4.6295
8 个月	2.3200	12 年	4.8200
9 个月	2.3700	15 年	5.0300
10 个月	2.4200	20 年	5.2200
11 个月	2.4650	25 年	5.2770
12 个月	2.5100	30 年	5.2980

转换的方式是利用利率互换的报价等于一平价发行相同年限、风险等级、付息复利次数债券的票面利率，而这个利率也会刚好等于其收益率。然而，并非所有期限的互换利率都可以在市场上观察出来，可以利用非线性插补法（Cubic Spline）将缺少的期数补齐，利用 Cubic Spline 法所得出的曲线会比较平滑。举例来说，有 1 年期和 2 年期的互换利率，就可以利用 Cubic Spline 法求出 1.5 年的互换利率，求得 1.5 年的互换利率之后就可利用拔靴法，用式（5-5）求出 1.5 年的收益率。

$$S_{1.5}\times 0.5\times e^{-r(0,0.5)\times 0.5}+S_{1.5}\times 0.5\times e^{-r(0,1)\times 1}+S_{1.5}\times 0.5\times e^{-r(0,1.5)\times 1.5}+1\times e^{-r(0,1.5)\times 1.5}=1 \tag{5-5}$$

此处，$S_{1.5}$：由 Cubic Spline 法找出的 1.5 年期的互换利率；

$r(0,t)$：市场 0 ~ t 期的 Libor 利率，也就是 t 年期的收益率。

在式（5-5）中，$r(0,0.5)$、$r(0,1)$、$S_{1.5}$都是已知的，所以整个方程式未知的只剩下 $r(0,1.5)$，就可以求出 0 ~ 1.5 年期的 Libor 利率。接着用相同的方法求 0 ~ 2 年期的 Libor 利率，再一次运用式（5-6）：

$$S_2\times\frac{1}{2}\times e^{-r(0,0.5)\times 0.5}+S_2\times\frac{1}{2}\times e^{-r(0,1)\times 1}+S_2\times\frac{1}{2}\times e^{-r(0,1.5)\times 1.5}+S_2\times\frac{1}{2}\times$$

$$e^{-r(0,2)\times 2}+1\times e^{-r(0,2)\times 2}=1 \quad (5-6)$$

S_2 代表2年期的互换利率，$r(0,0.5)$、$r(0,1)$、$r(0,1.5)$分别代表目前市场上的0.5年、1年、1.5年的收益率，只有$r(0,2)$是未知的。不断重复这个步骤，直到找出40年的Libor利率，如此得到现今市场的Libor利率期间结构。此期间结构是每隔半年一个点，但是由于条款需求，要模拟出每一天的30年和10年互换利率，举例来说：第二年的第一天（第361天，此处假设1年=360天），10年互换利率的计算需要下面这一组远期Libor利率数据：$F(361;361,541)$，$F(361;541,721)$，$F(361;721,901)$，…，$F(361;3781,3961)$①，到了第二年的第二天，计算10年互换利率就要换成下一组远期Libor利率资料：$F(362;362,542)$，$F(362;542,722)$，$F(362;722,902)$，…，$F(362;3782,3962)$。因此为了后续要能求出多组的远期利率，要再次利用Cubic Spline法内插出以一天时间长度为间隔的Libor Term Structure（见图5-2）。

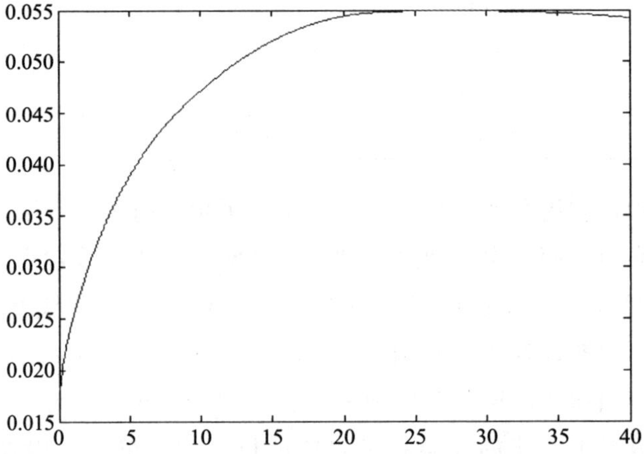

图5-2 产品发行日的Libor利率期间结构曲线

在期间结构曲线上的每一点都是代表一个即期（Spot）的Libor利率，要利用下面的方法从即期利率推算出合理的远期利率：已知$L(0,1)$、$L(0,181)$分别代表第0~1天、第0~181天的即期Libor利率，利用式（5-7）的关系可以求出唯一一个未知数$F(1,181;0)$的远期利率。

$$\left[1+\frac{1}{360}L(0,1)\right]\times\left[1+\frac{180}{360}F(1,181;0)\right]=1+\frac{181}{360}L(0,181) \quad (5-7)$$

此处，$L(0,t)$：第0天到第t天的即期Libor利率；

① 此处远期Libor利率内的时间是以天为单位。

$F(t,T;0)$：目前（0时点），t 到 T 的远期 Libor 利率。

不断重复如上的步骤，便可以求出如表 5－4 的一个矩阵式远期利率，矩阵内远期利率的时间参数也是以天为单位。

表 5－4　远期 Libor 利率（若利率是 LPR，则它是 LPR 的远期利率）

F(1,181;0)	F(2,182;0)	F(3,183;0)	…	F(178,358;0)	F(179,359;0)	F(180,360;0)
F(181,361;0)	F(182,362;0)	F(183,363;0)	…	F(358,538;0)	F(359,539;0)	F(360,540;0)
F(361,541;0)	F(362,542;0)	F(363,543;0)	…	F(538,718;0)	F(539,719;0)	F(540,720;0)
⋮	⋮	⋮	…	⋮	⋮	⋮
F(13861,14041;0)	F(13862,14042;0)	F(13863,14043;0)	…	F(14038,14218;0)	F(14039,14219;0)	F(14040,14220;0)
F(14041,14221;0)	F(14042,14222;0)	F(14043,14223;0)	…	F(14218,14398;0)	F(14219,14399;0)	F(14220,14400;0)

78个

共180组

有了这组数据之后，可利用它来作为蒙地卡罗仿真法的起始利率数据，随着仿真时间的过去，不断会有远期利率变成即期利率，这时它就不必再继续模拟下去。举例来说：当第一天过去时，$F(0;1,181)$ 会成为 $F(1;1,181)=L(1,181)$，一个即期的 6M－Libor 利率，它就要从远期资料中被剔除。在模拟的时候采取 180 组同时进行的方式，间隔时间 Δt 是每天，但是每一组所给定的随机数是不同的。

2. 波动率的估计

找出产品发行日当天平值利率上限期权（Cap）的市场报价，如表 5－5 所示。

表 5－5　各年期平值（ATM）Cap 的报价

Maturity	Strike	Vol.（%）
1	2.61	26.32
2	3.06	30.73
3	3.4	30.96
4	3.67	30.02
5	3.9	28.59
6	4.09	27.3
7	4.26	26.75
8	4.39	25.1
9	4.51	24.1
10	4.61	23.21

由于 Cap 的标的是 6M－Libor 利率，1 年期的 Cap 包含 1 个利率 Caplet，这

个 Caplet 会在 6 个月之后到期，2 年期的 Cap 包含 3 个 Caplet，到期日依序是 6 个月、一年以及一年半，依次类推，10 年期的 Cap 包含了 19 个 Caplet。从这些数据我们可以推导出一个波动率的期间结构。推导的方式说明如下：

$$Cap^{MKT}(0,T_j,K) = \sum_{i=1}^{j} \tau_i P(0,T_i) Bl[K, F_i(0), \sqrt{T_{i-1}} v_{T_j-Cap}] \quad (5-8)$$

此处，$Cap^{MKT}(0,T_j,K)$为 Cap 的市价；履约价为 K。

$T_j = [T_0, \cdots, T_j]$为一个时间集合，代表不同 Caplet 到期的时点，T_0 是 6 个月，每一个 T 之间的间隔也是 6 个月，T_j 是最后一个 Caplet 到期的时点。从时间集合可以得知一个 Cap 共包含几个 Caplet。

τ_i：年化的计息时间长度，6M－Libor 利率为 0.5，3M－Libor 利率为 0.25；

$P(0,T_i)$：在 T_i 到期的零息债券，在此处用来折现现金流量；

$Bl[K, F_i(0), \sqrt{T_{i-1}} v_{T_j-Cap}]$：利用 Black Model 算出的 Caplet 价格，远期利率为 $F_i(0) = F(0; i-1, i)$；

v_{T_j-Cap}：Cap 的平均波动率。

在式（5－8）中，Cap 平均波动率并不能代表所有 Caplet 的波动率，但是在计算 Cap 的市价时，代入一个 v_{T_j-Cap}和不同的 $v_{T_{i-1}-Caplet}$的价格应该是相同的，如式（5－9）的关系。

$$\sum_{i=1}^{j} \tau_i P(0,T_i) Bl[K, F_i(0), \sqrt{T_{i-1}} v_{T_j-Cap}] = \sum_{i=1}^{j} \tau_i P(0,T_i) Bl[K, F_i(0), \sqrt{T_{i-1}} v_{T_{i-1}-Caplet}] \quad (5-9)$$

此处，$v_{T_{i-1}-Caplet}$为 T_{i-1}时到期的 Caplet 波动率，用 Stripping 方法，可将每一个 Caplet 的波动率推衍出来。举例来说，1 年期的 Cap 只有一个 Caplet，所以 $v_{T_0-Cap} = v_{T_0-Caplet}$，拿已知的 $v_{T_0-Caplet}$ 带入求 2 年 Cap 便可以得到 $v_{T_1-Caplet}$ 和 $v_{T_{1.5}-Caplet}$，依此步骤不断重复便可以找出一个 10 年期的波动率期间结构，如图 5－3 所示。

由于产品的条款需要求出 30 年期的互换利率，债券的期限又是 10 年期，需要的波动率最远要到 40 年之久，但是市场上的数据只能求出 10 年内的远期利率波动率，大于 10 年的部分我们便假设它和 $v_{T_{9.5}-Caplet}$相同，也就是 10 年到 40 年间是一条平坦的线。

3. 相关系数的设定

模拟的标的涉及一群远期利率，它们彼此之间的变动会存在一定的相关性，在本章中，我们假设所有的相关系数均为 1，也就是他们受到 Brownian Motion项的变动程度是一致的。请参阅第四章的注解和 Weigel（2004）降秩方法。

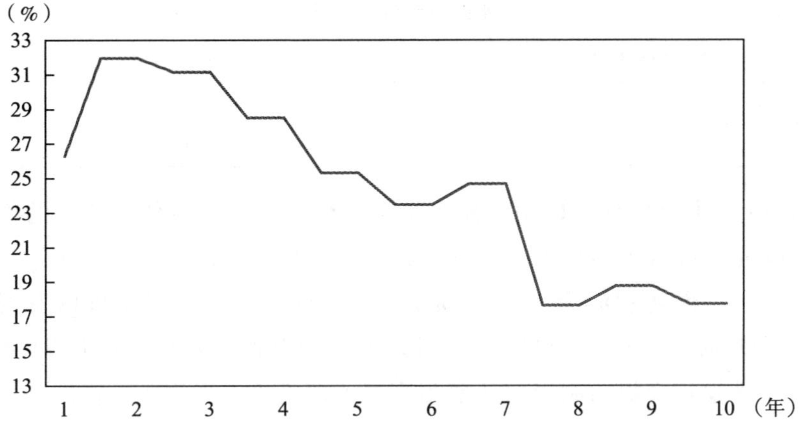

图 5 - 3 产品发行日的波动率期间结构

(三) 互换利率模拟

根据产品的合约，票面利息每日计息与否来自 30 年互换利率是否大于或等于 10 年互换利率，在 Libor 市场模型下，要用表 5 - 4 先模拟出每天的远期 6M - Libor 利率，再用式（5 - 4）转换成互换利率，判断每日互换利率的大小。定价时每月以 30 日，一年以 360 日为计算基准。例如：第一天的 30 年互换利率计算需要下面这一组共 60 个远期利率来计算：$F(1;1,181)$，$F(1;181,361)$，$F(1;361,541)$，…，$F(1;10621,10801)$，10 年期的互换利率需要的是另一组共 20 个远期利率：$F(1;1,181)$，$F(1;181,361)$，$F(1;361,541)$，…，$F(1;3421,3601)$。

(四) 模拟定价结果

依照配息计算公式，模拟出每季配息的票面利率以及 n（30 年互换利率大于或等于 10 年互换利率的天数）的大小。另外，在产品条款中，发行商有一个赎回条件，在每一个付息的时点可以执行这个权利，每仿真一条利率路径，在用即期利率折现回现今时点时，若是发现折现回前一期的价值大于 100 时，此价值就用 100 来代替。举例来说：若最后一期的利息收入为 2.2%，而折现利率为 4%，折现到前一付息时点的价值为 101.88 [= (100 + 2.2)/(1 + 0.25 × 4.4%)]，此时理性发行商的行为会执行赎回权，因此这价值要以 100 来替代，用这个方式来求得内含赎回权的价值。仿真 10 年的利率路径 10000 次求出每一次的债券价格之后再将之平均，就是债券的仿真价格。得出的价格结果如表 5 - 6 所示。

表 5-6　挂钩债券价值分析

含赎回权价值	98.8833
不含赎回权价值	120.7629
零息债券	62.2288

由表 5-6 中可发现，以 100 元为本金单位下，此挂钩债券合理的价格应该为 98.8833 元，价值大多是来自零息债券，而发行商以面额发行，在不计入申购管理费用之下，期初利润为 1.1167 元，达 1.13%。由图 5-4 可以发现，未来 10 年内的利息收入高达 58.5341 元，所以发行商赎回权利价值高达 21.8796 元，不但表示未来发行商提前赎回的几率相当高，而且投资者因为这样的条款所损失的利息收入也相当多。

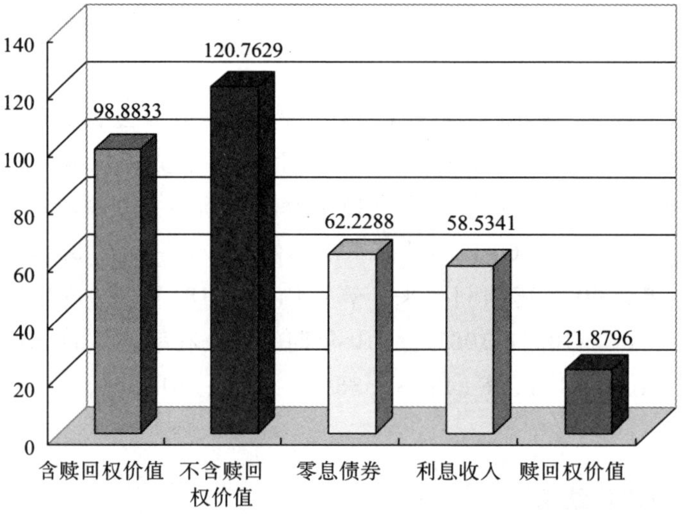

图 5-4　价值分析

四　敏感度分析

（一）Delta（收益率曲线对债券价格的影响）

避险参数 Delta 要研究的是当收益率曲线平行移动对价格的影响，观察向上平移 10bp 和向下移 10bp 分别对债券价格的影响程度（%），在这个地方套用计算债券 Effective Duration① 的观念。利率水平的高低会分两个部分影响债券的价格：一部分是折现的利率，当利率越高债券价格越低，反之亦然；另一部分会影响票面利息，收益率越高，则计算出来的互换利率越高，且 30 年期又没有出现小于 10 年期互换利率的情况时，票面利息越高，债券价格反而会越高。

$$Delta = -\frac{[V(r+\Delta r)-V(r)]+[V(r)-V(r-\Delta r)]}{2V(r)\Delta r}$$

$$=\frac{V(r+\Delta r)-V(r-\Delta r)}{2V(r)\Delta r} \tag{5-10}$$

从表 5－7 可以发现，两种利率的变化方向都会影响到债券的价格，使债券价格提高，但是收益率曲线下降对价格的影响较大。

表 5－7　　　　收益率曲线变动影响一览表

$V(r-0.001)$	100.6111
$V(r)$	98.8833
$V(r+0.001)$	99.7466
Delta	－0.0437%

（二） Gamma

此处我们来探讨当收益率曲线变动对价格的二阶影响，套用计算债券 Effective Convexity② 的概念，定义 Gamma 如下：

$$Gamma = \frac{V(r-\Delta r)+V(r+\Delta r)-2V(r)}{V(r)(\Delta r)^2} \tag{5-11}$$

$$Gamma = \frac{100.6111+99.7466-2\times 98.8833}{98.8833\times 10^2}=0.0262\% \tag{5-12}$$

由于不管收益率曲线上升或下移，对有效存续时间影响不大。因为当收益率上升（下降）10bp 时，对该产品的有效存续时间（Effective Duration）的影响只有 0.0262% 的变动（Gamma 是一个正值，也就是具有凸性的存在）。

（三） Vega（波动率期间结构平行移动的影响）

参数 Vega 说明了波动率期间结构对挂钩债券价格的影响，我们探讨当波动

① 参见陈松男著的《初阶金融工程学与 MATLAB，C＋＋电算应用》第 15 章。
② 参见“Interest Rate Models Theory and Practice”，D. Brigo and F. Mercurio（2001），P202－203。

率平行上移和下移 1% 对价格会有什么样的影响，对 Vega 的定义如下：

$$Vega = \frac{[V(\sigma+\Delta\sigma)-V(\sigma)]+[V(\sigma)-V(\sigma-\Delta\sigma)]}{2\Delta\sigma}$$

$$= \frac{V(\sigma+\Delta\sigma)-V(\sigma-\Delta\sigma)}{2\Delta\sigma} \tag{5-13}$$

经过计算得出的结果如表 5－8，可以发现波动率上升时，债券价格就会上升；利率波动率降低时，价格反而会上升。在 Libor 市场模型的仿真过程中，若是波动率提高，表示未来的互换利率会随之升高，使投资者获得的配息增加，价格自然提高。因此，Vega 的值为 0.8468%（以 1% 为一个变动单位），发行商可以依据这个结果作为定价的调整因子，若预期未来利率的波动程度可能会升高时，可将发行价格提高一些，因为这会使债券内含的价值提高。

表 5－8　　波动率期间结构变动影响一览表

$V(\sigma-1\%)$	97.6824
$V(\sigma)$	98.8833
$V(\sigma+1\%)$	99.3571
Vega	0.8468%

五　发行商的策略分析

这种挂钩式债券是每天计息，发行商希望的结果是：在往后利率看升的情势下，原本陡峭的收益率曲线会修正，但未来的配息并不会提高。为了在低利率环境下能够吸引投资者，特别将首年票面年息提高。但是发行商因为有一赎回权利，所以风险大幅度降低，一旦累积配息率过高，就可以执行买回的权利，提前结束这档挂钩式债券。

若发行商欲进行静态避险，要到市场上买入利率价差选择权，以规避掉未来 30 年互换利率大幅大于 10 年互换利率的风险，但是因为本产品是每日判断是否计息，所以利率选择权的设计要乘上一乘数反映出计息天数的变化；或是发行商赌定 30 年互换利率一定会大于 10 年互换利率，这样只要买入一般型的利率价差选择权进行避险即可规避付息日前二日时（CMS30－CMS10 的决定日）利差大幅升高的风险。但是市场上要买入合乎产品收益形态的欧式利率价差选择权仍属不易，所以执行此方法避险会使避险成本大幅提高。

六 投资者的投资策略分析

根据历史纪录与仿真试算结果，持有债券的年限中，30 年互换利率几乎都会大于 10 年互换利率，也就是说，每日计息的机会相当高，所以投资者几乎可以拿回比定存还多的利息。但影响收益率最大的差别在于，两互换利率间利差的高低，会影响到票面利息的多寡。根据产品发行当时的利率情况，短天期利率仍低，但长天期利率却因为市场担忧 Fed 升息，造成长天期利率蹿高，长短天期收益率曲线变得陡峭，一旦 30 年互换利率和 10 年互换利率间的利差会持续扩大，自然会吸引投资者的目光。

本产品首年有 7.75% 的固定配息，也就是说，首年期间内，不必挂钩到两个互换利率利差来决定配息，所以投资者面临的风险是：发行一年内收益率曲线变得过于陡峭，但是等到第二年之后曲线开始修正，变得平缓，会减少大量的利息收入。另外，若是累计配息收益率到达一定程度，依据市场上的惯例，发行商几乎都会执行买回权利，这又将使投资者面临提前到期的窘境，往后预期大笔的配息没有机会入袋，有再投资的风险。

本挂钩债券的存续期间较长，所以资金积压的时间较长，投资者最好以闲置资金投资，否则容易在急需资金时，因为流动性不佳在次级市场变现时损失大笔资金，此乃定制化条款的金融产品，常会具有的流动性风险。

第六章　荷兰银行美元利率互换定价及分析①

一 利率互换介绍

利率互换（Interest Swap，IRS）是指一种互换利息流量的远期合约，合约双方以不同的利率指标（包含浮动或固定利率）作为互换的标的，定期结算彼此在利息上的利差。一般来说，利率互换不涉及名义本金（Notional Principle）上的互换，而仅就“利息差额给付”进行结算。常见的交易形态有两个，一是固定利率与浮动利率的互换（Plain Vanilla IRS；Fixed－for－Floating IRS）；二是牵涉不同浮动利率指标间的互换（Basis Swap）。交易形态完全视交易双方对利率指针的选择。利率互换常被银行或企业视为管理利率风险的工具，举例说明，若企业发行浮动利率债券，担心收益率上扬使资金成本提高，可借和第三者（如银行）承作利率互换的方式，将浮动资金成本转为固定资金成本。因此，利率互换在利率相关衍生产品市场中扮演重要的角色。

下一节我们将以荷兰银行5年期美元利率互换为例，对其进行定价与分析。

二 荷兰银行美元利率互换的内容与分析

表6－1为荷兰银行美元利率互换产品的条款内容。

---

① 本章由陈松男教授、研究特助林淳瑜撰写。

表 6－1　　　　荷兰银行美元利率互换产品的条款内容

产品有效期间		5 年
名义本金		25000000 美元（可以改为人民币计价）
银行端	承作者	荷兰银行
	承作利率	6 个月 USD Libor 利率，每半年互换一次（可改为 LPR 利率）
投资人端	承作者	投资人
	承作利率	第一年：0% 第二年：max（Libor－2.5%＋前期支付利率，0） 第三年：max（Libor－3.5%＋前期支付利率，0） 第四年：max（Libor－4.5%＋前期支付利率，0） 第五年：max（Libor－5.5%＋前期支付利率，0）
Libor 利率		每一互换利率期间的前两个营业日的 6 个月 USD Libor 例如：每一年 6 月 18 日至该年 12 月 18 日所互换的利率基准，是该年 6 月 16 日的 6 个月 USD Libor 报价
计息基础		实际天数/360 天

从表 6－1 可知，荷兰银行每半年付 6 个月美元 Libor 利率乘以本金，投资人第一年不需支付任何利息，第二年起支付的利息为 6 个月的 Libor 利率减去一个递升的固定利率，再加上前期支付利率，下限利率为 0。投资人端这种每期支付利率包含其上一期支付利率形态的产品，称为“雪球型”（Snowball）。由于银行端与投资人端皆为浮动利率的利率互换，故本产品为基差互换的一种变形。

一般而言，利率互换的收益可拆解成各买卖一个名义本金相同、到期日相同、付息日相同但支付利率不同的债券。对荷兰银行而言，此利率互换相当于卖出一张 5 年期，名义本金为 25000000 美元，每半年支付 6 个月美元 Libor 利率的浮动利率债券，同时买进一张相同到期日及名义本金的 6 个月美元 Libor 利率“雪球型”债券。反之对投资人而言，此利率互换相当于卖出一张 5 年期、名义本金为 25000000 美元的 Libor 利率“雪球型”债券，同时买进一张相同到期日及名义本金的美元 Libor 浮动利率债券。因此，对荷兰银行而言，可将利率互换的收益用式（6－1）表示：

利率互换收益＝美元 Libor 利率“雪球型”债券

－美元 Libor 浮动利率债券　　　　（6－1）

对投资人而言，其利率互换收益与银行的利率互换收益完全相反，故求得银行端的收益后，将其取负号即可得到投资人的收益。

由于本产品包含一个“雪球型”债券，其每期的支付利率包含上一期的支付利率，为路径相依的产品，因此下一节选用 Libor 市场利率模型以蒙地卡罗模拟法（Monte Carlo Simulation）进行定价。

三

荷兰银行美元利率互换的定价方法

（一）收益率曲线估计

表6－1可知，此产品每期支付的利率，为每一互换利率期间的前两个营业日的美元Libor利率。为了定价此产品，首先找出产品发行日的所有Libor报价（见表6－2）。本部分的定价方法同样适用于LPR利率互换期权的定价。

表6－2　　　　产品发行日美元Libor利率报价

到期日	美元Libor（%）	到期日	美元Libor（%）
1天	1.055	6个月	1.845
1周	1.08	7个月	1.9375
1个月	1.26375	8个月	2.025
2个月	1.38125	9个月	2.10625
3个月	1.53375	10个月	2.195
4个月	1.64	11个月	2.28125
5个月	1.7425	12个月	2.3725

数据来源：British Banker's Association。

由于市场上美元Libor的报价最长只到12个月，而本产品的期间为5年，为了求出更长天期的美元Libor，超过1年以上的部分，需利用1年以上固定端为半年付息一次的美元互换利率报价，将其以拔靴法（Bootstrapping Approach）转换成Libor利率。拔靴法是目前实务上用于估计收益率曲线的最常用的方法，转换方式是利用利率互换的报价等于平价发行相同年限、相同风险等级、相同付息复利次数债券的票面利率，而Libor利率等于其收益率。已知市场上半年付息一次的美元互换利率报价如表6－3所示。

表6－3　　　　产品发行日美元互换利率报价

到期日	美元互换利率（%）
1年	2.431
2年	3.221
3年	3.748

续表

到期日	美元互换利率（%）
4 年	4.128
5 年	4.416

数据来源：DataStream。

因为市场上无法观察到所有到期日的互换利率，故利用 MATLAB 软件的非线性插补法（Cubic Spline）插补出一年以上、每半年为间隔的互换利率。例如市场上有 1 年期和 2 年期的互换利率，则可以用非线性插补法插补出 1.5 年期的互换利率。求得 1.5 年期的互换利率后，接着可利用拔靴法，运用式（6－2）求出 1.5 年的收益率。

$$\frac{\frac{1}{2}\times S_{1.5}}{[1+r(0,0.5)]^{0.5}}+\frac{\frac{1}{2}\times S_{1.5}}{[1+r(0,1)]^{1}}+\frac{\frac{1}{2}\times S_{1.5}+1}{[1+r(0,1.5)]^{1.5}}=1 \tag{6-2}$$

此处，$S_{1.5}$：由非线性插补法求得的 1.5 年期美元互换利率；

$r(0,t)$：市场上 t 年期的收益率。

在式（6－2）中，$S_{1.5}$为非线性插补法求得的 1.5 年期美元互换利率，$r(0,0.5)$、$r(0,1)$、$r(0,1.5)$分别为市场上 0.5 年、1 年、1.5 年的收益率，其中，$r(0,0.5)$和 $r(0,1)$为已知信息，故式（6－2）中仅有 $r(0,1.5)$是未知，因此可利用此关系式反求出 1.5 年的收益率。接着用同样的方法求出 2.5 年的收益率，重复上述步骤，依序求出 2.0 年、2.5 年等的收益率，即可得到 2004 年 6 月 16 日市场的利率期间结构。最后再次使用 MATLAB 软件中的非线性插补法得到整条美元 Libor 的收益率曲线（见图 6－1）。

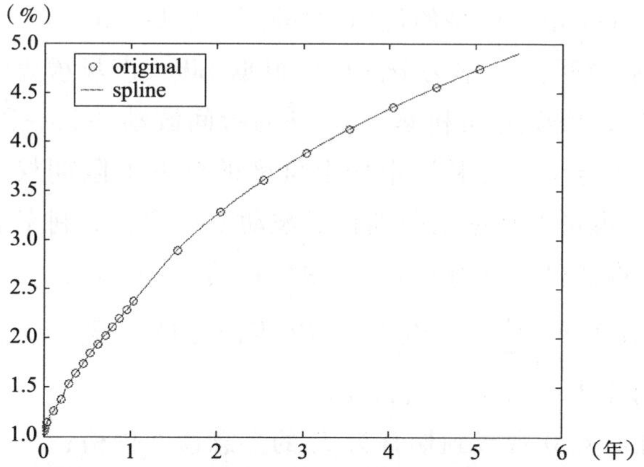

图 6－1 产品发行日美元 Libor 收益率曲线

估计出收益率曲线后，接着可利用预期理论求得市场上各期的远期利率。在无套利机会假设下，可知投资 1 元于 1 年期的即期利率，在 1 年后得到的收益应与投资 1 元于投资半年期的即期利率，半年后将本息再投资半年的远期利率相同，如式（6－3）表示：

$$1+r(0,1)=[1+r(0,0.5)]^{0.5}\times[1+F(0;0.5,1)]^{0.5} \quad (6-3)$$

此处，$r(t,T)$：在时点 t 观察到 $T-t$ 年期的即期利率；

$F(t;T,S)$：在时点 t 观察到时间（T，S）的远期利率。

在式（6－3）中，$r(0,0.5)$与$r(0,1)$分别是市场上 0.5 年期与 1 年期的即期利率，$F(0;0.5,1)$为现在观察未来 0.5 年到 1 年的远期利率，其中$r(0,0.5)$与$r(0,1)$是已知的，仅剩$F(0;0.5,1)$为未知，故可用此关系式反求出$F(0;0.5,1)$。依次类推，可用同样的步骤求得各期的远期利率，如表 6－4 所示：

表 6－4　　产品发行日各期远期利率

远期利率	%	远期利率	%
$F(0;0.5,1)$	2.9027	$F(0;3,3.5)$	5.6214
$F(0;1,1.5)$	3.9407	$F(0;3.5,4)$	5.9139
$F(0;1.5,2)$	4.4603	$F(0;4,4.5)$	6.1785
$F(0;2,2.5)$	4.9034	$F(0;4.5,5)$	6.4355
$F(0;2.5,3)$	5.2862		

（二）参数估计

估计出收益率曲线与各期远期利率后，Libor 市场模型所需的原始数据就已完成，接着估计 Libor 市场模型的远期利率瞬间波动率 $\sigma_k(t)$与相关系数矩阵 ρ。首先估计远期利率瞬间波动率为 $\sigma_k(t)$，根据 Libor 市场模型参数估计曾提到，为了减少参数估计，假设远期利率 $F_k(t)$①的瞬间波动率为一固定常数，且不随时间改变，即 $\sigma_k(t)=s_k$，可利用市场上价平的利率上限期权（Cap）估计远期利率瞬间波动率。市场上利率上限期权是波动率报价，而利率上限期权可视为一连串欧式 Caplets 的总和，应用 Black（1976）的公式可得：

$$Cap^{MKT}(0,T_j,K)=\sum_{i=1}^{j}\tau_i P(0,T_i)Bl[K,F_i(0),\sqrt{T_{i-1}}v_{T_j-Cap}]$$

此处，τ_i：每个 Caplet 的时间长度；

$P(0,T_i)$：在时点 0 观察到期日为 T_i 的零息债券价格；

① $F_k(t)=F(t,T_{k-1},T_k)$。

K：利率上限期权的上限利率（即履约价）；

$F_i(0)$：在时点 0 观察时间(T_{i-1},T_i)的远期利率；

v_{T_j-Cap}：到期日为 T_j 的利率上限期权市场波动率报价。

市场上利率上限期权的波动率报价，可视为其所有包含的 Caplets 的平均隐含波动率。想求得各别 Caplet 的隐含波动率，可借下列关系式求得：

$$\sum_{i=1}^{j}\tau_i P(0,T_i)Bl[K,F_i(0),\sqrt{T_{i-1}}v_{T_j-Cap}] = \sum_{i=1}^{j}\tau_i P(0,T_i)Bl[K,F_i(0),\sqrt{T_{i-1}}v_{T_{i-1}-Caplet}] \tag{6-4}$$

此处，$v_{T_{i-1}-Caplet}$为 Caplet（重设时点 T_{i-1}，到期日时点 T_i）的隐含波动率。

举例说明上列关系式。已知市场上 1 年期及 2 年期，每半年重设一次的利率上限期权的市场波动率报价，则 1 年期的利率上限期权包含 1 个 Caplet（重设时间第 0.5 年，到期时间第 1 年），2 年期的利率上限期权包含 3 个 Caplet（重设时间分别为第 0.5 年、第 1 年及第 1.5 年，而到期日分别为第 1 年、第 1.5 年及第 2 年）。由上列利率上限期权的波动率和其包含 Caplets 的波动率关系式可知，1 年期，每半年重设一次的利率上限期权市场波动率等于其包含 Caplet 的波动率。已知重设时间为第 0.5 年，到期日为第 1 年的 Caplet 波动率后，可利用 2 年期利率上限期权的市场波动率代入式（6 -4），反推另外两个 Caplets 的波动率。由于 1 个方程式仅可解出 1 个未知变量，故假设重设时间为第 1 年、到期日为第 1.5 年的 Caplet 波动率与重设时间为第 1.5 年、到期日为第 2 年的 Caplet 波动率相同。依次类推，可求得 3 年期、4 年期和 5 年期，每半年重设一次的利率上限期权所包含所有 Caplets 的隐含波动率。

最后，利用算出的 Caplets 的隐含波动率估计 LFM 模型远期利率的瞬间波动率，即：

$$v_{T_{i-1}-Caplet} = s_i \tag{6-5}$$

表示重设时点为 T_{i-1}、到期日为 T_i 的 Caplet 波动率，等于 LFM 模型远期利率 $F_i(t)$的瞬间波动率，此波动率为一固定常数，且不随时间 t 改变。

由以上的估计方法，我们可利用 2004 年 6 月 16 日市场上 1 年期至 5 年期，每半年重设一次的价平利率上限期权进行 Libor 市场模型远期利率瞬间波动率的估计。表 6 -5 为当日利率上限期权的波动率报价。

表 6 -5　　产品发行日 Cap 波动率报价

到期日	Cap 波动率报价（%）
1 年	34.98
2 年	34.52

续表

到期日	Cap 波动率报价（%）
3 年	31.25
4 年	28.97
5 年	27.17

数据来源：Bloomberg。

由式（6－4）可反求出以上利率上限期权所包含 Caplets 的隐含波动率 $v_{T_{i-1}-Caplet}$，而 Caplets 的波动率等于 Libor 市场模型远期利率的瞬间波动率，即可估计出各期远期利率的瞬间波动率，如表 6－6 所示：

表 6－6　Libor 市场模型下各期远期利率瞬间波动率

	t∈(0,0.5)	(0.5,1)	(1,1.5)	(1.5,2)	(2,2.5)	(2.5,3)	(3,3.5)	(3.5,4)	(4,4.5)	(4.5,5)
F0.5(0)	34.98	*	*	*	*	*	*	*	*	*
F1(0)	34.98	34.98	*	*	*	*	*	*	*	*
F1.5(0)	34.383	34.383	34.383	*	*	*	*	*	*	*
F2(0)	34.383	34.383	34.383	34.383	*	*	*	*	*	*
F2.5(0)	28.142	28.142	28.142	28.142	28.142	*	*	*	*	*
F3(0)	28.142	28.142	28.142	28.142	28.142	28.142	*	*	*	*
F3.5(0)	25.609	25.609	25.609	25.609	25.609	25.609	25.609	*	*	*
F4(0)	25.609	25.609	25.609	25.609	25.609	25.609	25.609	25.609	*	*
F4.5(0)	23.331	23.331	23.331	23.331	23.331	23.331	23.331	23.331	23.331	*
F5(0)	23.331	23.331	23.331	23.331	23.331	23.331	23.331	23.331	23.331	23.331

注：* 表示不存在（Dead）。

将表 6－6 的远期利率瞬间波动率绘成波动率期间结构，如图 6－2 所示。

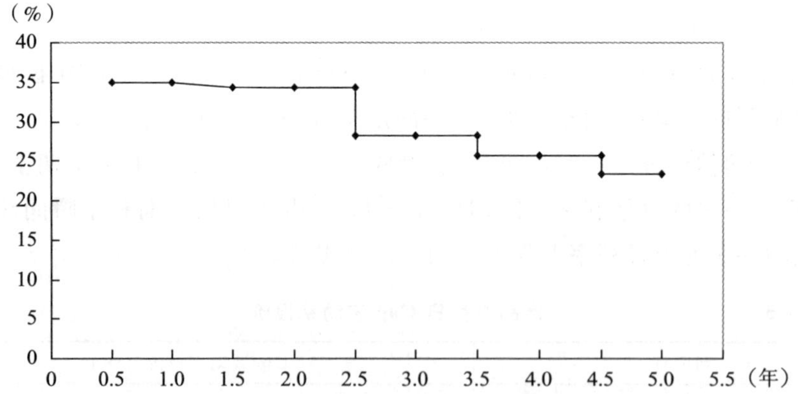

图 6－2　远期利率瞬间波动率期间结构

接着估计另外一个参数——相关系数矩阵 ρ。由于在实务上无法得知未来远期利率的相关系数，故本章利用三种方法估计相关系数矩阵，比较其结果。第一种方法为利用 Brace's Rank - One Formula 得到 $(\rho_{i,j})_{i,j=0.5,1,\cdots,5}=1$，即各个远期利率间的相关系数为 1（完全正相关）；第二种方法是利用资产配置的概念得到 $(\rho_{i,j})_{i,j=0.5,1,\cdots,5}=0.5$；第三种方法则是利用历史数据求得远期利率间的相关系数。

在历史数据求得相关系数的方法中，本章采用产品发行日前 180 天的历史数据进行估计。首先在市场上找出该 180 天内每日不同到期期限的美元 Libor 利率及利率互换利率报价，运用前述的非线性插补法插补出 1 年以上、以半年为间隔的利率互换利率，再运用拔靴法得到 1 年以上美元 Libor 利率，最后运用预期理论得到每日不同期限的远期利率。利用此 180 天不同期限的远期利率，即可求得远期利率间的历史相关系数矩阵，如表 6－7 所示。例如远期利率 $F_1(\cdot)$ 与远期利率 $F_{1.5}(\cdot)$ 间的相关系数为 0.95762。

表 6－7　产品发行日前 180 天的不同期限远期利率间相关系数矩阵

	1	1.5	2	2.5	3	3.5	4	4.5	5
1	1	0.95762	0.96574	0.94527	0.92004	0.90039	0.87131	0.82606	0.80781
1.5	0.95762	1	0.98861	0.97682	0.95887	0.94515	0.92245	0.88685	0.86944
2	0.96574	0.98861	1	0.99532	0.98293	0.97111	0.95118	0.91884	0.90248
2.5	0.94527	0.97682	0.99532	1	0.99591	0.9877	0.97317	0.94788	0.93397
3	0.92004	0.95887	0.98293	0.99591	1	0.9968	0.98845	0.97016	0.95916
3.5	0.90039	0.94515	0.97111	0.9877	0.9968	1	0.99694	0.98216	0.97333
4	0.87131	0.92245	0.95118	0.97317	0.98845	0.99694	1	0.99264	0.98696
4.5	0.82606	0.88685	0.91884	0.94788	0.97016	0.98216	0.99264	1	0.99874
5	0.80781	0.86944	0.90248	0.93397	0.95916	0.97333	0.98696	0.99874	1

估计完远期利率的瞬间波动率与相关系数后，即可利用这些估计参数进行 Libor 市场模型的蒙地卡罗法模拟远期 Libor 利率，进而定价本产品。

（三）定价过程

已知产品发行日各期的远期利率（见表 6－4），利用蒙地卡罗法可模拟出下一期的远期利率，采用的模拟公式如下：

$$\ln F_k^{\Delta t}(t+\Delta t) = \ln F_k^{\Delta t}(t) + \sigma_k(t)\sum_{j=\alpha+1}^{k}\frac{\rho_{k,j}\tau_j\sigma_j(t)F_j^{\Delta t}(t)}{1+\tau_j F_j^{\Delta t}(t)}\Delta t - \frac{\sigma_k(t)^2}{2}\Delta t + \sigma_k(t)(\sqrt{\Delta t}\cdot\Delta Z_k) \tag{6-6}$$

此处，ΔZ 为 $N(0,\rho)$。

由于本产品为半年互换一次的利率互换，故利用蒙地卡罗法模拟的时间跳动长度 Δt 为 0.5。已知时点 0（即产品发行日）各期的远期利率后，运用式（6－6）可模拟出半年后各期的远期利率。重复上述步骤，已知时点 0.5 各期的远期利率后，可模拟出时点 1（产品发行日起，未来第一年）各期的远期利率。反复上述步骤，可得到最后一期（或最后一年）的远期利率。模拟次序如图 6－3 所示：

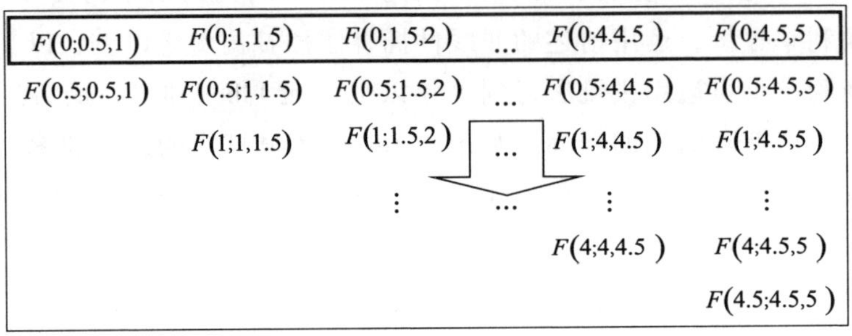

图 6－3　模拟远期利率次序图

由图 6－3 可知，时点 0 的远期利率 $F(0;0.5,1)$ 模拟至时点 0.5 成为 $F(0.5;0.5,1)$，此时为半年到期的即期利率，故在时点 1 已到期，无须模拟。依次可知，每当时间前进半年，第 1 个远期利率就会成为半年到期的即期利率，故在下一期无须模拟，而定价本产品的收益需要利用这些各期模拟出的即期利率。

假设相关系数矩阵 ρ 符合 Brace's Rank－One Formula 下，由第一章式（1－16）可模拟出下一个半年期的远期利率。举例说明，利用现在的远期利率 $F_1(0)$ 模拟第一年下半年的远期利率 $F_1(0.5)$ 的公式如下：

$$\begin{aligned}\ln F_1(0.5) &= \ln F_1(0) + s_1\sum_{j=1}^{1}\frac{\rho_{1,j}\tau_1 s_1 F_j(0)}{1+\tau_1 F_j(0)}\Delta t - \frac{{s_1}^2}{2}\Delta t + s_1(\sqrt{\Delta t}\Delta Z_1)\\ &= \ln(0.029027) + 0.3498\times\frac{1\times 0.5\times 0.3498\times 0.029027}{1+0.5\times 0.029027}\times 0.5\\ &\quad -\frac{0.3498^2}{2}\times 0.5 + 0.3498(\sqrt{0.5}\times\Delta Z_1)\end{aligned}\qquad(6-7)$$

此处，ΔZ_1 为标准正态分配下的随机数。

由于式（6－7）为 $F_1(0.5)$ 取自然对数的值，其中 ΔZ_1 为标准正态分配下抽取的随机数，故将左式及右式同时取指数，即可得到 $F_1(0.5)$。同样，半年后 $F_{1.5}(0.5)$ 的公式如下：

$$
\begin{aligned}
\ln F_{1.5}(0.5) &= \ln F_{1.5}(0) + s_{1.5}\sum_{j=1}^{1.5}\frac{\rho_{1,j}\tau_1 s_1 F_j(0)}{1+\tau_1 F_j(0)}\Delta t - \frac{{s_{1.5}}^2}{2}\Delta t + s_{1.5}(\sqrt{\Delta t}\Delta Z_{1.5}) \\
&= \ln(0.039407) + 0.34383 \times \left(\frac{1\times 0.5\times 0.3498\times 0.029027}{1+0.5\times 0.029027}\right. \\
&\quad \left. + \frac{1\times 0.5\times 0.34383\times 0.039407}{1+0.5\times 0.039407}\right) \\
&\quad \times 0.5 - \frac{0.34383^2}{2}\times 0.5 + 0.34383(\sqrt{0.5}\Delta Z_{1.5}) \qquad (6-8)
\end{aligned}
$$

同样，将式（6－7）取指数值，即可得到 $F_{1.5}(0.5)$。在 Brace's Rank－One Formula 下，同一时间（皆为半年后）各期的远期利率［例如 $F_1(0.5)$，$F_{1.5}(0.5)$，…，$F_5(0.5)$］彼此间对应的布朗尼运动的相关系数为 1，因此，模拟同一时间的远期利率适用相同的标准正态分配随机数，表示式（6－7）及式（6－8）中个别的 ΔZ_1 与 $\Delta Z_{1.5}$ 相同。依次类推，可求得半年后各期远期利率 $F_2(0.5)$，$F_{2.5}(0.5)$，…，$F_5(0.5)$的值。重复上述步骤，利用半年后各期远期利率模拟一年后各期的远期利率，再利用一年后各期远期利率模拟一年半后各期的远期利率。反复上述步骤即可得到这 5 年间各期远期利率，如表 6－8 所示：

表 6－8　　以 Libor 市场模型仿真之远期利率①

	$F0.5(t)$	$F1(t)$	$F1.5(t)$	$F2(t)$	$F2.5(t)$	$F3(t)$	$F3.5(t)$	$F4(t)$	$F4.5(t)$	$F5(t)$
$t=0$	0.0185	0.0290	0.0394	0.0446	0.0490	0.0529	0.0562	0.0591	0.0618	0.0644
0.5		0.0197	0.0270	0.0306	0.0364	0.0393	0.0431	0.0453	0.0487	0.0507
1			0.0294	0.0333	0.0393	0.0425	0.0465	0.0490	0.0524	0.0546
1.5				0.0461	0.0518	0.0560	0.0600	0.0632	0.0664	0.0693
2					0.0789	0.0853	0.0883	0.0933	0.0949	0.0991
2.5						0.0620	0.0664	0.0702	0.0735	0.0769
3							0.0886	0.0937	0.0960	0.1005
3.5								0.0777	0.0812	0.0852
4									0.1016	0.1067
4.5										0.0925

接着，利用模拟出的远期利率定价本产品的收益。回顾表 6－1，荷兰银行在每期付息时点支付 6 个月美元 Libor 利率乘以名义本金，再乘以计息标准（实际天数除以 360 天），收取投资人“雪球型”的利率乘以名义本金，再乘以计息标准（实际天数除以 360 天），每期的 6 个月美元 Libor 利率即为每期模拟出的

① 此为第 50000 次模拟结果。

即期利率。以表6－8为例，对角线的利率即为仿真出的即期利率（如在时点0为1.85%、在时点0.5为1.97%），则荷兰银行和投资人每期应付的利率（已乘以计息标准）如表6－9所示：

表6－9 荷兰银行与投资人每期应支付利率

时间	荷兰银行（%）	投资人（%）	时间	荷兰银行（%）	投资人（%）
t=0.5	0.943	0	t=3	3.1519	4.895
t=1	1.0024	0	t=3.5	4.5262	7.1479
t=1.5	1.5004	0.2226	t=4	3.9699	8.8178
t=2	2.3419	1.2925	t=4.5	5.193	11.2
t=2.5	4.0308	3.5415	t=5	4.7027	13.046

对荷兰银行而言，投资人所支付的每期利率为互换收入，而支付给投资人的每期利率为互换成本，将二者相减为互换的净利润。例如，在发行日后的第一个互换日（$t=1$），依产品条款可知投资人无须支付任何利率给荷兰银行，而荷兰银行需支付该互换日前（$t=0.5$）的美元Libor利率给投资人（0.943%，已乘以计息基础），因此在第一个互换日，荷兰银行的净利润为－0.943%（=0－0.943%）。依次类推可得荷兰银行在每个互换日的净利润。最后，将每个互换日的净利润折现至时点0，即可得到荷兰银行发行此利率互换的收益(14.057%①)。表6－10为各期的折现因子。

表6－10 各期折现因子②

时间（年）	折现因子	时间（年）	折现因子
0.5	0.99066	3	0.8799
1	0.98083	3.5	0.8418
1.5	0.96633	4	0.80965
2	0.94421	4.5	0.76968
2.5	0.90763	5	0.73511

将上述蒙地卡罗法的定价步骤反复做10000次，求在$(\rho_{i,j})_{i,j=0.5,1\cdots\cdots5}=1$的情况下，荷兰银行发行此利率互换的平均收益为0.0047498，乘以名义本金25000000美元，得到荷兰银行发行此产品的平均总利润为118745美元。

使用蒙地卡罗法最重要的考虑为其收敛性，当模拟次数愈多时，所定价的产品价值收敛愈快（即标准偏差愈小）。然而，增加模拟次数会让蒙地卡罗法的执

①② 此为第50000次模拟结果。

行速度变慢，比较费时。因此本章使用反向变异法（Antithetic Method）加速蒙地卡罗法收敛的速度。反向变异法的概念是在抽取随机数时，先抽取一组随机数，再取它的相反符号为另一组随机数，使这两组随机数对称。应用这种人为的方式强迫模拟出一对称随机数抽样的远期利率，可缩小产品价格的变异，减少误差。其主要的原因是若模拟抽取的随机数很大，则导致产品价值很大，若取随机数的相反符号，则产生的产品价值很小。因此将二者平均可以使仿真产生的产品价值上下波动幅度互相抵销，使平均价值较为稳定，减少变异。

运用反向变异法，本章将抽取随机数分为两组：先抽取 5000 个随机数 $\{\varepsilon_1, \varepsilon_2, \cdots, \varepsilon_{5000}\}$，再令另一组随机数为其相反符号 $\{-\varepsilon_1, -\varepsilon_2, \cdots, -\varepsilon_{5000}\}$。接着利用这两组随机数进行 10000 次蒙地卡罗法模拟，反复 5 次，求最后产品价值的平均数。最后得到荷兰银行的 5 年平均总收益为 0.0030161，乘以名义本金的平均总利润为 75403 美元，用几何平均得到的年收益为 0.0006025，而标准偏差为 0.0010178。

以上的定价过程是在 Brace's One Formula 下定价的结果，同样，运用相同的步骤可求 $(\rho_{i,j})_{i,j=0.5,1,\cdots,5}=0.5$①及历史相关系数下本产品的价值。值得注意的是，在同一时点各期远期利率相对应的布朗尼运动非完全正相关的情况下，所抽取的随机数需符合平均数为 0，变异数为 1，且相关系数矩阵为 ρ 的常态分配。为了抽出符合上述分配的随机数，可利用线性代数中的 Cholesky Decomposition②将 ρ 分解为一下三角矩阵（Lower Triangular Matrix）乘以其转置矩阵（Transpose Matrix），再将此下三角矩阵与独立标准正态随机数的向量相乘，即可得到具有相关性的随机数。以历史相关系数为例（见表 6－7），其 Cholesky Decomposition 得到的下三角矩阵如表 6－11 所示：

表 6－11　　表 6－7 的相关系数矩阵 Cholesky Decomposition 下的结果

1	0	0	0	0	0	0	0	0
0.95762	0.28805	0	0	0	0	0	0	0
0.96574	0.22151	0.13523	0	0	0	0	0	0
0.94527	0.24861	0.20235	0.060871	0	0	0	0	0

① Grauer & Hakansson（1995）指出，使用固定常数的资产投资组合配置的绩效，会比 CapM 理论下动态资产投资组合配置的绩效好。将相同的理论应用在远期利率相关系数矩阵，为了减少每次模拟远期利率相关系数矩阵估计带来模型参数的误差，假设各期远期利率间彼此的相关系数为一固定常数 0.5（取相关系数 0 至 1 之间的平均值），再将此相关系数矩阵代入 Libor 市场模型计算结果。

② 有关 Cholesky Decomposition 的推导过程，详见本章附录。

续表

1	0	0	0	0	0	0	0	0
0.92004	0.27018	0.25562	0.12038	0.026455	0	0	0	0
0.90039	0.28787	0.27956	0.13884	0.092935	0.019141	0	0	0
0.87131	0.30574	0.31051	0.17573	0.13903	0.014741	0.022167	0	0
0.82606	0.33259	0.35058	0.22005	0.15813	-0.03184	0.097039	0.015541	0
0.80781	0.33281	0.35959	0.24418	0.17801	-0.04138	0.11921	-0.0056	0.010017

最后比较这三种相关系数下用蒙地卡罗法仿真此利率互换的价值，如表6-12所示。

表6-12　　　　不同相关系数下的定价结果

	相关系数为1	相关系数为0.5	历史相关系数
五年平均总收益	0.0030161	0.13347	0.075213
年收益	0.0006025	0.025373	0.146094
五年平均总利润（美元）	75403	3336750	1880325
标准偏差	0.0010178	0.0030576	0.0010496

由表6-12可知，在完全正相关的情况下，产品的平均收益最小，而相关系数为0.5的情况下，产品的平均收益最大。由历史相关系数矩阵可看出，远期利率间呈高度正相关，但高度正相关性随着两两间相距的到期日长短递减。举例说明，$F(0;0.5,1)$与$F(0;1,1.5)$间的正相关性比$F(0;0.5,1)$与$F(0;4.5,5)$间的正相关性要大，原因在于$F(0;0.5,1)$与$F(0;1,1.5)$相距到期日较短，而$F(0;0.5,1)$与$F(0;4.5,5)$相距到期日较长。然而，随着观察日（例如观察起始日为5月6日或观察起始日为5月7日）的不同，或是观察时间长度的不同（例如观察前180天的远期利率或观察前270天的远期利率），所求算的历史相关系数矩阵也不尽相同。由于历史相关系数的不稳定，将导致用此仿真产生的产品价值不稳定，在此需特别注意。

四

敏感度分析

以下针对银行发行此产品作盈亏两平分析、利率敏感度分析与波动率敏感度分析，分别描述如下（以相关系数为 Brace's Rank - One Formula 说明）。

（一）盈亏两平分析

一般阳春型的利率互换（Plain Vanilla Interest Swap）中，决定固定端应付的固定利率在于：将固定端与浮动端每期的现金流量折现，令两现值相等，反求固定端应付的固定利率。因此，阳春型的利率互换在时点 0 的价值为 0，对双方而言盈亏两平。然而，本产品投资人端所承作的利率为浮动利率，且为“雪球型”支付，较为复杂。因此，在前一部分最后得到的互换价值为 170 的值，表示此互换对荷兰银行较为有利。为了计算盈亏两平，假设银行端所支付的利率为 6 个月美元 Libor 利率加码一个固定基点（Basic Point，bp），反求出当固定基点为多少时，可让互换的价值为零。

首先，令此固定基点为零（即不变动原始产品条款），再以 1 个基点为单位，逐渐增加此固定基点的值，可得到此固定基点的变动对互换价值的影响，如图6 - 4所示：

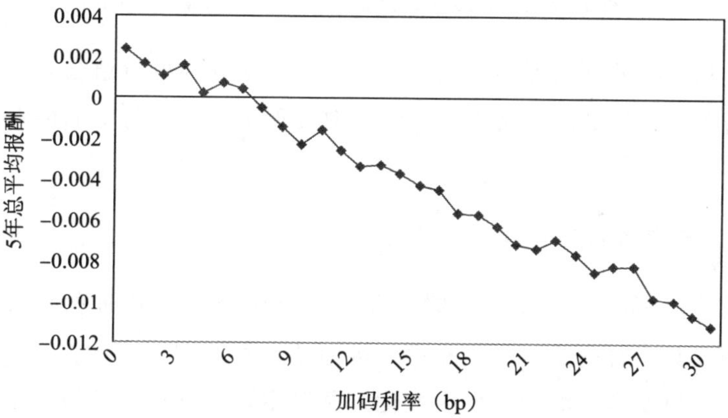

图 6 - 4 银行端加码固定利率对 5 年总平均收益的影响

由图 6 - 4 可知，当荷兰银行每期支付的利率固定加码约 7 个基点，会使期初互换价值接近 0，达到盈亏两平，此时荷兰银行无利润可言。

（二）利率敏感度分析

由于本利率互换两端皆为浮动利率，且投资人端每期支付的利息，为“雪球型”支付，因此，美元 Libor 利率的变化会影响此互换价值。当利率上升时，两端支付的利息会增加，但利率上升幅度很大时，荷兰银行收到投资人每期支付的利息会如同雪球般愈滚愈大，故有正的互换价值，即对银行有利。图 6 – 5 为利率变化对互换价值的影响。

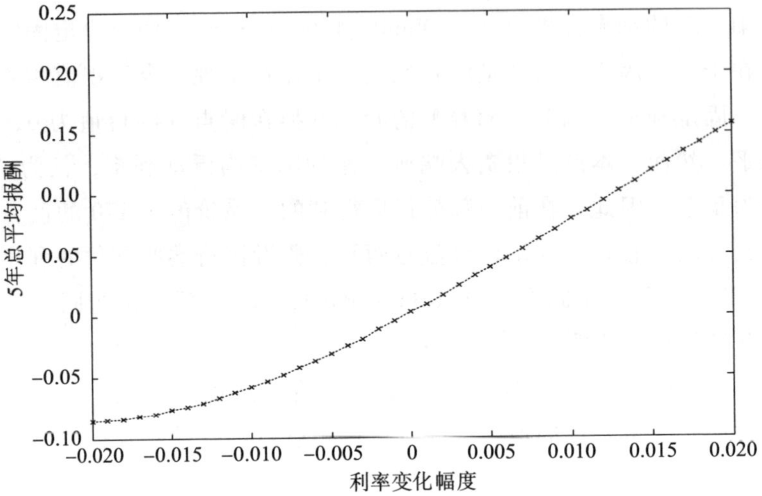

图 6 – 5　利率变化对产品 5 年总平均收益之影响

根据实际模拟的结果发现，当利率上升时，对互换的价值会有正的影响，即对银行较为有利；反之，当利率下降时，对互换的价值会有负的影响，即对银行较为不利。

（三）波动率敏感度分析

用 LFM 利率模型定价本产品时，我们以市场上价平的利率上限期权的波动率报价，倒推其内含的 Caplet 波动率，进而估计每期远利率的波动率 $\sigma_k(t)$。若市场上利率上限期权的波动率发生变化，则对定价出互换的价值有影响。在此讨论每种波动率变化的状况：

情境一：当 1 年期的利率上限期权内含的 Caplet 波动率同时上升 1%

将远期利率波动率 S_1 由 34.98% 向上调升至 35.98%，模拟出的利率互换的价值由 0.0030161 下降至 0.0016545，波动率的变化与利率互换价值呈现负相关。

情境二：当 1 年期与 2 年期利率上限期权内含的 Caplet 波动率同时上升 1%

将远期利率波动率 s_1、$s_{1.5}$ 与 s_2 分别调升至 35.98%、35.386% 与 35.386%，仿真出的利率互换价值为 0.0028098，波动率的变化仍与利率互换价值呈现负相关。比较情境一和情境二，情境二的利率互换价值较情境一大，对银行较为有利。

情境三：当1年期、2年期与3年期利率上限期权内含的Caplet波动率同时上升1%

将远期利率波动率 s_1、$s_{1.5}$、s_2、$s_{2.5}$ 与 s_3 分别调升1%，仿真出的互换价值为0.0019005，波动率的变化与互换价值呈负相关。由这三种波动率变化的情境分析可知，远期利率波动率增加使产品的互换价值减少，但减少的幅度变化不一定。原因在于远期利率波动率上升使模拟出的远期利率上升，导致投资人支付的利率与银行支付的利率也跟着上扬，但二者上扬的相对幅度不一定，故折现的互换价值变化不一。

五 结论

一般而言，投资人与银行订立利率互换的原因，是为了规避本身资产或负债部位的利率风险。本产品投资人端连结“雪球型”支付，可能的原因是投资人本身发行相同支付形态的“雪球型”债券，故为了规避利率上扬造成付息如雪球般愈滚愈大，另外与银行签订此利率互换合约，将利率风险转为单纯的6个月美元Libor利率。此外，由前述的敏感度分析可知，当利率愈高时，投资人端支付利息的上升幅度较银行端大，故利率上扬对投资人较为不利；反之，当利率愈低时，投资人端支付的利息较少，甚至可能触及下限0，故利率下跌对投资人较为有利。因此，荷兰银行发行此利率互换合约的原因，也可能是因为发行商与投资人间对利率走势看法发生了分歧。

附录 Cholesky Decomposition

在本章第三部中，我们欲产生 M 个相关常态随机数 $Z\{Z_1, Z_2, \cdots, Z_M\}$，其期望值为0，变异数为1，相关系数矩阵为一个 $M \times M$ 维的矩阵 ρ。假设另外存在一个 $M \times 1$ 的向量 X（从独立标准正态分配抽取的随机数），及一个 $M \times M$ 维的矩阵 A，使得 $Z = AX$，则 $\rho = I\rho I = Var(Z) = E(ZZ^T) = E(AXX^TA) = AA^T$。

由于 ρ 为一个正定矩阵且对称，故可用Cholesky Decomposition分解上式，分解之后，A 为一个 $M \times M$ 维的下三角矩阵（Lower Triangular Matrix）。因此，将 ρ 以Cholesky Decomposition分解后，后乘以独立标准正态随机数向量 X，即可得到

M 个相关常态随机数。以下举一简单例子说明。假设有三个随机随机数 Z_1、Z_2 及 Z_3：

$$Z_1 = a_{11}X_1$$

$$Z_2 = a_{21}X_1 + a_{22}X_2$$

$$Z_3 = a_{31}X_1 + a_{32}X_2 + a_{33}X_3$$

假设相关系数矩阵 $\rho = \begin{pmatrix} 1 & \rho_{12} & \rho_{13} \\ \rho_{21} & 1 & \rho_{23} \\ \rho_{31} & \rho_{32} & 1 \end{pmatrix}$，$A = \begin{pmatrix} a_{11} & 0 & 0 \\ a_{21} & a_{22} & 0 \\ a_{31} & a_{32} & a_{33} \end{pmatrix}$，$A$ 的转置矩阵为 $A^T = \begin{pmatrix} a_{11} & a_{21} & a_{31} \\ 0 & a_{22} & a_{32} \\ 0 & 0 & a_{33} \end{pmatrix}$，将 ρ 以 Cholesky Decomposition 分解，使得 $\rho = AA^T$，即：

$$\begin{pmatrix} 1 & \rho_{12} & \rho_{13} \\ \rho_{21} & 1 & \rho_{23} \\ \rho_{31} & \rho_{32} & 1 \end{pmatrix} = \begin{pmatrix} a_{11}^2 & a_{11}a_{21} & a_{11}a_{31} \\ a_{11}a_{21} & a_{21}^2 + a_{22}^2 & a_{21}a_{31} + a_{22}a_{32} \\ a_{11}a_{31} & a_{21}a_{31} + a_{22}a_{32} & a_{31}^2 + a_{32}^2 + a_{33} \end{pmatrix}$$

求解 a_{11}、a_{21}、a_{31}、a_{22}、a_{23} 及 a_{33} 后，即可由以上过程产生具有相关性的常态随机数 Z_1、Z_2 及 Z_3。

第七章　低利率时期高收益债券产品的设计与分析：杠杆逆浮动 LPR/Libor 利率[①]

一　挂钩产品内容

本章要介绍的利率产品内容见表 7－1。

表 7－1　　“阶梯＋超反浮利率”挂钩债券条款

发行机构	卢森堡国家储蓄银行 Banque et Caisse d'Epargne de L'Etat Luxembourg（Aa1/AA＋）
有效期	5 年（除提早赎回外）
最小投金额	50000 美元（或人民币 5 万元） （任何产品都可以改为以人民币计价和 LPR 利率以及修改产品内的任何条款，其定价分析方法不会改变）
申购手续费	2%
信托保管费	每年 0.15%
到期保本	到期由发行机构偿付美元投资本金 100%
税率	个人海外投资利得免税；法人需纳税

① 本章由陈松男教授、研究特助吴香莹撰写。

续表

计息方式	第一年：4×Max（4% －3m USD Libor，0%），或可以改为 3m RMB LPR 第二年：4×Max（5.2% －3m USD Libor，0%） 第三年：4×Max（6% －3m USD Libor，0%） 每季付息一次；每季计息天数 90 日 (可以调整修改为国内的 3m LPR 利率)
浮动项说明	3 个月美元 Libor（LPR）依当次配息起始日前两日；每季计息天数为 90 天；依道琼德励信息公司（Dow Jones Telerate page3750）或国内银行间债券市场报价为计息标准
提前赎回限制	投资金额低于 10 万美元恕不接受提前赎回，每月 7 日及 17 日可提前赎回，但银行不保证本金的全数回收
发行机构买回条款	在债券发行一季后，债券发行机构有权提前买回本挂钩债券，其后每次付息日，债券发行机构皆可行使提前买回债券的权利。唯提前买回保证 100% 美元本金偿还，并与当次的配息一并入账
风险预告及注意事项	
利率风险	当美元利率在债券存续期间上升，若投资人提前赎回此债券，可能因债券的市场价减少，而无法拿回当初投资本金
流动风险	此债券在某些时期，会产生缺乏流动性的现象，投资人必须要有心理准备，最好能持有债券至到期日
汇率风险	委托人若以人民币投资此标的，到期收取的本利和可能因汇率因素与上述的本金与利息不同
提前到期风险	当美元利率在债券存续期间持续下降，发行机构有可能会提前买回此债券
信用风险	发行机构本身可能发生信用风险
信托财产经常运用于存款以外的标的者，不受存款保险的保障	

二 计息方式

根据表 7－1 的契约条款可知，此债券为每季付息一次①，将计息条件详列于图 7－1。将每季可能发生的 3 个月美元 Libor 利率或 3 个月 RMB LPR 利率置

① 依据浮动利率债券付息的方式，是期末付期初至期末的利息，并依期初利率计价。

于左方 x 轴，自 0 至 6%，若存续期间利率超过 6% 以上则不会计息，故最高列至 6%。

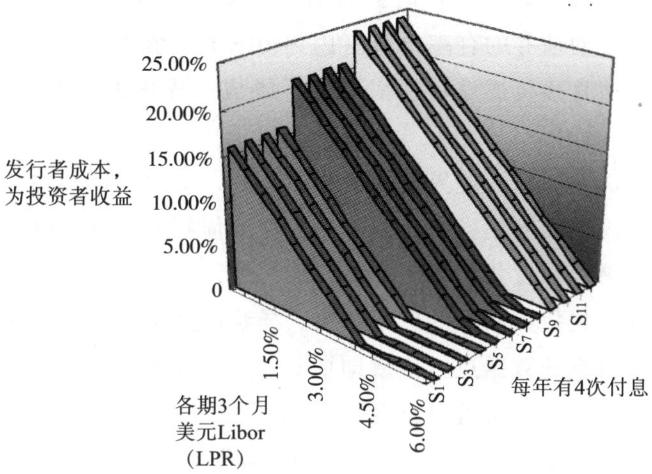

图 7-1　3 年期逆浮动利率债券计息方式

每期付息时点置于右方 y 轴，分别为 S_1、S_2…S_{12}。投资者每期可获利息（年利率计）等同于发行者每期可能的成本，置于垂直 z 轴，每隔 1 年付息 4 次，来年计息方式阶梯向上，且以杠杆 4 倍计算，故称为"阶梯超逆浮动利率债券"。

在第一年，即第 1 至第 4 个付息时点，投资人最多可以获得年利率 16%，最少为 0；在第二年，即第 5 至第 8 个付息时点，投资人最多可以获得年利率 20.8%，最少为 0；第三年，即第 9 至第 12 个付息时点，投资人最多可以获得年利率 24%，最少为 0。

以上为计息方式，若以现金流量计算，到期应加上名目本金。

三 定价方式

逆浮动利率债券所采取的定价方式有两种：第一种为"先拆解后定价"，将未来的现金流量拆解为"固定利率债券 + 利率互换 IRS + Cap"的组合，分别计算上述三者的价值，由于逆浮动债券的现金流量相当于固定利率债券、IRS 与

Cap 的组合，若要对其定价，我们可以分别计算上述三者的价值，相加后即为逆浮动债券的合理价值，但又因当时利率持续向下探底，逆浮动债券中 Cap 的价值几乎逼近零，故一般业界在定价时会省略计算 Cap 的部分，直接以固定利率债券的价值作为逆浮动债券的合理价值（因为 IRS 的价值为零）。

第二种方式，直接将逆浮动利率债券拆解成一连串的利率看跌期权（floorlets）与零息债券的组合。

这两种方式殊途同归，业界通常使用第一种，由上述可知由于省略计算 Cap 的部分，直接以固定利率债券的价值作为逆浮动债券的合理价值，多少会造成误差，在本章使用第二种方式。

定价的方式首先找出利率的期限结构，描绘出整条收益率曲线，再找出代表性的数据点，将所有的数据点转换成即期利率（Spot Rate），再将所有的即期利率连成一条连续的曲线。接着以符合 Libor 特征的 Hull – White 模型定价封闭解，本章定价的方式是直接将逆浮动利率债券拆解成一连串的利率看跌期权（floorlets）与零息债券的组合，其中，所有的票息的集合等于 floorlets 的加总，本金部分 = 零息债券，再加总即可定价出不含赎回权的债券理论价格。

但要注意的是，条款中有发行商可在发行一季后，也就是第二个计息时点开始，提前依面额赎回，故此部分需要以三叉树数值方法计算。

接着以符合 Libor/LPR 特征的 Hull – White 三叉树模型定价解析解，计算出不含赎回权的债券理论价格和三叉树求算出的含赎回权债券的理论价格，两者相减后可得出发行商赎回权利的价格。在这里不含赎回权的债券价格解析解与封闭解理论上是一致的，误差的来源为时间切割点及内差点不够多，若是内差点数够多，数值方法解和封闭解价值二者会趋于一致。

（一）收益率曲线估计

为了定价利率衍生产品，首先找出产品发行当日的 Libor 报价［见表 7 – 2，定价日也可以设定为发行日的前几天（比如 5 天）］。

表 7 – 2　　　　发行日 US Libor 的报价

期限（年）	天数	利率	期限（年）	天数	利率
0.003	1	1.8025	0.83	303	2.185
0.019	7	1.84625	0.931	340	2.255
0.038	14	1.83875	1	365	2.32438
0.083	30	1.84	2	730	3.46

续表

期限（年）	天数	利率	期限（年）	天数	利率
0.167	61	1.86	3	1095	4.06
0.25	91	1.87	4	1460	4.43
0.332	121	1.89	5	1825	4.71
0.415	151	1.93	6	2190	4.942
0.5	183	1.97	7	2555	5.127
0.581	212	2.02	8	2920	5.277
0.664	242	2.06875	9	3285	5.394
0.747	273	2.11875	10	3650	5.4975

以上一年期内报价为 Libor（或 LPR）的报价，即为折现利率（Discount Rate），但一年后浮动端为三个月付息一次的 US Libor 利率互换报价，我们必须使用拔靴法（Bootstrapping）加以转换。拔靴法是目前实务界最常用来估计收益率曲线的方法。在这里拔靴法使用的方式是利用利率互换的报价会等于一平值发行相同年限、风险等级、付息复利次数债券的票面利率，而这个利率也会正好等于其收益率。

然而，实务上往往并非所有期数的债券价格都可在市场上观察到，对于缺少的数据，须用插补法（Interpolation）补齐后才能进行估算。

拔靴法所用的插补法有线性插补法及指数插补法两种，前者假设前后两个已知收益率与中间未知待求的收益率间呈线性关系，故以线性式插补所缺的收益率；后者则假设折现因子间呈现指数递减关系，而以指数式插补两点间所缺的零息债券价格，再转换为收益率。

用拔靴法估计的优点是估计速度非常快，特别适用于金融机构为适应市场报价瞬息变动，立即估计出收益率曲线以作为调整对冲（Hedging）策略及风险控管的情况。另外，在配适度（Goodness of Fitting）方面，市场数据越齐全，配适结果越精确，计算出零息债券的价格之后，再依零息债券价格与远期及即期利率的无套利机会关系式（如下）做出收益率曲线：

$$[1+y(0,t)]^{t}[1+f(t,T)]^{(T-t)}=[1+y(0,T)]^{T}$$

$$f(t,T)=\left\{\frac{[1+y(0,T)]^{T}}{[1+y(0,t)]^{t}}\right\}^{\frac{1}{T-t}}-1=\left[\frac{p(0,t)}{p(0,T)}\right]^{\frac{1}{T-t}}-1$$

其中，$y(0,t)$ = 到期收益率

$f(t,T)$ = 在时点 t 观察到的远期利率，从 T 生效，止于 $T+1$ 期。

以表 7－3 的第 0.25 年（即 90D）为例，计算方式如下：

$$p(0,0.25)=\frac{1}{(1+0.0187)^{0.25}}=0.9954$$

$$f(0,0.25)=\left[\frac{p(0,0.25)}{p(0,0.5)}\right]^{\frac{1}{0.5-0.25}}-1=2.07\%$$

表 7 – 3 中的第二行的一年内的折现率（Discount Rate）即为表 7 – 2 的 Libor 报价得来，而一年以上的折现率运用拔靴法的方式，由互换利率（Swap Rate）取得，方法如下：以第一年的折现率计算为例：

$$y(0,1)=4\times\left\{\frac{1+\frac{r(0,1)}{4}}{1+\frac{r(0,1)}{4}\times\left[\frac{1}{1+\frac{r(0,0.25)}{4}}+\frac{1}{\left[1+\frac{r(0,0.5)}{4}\right]^{2}}+\frac{1}{\left[1+\frac{r(0,0.75)}{4}\right]^{3}}\right]}\right\}^{0.25}-1$$

$$=2.33\%$$

表 7 – 3　　计算出发行当日的远期利率及零息债券的价格

期限	折现利率	零息债券价格 $P(0,T)$	远期利率 $f(0,T)$
		1.0000	0.0187
90D	0.0187	0.9954	0.0207
180D	0.0197	0.9903	0.0227
270D	0.0207	0.9848	0.0301
1Y	0.0233	0.9770	0.0377
1.25Y	0.0261	0.9683	0.0435
1.5Y	0.029	0.9580	0.0494
1.75Y	0.0319	0.9465	0.0554
2Y	0.0349	0.9338	0.0487
2.25Y	0.0364	0.9227	0.0518
2.5Y	0.0379	0.9111	0.055
2.75Y	0.0395	0.8990	0.0581
3Y	0.041	0.8864	0.0534
3.25Y	0.042	0.8749	0.0555

将所有收益率链接起来，再以计算机估计出四次多项式的趋势线，以利后续程序上的计算使用。

（二）校准模型参数

接着，校准（Calibration）模型的两个参数要尽量与利率上限（或下限）期

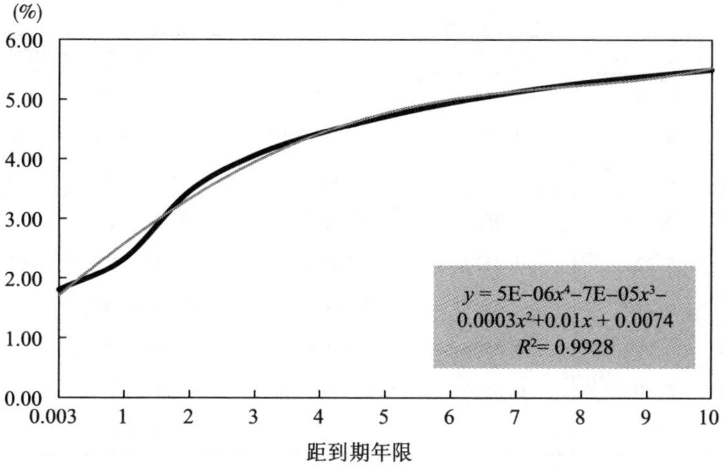

图 7－2　发行日美元 Libor 收益率曲线（粗线）及估计的四次多项式趋势线（细线）

权（Cap 或 Floor）的市场报价一致（即误差很小）。要注意的是，Hull－White 模型内的利率均值回归动态过程涉及两个参数：a 为决定短期利率的均值回归系数（回归力度），以及 σ 决定短期利率的波动率（或瞬间利率变动的波动率）。为了校准模型符合市场数据，我们找出 1 到 10 年期的平值美元 Libor 欧式利率上限期权的报价，以其（隐含）波动率来推出市场价格，再选择最佳组合的 a 与 σ，而后代入 Hull－White 模型中，求出最小化的下列函数：

$$\min_{a\&\sigma}\sqrt{\sum_{i=1}^{10}\left(\frac{\text{model}_i(a,\sigma)-\text{market}_i}{\text{market}_i}\right)^2}$$

$\text{model}_i(a,\sigma)$ = 由 Hull－White 所导出的期权价值，参数值为 a 与 σ。

market_i = 期权的市场报价

在这里我们限定其均方差和（Sum of Squared Errors）小于 1%（可以设定自己可接受的误差），校准参数的结果列于表 7－4。

表 7－4　　发行日 Hull&White 模型校准过程

校准				H&W Model Parameters	
日期	发行日			a	0.2
				σ	3%
到期日	上限期权报价（Cap Vol Black 76）	平值执行价	市场价格	Hull－White 价格	误差（%）
发行日					
一年期	0.361	0.0276	0.00144301	0.00474539	1.09057E－05
二年期	0.317	0.0373	0.01374317	0.01961317	3.44569E－05

续表

校准				H&W Model Parameters	
三年期	0.281	0.0427	0.02353428	0.0336895	0.000103128
四年期	0.261	0.0461	0.03255954	0.04756432	0.000225144
五年期	0.246	0.0487	0.04142731	0.06113432	0.000388366
六年期	0.234	0.0507	0.05053145	0.0745715	0.000577924
七年期	0.224	0.0524	0.05901693	0.08705729	0.000786262
八年期	0.216	0.0537	0.06459428	0.09692716	0.001045415
九年期	0.209	0.0548	0.07030877	0.10649744	0.00130962
十年期	0.203	0.0556	0.07836388	0.11757803	0.00153775
				SSE	0.00602

注1：在Cap的市场报价时，平值执行价（利率）是每一个Cap有效期内的互换利率。比如，二年期Cap的平值执行利率是二年期的互换率0.0373。

注2：有效期相同且同是平值的利率上限期权（Cap）与利率下限期权（Floor）的波动率报价是相同。

（三）封闭解

首先，我们根据封闭解公式来计算利率看跌期权（Floorlets）及零息债券的价格，而后再以Hull－White三叉树解析解进行定价分析。

1. 产品收益与拆解

每期收益结构见表7－5。

表7－5　每期收益结构（Final Payoff）

期数	第 i 期现金流量
$i=1\sim4$	$F\times4\times\max[4\%-L(i-1,i-1),0]\times0.25$
$i=5\sim8$	$F\times4\times\max[5.2\%-L(i-1,i-1),0]\times0.25$
$i=9\sim11$	$F\times4\times\max[6\%-L(i-1,i-1),0]\times0.25$
$i=12$	$F\times4\times\max[6\%-L(i-1,i-1),0]\times0.25+F$

其中 F 为本金。

$L(i-1,i-1)$ 为第 $i-1$ 期的Libor利率，即在时点 $(i-1)$ 时，可观察到的期间为 $[i-1,i-1+\delta]$ 的Libor利率，例如：L（3，3）是距今第3季后，在第3季当期时点所观察到的3个月Libor报价，借以支付第4季（$3+\delta$）的利息。δ 为Libor利率相邻两支付日间的实际经过天数（以年化计算）在本例中为0.25（即3个月）。

拆解前：

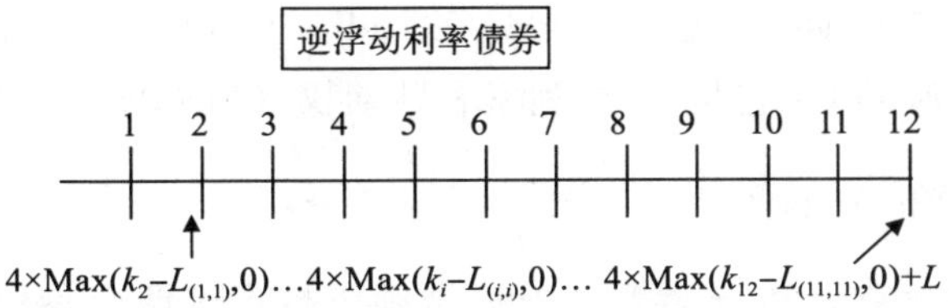

拆解后：

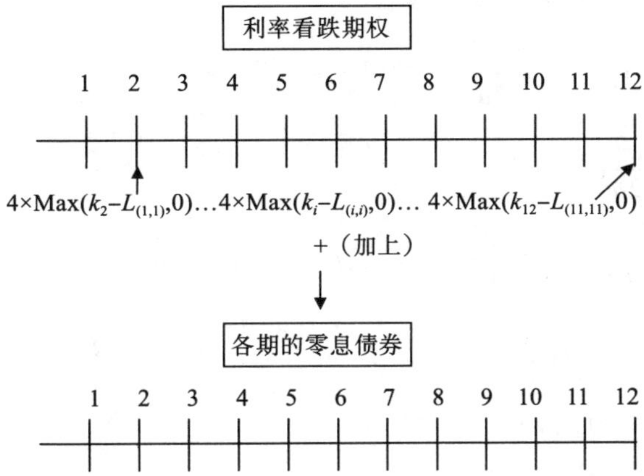

2. 定价公式

本章的逆浮动利率债券中包含了 12 个不同到期日的利率看跌期权（Floorlets），根据利率看跌期权的定价公式，可将符合 Libor 利率为标的 Hull – White 模型利率看跌期权改写如下：

$$\text{Floorlet}(t_i) = L \times P(t_0, t_i) \times 4 \times \{(1 + k_i\delta) \times N(-d_{2i}) - M_i \times N(-d_{1i})\} \times 0.25$$
$$= L \times P(t_0, t_i) \times \{(1 + k_i\delta) \times N(-d_{2i}) - M_i \times N(-d_{1i})\} \quad (7-1)$$

（注：$i = 0, 1, 2, 3, \cdots, 12$）

此处，就个别的利率看跌（或看涨）期权而言，k_i 是第 i 年内的 4 个“三个月期利率看跌期权的执行利率”，通常是该年（$0 \sim t_i$ 年）的远期利率（见表 7-6），则该利率看跌期权（Floorlet）是平值①。

$$d_{1i} = \frac{\ln M_i - \ln(1 + k_i\delta) + \frac{1}{2} \cdot v_i}{\sqrt{v_i}}$$

$$d_{2i} = d_{1i} - \sqrt{v_i}$$

① 当有效期（本产品三年期）内所有的利率看跌期权被总和成为利率下限期权后，在市场报价时，惯例的做法是将所有的执行利率都以有效期内的互换利率 $S_{0,i}(0) = S(0, t_0, t_i)$ 来取代。这个互换利率能够捕捉到有效期内所有（短、中、长）远期利率之间的相互影响力而形成的指标利率。它也是利率互换固定端应该要设定的公允利率（Fair Rate），其在实务中应用很广泛。Caplets 和 Cap 的执行利率在市场报价时也是作同样的解释。

将 N 个利率看跌期权加总可获得，在 Hull - White 模型下符合 Libor 利率的利率下限期权（Floor），它是 12 个利率看跌期权（Floorlets）的总和。

$$\text{Floor} = \sum_{i=1}^{12} \text{Floorlets}_{ti} \qquad (7-2)$$

定价公式内含有 a 和 σ 参数，所以必须先校准这两个参数，才能定价利率下限期权内的每一个利率看跌期权：

$$E_t^F[r_{t_{i-1}}] = f(0,t_{i-1}) + \frac{\sigma^2}{2a^2}(e^{-2a \cdot t_{i-1}} + e^{-a\delta} - e^{-a(ti+t_{i-1})} - 1)$$

$$Var_t^F[r_{t_{i-1}}] = \frac{\sigma^2}{2a}(1 - e^{-2a \cdot t_{i-1}})$$

$$V_i = Var\left[\ln\left(\frac{1}{P(t_{i-1},t_i)}\right)\right] = B(t_{i-1},t_i)^2 Var_t(r_{t_{i-1}})$$

$$M_i = \frac{1}{A(t_{i-1}, t_i)}\exp\left\{B(t_{i-1}, t_i)\ E_t^F[r_{t_{i-1}}] + \frac{1}{2}B(t_{i-1}, t_i)^2\ \text{var}_t^F[r_{t_{i-1}}]\right\}$$

$$A(t_{i-1},t_i) = \frac{P(0,t_i)}{P(0,t_{i-1})}$$

$$\exp\left\{B(t_{i-1},t_i)f(0,t_{i-1}) - \frac{\sigma^2}{4a}(1 - e^{-2at_{i-1}})B(t_{i-1},t_i)^2\right\}$$

$$B(t_{i-1},t_i) = (1 - e^{a\Delta t_i})/a, \Delta t_i = t_i - t_{i-1}$$

此处，a 和 σ 是利率均值回归模型内的两个参数，它们必须根据利率上限（或下限）期权的市场报价加以校准（见表 7 - 4）。参数 $A(t_{i-1},t_i)$ 和 $B(t_{i-1},t_i)$ 是 Hull - White 零息债券的定价公式内的参数：$P(t_{i-1},t_i) = A(t_{i-1},t_i) \times e^{-B(t_{i-1},t_i)}$。这两个参数的校准比较复杂，读者可参阅 Hull - White（1990），或者作者的书《金融工程学（三）》第 32 章。另外，一种求算利率看跌期权（Floorlets）的方法是将利率看跌（或看涨）期权的市场报价，以拆分方法求算出分段常数固定的波动率，即分段拆解波动率的报价，再运用 Floorlets 的封闭解定价公式求算就可以了。不必去校准 a 和 σ，详见第四章的介绍。但运用三叉树求算路径依赖的期权时，就必须先校准 a 和 σ。

12 期利率看跌期权（Floorlets）计算的结果如表 7 - 6 所示。

表 7 - 6　　逆浮动利率债券中 12 个利率看跌期权的价格计算

期限（年）	A(t,T) 见式（7-2）	B(t,T) 见式（7-2）	执行利率 k	E_i 见式（7-2）	V_i 见式（7-2）	M_i 见式（7-2）
0.25	0.9999	0.2439	0.04	0.0366	0	1.009
0.5	0.9999	0.2439	0.04	0.0378	0.0637	1.0094

续表

期限（年）	A(t,T) 见式（7-2）	B(t,T) 见式（7-2）	执行利率 k	E_i 见式（7-2）	V_i 见式（7-2）	M_i 见式（7-2）
0.747	0.9999	0.2439	0.04	0.0404	0.1213	1.01
1	0.9998	0.2439	0.04	0.0455	0.1734	1.0114
1.25	0.9997	0.2439	0.052	0.0526	0.2205	1.0132
1.5	0.9998	0.2439	0.052	0.0577	0.2632	1.0144
1.75	0.9998	0.2439	0.052	0.0628	0.3018	1.0156
2	0.9996	0.2439	0.052	0.0679	0.3368	1.0171
2.25	0.9998	0.2439	0.06	0.0613	0.3684	1.0153
2.5	0.9998	0.2439	0.06	0.0639	0.397	1.0159
2.75	0.9997	0.2439	0.06	0.0666	0.4229	1.0167
3	0.9998	0.2439	0.06	0.0692	0.4463	1.0173

注：执行利率 *k* 是表 7-1 内计息方式利率看跌期权的执行价。公式全部列在式（7-2）内。

表 7-7　　12 期的利率看跌期权计算的结果

期限（年）	*d*1	*d*2	*N*（-*d*1）	*N*（-*d*2）	Floorlets 式（7-1）
0.25	-Inf	-Inf	1	1	0.0956
0.5	-0.069	-0.0770	0.5275	0.5307	0.35
0.747	0.0063	-0.0047	0.4975	0.5019	0.439
1	0.1086	0.0954	0.4568	0.462	0.4586
1.25	0.0188	0.0040	0.4925	0.4984	0.5783
1.5	0.0943	0.0781	0.4624	0.4689	0.569
1.75	0.1569	0.1396	0.4376	0.4445	0.5558
2	0.2282	0.2099	0.4097	0.4169	0.5272
2.25	0.0256	0.0064	0.4898	0.4975	0.7117
2.5	0.0562	0.0363	0.4776	0.4855	0.7029
2.75	0.0919	0.0713	0.4634	0.4716	0.6847
3	0.117	0.0958	0.4534	0.4618	0.6722

注：设定本金为 100 元。

观察 12 期的利率看跌期权计算的结果，其权利金价格（Floorlets）离定价日愈远，其价格呈现愈大（见表 7-7，最后一栏）。考虑发行商的信用风险加码（利差）部分，债券价格见表 7-8。

表 7-8　　考虑发行商信用加码下的债券封闭解

期限（年）	Floorlets	信用利差 =0.001	信用利差 =0.003	信用利差 =0.005	信用利差 =0.01
Floor 总价格	6.345	6.3335	6.3106	6.2878	6.2313
零息债券的价格	88.75	88.49	87.98	87.48	86.24
债券现值	95.09	94.82	94.29	93.77	92.47

以信用利差（Credit Spread）=0.001 为例：

$$flt(i)=L\times\left\{\frac{1}{[y(i)+0.001]^{0.25}}\times[1+k(i)\times0.25]\times \mathrm{ind2}(i)-M(i)\times \mathrm{ind1}(i)]\right\}$$

其中，零息债券价格 $=\frac{100}{[y(i)+0.001]^{0.25}}$。

以上封闭解是在不考虑可赎回条款下的债券价格，每一家发行商的信用等级不同，信用加码也不应相同，但在本章发行商信用评级为标普 Aa1 及穆迪 AA-，信用风险加码应在 0.40% 左右，而美国金融业 Aa1 的 5 年期公司债平均利率应为 5.11%，5 年 Libor 利率为 4.71%，所以，信用风险加码应在 0.40% 左右，信用加码愈大，则债券现值愈便宜（见表 7-9）。

表 7-9　　美国金融业信用加码

产业别	评等		收益率%	LIBOR%	信用利差%
银行	AA-	2YR	3.68	3.46	0.22
	A+		3.73	3.46	0.27
	A		3.79	3.46	0.33
	A-		3.82	3.46	0.36
	BBB		4.34	3.46	0.88
	AA-	5YR	5.11	4.71	0.40
	A+		5.17	4.71	0.46
	A		5.24	4.71	0.53
	A-		5.40	4.71	0.69
	BBB		5.54	4.71	0.83
银行与金融	AAA	2YR	3.54	3.46	0.08
	AA+		3.57	3.46	0.11
	AAA	5YR	5.09	4.71	0.38
	AA+		5.16	4.71	0.45

四 解析解

接着利用 Hull－White 三叉树导出债券的数值解，以便在三叉树上可观察什么时点下债券应提前赎回，计算方式如下：

1. 三叉树

按照利率三叉树的定价公式，由表 7－4 的校准过程可得：$\sigma=3\%$、$a=0.2$，每季付息一次，3 年期共 12 次付息。第一阶段利率树形图的构建如同前述模型假设 $\theta(t)=0$ 且 r 的初始值为 0。

$dr^{*}=-ar^{*}dt+\sigma dz$

期望值 $E[dr]=Mr^{*}=(e^{-a\Delta t}-1)r^{*}=-0.04877r^{*}$

$$\Rightarrow M=-0.04877$$

变异数 $Var[dr^{*}]=V=\sigma^{2}(1-e^{-2a\Delta t})/2a$

$$=0.0009\times(0.095163/0.4)=0.0002141$$

其他参数如下：

$\sqrt{V}=0.01464$

$\Delta r=\sqrt{3V}=0.02535$

$$\frac{-0.184}{M}<j_{\max}<\frac{-0.816}{M};\ M=-0.04877;\ 3.77<j_{\max}<16.73$$

$$\frac{0.184}{M}<j_{\min}<\frac{0.816}{M};\ -3.77>j_{\min}>-16.73$$

为使所有的概率为正，选择 j 为 4。

Hull－White 以数值方法循环求解平移数折现价格 $Q_{i,j}$（Arrow－Deubreu Price，或称 AR 折现价格）代表在第 i 期当第 j 种情况发生时现金流量为 1 美元，而且其他情况的现金流量为 0 美元时的证券价格［即在（i，j）节点支付 1 美元的证券在期初的折现价格是 $Q_{i,j}$，它也是折现因子］。在 i 期 $Q_{i,j}$已求算获得后的情况下，第（$i+1$）到期的零息债券的价格为：

$$P(i+1)=\sum_{j=-n_i}^{n_i}Q_{i,j}\exp[-(\alpha i+j\Delta r)\Delta t]$$

$$\alpha_i = \frac{\ln\left(\sum_j Q_{i,j}e^{-j\Delta r\Delta t}\right) - \ln P(i+1)}{\Delta t}$$，n_i 定义与前一章相同。

再利用 α_i 求出第（$i+1$）期各节点（j）的折现因子 $Q_{i+1,j}$：

$$Q_{i+1,j} = \sum_k Q_{i,k}q(k,j)\exp[-(\alpha_i + k\Delta r)\Delta t]$$

当 $Q_{i+1,j}$ 已知，可利用上述重复求出 α_{i+1}，如此可求解出一个符合完全市场利率结构的利率树（见表 7－10、表 7－11）。

表 7－10　　Arrow－Deubreu Prices $Q_{i,j}$

j	$i=0$	$i=1$	$i=2$	$i=3$	$i=4$	$i=5$	$i=6$	$i=7$	$i=8$	$i=9$	$i=10$	$i=11$	$i=12$
4					0.0003	0.001	0.0022	0.0037	0.0054	0.0072	0.009	0.0108	0.0125
3				0.0029	0.0075	0.0125	0.0172	0.0212	0.0243	0.0268	0.0287	0.0301	0.031
2			0.0236	0.0466	0.0641	0.0764	0.0848	0.0903	0.0938	0.0962	0.0975	0.098	0.098
1		0.1659	0.2194	0.2331	0.2326	0.2271	0.2199	0.2125	0.2053	0.199	0.193	0.1875	0.1822
0	1	0.6636	0.5035	0.4176	0.3655	0.3303	0.3046	0.2846	0.2683	0.2553	0.2442	0.2345	0.2259
－1		0.1659	0.2199	0.2341	0.2341	0.229	0.2223	0.2152	0.2083	0.2023	0.1967	0.1914	0.1864
－2			0.0237	0.047	0.0649	0.0777	0.0866	0.0926	0.0966	0.0994	0.1012	0.1022	0.1025
－3				0.0029	0.0076	0.0128	0.0177	0.022	0.0254	0.0282	0.0303	0.0319	0.033
－4					0.0003	0.0011	0.0023	0.0039	0.0057	0.0077	0.0098	0.0118	0.0138

表 7－11　　Hull－White 模型三叉利率树形图及概率（发行日）

	方向概率			第 t 期瞬间短期利率 R												
j	*up*	*middle*	*down*	$i=0$	$i=1$	$i=2$	$i=3$	$i=4$	$i=5$	$i=6$	$i=7$	$i=8$	$i=9$	$i=10$	$i=11$	$i=12$
4	0.893	0.0188	0.088					0.139	0.145	0.151	0.157	0.151	0.154	0.157	0.1605	0.1563
3	0.104	0.6453	0.251				0.106	0.114	0.12	0.126	0.131	0.125	0.129	0.132	0.1351	0.131
2	0.123	0.6572	0.22			0.075	0.08	0.089	0.094	0.1	0.106	0.1	0.103	0.107	0.1098	0.1056
1	0.144	0.6643	0.192		0.0461	0.0496	0.055	0.063	0.069	0.075	0.081	0.075	0.078	0.081	0.0845	0.0803
0	0.167	0.6667	0.167	0.0187	0.0207	0.0243	0.03	0.038	0.044	0.05	0.056	0.049	0.053	0.056	0.0591	0.0549
－1	0.192	0.6643	0.144		0	0	0.004	0.013	0.018	0.024	0.03	0.024	0.027	0.031	0.0338	0.0296
－2	0.22	0.6572	0.123			0	0	0	0	0	0.005	0	0.002	0.005	0.0084	0.0042
－3	0.251	0.6453	0.104				0	0	0	0	0	0	0	0	0	0
－4	0.088	0.0188	0.893					0	0	0	0	0	0	0	0	0
Alpha（α）				0.0187	0.0207	0.0243	0.03	0.038	0.044	0.05	0.056	0.049	0.053	0.056	0.0591	0.0549

由于 dr 为正态分配，故在利率很低的时候，下方利率出现负值，但现实世界中，负利率的机会微乎其微，故负值部分均以零代替。

将点在图中绘出，可更清楚地看出利率树形图的模样和走势的位置（见图 7－3）。

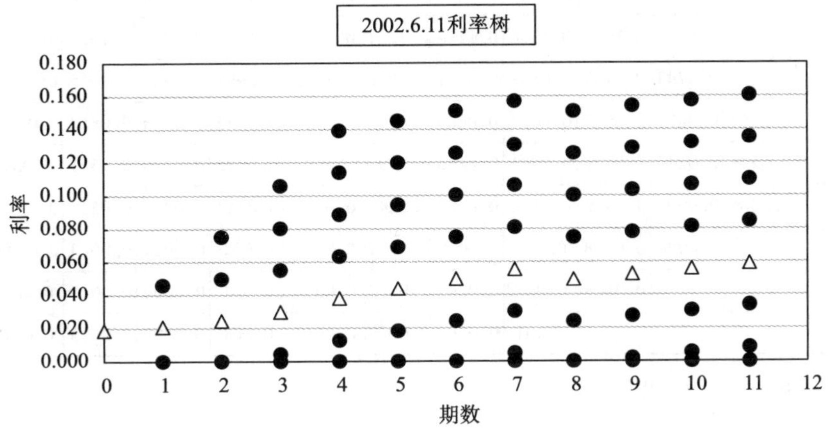

图 7－3 利率走势图（△为 $j=0$ 中间状态利率节点）

在利率树上各节点的利率为瞬间即期利率，但不是我们要求的短期利率（Libor），所以要先经由 Libor 转换；Libor 利率可由零息债券推导出来，关系如下：

$$L(t_{i-1},t_{i-1})=\frac{1}{\delta}\left[\frac{1}{P(t_{i-1},t_i)}-1\right]$$

零息债券的价格 $P(t,T)=A(t,T)e^{-B(t,T)\cdot r_t}$

$$A(t,T)=\frac{P(0,T)}{P(0,t)}\exp\left[B(t,T)f(0,t)-\frac{\sigma^2}{4a}(1-e^{-2at})B(t,T)^2\right]$$

$f(0,t)$ 为瞬间远期利率：$f(0,t)=\dfrac{-\partial\log P(0,t)}{\partial t}$

$$A=\frac{0.9848}{0.9903}\exp\left[0.2439\times0.0237-\frac{0.02^2}{4\times0.2}(1-e^{-2\times2\times0.5})\times0.2439^2\right]$$

$$=0.9999$$

$$P=0.9999\times\exp(0.2439\times0.243)=0.994$$

$$L=\frac{1}{0.25}\times\left(\frac{1}{0.994}-1\right)=0.0242$$

在利率树上各节点计算利息支付，并倒推求算债券价格，如表 7－12 所示。下面说明如何运用树状利率数据来对“利率下限浮动利率债券及可赎回的利率下限浮动利率债券”定价。

表 7－12　　Hull－White 模型三叉 Libor 利率（发行日）

j	$i=0$	$i=1$	$i=2$	$i=3$	$i=4$	$i=5$	$i=6$	$i=7$	$i=8$	$i=9$	$i=10$	$i=11$	$i=12$
4					0.1391	0.1449	0.1506	0.1574	0.1507	0.154	0.1576	0.1607	0.157
3				0.1052	0.1136	0.1194	0.1251	0.1308	0.1252	0.1283	0.1321	0.135	0.1313
2			0.0743	0.0799	0.0883	0.0941	0.0996	0.1063	0.0997	0.103	0.1065	0.1095	0.1059
1		0.0458	0.0491	0.0548	0.0631	0.0688	0.0744	0.0811	0.0745	0.0776	0.0813	0.0843	0.0806
0	0.019	0.0208	0.0242	0.0297	0.0381	0.0438	0.0493	0.056	0.0493	0.0525	0.0561	0.059	0.0554
－1		0.0006	0.0004	0.005	0.0132	0.0188	0.0243	0.0309	0.0244	0.0275	0.0311	0.0341	0.0304
－2			0.0004	0.0008	0.001	0.0009	0.0007	0.0061	0.001	0.0027	0.0063	0.0092	0.0056
－3				0.0008	0.001	0.0009	0.0007	0.0014	0.001	0.0009	0.0013	0.001	0.0015
－4					0.001	0.0009	0.0007	0.0014	0.001	0.0009	0.0013	0.001	0.0015

注：列出（i，j）＝（0，2）。

2. 定价利率下限浮动利率债券（不可赎回）

本例计算每期债券息票的指标利率三个月美元 Libor 利率，每季付息一次，依照每期息票利率计算出付息金额及最后一期本利和往回折现，从最后一点（i，j）开始倒推，计算前一期的点（$i-1$，k），必须由下一期各可能路径的节点依照概率折现得到，再加上本期的息票，依序往前折算，过程如下（见表 7－13）。

Downward Branching：$V_{i-1,k}=(P_uV_{i,k}+P_mV_{i,k-1}+P_dV_{i,k-2})e^{-(L_{i-1,k})dt}+C_{i-1}$

Standard Branching：$V_{i-1,k}=(P_uV_{i,k+1}+P_mV_{i,k}+P_dV_{i,k-1})e^{-(L_{i-1,k})dt}+C_{i-1}$

Upward Branching：$V_{i-1,k}=(P_dV_{i,k}+P_mV_{i,k+1}+P_uV_{i,k+2})e^{-(L_{i-1,k})dt}+C_{i-1}$

表 7－13　　每期应支付的利息（年利率%）

j	1	2	3	4	5	6	7	8	9	10	11	12
4					0.00	0.00	0.00	0.00	0.00	0.00	0.00	0.00
3				0.00	0.00	0.00	0.00	0.00	0.00	0.00	0.00	0.00
2			0.00	0.00	0.00	0.00	0.00	0.00	0.00	0.00	0.00	0.00
1		0.00	0.00	0.00	0.00	0.00	0.00	0.00	0.00	0.00	0.00	0.00
0	8.40	7.68	6.32	4.12	5.56	3.28	1.08	0.00	4.28	3.00	1.56	0.40
1		15.76	15.84	14.00	15.52	13.28	11.08	8.44	14.24	13.00	11.56	10.36
2			15.84	15.68	20.40	20.44	20.52	18.36	23.60	22.92	21.48	20.32
3				15.68	20.40	20.44	20.52	20.24	23.60	23.64	23.48	23.60
4					20.40	20.44	20.52	20.24	23.60	23.64	23.48	23.60

由表 7－14 可知，在三叉树解析解中求得不含赎回条款下的逆浮动利率债券

的价格为 110.64 美元，其中零息债券价格为 88.53 美元（见表 7－15），利率下限期权为 22.11（＝110.64－88.53）美元。

表 7－14　　利率下限浮动利率债券价格（美元）

j	$i=0$	$i=1$	$i=2$	$i=3$	$i=4$	$i=5$	$i=6$	$i=7$	$i=8$	$i=9$	$i=10$	$i=11$	$i=12$
4						78.23	80.75	83.33	86.24	89.22	92.49	96.07	100.00
3					81.21	82.92	83.58	85.80	88.30	90.85	93.63	96.68	100.00
2				85.93	86.51	87.39	86.90	88.58	90.55	92.56	94.82	97.31	100.00
1			95.21	94.81	94.64	94.62	91.42	92.40	93.64	94.73	96.16	97.93	100.00
0	110.64	111.16	111.41	109.67	108.36	107.96	99.69	99.10	99.34	99.85	99.39	99.43	100.10
－1			129.50	127.38	125.22	123.64	113.82	111.73	110.26	109.24	106.72	104.49	102.59
－2				138.52	136.32	134.09	127.69	124.75	121.73	118.86	114.40	109.77	105.08
－3					142.00	139.22	134.34	130.52	126.51	122.25	116.98	111.54	105.90
－4						140.88	136.63	132.22	127.67	123.01	117.40	111.68	105.90

表 7－15　　零息债券的价格计算

最后一期 $A-D$	$A-D$ 乘以本金
0.013	1.25
0.031	3.1
0.098	9.8
0.182	18.22
0.226	22.59
0.186	18.64
0.103	10.25
0.033	3.3
0.014	1.38
Total	88.53

3. 定价利率下限浮动利率债券（可赎回）

在利率下限期权中，当债券某一时点的未来现金流量的现值（*PV*）大于在同一时点利率下限浮动利率债券的价格时，发行商可按照赎回条款（Call）将债券赎回，赎回的条件可以用下列公式表示：

$V_t = \min[\text{赎回价格}, PV(\text{未来现金流量})]$

赎回价格（Call Price）为面值，即为 100；

PV（未来现金流量 Future Cash Flows）为表 7－13 的价格；

其中，V_t 代表 t 时点时未来现金流量的现值。

当发行商评估出未来现金流量的折现会大于将债券收回来的现值，发行商会宁可将债券收回，再发行新债券或另觅筹资管道。因此，我们可以用常理推知，若有可赎回条款（Callable）的债券，其价格应低于无可赎回条款的债券价格。若投资人持有可卖回条款（Putable）的债券，其价格应高于无可卖回条款的债券价格。

根据表 7－14 利率下限浮动利率债券的价格以及上述赎回条件的公式就可以计算出含有可赎回条款利率下限浮动利率债券价格，见表 7－16。

表 7－16　有可赎回条款的债券价格　单位：美元

j	$i=0$	$i=1$	$i=2$	$i=3$	$i=4$	$i=5$	$i=6$	$i=7$	$i=8$	$i=9$	$i=10$	$i=11$	$i=12$
4						78.23	80.74	83.33	86.24	89.22	92.49	96.07	100.00
3					81.05	82.84	83.57	85.80	88.30	90.85	93.63	96.68	100.00
2				84.79	85.74	86.92	86.79	88.54	90.54	92.56	94.82	97.31	100.00
1			90.81	91.17	91.75	92.48	90.73	92.02	93.47	94.68	96.16	97.93	100.00
0	98.99	99.45	100.46	99.91	99.77	100.42	96.63	96.79	97.90	99.10	99.13	99.43	100.10
－1			107.11	103.96	103.50	103.88	103.32	102.77	102.11	103.56	103.25	102.89	102.59
－2				103.96	103.92	105.10	105.11	105.13	104.59	105.90	105.73	105.37	105.08
－3					103.92	105.10	105.11	105.13	105.06	105.90	105.91	105.87	105.90
－4						105.10	105.11	105.13	105.06	105.90	105.91	105.87	105.90

以节点$(i,j)=(11,-4)$为例，其计算方式如下：

$$
\begin{aligned}
&\text{Min}[(105.08\times pu+105.9\times pm+105.9\times pd)e^{-L(t_{11},t_{11})\times 0.25},100]\\
&+100\times 4\times \text{Max}[6\%-L(t_{11},t_{11}),0]\times 0.25\\
&=\text{Min}\left[\begin{pmatrix}105.08\times 0.0880\\+105.90\times 0.0188+105.9\times 0.893\end{pmatrix}e^{-0.001\times 0.25},100\right]\\
&+100\times 4\times \text{Max}(6\%-0.13\%)\times 0.25\\
&=100+5.87\\
&=105.87\ (\text{美元})
\end{aligned}
$$

因为其折现值大于赎回价格 100 美元：$(105.9\times 0.893+105.9\times 0.0188+105.08\times 0.088)e^{(-0.001\times 0.25)}=105.81$，债券将会被赎回，故其现值以面值 100 美元加上其应计利息来计算，因此赎回权利的价格共计 105.87 美元。重复类似的计算程序，并倒推至 $i=0$，即可获得在可赎回条件下逆浮动利率的价格为 98.99 美元。

因此，赎回权利的价值＝利率下限浮动利率债券价格－有可赎回条款的债券

价格 =110.64 −98.99 =11.65 美元。

4. 价格计算

加入申购手续费用（2%）及每年信托保管费用（0.15%）后的可赎回逆浮动利率债券的价格计算如表 7－17 所示。

表 7－17　债券费用现值

	$i=0$	$i=1$	$i=2$	$i=3$	$i=4$	$i=5$	$i=6$	$i=7$	$i=8$	$i=9$	$i=10$	$i=11$	$i=12$
费用（美元）	2.0				0.15				0.15				0.15
NPV	=2 +0.15EXP[−(0.019/4)×(0.0208/4)×(0.0242/4)×(0.0297/4)] + 0.15EXP[−(0.019/4)×(0.0208/4)×(0.0242/4)×(0.0297/4)×(0.0381/4)× (0.0438/4)×(0.0493/4)×(0.056/4)] +0.15×EXP[−(0.019/4)×(0.0208/4)× (0.0242/4)×(0.0297/4)×(0.0381/4)×(0.0438/4)×(0.0493/4)×(0.056/4)× 0.0493/4)×(0.0525/4)×(0.0561/4)×(0.059/4)] =2.45												

注：折现率取自表 7－12 的 Libor 利率。

期初收取申购手续费 2%，每年年底另收取信托保管费 0.15%，（内扣）此项条款净现值为 2.41 美元，故扣除保管费用后可赎回逆浮动利率债券的价格应为 98.99 美元 −0.45 美元 =98.54 美元，而本金应为 100 美元 +2（申购手续费）美元 =102 美元。

五 发行收益分析

逆浮动利益债券的发行收益分析见表 7－18。

表 7－18　发行收益分析　　单位：美元

项目	不含赎回	含赎回	含费用
发行时现金流入	100	100	102
费用现值	−	−	0.45
可赎回价值	−	(11.65)	(11.65)
利率下限期权现值	22.11	22.11	22.11
零息债券价格	88.53	88.53	88.53

续表

项目	不含赎回	含赎回	含费用
债券价格	110.64	98.99	98.54
发行商收益率	-9.62%	1.02%	3.51%

最后完整计算该债券的收益应为含赎回条款及含费用项目，应收款项为102美元，而实际债券价格为98.54美元，发行商收益率为3.51%（=102/98.54-1）。

第八章　可赎回雪球型结构债券定价及分析[①]

一　雪球型结构债券的概况

雪球型债券最特殊的设计，就是其配息的方式和前期的配息有关。当前期的配息越多，则下期的配息亦会越多，就如滚雪球一样，越滚越大。在该债券的配息结构中，可能前几期给固定利率，之后的配息可能为前期利息加码再减去指标利率，作为重设的票面利率，如 Max（前期利息 +2% - 指标利率，0）。当前期配息高，且指标利率不断走低的状况下，每期的配息就会快速成长。因此，我们可以拆解该产品，成为一个零息债券，以及每个付息日代表一个浮动执行价的利率看跌期权，该执行价最终的价格为前期的票面利率。

雪球型产品定价的困难之处在于，它是一个路径依赖的产品。它每一期的收益与前一期的收益有关，而前一期的收益又跟前前期的收益有关。因此利率的走势路径将影响本产品的价值。一般而言，路径依赖的产品都是采用蒙地卡罗模拟法进行模拟，但是其缺点在于难以定价美式期权的价值，诸如发行者具有赎回权利（Callable）的挂钩债券，因为我们无法知道何时提前赎回是最恰当的。但是利用树状法可以容易地定价美式期权的价值。因此本章将结合 Hull - White 三叉树的方法，以及针对使用树状法定价路径依赖产品所设计的路径函数，来定价具有赎回权利的雪球型结构债券。采用控制变量（Control Variate）方法会比路径

① 本章由陈松男教授、研究特助张业强撰写。

函数更有效率，详见 Hull – White（1988）论文。

二 产品介绍

（一）产品条款说明书（见表 8 – 1）

表 8 – 1　　产品条款说明书

HSBC USD Callable Cumulative Inverse – Floater		
发行者	HSBC 汇丰银行	
计价货币	USD 美元	
最低投资金额	10000 美元	
债券存续期间	5 年	
配息方式	第一年	固定 8.8%
	第二年	Max（前期配息率 +1% – 2 × 6mth Libor，0）
	第三年	Max（前期配息率 +2% – 2 × 6mth Libor，0）
	第四年	Max（前期配息率 +3% – 2 × 6mth Libor，0）
	第五年	Max（前期配息率 +4% – 2 × 6mth Libor，0）
付息次数	每半年支付一次	
赎回条款	发行人得以在一年后每半年执行提前赎回	

（二）产品条款分析

这个产品最诱人之处在于其首年配息高达 8.8%，是当时美元定存收益的 22 倍（当时美元 6 个月期的参考利率为 0.4%）。而第二至第五年的配息是一个雪球型的结构，即是前期配息的加码减去指标利率，而加码部分是逐年调高的。我们假设第一年起至第四年半止，每半年的 6mth Libor 分别为 1.2%、1.1%、1%、0.8%、1.2%、1.6%、2.2%、2.8%，则每期重设的票面利率计算如下：

第 0 年：8.8%

第 0.5 年：8.8%

第 1 年：$\text{Max}(8.8\% + 1\% - 2 \times 1.2\%, 0) = 7.4\%$

第 1.5 年：$\text{Max}(7.4\% + 1\% - 2 \times 1.1\%, 0) = 6.2\%$

第 2 年：Max(6.2% +2% −2 ×1% ,0) =6.2%

第 2.5 年：Max(6.2% +2% −2 ×0.8% ,0) =6.6%

第 3 年：Max(6.6% +3% −2 ×1.2% ,0) =7.2%

第 3.5 年：Max(7.2% +3% −2 ×1.6% ,0) =7%

第 4 年：Max(7% +4% −2 ×2.2% ,0) =6.6%

第 4.5 年：Max(6.6% +4% −2 ×2.8% ,0) =5%

在投资人预期未来利率将维持相对低档的状况下，挂钩利率并采用反浮动计息结构的挂钩债券将是不错的选择，而其首年的利息高达 8.8%，在低利的环境下，对投资人的确具有相当的吸引力。

（三）投资人的风险

投资人最大的风险在于当利率走低时，发行者会执行其提前赎回的权利；而当利率走高时，投资人可能要准备面临至到期日都无利息可领的困境。指标利率先降后升比先升后降对投资人而言更有利，因为利息先往上的话，前期配息率降低，因此之后当利率下降时，本期的配息就无法享受到利率走低的好处。我们试图以利率走势先降后升及先升后降来比较其如何造成第三年配息率的改变。若在时点为一年、一年半、二年时，路径一的 6mth Libor 的走势为 1.2%、2.8%、2.3%，路径二的 6mth Libor 的走势为 1.2%、0.8%、2.3%；路径一在第一年时重设的票面利率为 Max(8.8% +1% −2 ×1.2% ,0) =7.4%；第一年半时重设的票面利率为 Max(7.4% +1% −2 ×2.8% ,0) =2.8%；第二年时重设的票面利率为 Max(2.8% +2% −2 ×2.3% ,0) =0.2%。同理，路径二在时点一年、一年半、二年的重设票面利率分别为 7.4%、6.8%、4.2%。我们将结果列于表 8−2。由以上的例子可以发现，两条路径起始利率皆为 1.2%，终止利率皆为 2.3%，但是利率先升后降的路径一使第二年票面利率为 0.2%，利率先降后升的路径二使第二年票面利率为 4.2%，两者相差了 4%，显见利率走势的不同，影响配息率的结果甚巨。

表 8−2　　假想路径走势及票面利率计算

路径走势		一年	一年半	二年
路径一	6mth Libor	1.2%	2.8%	2.3%
	票面利率	7.4%	2.8%	0.2%
路径二	6mth Libor	1.2%	0.8%	2.3%
	票面利率	7.4%	6.8%	4.2%

由于雪球型的配息设计，使未来的配息不是大好就是大坏，但是由于发行者有赎回权，因此对投资人而言，高配息可能“看得到却吃不到”，这文件债券最大的价值，就在于前一年 8.8% 的配息，但投资人要付出的代价，却可能是未来的配息有很大机会为零。

三 产品定价

本部分将利用 Hull – White（1994）三叉树模型以及他们处理美式路径依赖产品的方法（1993）设计路径函数，来定价本产品。重点在于，到底要用什么参数当作路径函数。要适合当作路径函数，其必须服从马可夫（Markov）过程，即下一期的路径函数 $F(t+\Delta t,S)$，能够由本期的路径函数 $F(t,S)$ 及下一期的标的信息 $S(t+\Delta t)$ 来计算得到。因此，我们选择以该期重设的票面利率 $F(t,S)$ 作为路径函数，在已知下一期利率 $S(t+\Delta t)$ 的状况下，我们得以计算下一期的票面利率 $F(t+\Delta t, S)$。其定价的步骤依序如下：

（一）构建利率期限结构（Yield Curve）

我们首先要进行收益率曲线的构建，才能进行参数的校准（Calibration）及三叉树的构建。市场上 Libor 的即期利率报价及美元利率互换（USD Interest Rate Swap）的报价分别如表 8 – 3 及表 8 – 4 所示。我们构建出来的 Libor 利率期限结构如图 8 – 1 所示。

表 8 – 3　　产品发行日 Libor 报价

1M	1.85625
2M	1.95
3M	2.06
4M	2.12
5M	2.18
6M	2.24
7M	2.29875
8M	2.35

续表

9M	2.4025
10M	2.4525
11M	2.4975
12M	2.5425

表 8-4　　产品发行日 USD IRS 报价

1Y	2.537
2Y	3.042
3Y	3.4125
4Y	3.704
5Y	3.946
6Y	4.1535
7Y	4.328
8Y	4.4685
9Y	4.593
10Y	4.701

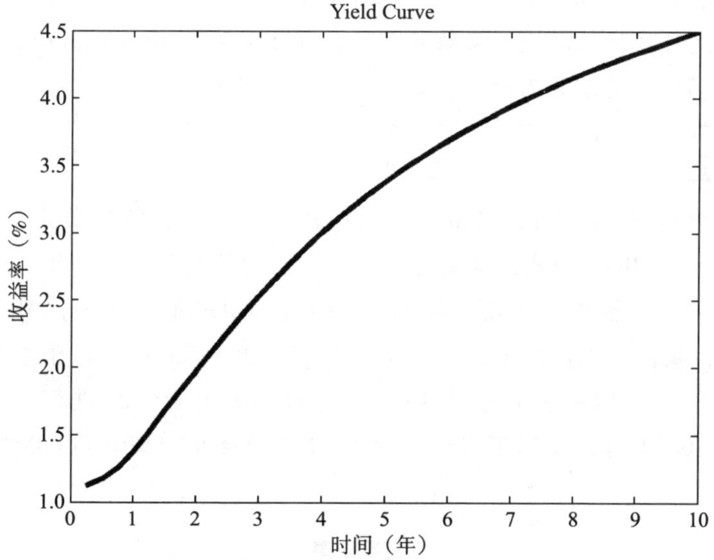

图 8-1　产品发行日利率期限结构

（二）参数 a 与 σ 的校准

我们可以利用市场上美元 Libor 利率上限期权（USD Libor Cap）的报价来进行 Hull - White 模型所需要的参数——利率回复速度 a 及利率波动率 σ 进行校准（Calibration）。Cap Vol 为 Cap 的波动率报价，Cap Rate 为上限利率。产品发行日平值（At the Money）利率上限期权的报价见表 8 - 5。

表 8 - 5　　产品发行日 USD Cap 报价

时间（年）	Cap Vol（%）	Cap Rate（%）	Caplet 数目
1	41.8	1.48	3
2	46.4	2.15	7
3	42.9	2.71	11
4	40.5	3.14	15
5	37.8	3.51	19

利率看涨期权（Caplet）价值的计算可见上一章公式。利用市场报价的 Cap Volatility 以及应用 Black 公式求得的 Caplet 价格为 Cap 的市场价格（Market Price），而由 Hull - White 模型求得的 Caplet 价值为模型价格（Model Price），我们的目标就是寻找最适的模型参数 a 及 σ，使得利用 Hull - White 模型计算的模型价格与市场价格的差异为最小，如式（8 - 1）所示：

$$\min \sqrt{\sum_{i=1}^{m} [\mathrm{model}_i(a,\sigma) - market_i]^2} \tag{8-1}$$

注：一个利率上限期权（Cap）内包括几个（小）利率上涨期权（Caplet）。

当我们利用 Black 公式计算出各年期 Cap 的价值之后，由一年及二年 Cap 的价差，我们可以拆解出一年至二年间 Caplet 的 Volatility。同理，由二年及三年 Cap 的价差，我们可以拆解出二至三年间 Caplet 的 Volatility。由于本产品为五年期，因此，我们利用一至五年共 19 个 Caplet（见附录一）进行校准，当 $a = 0.14$、$\sigma = 0.0084$ 时，我们可以使式（8 - 1）为最小，即 0.0003548273，如表 8 - 6 所示：

表 8 - 6　　校准结果

Caplet 时间	H - W Model Price	Black Market Price	Diff
0.25	0.0001601130	0.0000668152	0.0000932979
0.5	0.0004769435	0.0003396271	0.0001373163
0.75	0.0010090397	0.0009117093	0.0000973304

续表

Caplet 时间	H - W Model Price	Black Market Price	Diff
1	0.0006965893	0.0006981630	-0.0000015737
1.25	0.0012457310	0.0013239095	-0.0000781785
1.5	0.0017524979	0.0018871031	-0.0001346052
1.75	0.0023197490	0.0024993410	-0.0001795920
2	0.0018144914	0.0017407326	0.0000737588
2.25	0.0022904305	0.0022618896	0.0000285408
2.5	0.0027420346	0.0027483742	-0.0000063396
2.75	0.0031671394	0.0031999802	-0.0000328408
3	0.0027075722	0.0027192227	-0.0000116505
3.25	0.0030367324	0.0030730314	-0.0000362990
3.5	0.0033278905	0.0033838992	-0.0000560087
3.75	0.0035605688	0.0036325503	-0.0000719815
4	0.0030167647	0.0029327703	0.0000839944
4.25	0.0031718633	0.0031055684	0.0000662949
4.5	0.0033220006	0.0032720714	0.0000499292
4.75	0.0034438604	0.0034078823	0.0000359782

（三）构建 Hull - White 利率三叉树

依照前章节的方法，我们可以构建 Hull - White 三叉树。若我们以半年为一期，其各节点的几率及 Q 值请见本章附录二，各节点利率如表 8 - 7 所示。

表 8 - 7　　三叉树上各节点利率

期数节点	0	1	2	3	4	5	6	7	8	9
3				0.0596	0.0650	0.0698	0.0738	0.0771	0.0793	0.0812
2			0.0433	0.0493	0.0547	0.0595	0.0636	0.0668	0.0690	0.0709
1		0.0259	0.0330	0.0390	0.0445	0.0492	0.0533	0.0565	0.0587	0.0607
0	0.0117	0.0157	0.0227	0.0287	0.0342	0.0390	0.0430	0.0462	0.0484	0.0504
-1		0.0054	0.0125	0.0184	0.0239	0.0287	0.0327	0.0359	0.0381	0.0401
-2			0.0022	0.0081	0.0136	0.0184	0.0224	0.0256	0.0278	0.0298
-3				0	0.0033	0.0081	0.0121	0.0154	0.0176	0.0195

（四）找出各节点最大可能票面利率及最小可能票面利率

我们首先必须知道各节点最大可能票面利率及最小可能票面利率，才能知道各节点票面利率的可能范围，再用切割路径来逼近。第 0 期及第 1 期固定票面利率皆为 8.8%，因此我们先以第 2 期第 0 个节点来说明。

6mth Libor	2.5947%
Min 票面	8.8%
Max 票面	8.8%
6mth Libor	1.5659%
Min 票面	8.8%
Max 票面	8.8%
6mth Libor	0.5371%
Min 票面	8.8%
Max 票面	8.8%
6mth Libor	2.2744%
Min 票面	5.2512%
Max 票面	5.2512%

由于前一期的票面利率固定皆为 8.8%，该节点的利息为 Max(8.8% +1% -2 ×2.2744% ,0) =5.2512% 。我们再以第 3 期第 0 个节点举例说明如下：

6mth Libor	3.3032%
Min 票面	3.1936%
Max 票面	3.1936%
6mth Libor	2.2744%
Min 票面	5.2512%
Max 票面	5.2512%
6mth Libor	1.2456%
Min 票面	7.3088%
Max 票面	7.3088%
6mth Libor	2.8706%
Min 票面	0%
Max 票面	2.5676%

第 3 期第 0 个节点的票面利率受前期三个节点的票面利率影响，其最小可能票面利率来自第 2 期第 1 个节点的最小票面利率 3.1936%，因此其计算为 Max (3.1936% +1% -2 ×2.8706% ,0) =0%；而该节点最大可能票面利率来自第 2

期第 -1 个节点，其计算为 Max(7.3088% +1% -2 ×2.8706% ,0) =2.5676%。依据此法，我们可以由前期的信息计算出本期各节点最大可能票面利率及最小可能票面利率，如本章附录三所示。

（五）计算出最后一期的债券价值

我们首先以 1% 作为路径函数切割的间隔。以第 9 期第 -1 个节点举例，其最小可能票面利率为 0，最大可能票面利率为 9.0649%（见附录三），因此我们选择的路径函数依序为 0、1%、2%……9%、9.0649%，共 11 条路径，包含了所有可能的票面利率。依照各路径函数（即票面利率）所计算出来的结果见表 8 -8。

表 8 -8　第 9 期第 -1 个节点债券价值

6mth Libor	4.0083%
可能票面利率	债券价值
0	98.0158
1%	98.5059
2%	98.9960
3%	99.4860
4%	99.9761
5%	100
6%	100
7%	100
8%	100
9%	100
9.0649%	100

由于下一期（第 10 期）债券到期将拿到面额 100 美元，因此当本期票面利率为 3% 时，债券价值为：

$$\left(100+\frac{3}{2}\right)\times e^{-0.040083\times 0.5}=99.4860 \text{ 美元}$$

而当本期票面利率为 7% 时，债券价值为：

$$\left(100+\frac{7}{2}\right)\times e^{-0.040083\times 0.5}=101.4464 \text{ 美元}$$

因为债券价值超过 100 美元，所以我们设定在这种状况下发行者会行使赎回的权利，本期债券的价值即为面额 100 美元。同理我们可以依照此法求得最后一期各节点债券价值。

（六）利用线性内插法求得各种票面利率下债券的价值

在求得第 9 期之后我们再来计算第 8 期各节点债券的价值，我们以第 8 期第 -1 个节点举例说明。该节点最小可能票面利率为 0，最大可能票面利率为 8.9663%（见附录三），因此该节点的路径函数我们选择 0、1%、2%……8%、8.9663%，共 10 条路径。该节点债券的价值来自第 9 期的三个节点，分别为第 0、-1、-2 个节点。我们首先计算当本期票面利率为 6% 时，来自第 9 期第 -1 个节点的债券价值。

当本期票面利率为 6% 时，利率持平至第 9 期第 -1 个节点的 4.0083%，使该期票面利率为 Max(6% +4% -2×4.0083%) = 1.9834%。1.9834% 介于路径 1% 与 2% 之间。由表 8-7 可知 1% 时债券价值为 98.5059 美元，2% 时债券价值为 98.996 美元，因此我们利用线性内插法求得票面利率为 1.9834% 时，债券价值为：

$$\frac{1.9834\% - 1\%}{2\% - 1\%} \times (98.996 - 98.5059) + 98.5059 = 98.9878(\text{美元})$$

其通式可以表示如下：

$$f(X) = \frac{X - C_d}{C_u - C_d} \times [f(C_u) - f(C_d)] + f(C_d) \qquad (8-2)$$

在式（8-2）中，$f(X)$ 为内插出来的债券价值，X 为票面利率，该票面利率介于 C_d 及 C_u 之间，$C_d \leqslant X \leqslant C_u$，$f(C_d)$ 是票面利率为 C_d 时的债券价值，$f(C_u)$ 为票面利率为 C_u 时的债券价值。

同理，我们可以知道当本期票面利率为 6%，利率上升至第 9 期第 0 个节点 5.0371%，对应的票面利率就重设为 Max(6% +4% -2×5.0371%,0) = 0，计算出来的债券价值为 97.5129；利率下跌至第 9 期第 -2 个节点 2.9795%，对应的票面利率重设为 Max(6% +4% -2×2.9795%,0) = 4.041%，计算出来的债券价值为 100。其计算可参见本章附录四。

而在第 -1 个节点时，我们知道利率往上、持平、往下的几率分别是 0.2041、0.6618、0.1341（见附录二），我们分别乘上对应的债券价值及 6% 的利息，再以本节点的利率 3.8126% 折现，因此我们可以计算出在第 8 期第 -1 个节点，路径函数为 6% 的状况下，债券的价值为：

$$\left[\left(97.5129 + \frac{6}{2}\right) \times 0.2041 + \left(98.9878 + \frac{6}{2}\right) \times 0.6618 + \left(100 + \frac{6}{2}\right) \times 0.1341\right] \times e^{-0.038126 \times 0.5} = 99.8999(\text{美元})$$

依顺序一期一期往前推，我们最后可以得到这档债券的现值为 96.8846 美元。

而在没有发行者提前赎回的权利，相同条件下这文件结构型债券的价值为97.1523美元。而其价值差为0.2677美元，即为发行者可赎回权利的价值。此可赎回权利相当小，意味着利率持续低迷的机会很低，发行者不太需要担心会负担过重的利息而进行赎回。

四 数值方法效率性

本部分尝试以上一章的方法，将三叉树切割的期数增加，以增进定价的准确度。但是由于本产品所设计的路径函数，本期的路径必须要由上期的路径计算得知，若是上一期切割的节点并非付息日，则我们无法从上一期的路径计算出本期的路径，只能利用上一个付息日路径计算本期的路径，这样子会使一个节点的分支过多，难以计算，此难题尚待克服。但 Hull - White (1993) 曾经指出，路径数目的增加能够大幅度使产品价格快速收敛，其运算出来精准的结果，比使用蒙地卡罗法指令周期快12倍以上。因此，我们依旧是以每个付息时点切割一期(即每半年)，但是增减路径函数的数目，以观察产品价格是否收敛。其方法就是最大可能票息及最小可能票息之间，控制路径间隔的大小，变小则路径数目将会增加；反之则减少。其结果如图8-2及表8-9所示：

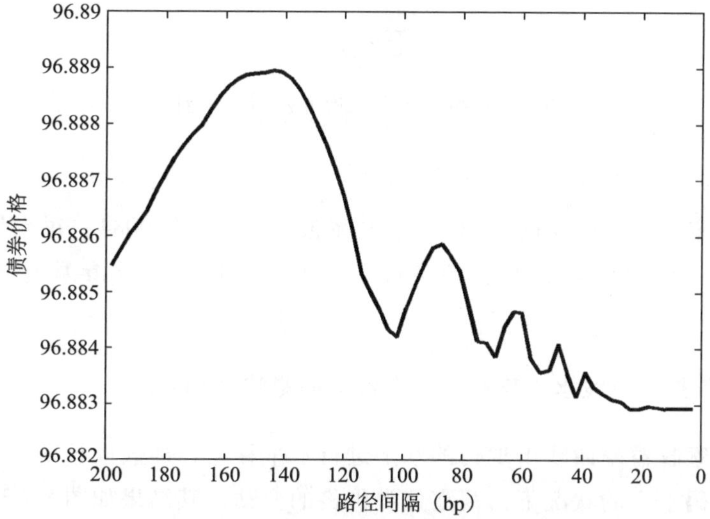

图8-2 路径间隔减少价格收敛状况

表 8－9　　路径间隔与债券价值

路径间隔（bp）	不可赎回债券价值（美元）	可赎回债券价值（美元）	可赎回权利价值（美元）
200	97.1552	96.8853	0.2699
150	97.1591	96.8889	0.2702
100	97.1523	96.8846	0.2677
75	97.1512	96.8841	0.2671
50	97.1508	96.8839	0.2669
20	97.1497	96.8830	0.2667
10	97.1497	96.8829	0.2668
1	97.1497	96.8829	0.2668

由图 8－2 可以很明显地发现，当路径间隔为 20bp 以下时，债券价格已收敛至某一水平，约为 96.883 美元。而路径间隔在 20bp 以下计算时间亦短，在 1 秒以内。显见此数值方法能由路径的增加快速地收敛，计算时间短，且能处理美式期权提前履约的状况。

而表 8－9 比较了在不同路径间隔下，具有赎回权利的债券与不具有赎回权利债券的价值，其价值差即为可赎回权利的价值。可以发现，路径间隔 20bp 以下，两者的价格都会收敛，而可赎回权利的价值为 0.2668 美元，是相当便宜的，究其原因，可能是当时市场所隐含的波动率较低，利率不容易发生大幅度走低的状况，因此发行者行使赎回权利的几率不高，因此可赎回权利的价值会较低。

五　避险参数及敏感性分析

我们设定利率反转速度 $a=0.14$、利率波动率 $\sigma=0.0084$、每半年切割一期（$\Delta t=0.5$）、路径间隔为 20bp 的条件下，进行本产品避险参数计算的敏感性分析。

（一）收益率曲线水平移动对债券价值的影响（Delta）

我们观察收益率曲线由现行的水平进行水平移动，即假设长期利率与短期利率的利率加码不变的状况下，观察债券价格的变动，其结果如图 8－3 所示。

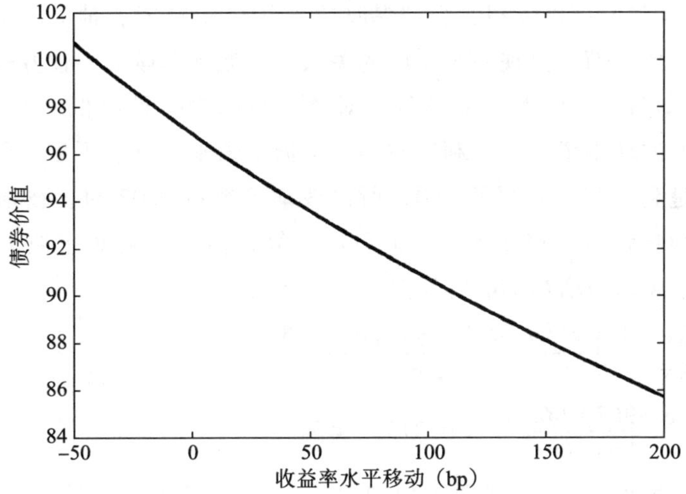

图 8-3　收益率水平移动幅度与债券价值关系

由图 8-3 我们可以看出，当收益率曲线水平往上移，将造成债券价值的减少；反之则增加。我们可以计算出收益率曲线水平上移 1bp 对债券价值的影响。

$$Delta=\frac{\Delta V}{\Delta r}=\frac{V_1(1bp)-V_0(0bp)}{\Delta r}=\frac{96.8124-96.883}{\Delta r(1bp)}=-0.0706(\text{美元})$$

即收益率水平上移 1bp，将使债券价值减少 0.0706 美元（每百美元面额）。

（二）利率波动率对债券价值的影响（Vega）

我们观察利率波动率的变化对债券价值的影响，其结果如图 8-4 所示。

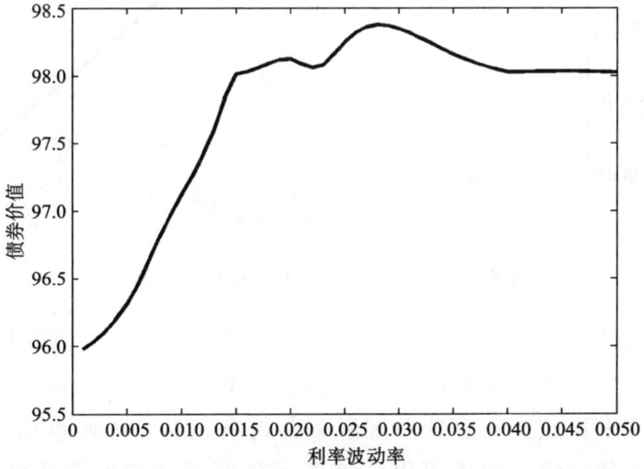

图 8-4　利率波动率与债券价值关系

由图 8－4 我们可以发现，当利率波动率小于 0.02 时，债券的价值对于波动率是相当敏感的，而且呈现一个正向的关系，即波动率越大，债券价值越高。而当利率波动率超过 0.02 时，债券价值对该变量的敏感性降低一些。究其原因，可能是刚开始波动率增加时，利率越容易走低，未来配息会更多，所以债券价值会增加。但是利率不可能再低于 0，所以波动率超过 0.02 时，波动率的增加对债券价值的影响就不会那么大。我们可以计算债券价值对利率波动率的敏感性 *Vega*，当利率波动率增加 1bp 时债券的价值变化：

$$Vega=\frac{\Delta V}{\Delta\sigma}=\frac{V_1(\sigma=0.85\%)-V_0(\sigma=0.84\%)}{\Delta\sigma}$$

$$=\frac{96.8967-96.883}{\Delta\sigma(1bp)}=0.0137(\text{美元})$$

即波动率增加了 1bp，债券价值增加了 0.0137 美元（每百美元面额）。

（三）利率回复速度对债券价值的影响（Omega）

我们观察利率回复速度的变化对债券价值的影响，其结果如图 8－5 所示。

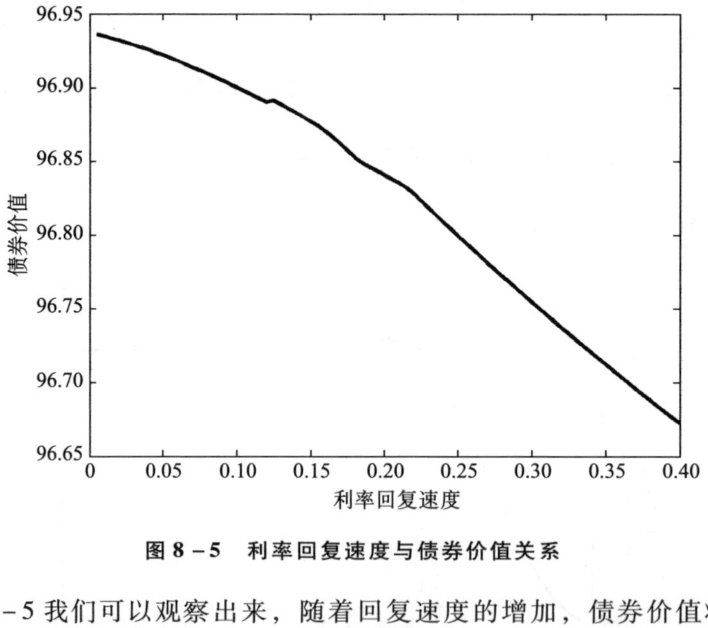

图 8－5 利率回复速度与债券价值关系

由图 8－5 我们可以观察出来，随着回复速度的增加，债券价值将递减，其原因可能是当利率回复速度低时，利率的走势不容易收敛至长期的水平，即产生低利率状况的几率比较大，意味着配息率会越来越高。因此本档滚雪球方式计息的债券会有较大的价值。我们可以计算债券价值对利率回复速度的敏感性 *Omega*，即利率回复速度增加 0.01，债券的价值为：

$$Omega = \frac{\Delta V}{\Delta a} = \frac{V_1(a=0.15) - V_0(a=0.14)}{\Delta a}$$

$$= \frac{96.8772 - 96.883}{\Delta a(0.01)} = -0.0058(\text{美元})$$

所以，若利率回复速度增加 0.01，债券价值减少 0.0058 美元，此值相当小，显见利率回复速度变动对本债券的价值影响不大。

（四）两个因子对债券价值的影响

我们从收益率曲线平移幅度、利率波动率以及利率回复速度，任选两个因子来观察其与债券价值的关系。首先，我们来观察收益率水平移动幅度与利率波动率对债券价值的影响，如图 8－6 所示。

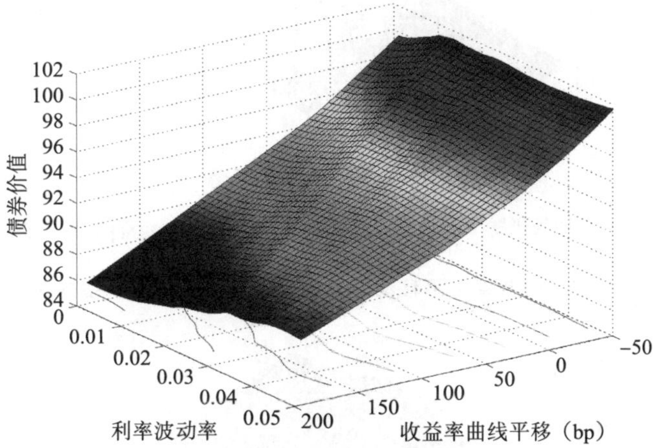

图 8－6 收益率水平移动与利率波动率对债券价值的关系

根据上一个单元的分析，我们可以知道债券的价值会随着收益率曲线水平上移而减少，且会有随着利率波动率的增加有价值增加的倾向。但是我们可以从图 8－6 很明显地发现，收益率水平移动对债券价值的影响，远大于利率波动率对债券价值的影响。

而收益率水平移动与利率回复速度对债券价值的变化如图 8－6 所示。我们知道债券价值会随着利率回复速度增加而减少，但是观察图 8－6，我们可以发现该图的平面是相当光滑的。意味着虽然利率回复速度会影响债券价值，但相对于收益率移动对债券价值的影响，其影响相当细微。而参考上一部分的计算，收益率水平上移 1bp，就使债券价值减少 0.0706 美元；而利率回复速度已增加了 0.01，才使债券价值减少 0.0058 美元。因此，绘制出来的关系图才会如此平滑。

接下来我们研究利率波动率及利率回复速度对债券价值的关系，如图 8-7 所示。我们可以发现，利率波动率由 0 开始增加，债券价值也随之上升，但波动率上升至 0.02，债券价值有下降的现象，随后稍微上升，而后下降。因此波动率对债券的价值并不一定有规律或系统性的影响。而相对于利率波动率，利率回复速度对债券的价值影响较小，当波动率处于高档时，利率回复速度对债券价值的影响也变得较大（见图 8-8）。

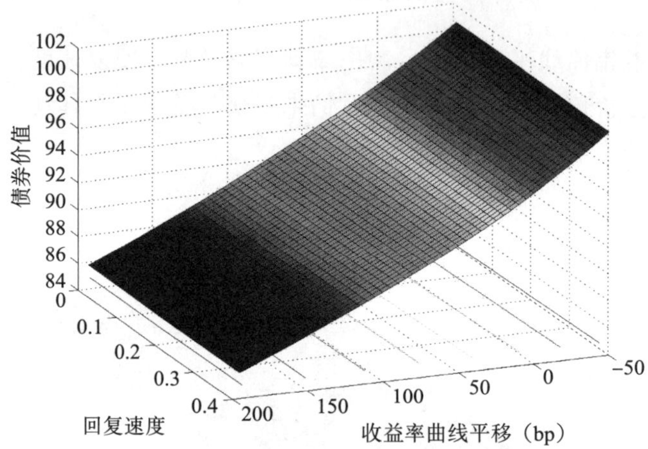

图 8-7　收益率水平移动与利率回复速度对债券价值的关系

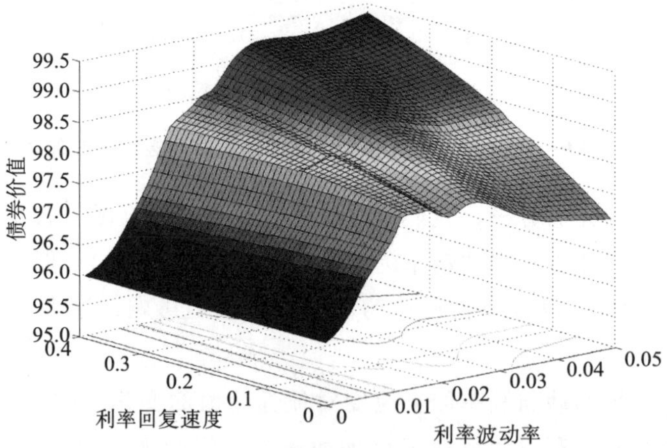

图 8-8　利率波动率与利率回复速度对债券价值的关系

总结以上的分析，我们可以发现收益率的水平移动对债券价值的影响最大，其次是利率的波动率，两者皆是发行者不可忽略的重要变量。相对于两者，利率回复速度也会影响债券价值，但是对于一个五年期的产品，其影响力显得相当细微。

六 发行者避险策略

由于本产品给予发行者在一年后赎回的权利，发行者在此赎回权利的保护之下，当利率走低，配息率增加时，发行者可以行使此赎回权，避免未来负担相对较高的利息，因此发行者所面临的风险将大为降低。除了可由赎回权降低风险外，本产品也可以买进一个零息债券，以及每个付息日买进一个浮动执行价的利率卖权。该执行价最终的价格为前期的票面利率。若只单纯买进利率卖权进行避险，则购买何种执行价的卖权，将取决于交易员对未来利率走势的看法，因此避险较为困难，发行商承担的风险会较高。若能在市场上找寻相对的交易对手，进行雪球型的利率互换（Snowball IRS），发行商每期付固定的金额给交易对手，交易对手给予发行商雪球型态的收益，则发行商的风险将转嫁至交易对手，其优点是避险较为有效，但是缺点可能为避险成本较高。因此，本产品的发行，难以就目前市场上现有的工具进行避险，发行者须承担较大的风险。

七 结　论

为了吸引投资人的购买，各家金融机构纷纷推出诱人的结构型产品，其看似高收益的配息，但是其复杂的设计使一般投资人难以定价。发行者在发行结构型产品时，往往都会附有一个可赎回的权利，这样的赎回权利是要向投资人购买的，投资人无法精算该赎回权利的价值，因此发行者常常是以面额100%出售给投资人，即发行者向投资人“免费”取得了一个可赎回的权利。当挂钩标的的走势对发行者不利时，发行者便行使赎回权利，将产品赎回，提前给予投资人现金，使投资人无法以预期的收益进行投资，造成投资人的损失。高收益总是伴随着高风险，投资人对产品心动的同时更应仔细检视产品的风险来源，如可赎回信用挂钩债券案例，其较高的收益来自投资人必须承担和记黄埔公司的信用风险；可赎回雪球型债券案例，若期初时利率走势不往下，则在拿到头两期的高配息后，投资人未来的数年可能利息都拿不到。

对于发行者而言，也必须仔细检视发行产品的风险来源，选择市场上合适的金融工具进行避险。我们发现模型参数的设定是很重要的，因为它牵涉产品的定价以及避险的效率。对于发行者而言，最佳的状况不应是以高价将产品销售一空而沾沾自喜，而是发行能让投资人获利的产品，并以财务工程的技术，在市场上进行合适的避险，并设法从中获取利润，以达到与投资人双赢的局面。投资人对发行者发行的产品具有信心，发行者持续推出符合投资人需求的产品，创造双赢局面，对发行者而言，才是能长久获利之道。

附录一　Caplet 价值计算

时间 t	结算时点 T	$F(t, T)$	Cap rate	Volatility	Black 价值
0.25	0.5	0.012200	0.0148	0.4180	0.0000668149
0.5	0.75	0.014102	0.0148	0.4180	0.0003396268
0.75	1	0.017208	0.0148	0.4180	0.0009117096
1	1.25	0.020981	0.0215	0.3677	0.0006981630
1.25	1.5	0.024498	0.0215	0.3677	0.0013239093
1.5	1.75	0.027248	0.0215	0.3677	0.0018871040
1.75	2	0.030138	0.0215	0.3677	0.0024993412
2	2.25	0.032854	0.0271	0.2226	0.0017407333
2.25	2.5	0.035440	0.0271	0.2226	0.0022618892
2.5	2.75	0.037802	0.0271	0.2226	0.0027483733
2.75	3	0.039992	0.0271	0.2226	0.0031999792
3	3.25	0.041985	0.0314	0.1918	0.0027192219
3.25	3.5	0.043791	0.0314	0.1918	0.0030730304
3.5	3.75	0.045404	0.0314	0.1918	0.0033838982
3.75	4	0.046733	0.0314	0.1918	0.0036325495
4	4.25	0.047715	0.0351	0.1376	0.0029327696
4.25	4.5	0.048699	0.0351	0.1376	0.0031055677
4.5	4.75	0.049674	0.0351	0.1376	0.0032720709
4.75	5	0.050515	0.0351	0.1376	0.0034078818

附录二 三叉树各节点几率及 Q 值

(一) 几率

节点	往下几率	持平几率	往上几率
3	0. 083717	0. 042567	0. 87372
2	0. 24647	0. 64707	0. 10647
1	0. 20412	0. 66177	0. 13412
0	0. 16667	0. 66667	0. 16667
-1	0. 13412	0. 66177	0. 20412
-2	0. 10647	0. 64707	0. 24647
-3	0. 87372	0. 042567	0. 083717

(二) Q 值

期数节点	0	1	2	3	4	5	6	7	8	9
3				0. 0023	0. 0064	0. 0113	0. 0164	0. 0212	0. 0254	0. 0289
2			0. 0219	0. 0426	0. 0573	0. 0664	0. 0714	0. 0736	0. 0740	0. 0734
1		0. 1657	0. 2178	0. 2304	0. 2292	0. 2232	0. 2157	0. 2079	0. 2001	0. 1926
0	1. 0000	0. 6628	0. 5055	0. 4214	0. 3701	0. 3352	0. 3095	0. 2892	0. 2726	0. 2586
-1		0. 1657	0. 2190	0. 2328	0. 2327	0. 2278	0. 2213	0. 2143	0. 2073	0. 2005
-2			0. 0222	0. 0435	0. 0591	0. 0691	0. 0749	0. 0779	0. 0790	0. 0789
-3				0. 0024	0. 0067	0. 0121	0. 0178	0. 0233	0. 0284	0. 0329

附录三 各节点最大可能票面利率及最小可能票面利率

节点	期数	0	1	2	3	4	5	6	7	8	9
					0.05957	0.065037	0.069819	0.073845	0.077081	0.079278	0.081234
3					0	0	0	0	0	0	0
					0	0	0	0	0	0	0
				0.04332	0.049282	0.054749	0.059531	0.063557	0.066793	0.06899	0.070947
2				0.01136	0	0	0	0	0	0	0
				0.01136	0	0	0	0	0	0	0
			0.025947	0.033032	0.038994	0.044462	0.049243	0.053269	0.056505	0.058702	0.060659
1			0.088	0.031936	0	0	0	0	0	0	0
			0.088	0.031936	0	0	0	0	0	0	0
	利率	0.0117	0.015659	0.022744	0.028706	0.034174	0.038956	0.042982	0.046218	0.048414	0.050371
0	最小可能票息	0.088	0.088	0.052512	0	0	0	0	0	0	0
	最大可能票息	0.088	0.088	0.052512	0.025676	0.0184774	0.0179794	0.023743	0.023035	0.027935	0.028921
			0.005371	0.012456	0.018419	0.023886	0.028668	0.032694	0.03593	0.038126	0.040083
-1			0.088	0.073088	0.025674	0	0	0	0	0	0
			0.088	0.073088	0.0668254	0.0758914	0.079707	0.085471	0.084763	0.089663	0.090649
				0.0021683	0.0081307	0.013598	0.01838	0.022406	0.025642	0.027838	0.029795
-2				0.0936634	0.0668266	0.018478	0	0	0	0	0
				0.0936634	0.087402	0.0964674	0.100283	0.106047	0.105339	0.110239	0.111225
					0	0.0033102	0.008092	0.012118	0.015354	0.01755	0.019507
-3					0.1036634	0.0802062	0.022294	0.005764	0	0.0049	0.000986
					0.1036634	0.117043	0.120859	0.126623	0.125915	0.130815	0.131801

附录四　第 8 期第 -1 个节点的计算

第9期第0节点	
利率	0.050371
票面	债券价值
0	97.5129
0.01	98.00047
0.02	98.48803
0.028921	98.92299

第9期第-1节点	
利率	0.040083
票面	债券价值
0	98.0158
0.01	98.50588
0.02	98.99596
0.03	99.48604
0.04	99.97612
0.05	100
0.06	100
0.07	100
0.08	100
0.09	100
0.090649	100

第9期第-2节点	
利率	0.029795
票面	债券价值
0	98.52129
0.01	99.0139
0.02	99.5065
0.03	99.99911
0.04	100
0.05	100
0.06	100
0.07	100
0.08	100
0.09	100
0.1	100
0.11	100
0.111225	100

第8期第-1个节点　(6mth Libor 0.038126)							
本期票面	来自第9期第0节点		来自第9期第-1节点		来自第9期第-2节点		本期债券价值
	利率	0.050371	利率	0.040083	利率	0.029795	
	几率	0.204117	几率	0.661766	几率	0.134117	
	下期票面	下期债券价值	下期票面	下期债券价值	下期票面	下期债券价值	
0	0	97.51290088	0	98.01579959	0	98.52129188	96.13082423
0.01	0	97.51290088	0	98.01579959	0	98.52129188	96.621383
0.02	0	97.51290088	0	98.01579959	0.00041	98.54148874	97.11459936
0.03	0	97.51290088	0	98.01579959	0.01041	99.0340952	97.66997737
0.04	0	97.51290088	0	98.01579959	0.02041	99.52670166	98.22535538
0.05	0	97.51290088	0.009834	98.49774328	0.03041	99.99914769	99.09099261
0.06	0	97.51290088	0.019834	98.98782228	0.04041	100	99.89985756
0.07	0.009258	97.9642881	0.029834	99.47790127	0.05041	100	100
0.08	0.019258	98.4518526	0.039834	99.96798027	0.06041	100	100
0.089663	0.028921	98.92298619	0.049497	99.99879861	0.070073	100	100

第九章　股权结构式目标赎回挂钩债券分析①

一　产品介绍

（一）产品介绍（见表9－1）

表9－1　　产品说明书

产品名称	“月月惊奇”保本式挂钩债券
发行机构	新加坡大华银行（United Overseas Bank）
发行机构评级	穆迪 Aa2 / 标准普尔 A +
计价货币/面额	美金（USD）/USD 1000
申购日期	两个星期（14 天）
期初定价日/期初价	产品发行日的期初价为期初定价日挂钩标的收盘价
到期日期	10 年到期或目标达成自动提前到期
配息	首月保证配息 10%，其后每月依公式计算，累计配息达 10.1%，则提前到期
目标票息	10.1%（超越 10.1% 部分一并于当期配发）
发行机构配息日	首月配息日：产品发行日后的第一个月（比如 4 月 18 日）其后每月 17 日（遇节假日则顺延至下一营业日）
每月定价日/月定价	自产品发行日起每月的 4 日标的股的收盘价（遇节假日则顺延至下一营业日）
开放市价赎回日	闭锁期首 6 个月，其后每月最后一个工作日开放市价赎回一次

① 本章由陈松男教授、研究特助刘斯玮撰写。

续表

最低申购金额	USD 10000	
申购手续费	1.5%	
挂钩标的	摩托罗拉（Motorola） 戴尔计算机（Dell） Comcast Corp. 奎尔通讯（Qualcomm） 阿宝德软件（Adobe Inc.） 博康（Broadcom Corp.）	维瑞达软件（Veritas） 软件银行（Softbank） NTT Docomo 先锋（Pioneer） 任天堂（Nintendo） Yahoo Japan
配息计算公式	第一个月配息公式： Max(10%,0.1%+表现最差股票的涨跌幅) 第二个月至到期每月配息公式： Max(0%,0.1%+表现最差股票的涨跌幅) 累计配息达10.1%（含首月保证配息10%），即自动提前到期 目标票息达成时，给付额外红利10% 目标达成当月，按配息公式计算后超越目标票息10.1%的部分将一并配发(无上限)	

（二）产品特色（见表9-2）

表9-2　　　　产品特色

产品组成	零息债券、极小值期权、数据期权、自动赎回期权
投资期间	1个月~10年
最大收益	无上限（视12只标的股票涨跌幅）
最大风险	若没有达成目标票息，则10年总收益率只有10%
保本率	100%
产品特色	月定价、月配息 首月保证配息10% 首月起每月定价一次 自动提前赎回机制 票息累积到10.1%，即自动提前到期赎回 目标超越机制 目标票息达成时，如有超出目标部分将一并配发，获利无上限 目标达成额外红利机制 目标票息达成时给付额外红利10% 债息收入属境外所得，自然人不需课税
适合投资人	看好12只标的股票短期内会全面上扬的投资人

（三）产品分析

1. 挂钩标的为一篮子股票，12 只标的为美、日上市的高科技股。

此产品所选择的标的为 12 只美、日大型知名科技股，近年整体营收及营运状况稳健。

2. 自动提前赎回机制（Target Redemption）

票息累积到 10.1% 即自动提前到期赎回，而且首月即保证配息 10%，若首月没达成目标，则往后的每个定价日只要再累积到 0.1% 的配息即可达成目标。依照配息的计算公式来看，只要在每个定价日，若表现最差的个股至少维持平盘以上的话，即可达成目标，提早领回全部的本金及红利。

3. 额外红利

目标票息达成时有超出目标部分将一并配发，获利无上限，且给付额外红利 10%，若达成目标，则可保证 20.1% 以上的收益率。反之，若 10 年内均无达成目标，则总收益只有首月领取到的 10% 利息。

4. 100% 到期本金保障

有积极参与投资收益的机会，持有到期也无本金亏损的风险。

5. 保本期限太长

由于挂钩的股票高达 12 只，且依据计息公式来看，必须 12 只个股在定价日时呈现全面上扬（或平盘）的局面才有可能达成目标，故投资人对 12 只股票均看好的情况下，他才适合买进此产品，否则必须面临最长 10 年的投资期以领回全部本金，或是提前依市价赎回，但这样可能减损本金。

二

产品分解

此产品投资期间为 10 年，且每月定价一次。可由每个定价时点作为分割点，如此就可视为零息债券加上一系列的期权组合（见图 9-1）。

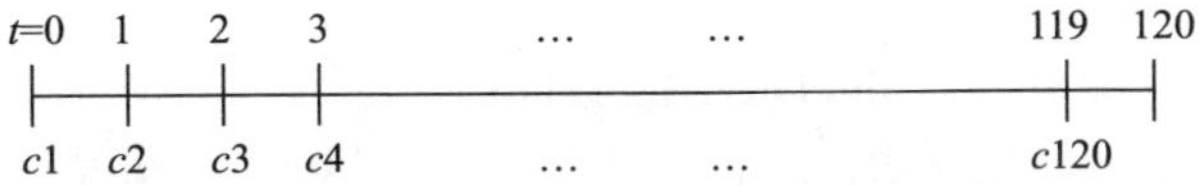

图 9-1 本产品可分解为一系列期权的组合

如图9-1，在 $t=0$ 时，针对 $t=1$ 到期的配息公式定价，其第一期的期权价值为 $c1$。在 $t=1$ 时，针对 $t=2$ 到期的配息公式定价，其第二期的期权价值为 $c2$。而第二期期权存在与否，则与第一期的配息状况相关（若第一期即累计达到目标配息，则此债券提前到期，则第二期以后的期权不存在）。接下来定价 $t=3$、$t=4$，一直到 $t=119$ 定价最后一个期权 $c120$。最后将每一期的期权价值折现到起始点 $t=0$，即为此债券期初内含期权的总价值。

此挂钩债券的配息方式为：

$$\begin{cases} 1.\ 第一个月：\mathrm{Max}\left(10\%,0.1\%+\min_{i=1\sim12}\dfrac{s_{i1}}{s_{i0}}-1\right) \\ 2.\ 其余月份：\mathrm{Max}\left(0\%,0.1\%+\min_{i=1\sim12}\dfrac{s_{i1}}{s_{i0}}-1\right) \\ 3.\ 累计配息达\ 10.1\%，即自动提前到期。 \\ 4.\ 累计配息达\ 10.1\%，即额外给付\ 10\%\ 红利。 \end{cases}$$

以下针对此债券的配息方式分解为：

（一）10年期债券

10年期零息债券到期偿还本金：FV。

10年期零息债券现值 $=FV\times e^{-r\times10}$，其中 r 为10年期零息债券收益率。

（二）保息10%

由第一个月的配息公式可拆解成：

$$\mathrm{Max}\left(10\%,0.1\%+\min_{i=1\sim12}\frac{S_{i1}}{S_{i0}}-1\right)=10\%+\mathrm{Max}\left(0,\min_{i=1\sim12}\frac{S_{i1}}{S_{i0}}-1.099\right)$$

其中10%为保证配息，而 $\mathrm{Max}\left(0,\min_{i=1\sim12}\frac{S_{i1}}{S_{i0}}-1.099\right)$ 则为第一个月最小值期权的期末收益。

（三）最小值期权

由上述（二）已知第一个月的最小值期权的期末收益为：

$$\mathrm{Max}\left(0,\min_{i=1\sim12}\frac{S_{i1}}{S_{i0}}-1.099\right)$$

而其余月份的配息公式亦为最小值期权：

$$\mathrm{Max}\left(0\%,0.1\%+\min_{i=1\sim12}\frac{S_{i1}}{S_{i0}}-1\right)=\mathrm{Max}\left(0,\min_{i=1\sim12}\frac{S_{i1}}{S_{i0}}-0.999\right)$$

所以可知此债券隐含的最小值期权形式为：

$$C_{nT} = \mathrm{Max}\left(0, \min_{i=1\sim12} \frac{S_{i,n}}{S_{i,0}} - k_n\right)$$

$$\text{where } k_1 = 1.099, k_2 = k_3 = \cdots = k_{120} = 0.999 \tag{9-1}$$

（四）目标赎回期权

累积配息达 10.1% 即自动到期，可解释成若累积配息达 10.1% 则投资人可提前以本金卖回债券。假设到期时（$t=120$）收益为 1 的零息债券，在 $t=n$ 时点价格为 $P(n,120)$，我们简化以 P_n 表示。另外，零息债券价格应该与 12 只股票独立，则此看跌期权的期末收益形式为：

$$\begin{cases} 1 - P_n & if\ 0.1\% + \min\limits_{i=1\sim12} \dfrac{S_{i,n}}{S_{i,0}} - 1 > 10.1\% - \sum\limits_{t=1}^{n-1} R_t \\ 0 & \text{otherwise} \end{cases}$$

$$= \begin{cases} 1 - P_n & if\ \min\limits_{i=1\sim12} \dfrac{S_{i,n}}{S_{i,0}} > 1.1 - \sum\limits_{t=1}^{n-1} R_t \\ 0 & \text{otherwise} \end{cases} \quad \text{where } R_t = \text{第 } t \text{ 期的配息}$$

$n=1, 2, 3, \cdots, 120$

$P_n = P(n,120)$的价值可用 Hull & White 模型估计。

上式中的条件式$0.1\% + \min\limits_{i=1\sim12} \dfrac{S_{i,n}}{S_{i,0}} - 1 > 10.1\% - \sum\limits_{t=1}^{n-1} R_t$所代表的意义为：首先看左手边式$0.1\% + \min\limits_{i=1\sim12} \dfrac{S_{i,n}}{S_{i,0}} - 1$，其中$\min\limits_{i=1\sim12} \dfrac{S_{i,n}}{S_{i,0}} - 1$代表第 n 期收益率最差的股票收益率，而 0.1% 为发行商设计的配息条款，代表每一期最差的股票收益率只要达 -0.1% 以上，该期即可领取利息；再看右手边式$10.1\% - \sum\limits_{t=1}^{n-1} R_t$，代表第 n 期之前各期所领取的总利息与目标票息之间的差额。例如第一期到期前尚未领取任何利息，所以第一期距目标票息有 10.1%，若第一期的最小值期权没有成立，只领取了保证配息 10%，那么第二期距离目标票息就剩下 10.1% - 10% = 0.1%。假设此时第二期的最小值期权成立，并领取了 0.07% 的利息，则第三期距离目标票息就剩下 10.1% - (10% + 0.07%) = 0.03%。往后期数依次类推，直到达成目标票息此债券到期为止。

（五）现金或无偿期权（Cash or Nothing Option）

累计配息达 10.1% 即额外给付 10% 红利可视为一种现金或无偿期权。拿到红利的条件为累计配息达10.1%，所以此种期权的期末收益形式可表示为：

$$\begin{cases} 10\% & if\, 0.1\% + \min\limits_{i=1\sim12} \dfrac{S_{i,n}}{S_{i,0}} - 1 > 10.1\% - \sum\limits_{t=1}^{n-1} R_t \\ 0 & \text{otherwise} \end{cases}$$

$$= \begin{cases} 10\% & if \min\limits_{i=1\sim12} \dfrac{S_{i,n}}{S_{i,0}} > 1.1 - \sum\limits_{t=1}^{n-1} R_t \\ 0 & \text{otherwise} \end{cases} \quad \text{where } R_t = \text{第 } t \text{ 期的配息}$$

观察“（四）目标赎回期权”的执行条件与“（五）现金或无偿期权”的相同，故可进一步合并两者的期末收益为：

$$\begin{cases} 1.1 - P_n & if \min\limits_{i=1\sim12} \dfrac{S_{i,n}}{S_{i,0}} > 1.1 - \sum\limits_{t=1}^{n-1} R_t \\ 0 & otherwise \end{cases} \quad \text{where } R_t = \text{第 } t \text{ 期的配息} \qquad (9-2)$$

本部分以公式（9－2）合并计算目标赎回及红利的期权价值，在此将其简称为自动期权（Automatic Option）。

三 期权公式推导

（一）最小值期权

期末收益为式（9－1）：

$$C_{nT} = \text{Max}\left(0, \min_{i=1\sim12} \frac{S_{i,n}}{S_{i,0}} - k_n\right)$$

where $k_1 = 1.099$，$k_2 = k_3 = \cdots = k_{120} = 0.999$

利用Martingale的方法进行期权的定价，可得在时点 $t = n-1$ 时期权的价值（详细推导过程请参阅本章的附录一）：

$$C_n = e^{-rT} E^Q\left[\left(\min_{i=1\sim12} \frac{S_{i,n}}{S_{i,0}} - k_n\right) I_{\left\{\min\limits_{i=1\sim12} \frac{S_{i,n}}{S_{i,0}} > k_n\right\}}\right]$$

$$= \frac{S_{1,n-1}}{S_{1,0}} N_{12}\left[d_1(S_{1,n-1}, k_n S_{1,0}, \sigma_1^2), d_1\left(\frac{S_{2,n-1}}{S_{2,0}}, \frac{S_{1,n-1}}{S_{1,0}}, \sigma_{2,1}^2\right), \cdots, d_1\left(\frac{S_{12,n-1}}{S_{12,0}}, \frac{S_{1,n-1}}{S_{1,0}}, \sigma_{12,1}^2\right), \Sigma_1\right]$$

$$+ \frac{S_{2,n-1}}{S_{2,0}} N_{12}\left[d_1\left(\frac{S_{1,n-1}}{S_{1,0}}, \frac{S_{2,n-1}}{S_{2,0}}, \sigma_{1,2}^2\right), d_1(S_{2,n-1}, k_n S_{2,0}, \sigma_2^2), \cdots, d_1\left(\frac{S_{12,n-1}}{S_{12,0}}, \frac{S_{1,n-1}}{S_{1,0}}, \sigma_{12,1}^2\right), \Sigma_2\right]$$

⋮

⋮

⋮

$$+\frac{S_{12,n-1}}{S_{12,0}}N_{12}\left[d_1\left(\frac{S_{1,n-1}}{S_{1,0}},\frac{S_{12,n-1}}{S_{12,0}},\sigma^2_{1,12}\right),d_1\left(\frac{S_{2,n-1}}{S_{2,0}},\frac{S_{12,n-1}}{S_{12,0}},\sigma^2_{2,12}\right),\cdots,d_1(S_{12,n-1},k_nS_{12,0},\sigma^2_{12}),\sum\nolimits_{12}\right]$$

$$+e^{-rT}k_nN_{12}[d_2(S_{1,n-1},k_nS_{1,0},\sigma_1^2),d_2(S_{2,n-1},k_nS_{2,0},\sigma_2^2),\cdots,d_2(S_{12,n-1},k_nS_{12,0},\sigma^2_{12}),\sum] \tag{9-3}$$

此处：

$$d_1(S_{i,n-1},k_nS_{i,0},\sigma_i^2)=\frac{\ln\left(\frac{S_{i,n-1}}{k_nS_{i,0}}\right)+\frac{\sigma_i^2T}{2}}{\sigma_i\sqrt{T}}$$

$$d_1\left(\frac{S_{i,n-1}}{S_{i,0}},\frac{S_{j,n-1}}{S_{j,0}},\sigma^2_{i,j}\right)=\frac{\ln\left(\frac{S_{i,n-1}S_{j,0}}{S_{i,0}S_{j,n-1}}\right)+\frac{\sigma^2_{i,j}T}{2}}{\sigma_{i,j}\sqrt{dT}}$$

$$d_2(S_{i,n-1},k_nS_{i,0},\sigma_i^2)=\frac{\ln\left(\frac{S_{i,n-1}}{k_nS_{i,0}}\right)+\left(r-\frac{\sigma_i^2}{2}\right)T}{\sigma_i\sqrt{T}}$$

$$\sigma^2_{i,j}=Var\left(\ln\frac{S_j}{S_i}\right)=Var(\ln S_j-\ln S_i)=\sigma_i^2+\sigma_j^2-2\rho_{ij}\sigma_i\sigma_j$$

$\sum_i$ 为 S_i 与 $\left(\frac{S_j}{S_i},i\neq j\right)$ 间的收益率相关系数矩阵。

$\sum$ 为 12 只个股间收益率相关系数矩阵。

（二）自动期权

期末收益为公式（9－2）：

$$\begin{cases}1.1-P_n & if\ \min\limits_{i=1\sim12}\frac{S_{i,n}}{S_{i,0}}>1.1-\sum\limits_{t=1}^{n-1}R_t \\ 0 & \text{otherwise}\end{cases}\quad \text{where } R_t=\text{第 } t \text{ 期的配息}$$

利用 Martingale 的方法进行期权的定价，可得在时点 $t=n-1$ 时期权的价值（详细推导过程请参阅本章附录二）

$$A_n=e^{-rT}E^Q\left[(1.1-P_n)I_{\left\{\min\limits_{i=1\sim12}\frac{S_{i,n}}{S_{i,0}}>1.1-\sum\limits_{t=1}^{n-1}R_t\right\}}\right]$$

$$=e^{-rT}(1.1-P_n)N_{12}[d_2(S_{1,n-1},h_nS_{1,0},\sigma_1^2),$$

$$d_2(S_{2,n-1},h_nS_{2,0},\sigma_2^2),\cdots,d_2(S_{12,n-1},h_nS_{12,0},\sigma_{12}^2),\sum]$$

$$\text{where } h_n = 1.1 - \sum_{t=1}^{n-1} R_t \tag{9-4}$$

此处：

$$d_2(S_{i,n-1},h_nS_{i,0},\sigma_i^2) = \frac{\ln\left(\frac{S_{i,n-1}}{h_nS_{i,0}}\right)+\left(r-\frac{\sigma_i^2}{2}\right)T}{\sigma_i\sqrt{T}}$$

$\sum$为 12 只个股间收益率相关系数矩阵。

四 产品定价

由第二部分“产品分解”我们可以观察到此债券包含了最小值期权及自动期权，但其隐含了路径依赖期权在内，其第 t 期的配息与第 $t-1$ 期的配息有关，并且隐含了限界型期权［达成目标票息自动提前赎回，故往后期数的期权被敲出（Knock Out）］。虽然第三部分我们推导出每一期期权的公式解，但是观察公式（9－3），我们发现每一期的期权还是必须依赖前一期的期末股价才可代入定价公式，因此虽然我们推导出了公式，但是要求每一期期权的价格还是需要仿真出前一期的期末股价。

再观察公式（9－4），其指针函数（Indicator Function）$I\{\min_{i=1\sim12}\frac{S_{i,n}}{S_{i,0}} > 1.1 - \sum_{t=1}^{n-1}R_t\}$ 为路径相依函数，在多元正态分配里的参数依然含有 $h_n = 1.1 - \sum_{t=1}^{n-1}R_t$ 这个路径函数在内，所以第二期以后的自动期权依然要用模拟的方式才能求解。

以模拟出的数值再代入定价公式将使公式解的结果变得不可靠，基于这个理由，我们直接模拟股价走势，然后代入期末收益的公式：

$$\begin{cases} 1.\ \text{第一个月：} \mathrm{Max}\left(10\%, 0.1\% + \min\limits_{i=1\sim12}\frac{S_{i1}}{S_{i0}} - 1\right) \\ 2.\ \text{其余月份：} \mathrm{Max}\left(0\%, 0.1\% + \min\limits_{i=1\sim12}\frac{S_{i1}}{S_{i0}} - 1\right) \\ 3.\ \text{累计配息达 } 10.1\%\text{，即自动提前到期。} \\ 4.\ \text{累计配息达 } 10.1\%\text{，即额外给付 } 10\%\text{ 红利。} \end{cases}$$

再将其折现回起始将会是较佳的做法。

以下就利用蒙地卡罗多资产模拟法来进行此产品的定价。

(一) 参数设定

根据此产品说明书，挂钩标的为摩托罗拉、戴尔计算机、先锋、任天堂等美日股市高科技股，期初价为产品发行日的收盘价，表 9－3 为 Data Stream 数据库内标的股发行日的收盘价数据。

表 9－3 标的股发行日的收盘价

PIONEER	1863	QUALCOMM	35.5
SOFTBANK	4530	MOTOROLA	15.11
YAHOO JAPAN	527000	COMCAST	32.79
NTT DOCOMO INC	177000	DELL	40.87
NINTENDO	11820	VERITAS SOFTWARE	23.44
ADOBE SYSTEMS	63.77	BROADCOM	31.31

数据来源：Data Stream。

标的股的收益率标准有偏差，所以采用定价日前一年的历史每日收盘价的日报率波动率，再乘上交易天数（$\sqrt{250}$）作为波动率估计值，可求得 12 只个股间的收益率的相关系数矩阵①。标的股收益率的波动率见表 9－4。

表 9－4 标的股收益率的波动率（年）

PIONEER	0.2775	QUALCOMM	0.2923
SOFTBANK	0.4458	MOTOROLA	0.4024
YAHOO JAPAN	0.4232	COMCAST	0.1976
NTT DOCOMO INC	0.2993	DELL	0.1951
NINTENDO	0.2492	VERITAS SOFTWARE	0.4873
ADOBE SYSTEMS	0.2843	BROADCOM	0.4360

因为此挂钩债券每月计息一次，故蒙地卡罗法股价变动所使用的无风险利率采用产品发行日美国一个月期 Libor 为基准（见图 9－2）。另外因为此债券的存续期间（久期）可能长达 10 年，故为避免每期的折价率采用固定利率从而可能造成的误差太大，所以每期的折价均以远期利率来计算（见表 9－5、表 9－6）。

① 见表 9－5。

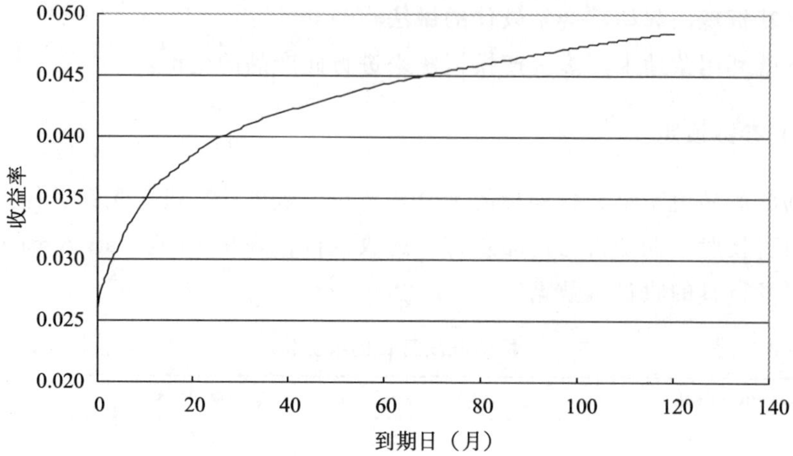

图 9－2　产品发行日 US LIBOR Zero Curve

表 9－5　　第一年各期（月）远期利率一览表

期数	利率（%）
${}_0r_1$	2.7825
${}_1f_2$	2.9833
${}_2f_3$	3.2456
${}_3f_4$	3.2374
${}_4f_5$	3.5067
${}_5f_6$	3.6821
${}_6f_7$	3.7282
${}_7f_8$	3.7806
${}_8f_9$	3.9335
${}_9f_{10}$	3.9961
${}_{10}f_{11}$	4.0673
${}_{11}f_{12}$	4.1271

表 9－6　　12 只挂钩标的股票间收益率相关系数矩阵

	PIONEER	SOFTBANK	YAHOO JAPAN	NTT DOCOMO INC	NINTENDO	ADOBE SYSTEMS	QUALCOMM	MOTOROLA	COMCAST	DELL	VERITAS SOFTWARE	BROADCOM
PIONEER	1.000	0.300	0.309	0.326	0.209	－0.046	0.034	0.096	0.016	0.030	0.048	0.128
SOFTBANK	0.300	1.000	0.653	0.329	0.075	0.091	0.023	0.041	－0.025	0.045	0.062	0.045
YAHOO JAPAN	0.309	0.653	1.000	0.427	0.193	0.087	0.077	0.090	0.003	0.060	0.062	0.055
NTT	0.326	0.329	0.427	1.000	0.234	－0.012	0.104	0.009	0.092	－0.034	0.089	0.093

续表

	PIONEER	SOFTBANK	YAHOO JAPAN	NTT DOCOMO INC	NINTENDO	ADOBE SYSTEMS	QUALCOMM	MOTOROLA	COMCAST	DELL	VERITAS SOFTWARE	BROADCOM
NINTENDO	0.209	0.075	0.193	0.234	1.000	-0.093	-0.040	-0.087	-0.146	-0.023	-0.025	-0.035
ADOBE SYSTEMS	-0.046	0.091	0.087	-0.012	-0.093	1.000	0.376	0.395	0.211	0.358	0.298	0.378
QUALCOMM	0.034	0.023	0.077	0.104	-0.040	0.376	1.000	0.454	0.228	0.282	0.295	0.497
MOTOROLA	0.096	0.041	0.090	0.009	-0.087	0.395	0.454	1.000	0.135	0.312	0.327	0.492
COMCAST	0.016	-0.025	0.003	0.092	-0.146	0.211	0.228	0.135	1.000	0.283	0.302	0.263
DELL	0.030	0.045	0.060	-0.034	-0.023	0.358	0.282	0.312	0.283	1.000	0.266	0.435
VERITAS SOFTWARE	0.048	0.062	0.062	0.089	-0.025	0.298	0.295	0.327	0.302	0.266	1.000	0.491
BROADCOM	0.128	0.045	0.055	0.093	-0.035	0.378	0.497	0.492	0.263	0.435	0.491	1.000

注：Pioneer、Soft Bank、Yahoo Japan、NTT Docomo、Nintendo 为日本上市股票，其余 7 只为美股上市股票。

（二）蒙地卡罗模拟步骤

依第三章第一部分介绍的多资产蒙地卡罗模拟法仿真股价的成长路径，模拟期间各期再依配息公式计算利息，并计算累积配息是否达到目标。若累积配息达到目标，则停止股价路径，并结算本金及红利的现值。模拟步骤如下：

1. 利用 12 只个股的相关系数矩阵及波动率可求出协方差数矩阵（Covariance Matrix），并利用 Cholesky Decomposition 可模拟出具有相关性及波动率信息在内的随机数。

2. 将此随机数带入股价的成长路径，每期的时间间隔为 1/12 年，模拟 120 期则可得到 10 年期的股价路径。

3. 每期并依照期末定价公式计算该期的配息，利用每期的远期利率折现可得期初价格。

4. 重复步骤 1 至步骤 3 10000 次，并求取其平均值，即为此挂钩债券的期初价格。

（三）定价结果

投资人购买每单位月月惊奇挂钩债券需付出 1000 元，其中保本部分包括零息债券及第一个月保障 10% 的配息。期权部分价值则为挂钩债券价值减掉其保本部分价值。计算如下：

零息债券：$1000 \times e^{-\sum_{i=1}^{120} {}_{i-1}f_i \times \frac{1}{12}} = 615.66$

第一个月保障配息：$1000\times10\%\times e^{-{}_0r_1\times\frac{1}{12}}=99.77$，${}_0r_1=0.0278$

期权价值：748.75 - (615.66 + 99.77) = 33.32

本产品的设计是以目标赎回（Target Redemption）为提高投资期间收益率的因素，但是由仿真的结果可以发现平均投资期间约为112.6个月，相当于9年多，而总收益率仅达11.0357%（10000次模拟平均数），其中10%是在第一个月即领回。换句话说，在领回保证配息10%后，此债券的其他定价日几乎领不到利息，或是只领取极少的利息，因此对投资人来说，资金套牢会很久。

对发行商来说，期初收取本金1000元，而投资到此产品的金额只需支付748.75元，所以利润高达1000 - 748.75 = 251.25元，利润率达33.56%（251.25/748.75），可说是非常惊人（见表9-7）。

表9-7 产品定价结果

(1)	本金	1000
(2)	月月惊奇挂钩债券价值	748.75
(3)	零息债券价值	615.66
(4)	第一个月保障配息价值	99.77
(5)	保本部分价值	(3) + (4) = 715.43
(6)	期权部分价值	(2) - (5) = 33.32
(7)	平均到期期限	112.6个月
(8)	投资人平均到期总收益率	11.0357%

五 敏感度分析

由此产品的设计可以发现，若愈早累积达到目标票息，投资人可以获得愈高的收益率。亦即在10年期间内，若12只个股在每个定价时点全面上扬的概率愈高，则此产品愈有价值。因此，以下的敏感度分析，将着重探讨哪些因素会影响提前到期的概率。

由表9-8可知，若在第一个月达成目标，则投资收益率（年化）高达241.2%，若在第一年底达成，收益率（年化）也可高达20%以上。但是若投资期间均不能达成目标，则10年的投资收益率每年为1%，低于目前的利率水平，但对保守的投资人来说的确是达到保本保息的目的。

表 9 - 8　　各期达成目标票息时最低收益率（年）比较

期数	收益率（%）	期数	收益率（%）	期数	收益率（%）	期数	收益率（%）	期数	收益率（%）
1	241.20	25	9.65	49	4.92	73	3.30	97	2.49
2	120.60	26	9.28	50	4.82	74	3.26	98	2.46
3	80.40	27	8.93	51	4.73	75	3.22	99	2.44
4	60.30	28	8.61	52	4.64	76	3.17	100	2.41
5	48.24	29	8.32	53	4.55	77	3.13	101	2.39
6	40.20	30	8.04	54	4.47	78	3.09	102	2.36
7	34.46	31	7.78	55	4.39	79	3.05	103	2.34
8	30.15	32	7.54	56	4.31	80	3.02	104	2.32
9	26.80	33	7.31	57	4.23	81	2.98	105	2.30
10	24.12	34	7.09	58	4.16	82	2.94	106	2.28
11	21.93	35	6.89	59	4.09	83	2.91	107	2.25
12	20.10	36	6.70	60	4.02	84	2.87	108	2.23
13	18.55	37	6.52	61	3.95	85	2.84	109	2.21
14	17.23	38	6.35	62	3.89	86	2.80	110	2.19
15	16.08	39	6.18	63	3.83	87	2.77	111	2.17
16	15.08	40	6.03	64	3.77	88	2.74	112	2.15
17	14.19	41	5.88	65	3.71	89	2.71	113	2.13
18	13.40	42	5.74	66	3.65	90	2.68	114	2.12
19	12.69	43	5.61	67	3.60	91	2.65	115	2.10
20	12.06	44	5.48	68	3.55	92	2.62	116	2.08
21	11.49	45	5.36	69	3.50	93	2.59	117	2.06
22	10.96	46	5.24	70	3.45	94	2.57	118	2.04
23	10.49	47	5.13	71	3.40	95	2.54	119	2.03
24	10.05	48	5.03	72	3.35	96	2.51	120	2.01
未达目标									1.00

（一）相关系数

由表 9 - 5 本产品所挂钩的 12 只股票间的相关系数矩阵可以观察到，日股间的相关系数落在 0.2 ~ 0.6 之间，美股间的相关系数落在 0.2 ~ 0.5，但美日股间的相关系数大概为接近 0 的无相关。而由这些个股模拟出来的到期日是 112.6 个月。现在我们重新假设个股间的相关系数，以各种相关系数来模拟此产品的到期日，其结果如图 9 - 3 所示。

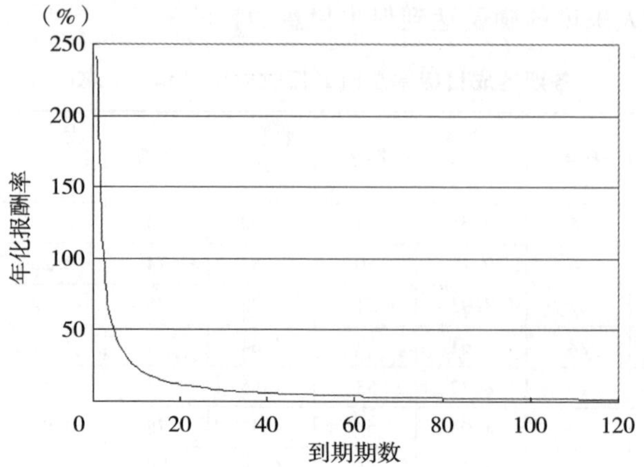

图 9－3　各期达成目标票息时最低报酬率（或收益率）（年）

由图 9－4 可看出，若个股间相关系愈高，则愈有可能提前到期。例如若个股间相关系数为高度相关的 0.9，则平均在第 40 个月即可达成目标配息。若个股间为低度相关的 0.1，则几乎无法达成提前赎回的条件。

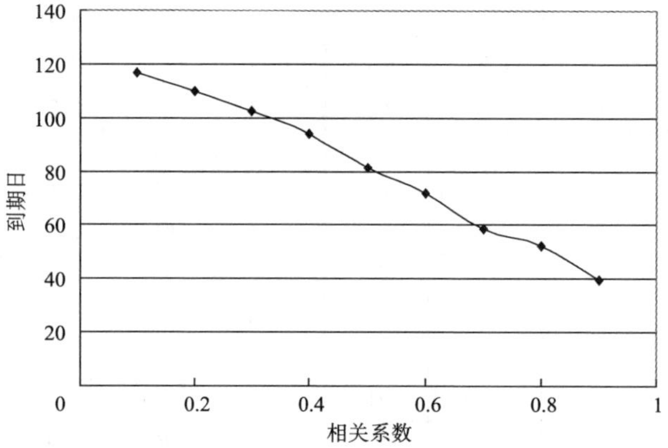

图 9－4　个股间相关系数与到期日的关系

（二）个股波动率与到期日

欲计算单位收益波动率的改变对此产品到期日的影响，需改变各标的的期初收益率波动率，再重新模拟以得到欲求得的数据。通常在股市震荡的时候，大多数股票也都会跟着大幅波动，因此以下的模拟均同时加大每只股票的波动率，再来观察到期日变化的情形。

由图 9－5 可明显地看出，当波动率增幅愈大时，到期期数也愈大。也就是说，当股市大幅波动时，这 12 只个股所组成的最小值期权更难被履约，而目标赎回发生的概率也更低，致使此产品模拟出的平均到期日更晚。

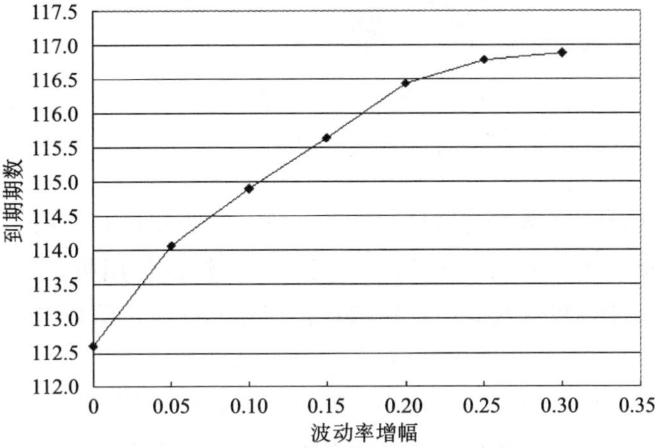

图 9-5 波动率增加幅度与到期日间的关系

(三) 无风险利率与到期日

根据蒙地卡罗模拟的定义，无风险利率为影响股价路径走势的变量，所以改变期初的无风险利率再重新模拟，即可观察其变化的情形。

由图 9-6 可看出，当无风险利率愈高，则到期期数愈低，也就是说，达成目标票息的概率愈高。这也可以解释为当无风险利率愈高时，极小值期权的个股股价集体往上走的概率会愈高，模拟的结果与理论相符。

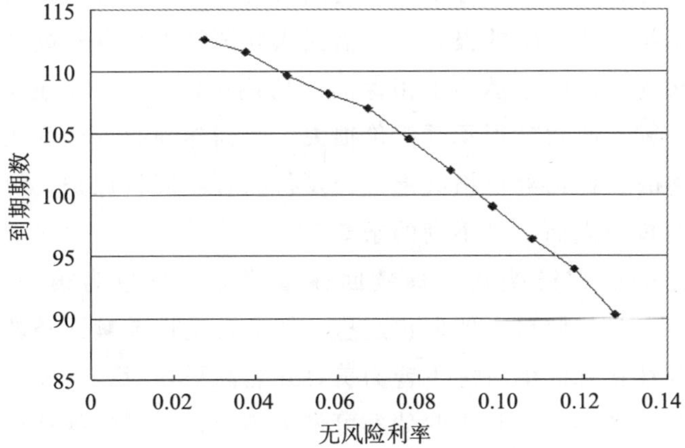

图 9-6 无风险利率与到期期数之关系

六 结 论

本章研究两种不同类型的结构式产品，第一种为挂钩到信用违约互换的信用挂钩债券，定价方法是利用 HW 利率三元树，再辅以信用折现因子而求出此债券的价格。第二种股权链接式目标赎回挂钩债券，则使用蒙地卡罗模拟法求出挂钩债券的价格。

在过去几年全球利率走低的市场，结构式债券凭着其创新收益的特性，在低利率时代却能创造出比传统债券更高收益的产品，也深深吸引着全球投资人的目光。随着国内金融市场快速变迁与开放，未来势必还有更多标榜自身优势的产品在金融市场上出现。对券商而言，把国内客户留住是最直接的做法，而如何创造具吸引力的产品就是第一课题。对投资人来说，产品简单易懂，能稳定获利是基本原则，所以好的产品要能兼顾这两方面的需求，只有这样才能创造双赢的局面。

虽然目前尚未开放国内券商从事信用挂钩债券的交易，但相信未来国内对信用衍生产品的需求一定会增加。本章分析的信用违约挂钩债券将信用违约互换收到的权利金收入与零息债券组合，另外设计成一种阶梯式固定利率的债券。发行商借此债券的发行，到市场上寻求信用的购买者，而将本身所拥有的信用部位移转出去。愿意承担信用风险的投资者，借买入此债券而享有较高的收益。我们发现，投资人购买此产品除了承担了担保品的信用风险外，另外还面临利率风险。当殖利率上升，固定收益就得承受折价损失。此债券尚有一个附买回条款，当市场利率持续低迷时，此债券价格会上升，发行商有赎回权保护，可以以本金赎回债券，相对于对投资人而言是不利的条款。

本章所介绍的股权链接式目标赎回保本债券的特色为第一个月保证配息10%，接下来每个月依照最小值期权配息，加上自动提前赎回条款，号称获利无上限。然而，其挂钩标的乍听之下皆为美日知名高科技股，若无深入分析，可能使投资人误认为，若多头来临时此债券可带来高收益。其实挂钩股票数量多，而票息是以表现最差的一只为计算依据，实际上挂钩股票数愈多，对投资人而言，拿到票息的机会反而更加渺茫。以下列公式为例：Max[0,0.1% + （表现最差的其中一只股票)]，最差个股跌到至少要维持平盘才有配息的机会。而一篮子股票之中只要有一只在当月下跌，如此便无配息的机会，且要达到12只标的股票均上涨，其相关系数必须要高，概率才大。而且其比较基础是期初价，期间并无重设，这对达到目标来说更渺茫。尽管如此，此债券为保本保息110%的产品，即使高收益的愿景落空，至少也不至于亏损。

此外，挂钩式债券若要提前赎回，必须以净值来计算赎回总值。但大部分挂钩式债券的净值，从起始日起每日净值扣除销售费用后，可能长期成为负值，当投资人需要资金而发生提前解约时，便可能面临重大的亏损。

以本章所分析的产品为例，其原始价值皆小于面额，其价值只有本金的75%，若于投资前期赎回，其损失相当可观。

综观各种结构式产品，其设计愈复杂，发行商在避险上的操作也就愈困难。而投资人在面对琳琅满目的结构式产品时，是否了解其背后潜藏的风险呢？本章探讨的结构式产品的特性，期望投资人能了解类似产品的利基及风险性。

附录一

已知第 n 个（$n=1\sim120$）期权的期末收益形式为：

$$C_{nT}=\mathrm{Max}\left(0,\min_{i=1\sim12}\frac{S_{i,n}}{S_{i,0}}-k_n\right),k_1=1.099,k_2=k_3=\cdots=k_{120}=0.999$$

利用 Martingale 定价求解，所以：

$$C_n=e^{-rT}E^Q\left[\left(\min_{i=1\sim12}\frac{S_{i,n}}{S_{i,0}}-k_n\right)I_A\right]$$

$$=e^{-rT}\left\{E^Q\left[\min_{i=1\sim12}\frac{S_{i,n}}{S_{i,0}}I_A\right]-k_n,E^Q[I_A]\right\}$$

其中，$A=\left\{\min_{i=1\sim12}\frac{S_{i,n}}{S_{i,0}}>k_n\right\}$ 或：

$$A=\left\{\frac{S_{i,n}}{S_{i,0}}>k_n\mid 12\text{ 只股票中第 } i \text{ 只股票收益率最差}\right\}$$

（1）第一项 $E^Q\left(\min_{i=1\sim12}\frac{S_{i,n}}{S_{i,0}}I_A\right)$。

$$E^Q\left(\min_{i=1\sim12}\frac{S_{i,n}}{S_{i,0}}I_A\right)$$

$$=E^Q\left[\frac{S_{1,n}}{S_{1,0}}I(\text{第 1 种资产的}\frac{S_{1,n}}{S_{1,0}}\text{为最小,且}\frac{S_{1,n}}{S_{1,0}}>k_n)\right]$$

$$+E^Q\left[\frac{S_{2,n}}{S_{2,0}}I(\text{第 2 种资产的}\frac{S_{2,n}}{S_{2,0}}\text{为最小,且}\frac{S_{2,n}}{S_{2,0}}>k_n)\right]$$

$$\vdots$$

$$\vdots$$

$$+ E^Q[\frac{S_{12,n}}{S_{12,0}}I\{\text{第 12 种资产的}\frac{S_{12,n}}{S_{12,0}}\text{为最小，且}\frac{S_{12,n}}{S_{12,0}} > k_n\}]$$

$$= E^Q[\frac{S_{1,n-1}}{S_{1,0}}e^{(r-\frac{\sigma_1^2}{2})T+\sigma_1\Delta w_1 T}I(\frac{S_{1,n}}{S_{1,0}} > k_n,\frac{S_{1,n}}{S_{1,0}} < \frac{S_{2,n}}{S_{2,0}},\cdots,\frac{S_{1,n}}{S_{1,0}} < \frac{S_{12,n}}{S_{12,0}})]$$

$$+ E^Q[\frac{S_{2,n-1}}{S_{2,0}}e^{(r-\frac{\sigma_2^2}{2})T+\sigma_2\Delta w_2 T}I(\frac{S_{2,n}}{S_{2,0}} > k_n,\frac{S_{2,n}}{S_{2,0}} < \frac{S_{1,n}}{S_{1,0}},\cdots,\frac{S_{2,n}}{S_{2,0}} < \frac{S_{12,n}}{S_{12,0}})]$$

$$\vdots$$

$$\vdots$$

$$+ E^Q[\frac{S_{12,n-1}}{S_{12,0}}e^{(r-\frac{\sigma_{12}{}^2}{2})T+\sigma_{12}\Delta w_{12} T}I(\frac{S_{12,n}}{S_{12,0}} > k_n,\frac{S_{12,n}}{S_{12,0}} < \frac{S_{1,n}}{S_{1,0}},\cdots,\frac{S_{12,n}}{S_{12,0}} < \frac{S_{11,n}}{S_{11,0}})]$$

$$= \sum_{i=1}^{12} E^Q[\frac{S_{i,n-1}}{S_{i,0}}e^{(r-\frac{\sigma_i^2}{2})T+\sigma_i\Delta w_i T}I_{(A_i)}]$$

$$Let\ \xi_i = e^{-\frac{\sigma_i^2}{2}T+\sigma_i\Delta w_i T}\text{(Girsanov Factor)}$$

$$= e^{rT}\sum_{i=1}^{12} E^Q[\frac{S_{i,n-1}}{S_{i,0}}\xi_i I_{(A_i)}] \Leftarrow \text{use Girsanov Theorem}$$

$$= e^{rT}\sum_{i=1}^{12} E^R[\frac{S_{i,n-1}}{S_{i,0}}I_{(A_i)}]$$

$$= e^{rT}\sum_{i=1}^{12} \frac{S_{i,n-1}}{S_{i,0}}E^R[I_{(A_i)}]$$

$$= e^{rT}\left\{\begin{array}{l} \frac{S_{1,n-1}}{S_{1,0}}P_r^R\left(\frac{S_{1,n}}{S_{1,0}} > k_n,\frac{S_{1,n}}{S_{1,0}} < \frac{S_{2,n}}{S_{2,0}},\cdots,\frac{S_{1,n}}{S_{1,0}} < \frac{S_{12,n}}{S_{12,0}}\right) \\ + \frac{S_{2,n-1}}{S_{2,0}}P_r^R\left(\frac{S_{2,n}}{S_{2,0}} > k_n,\frac{S_{2,n}}{S_{2,0}} < \frac{S_{1,n}}{S_{1,0}},\cdots,\frac{S_{2,n}}{S_{2,0}} < \frac{S_{12,n}}{S_{12,0}}\right) \\ \vdots \\ \vdots \\ + \frac{S_{12,n-1}}{S_{12,0}}P_r^R\left(\frac{S_{12,n}}{S_{12,0}} > k_n,\frac{S_{12,n}}{S_{12,0}} < \frac{S_{1,n}}{S_{1,0}},\cdots,\frac{S_{12,n}}{S_{12,0}} < \frac{S_{11,n}}{S_{11,0}}\right) \end{array}\right\} \quad (A.1)$$

计算 $P_r^R\left(\frac{S_{i,n}}{S_{i,0}} > k_n\right)$。

$$P_r^R\left(\frac{S_{i,n}}{S_{i,0}} > k_n\right)$$

$$= P_r^R(S_{i,n} > k_n S_{i,0})$$

$$= P_r^R[\ln S_{i,n} > \ln(k_n S_{i,0})]$$

$$= P_r^R\left[\ln S_{i,n-1} + \left(r + \frac{\sigma_i^2}{2}\right)T + \sigma_i \Delta w_{iT} > \ln(k_n S_{i,0})\right]$$

$$= P_r^R\left[-\frac{\Delta w_{iT}}{\sqrt{T}} < \frac{\ln\frac{S_{i,n-1}}{k_n S_{i,0}} + \left(r + \frac{\sigma_i^2}{2}\right)T}{\sigma_i\sqrt{T}}\right], \quad -\frac{\Delta w_{iT}}{\sqrt{t}} \sim N(0,1)$$

$$= N[d_1(S_{i,n-1}, k_n S_{i,0}, \sigma_i^2)]$$

$$d_1(S_{i,n-1}, k_n S_{i,0}, \sigma_i^2) = \frac{\ln\frac{S_{i,n-1}}{k_n S_{i,0}} + \left(r + \frac{\sigma_i^2}{2}\right)T}{\sigma_i\sqrt{T}}$$

计算 $P_r^R\left(\frac{S_{i,n}}{S_{i,0}} < \frac{S_{j,n}}{S_{j,0}}\right) = P_r^R\left(\frac{S_{j,0}}{S_{i,0}} < \frac{S_{j,n}}{S_{i,n}}\right) = P_r^R(K < S)$，利用 Margrabe 的互换期权的概念，利用 BS 买权定价公式来求得期权 $\max\left(\frac{S_{j,n}}{S_{i,n}} - \frac{S_{j,0}}{S_{i,0}}, 0\right)$ 的价值。此处以第 i 种股票为计价单位，此时代入买权定价公式的无风险利率为 0。这是因为放贷者放贷一单位以 i 股票计价的其他资产，在到期时会要求取得同一种计价单位的资产，而不要求利率。因为 i 股票的价值会随时间而增加，其成长率即是利率。利用这个观念 $P_r^R\left(\frac{S_{j,0}}{S_{i,0}} < \frac{S_{j,n}}{S_{i,n}}\right)$ 可以表示成 $N\left[d_1\left(\frac{S_{j,n-1}}{S_{j,0}}, \frac{S_{i,n-1}}{S_{i,0}}, \sigma_{ji}^2\right)\right]$。

此处：

$$d_1\left(\frac{S_{j,n-1}}{S_{j,0}}, \frac{S_{i,n-1}}{S_{i,0}}, \sigma_{ji}^2\right) = \frac{\ln\frac{S_{j,n-1}/S_{i,n-1}}{S_{j,0}/S_{i,0}} + \frac{\sigma_{ji}^2}{2}T}{\sigma_{ji}\sqrt{T}} = \frac{\ln\frac{S_{j,n-1}/S_{j,0}}{S_{i,n-1}/S_{i,0}} + \frac{\sigma_{ji}^2}{2}T}{\sigma_{ji}\sqrt{T}}$$

$$\sigma_{ji}^2 = Var\left[\ln\frac{S_j}{S_i}\right] = Var[\ln S_j - \ln S_i] = \sigma_i^2 + \sigma_j^2 - 2\rho_{ij}\sigma_i\sigma_j$$

$$\begin{aligned}\mathrm{Cov}\left(\ln S_i, \ln\frac{S_j}{S_i}\right) &= \mathrm{cov}(\ln S_i, \ln S_j - \ln S_i)\\ &= \mathrm{Cov}(\ln S_i, \ln S_j) - \sigma_i^2\\ &= \rho_{ij}\sigma_i\sigma_j - \sigma_i^2\end{aligned}$$

$$\rho_{i,ji} = \frac{\mathrm{Cov}\left(\ln S_i, \ln\frac{S_j}{S_i}\right)}{\sigma_i\sigma_{ij}} = \frac{\rho_{ij}\sigma_i\sigma_j - \sigma_i^2}{\sigma_i\sigma_{ij}} = \frac{\rho_{ij}\sigma_j - \sigma_i}{\sigma_{ij}}$$

$$\rho_{i,jk} = \frac{\mathrm{Cov}\left(\ln\frac{S_k}{S_i}, \ln\frac{S_j}{S_i}\right)}{\sigma_{ki}\sigma_{ji}} = \frac{\sigma_i^2 - \rho_{ij}\sigma_i\sigma_j - \rho_{ik}\sigma_i\sigma_k + \rho_{kj}\sigma_k\sigma_j}{\sigma_{ki}\sigma_{ji}}$$

所以：

$$(A.1) = e^{rT}\left\{\begin{array}{l}\dfrac{S_{1,n-1}}{S_{1,0}}N_{12}\left[\begin{array}{l}d_1(S_{1,n-1},k_nS_{1,0},\sigma_1^2),d_1\left(\dfrac{S_{2,n-1}}{S_{2,0}},\dfrac{S_{1,n-1}}{S_{1,0}},\sigma_{21}^2\right),\\ \cdots,d_1\left(\dfrac{S_{12,n-1}}{S_{12,0}},\dfrac{S_{1,n-1}}{S_{1,0}},\sigma_{12,1}^2\right),\sum_1\end{array}\right]\\ +\dfrac{S_{2,n-1}}{S_{2,0}}N_{12}\left[\begin{array}{l}d_1\left(\dfrac{S_{1,n-1}}{S_{1,0}},\dfrac{S_{2,n-1}}{S_{2,0}},\sigma_{12}^2\right),d_1(S_{2,n-1},k_nS_{2,0},\sigma_2^2),\\ \cdots,d_1\left(\dfrac{S_{12,n-1}}{S_{12,0}},\dfrac{S_{2,n-1}}{S_{2,0}},\sigma_{12,2}^2\right),\sum_2\end{array}\right]\\ \qquad\vdots\\ \qquad\vdots\\ +\dfrac{S_{1,n-1}}{S_{1,0}}N_{12}\left[\begin{array}{l}d_1\left(\dfrac{S_{1,n-1}}{S_{1,0}},\dfrac{S_{12,n-1}}{S_{12,0}},\sigma_{1,12}^2\right),d_1\left(\dfrac{S_{2,n-1}}{S_{2,0}},\dfrac{S_{12,n-1}}{S_{12,0}},\sigma_{2,12}^2\right),\\ \cdots,d_1(S_{12,n-1},k_nS_{12,0},\sigma_{12}^2),\sum_{12}\end{array}\right]\end{array}\right\}$$

（2）第二项 $k_nE^Q(I_A)$。

$$\begin{aligned}&k_nE^Q(I_A)\\&=E^Q\left[I\left(\frac{S_{1,n}}{S_{1,0}}>k_n,\frac{S_{2,n}}{S_{2,0}}>k_n,\cdots,\frac{S_{12,n}}{S_{12,0}}>k_n\right)\right]\\&=P_r^Q\left[\frac{S_{1,n}}{S_{1,0}}>k_n,\frac{S_{2,n}}{S_{2,0}}>k_n,\cdots,\frac{S_{12,n}}{S_{12,0}}>k_n\right]\end{aligned} \qquad (A.2)$$

计算 $P_r^Q\left(\dfrac{S_{i,n}}{S_{i,0}}>k_n\right)$。

$$\begin{aligned}&P_r^Q\left(\frac{S_{i,n}}{S_{i,0}}>k_n\right)\\&=P_r^Q(S_{i,n}>k_nS_{i,0})\\&=P_r^Q[\ln S_{i,n}>\ln(k_nS_{i,0})]\\&=P_r^Q\left[\ln S_{i,n-1}+\left(r-\frac{\sigma_i^2}{2}\right)T+\sigma_i\Delta w_{iT}>\ln(k_n,S_{i,0})\right]\\&=P_r^Q\left[-\frac{\Delta w_{iT}}{\sqrt{T}}<\frac{\ln\dfrac{S_{i,n-1}}{k_nS_{i,0}}-\left(r+\dfrac{\sigma_i^2}{2}\right)T}{\sigma_i\sqrt{T}}\right],\ -\frac{\Delta w_{iT}}{\sqrt{T}}\sim N(0,1)\\&=N[d_2(S_{i,n-1},k_nS_{i,0},\sigma_i^2)]\end{aligned}$$

$$d_2(S_{i,n-1},k_nS_{i,0},\sigma_i^2) = \frac{\ln\frac{S_{i,n-1}}{k_nS_{i,0}} + \left(r - \frac{\sigma_i^2}{2}\right)T}{\sigma_i\sqrt{T}}$$

所以：

$$(A.2) = N_{12}[d_2(S_{1,n-1},k_nS_{1,0},\sigma_i^2),d_2(S_{2,n-1},k_nS_{2,0},\sigma_i^2),\cdots, d_2(S_{12,n-1},k_nS_{12,0},\sigma_i^2),\sum]$$

所以：

$$C_n = e^{-rT}[(1)+(2)]$$

$$= \frac{S_{1,n-1}}{S_{1,0}}N_{12}\left[d_1(S_{1,n-1},k_nS_{1,0},\sigma_1^2),d_1\left(\frac{S_{2,n-1}}{S_{2,0}},\frac{S_{1,n-1}}{S_{1,0}},\sigma_{2,1}^2\right),\cdots, d_1\left(\frac{S_{12,n-1}}{S_{12,0}},\frac{S_{1,n-1}}{S_{1,0}},\sigma_{12,1}^2\right),\sum{}_1\right]$$

$$+\frac{S_{2,n-1}}{S_{2,0}}N_{12}\left[d_1\left(\frac{S_{1,n-1}}{S_{1,0}},\frac{S_{2,n-1}}{S_{2,0}},\sigma_{1,2}^2\right),d_1(S_{2,n-1},k_nS_{2,0},\sigma_2^2),\cdots, d_1\left(\frac{S_{12,n-1}}{S_{12,0}},\frac{S_{1,n-1}}{S_{1,0}},\sigma_{12,1}^2\right),\sum{}_2\right]$$

$$\vdots$$

$$\vdots$$

$$\vdots$$

$$+\frac{S_{12,n-1}}{S_{12,0}}N_{12}\left[d_1\left(\frac{S_{1,n-1}}{S_{1,0}},\frac{S_{12,n-1}}{S_{12,0}},\sigma_{1,12}^2\right),d_1\left(\frac{S_{2,n-1}}{S_{2,0}},\frac{S_{12,n-1}}{S_{12,0}},\sigma_{2,12}^2\right),\cdots, d_1(S_{12,n-1},k_nS_{12,0},\sigma_{12}^2),\sum{}_{12}\right]$$

$$+e^{-rT}k_nN_{12}[d_2(S_{1,n-1},k_nS_{1,0},\sigma_1^2),d_2(s_{2,n-1},k_nS_{2,0},\sigma_2^2),\cdots, d_2(S_{12,n-1},k_nS_{12,0},\sigma_{12}^2),\sum]$$

其中，

$$d_1(S_{i,n-1},k_nS_{i,0},\sigma_i^2) = \frac{\ln\left(\frac{S_{i,n-1}}{k_nS_{i,0}}\right)+\frac{\sigma_i^2 dT}{2}}{\sigma_i\sqrt{T}}$$

$$d_1\left(\frac{S_{i,n-1}}{S_{i,0}},\frac{S_{j,n-1}}{S_{j,0}},\sigma_{i,j}^2\right) = \frac{\ln\left(\frac{S_{i,n-1}S_{j,0}}{S_{i,0}S_{j,n-1}}\right)+\frac{\sigma_{i,j}^2 T}{2}}{\sigma_{i,j}\sqrt{T}}$$

$$d_2(S_{i,n-1},k_nS_{i,0},\sigma_i^2) = \frac{\ln\left(\frac{S_{i,n-1}}{k_nS_{i,0}}\right)+\left(r-\frac{\sigma_i^2}{2}\right)T}{\sigma_i\sqrt{T}}$$

$$\sigma_{i,j}^2 = Var\left(\ln\frac{S_j}{S_i}\right) = Var(\ln S_j - \ln S_i) = \sigma_i^2 + \sigma_j^2 - 2\rho_{ij}\sigma_i\sigma_j$$

$\sum_i$ 为 S_i 与 $\left(\frac{S_j}{S},i \neq j\right)$ 的收益率相关系数矩阵。

$\sum$ 为 12 只个股票之间收益率相关系数矩阵。

附录二

已知第 n 个自动期权的期末收益为：

$$A_{nT} = \begin{cases} 1.1 - P_n & if \min\limits_{i=1\sim12}\frac{S_{i,n}}{S_{i,0}} > 1.1 - \sum\limits_{t=1}^{n-1}R_t \\ 0 & o.w. \end{cases} \quad \text{where } R_t = \text{第 } t \text{ 期的配息}$$

所以利用 Martingale 定价方法：

$$A_n = e^{-rT}E^Q[(1.1 - P_n)I_B]$$

此处：

$$B = \min_{i=1\sim12}\frac{S_{i,n}}{S_{i,0}} > 1.1 - \sum_{t=1}^{n-1}R_t = \min_{i=1\sim12}\frac{S_{i,n}}{S_{i,0}} > h_n \quad \text{where } h_n = 1.1 - \sum_{t=1}^{n-1}R_t$$

所以：

$$\begin{aligned} A_n &= e^{-rT}(1.1 - P_n)E^Q(I_B) \\ &= e^{-rT}(1.1 - P_n)P_r^Q\left[\frac{S_{1,n}}{S_{1,0}} > h_n, \frac{S_{2,n}}{S_{2,0}} > h_n, \cdots, \frac{S_{12,n}}{S_{12,0}} > h_n\right] \\ &= e^{-rT}(1.1 - P_n)N_{12}[d_2(S_{1,n-1}, h_nS_{1,0}, \sigma_1^2), d_2(S_{1,n-1}, h_nS_{1,0}, \sigma_1^2), \cdots, d_2(S_{1,n-1}, h_nS_{1,0}, \sigma_1^2), \Sigma] \end{aligned}$$

其中，

$$\begin{aligned} & P_r^Q\left[\frac{S_{i,n}}{S_{i,0}} > h_n\right] \\ &= P_r^Q[S_{i,n} > h_nS_{i,0}] \\ &= P_r^Q[\ln S_{i,n} > \ln(h_nS_{i,0})] \\ &= P_r^Q\left[\ln S_{i,n-1} + \left(r - \frac{\sigma_i^2}{2}\right)T + \sigma_i\Delta w_{iT} > \ln(h_nS_{i,0})\right] \\ &= P_r^Q\left[-\frac{\Delta w_{iT}}{\sqrt{T}} < \frac{\ln\frac{S_{i,n-1}}{h_nS_{i,0}} + \left(r - \frac{\sigma_i^2}{2}\right)T}{\sigma_i\sqrt{T}}\right] \end{aligned}$$

$= N[d_2(S_{i,n-1}, h_n S_{i,0}, \sigma_i^2)]$, where $d_2(S_{i,n-1}, h_n, S_{i,0}, \sigma_i^2)$

$$= \frac{\ln \frac{S_{i,n-1}}{h_n S_{i,0}} + \left(r - \frac{\sigma_i^2}{2}\right)T}{\sigma_i \sqrt{T}}$$

$\sum$ 为 12 只个股票之间收益率相关系数矩阵。

第十章 “谁来比一比”利率挂钩债券定价与分析[①]

本章欲进行利率衍生品个案分析的产品为“谁来比一比”，这是一档 12 年期的美元计价利率链接组合式产品。相关说明、定价与分析如下。

一 发行背景分析

前几年由于经济不景气导致股票收益率不佳，投资人投资股市的意愿相对降低，但若从事低风险的定存投资，在低利率趋势下收益率也是日益缩水。在市场利率走低、股市欲振乏力的情况下，由于金融工程与创新的快速发展，加上投资大众的需求，使逆浮动利率债券（市场利率越低，投资人所获配息越高）大行其道，该结构式产品吸引了为数可观的资金投入。

但美国联邦准备理事会（或称美联储，Fed）在本产品发行前的前一年来，为缓和通货膨胀的压力，逐步升息。在该年第四季度时，市场普遍预期利率将逐渐上扬，如果此时再推出逆浮动利率债券的结构式产品，势必无法吸引投资人的目光。因此，在预期利率到了谷底反转期，发行银行才能转向按日区间计息的模式，即由承销银行设计出某一利率区间，当指标利率落在区间内，该债券便可支付日息，如指标利率落在区间外，便不计息，等到每半年或一年，企业再结算投资人所有可领得的利息，一次付给投资人。按日区间计息的指标利率通常是 90

① 本章由陈松男教授、研究特助张钦荣撰写。

天期商业票据利率，或是6个月期伦敦银行间拆款利率（Libor）。

本章欲进行研究的产品，即为一种每日利率区间型挂钩债券，发行银行利用30年期美元互换利率通常会大于10年期美元互换利率的特性，并提供高额的配息，起初时固定配息甚至高达7%（若每日指标利率皆进入区间），以吸引投资大众。配息方式大致为，挂钩标的为每日的美元30年期利率互换报价与美元10年期利率互换报价（因每日为固定年期的互换利率报价，亦即CMS的型态），只要美元30年期利率互换报价大于或等于美元10年期利率互换报价，发行银行就会每日按配息条款约定计息。如此优惠的条款，当然受到投资人的注意，和同类型产品一样会引起市场投资人的抢购。

另外，虽通常30年期互换利率在大部分时间都会大于10年期互换利率（亦即利率期限结构多数时候呈正斜率），就图10－1来看，美元30年期互换利率减去美元10年期互换利率的差距，自产品发行日前一年以来，一直呈现缩小的趋势，就发行银行而言，也可能预期未来相当有机会发生收益率曲线走平或逆转的现象（长期利率小于短期利率），若如预期，即可成功地吸引资金，并减少未来一段时间利息的支付。

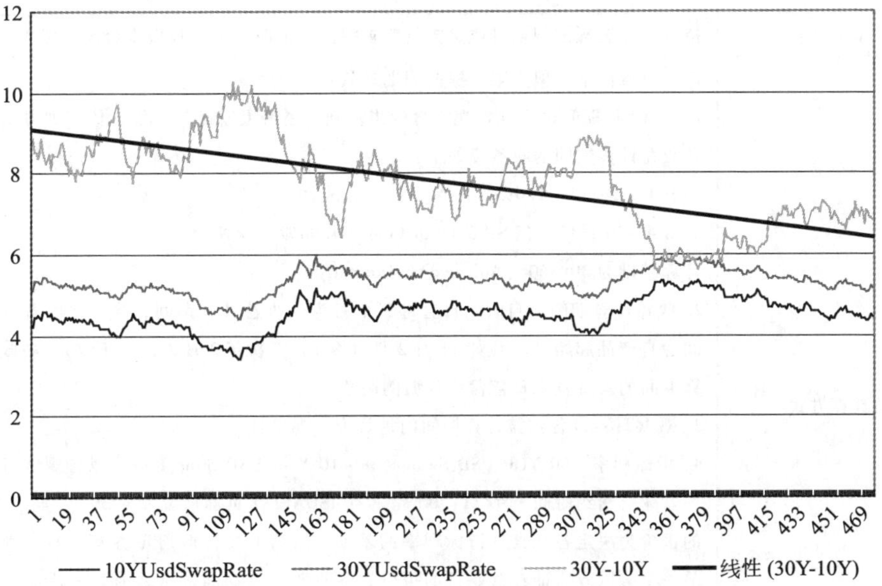

图10－1　10年期美元互换利率和30年期美元互换利率比较图：产品发行日前的历史数据

数据来源：Data stream。

二 产品条款简介

产品条款简介见表10-1。

表10-1 产品条款简介

产品名称	“谁来比一比”12年期美元计价利率链接组合式产品
投资金额及币别	最低10000美元，并以1000美元为增加单位
投资期间	最长12年，但允许适用下列“提前到期条款”而提前到期
募集期间	14天
产品起始日	即组合式产品交易主契约书的“起始日”
产品预定到期日	发行日后12年到期，但允许适用下列“提前到期条款”而提前到期
挂钩标的	美元30年期利率互换报价（30 Year USD Swap Rate）及美元10年期利率互换报价（10 Year Swap Rate）
投资本金	持有产品至预定到期日或是银行要求提前到期时，返还投资本金予投资人
收益计算方式	产品收益如下，但受限于提前到期条款： 1. 在12年期间内，视每观察日的指标利率是否大于或等于零，依下列方式计算各收益计算期间的收益率如下： Year 1 - Year 3：7.0% ×N/M Year 4 - Year 12：（USD 3Month Libor +4.00%） ×N/M 计算基础为30/360（Adjusted），Quarterly 2. 收益计算期间：自起始日起每三个月为一收益计算期间，第一次收益计算期间为自产品起始日［比如11月2日（含）］至次年2月2日（不含）。各收益计算期间的首日及末日依营业日惯例调整 3. 观察日：以各收益计算期间内每日为一观察日 4. 指标利率：30 Year USD Swap Rate - 10 Year USD Swap Rate，以各观察日的纽约营业日纽约时间上午11：00路透社ISDAFIXI页面所显示“30Y”与“10Y”的报价为决定各观察日指标利率的基准。若为非美国政府证券营业日，则采用前一个美国政府证券营业日的报价；各收益计算期间末日之前5个营业日（以下称“X日”）后的观察日皆以该期X日当日的纽约时间上午11：00路透社ISDAFIXI页面的报价来决定指标利率。若于上述观察日无法取得30 Year USD Swap Rate或是10 Year USD Swap Rate的报价，则由结算代理人依诚信原则及商业中合理的方式决定

续表

产品名称	“谁来比一比”12 年期美元计价利率链接组合式产品
收益计算方式	5. USD 3Month Libor：美元 3 个月期英国伦敦金融同业拆款利率，以每个收益计算期间首日的前两个伦敦营业日伦敦时间上午 11：00 Telerate Page 3750 屏幕所显示的 USD 3Month Libor 为准 6. M 为该次收益计算期间的总日数：N 为该次收益计算期间内指标利率大于或等于零的观察日天数 7. 收益的计算方式（举例而言）：假设本产品第 3 期收益计算期间内，观察日指标利率大于或等于零的观察日天数为 N，则投资人于第 3 期的收益为：投资本金 ×（7% ×N/M）×90/360，其中 90/360 的计算须配合收益计算期间首日或末日依营业日惯例调整的情形由 90 日中增减，最低收益为零
收益配发方式	1. 产品采用每三个月配发收益 2. 产品收益预计在产品发行日的次年 2 月 2 日第一次配发收益，之后每年 5 月 2 日、8 月 2 日、11 月 2 日、2 月 2 日配发收益，至到期日止，但受限于提前到期条款，收益配发日依营业日惯例调整
提前到期条款	本产品于下列情形之一将提前终止交易：发行银行自第一次付息日次年的 2 月 2 日起（含 2 月 2 日当天），有权利（但非义务）于本产品的任一收益配发日（不含到期日）提前终止本交易，银行将于该次收益配发日的前一个营业日通知投资人 银行提前终止本交易时，除投资本金外，银行毋庸支付任何费用或成本给投资人，且自提前终止起不适用本交易配发收益的相关规定
投资人解约条款	本产品有闭锁期，期间为自起始日起 6 个月，之后，投资人必须于每月 6 日（含）至 9 日（含）通知发行银行解约（不依营业日惯例调整）并以该月 10 日为解约日（如遇假日则顺延至次一营业日）

三 产品特色分析

此挂钩债券存续期间为 12 年，它是挂钩 30 年期美元互换利率和 10 年期美元互换利率的挂钩债券。配息方式是判断每日的 30 年期美元互换利率减去 10 年期美元互换利率的利差是否大于零，以落入利率区间的天数占全部营业日数（N/M = 落入利率区间日数/全部营业日数）为配息的标准，我们称此比例为“落入利率区间乘数”。除了前 3 年配息率是固定的 7%，其余 9 年皆是依据每个收益计算期间首日的前两个营业日的3MLibor加码4%，再分别乘以落入利率区间乘数（N/M），来决定当季的配息。例如，第一年第一季度时，若30年期美元互换利率减去10年期美元互换利率大于零的天数为调整后交易日60天，则此季度可以拿到4.7%（=7%×60/90）配息。在第四年第一季度配息时，假设此季度调整后90个交易日里有80个交易日的30年期美元互换利率减去10年期美元互换利率大于零，且每个收益计算期间首日的前两个营业日的3MLibor为3.5%，则此季度可以拿到的配息为年利率，为6.67%。其余依次类推。

一般而言，30年期美元互换利率会大于10年期美元互换利率，因此投资人可得到相对于当时市场利率很高的收益，但发行银行在每季度收益配发日皆有赎回的权利，使得本产品提前到期的概率将大幅增加，投资人的收益可能不如条款来得吸引人。

由于该产品到期时可取回起始本金，配息则依未来的利率走势来决定实际的配息状况，所以此产品为一保本型产品。由保本型产品的基本设计概念，我们可将产品拆解成一个长天期的零息债券和一个利率期权，可以图10-2表示。因为该产品采取每日计息，形同于投资人每日向发行机构买进一个利率期权，在前三年若每观察日的指标利率大于或等于零，即可获得年化7%的收益（亦等同于每日看涨的利率数据期权，期权存续期间仅为一日），而第4年起至第12年，若每观察日的指标利率大于或等于零，则可获利年化3MLibor加上4%的收益。

此外，因为该产品发行机构具有赎回权，所以本产品的结构可以视为投资人除了每日拥有利率期权外，亦卖出一个赎回权给发行机构，使发行机构有权利于本产品的任一收益配发日（不含到期日）提前终止本产品。

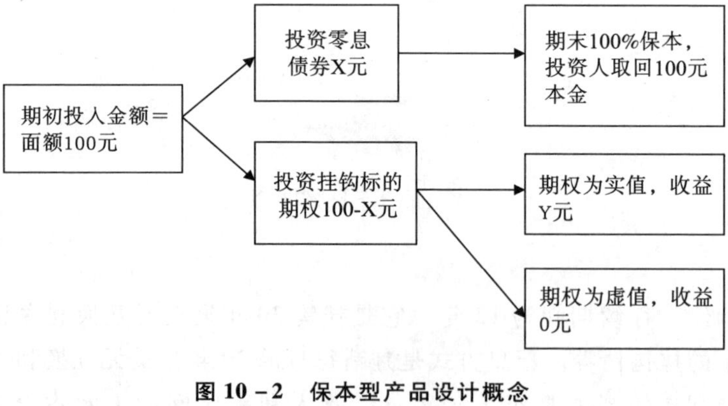

图10-2 保本型产品设计概念

四 定价方式

由于台新12年期美元每日利率区间型挂钩债券的配息状况，主要取决于一季度中每日标的利率是否掉入利率区间的比率来决定，配息从第一年开始都是浮动的，且具有赎回的性质，因此无法推导封闭解。一般来说，没有封闭解的产品必须要用到效率数值分析法来定价。以往在预估未来利率走势最常使用的方法是Hull和White（1990）提出的利率模型，虽然它能较准确地描述现行的利率期限结构与波动率期间结构，但其仍使用仅理论上存在的瞬间远期利率，市场上并无法观察得到。而第三章研究方法介绍的BGM模型采用市场上可观察得到的Libor利率的随机过程，所以无此问题。因此，我们利用BGM市场利率模型来定价此挂钩债券的理论价格。一般而言，常见的数值方法有蒙地卡罗模拟法及格子树定价法，但由于此产品为每日利率区间挂钩债券，需判断每日是否落入利率区间来作为一个配息的乘数，需要路径函数来帮助记录利率走过的路径，若使用格子树法，由于本产品需模拟长达12年的每日利率，将会造成节点数太多，处理起来将更为耗时、困难。因此，在此利用蒙地卡罗模拟法来对该产品进行定价。

在BGM利率模型定价下，第一步必须得到市场上的收益率曲线，并求出各期间的远期利率，接着校准模型的波动率，再将这些市场数据带入BGM模型公式，在已知各期期末支付（Payoff）的情况下，求得该产品的理论价格。

（一）收益率曲线和各期远期利率的估计

首先找出发行日（11月2日）当天的美元Libor和美元互换利率报价，如表10-2和表10-3所示。

表10-2 美元Libor利率报价

到期日	美元Libor（%）
3个月	2.19
6个月	2.34
9个月	2.4675
12个月	2.57875

表 10-3 美元互换利率报价

到期日	美元互换利率（%）	到期日	美元互换利率（%）
1 年	2.576	9 年	4.412
2 年	2.96	10 年	4.525
3 年	3.272	12 年	4.7125
4 年	3.542	15 年	4.925
5 年	3.7775	20 年	5.118
6 年	3.972	25 年	5.18
7 年	4.142	30 年	5.206
8 年	4.29		

同样，我们可以利用第四章介绍的 Matlab 中的 Cubic Spline 插补方式和拔靴法，得到发行日当天的收益率曲线。由于该产品有长达 12 年的预定到期日，且由产品收益模式需仿真出 30 年期的互换利率，因此，在 BGM 模型下，需构建出一条到期日达 42 年的收益率曲线。但由市场资料可知，仅能在发行日插补出一条到期日达 30 年期的收益率曲线。在无市场数据下，我们假设 30 年到 42 年的美元 Libor 皆和 30 年期美元 Libor 相同，插补后的收益率曲线表示见图 10-3。

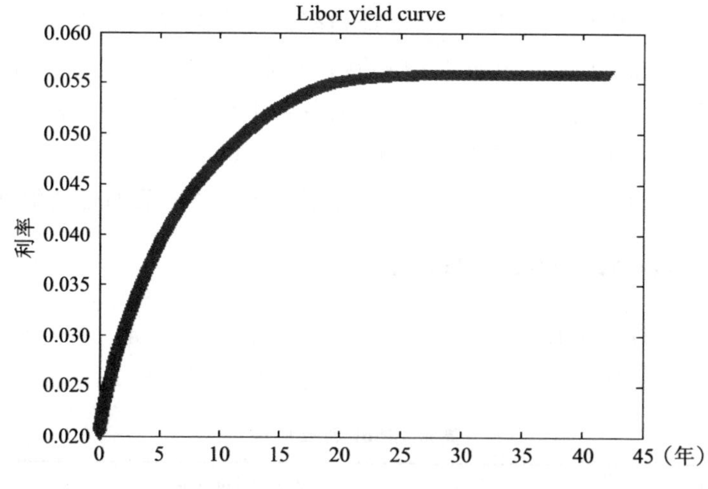

图 10-3 美元 Libor 利率曲线

估计出收益率曲线后，接着需求算市场上各期的远期利率，依该产品的收益型态，必须求算每天的 3 个月远期 Libor。同样，我们可根据利率预期理论求出市场上各期的远期利率，并运用 Libor 市场模型（或 BGM 利率模型）的远期利率计算方法。我们可以假设离散时间 δ 为 3 个月，远期 Libor 利率 $L_n(t)$ 即为在 t

时点设定的在 T_n 时点的 3 个月利率。以第一天的 3 个月 Libor 利率为例，$L_1(0)$为：

$$L_1(0)=\left\{\frac{[1+r(0,91)]^{91/360}}{[1+r(0,1)]^{1/360}}\right\}^4-1 \quad (10-1)$$

依次类推，可用同样的步骤求算 $L_2(0)$，$L_3(0)$，…，$L_{15030}(0)$等在现在时点观察到的各期远期利率。

（二）模型参数的校准

估计出收益率曲线后，接着需校准 BGM 利率模型的波动率参数。关于波动率的估计，各家学者的讨论莫衷一是。在本章中，采用第一章研究方法所介绍的远期波动率假设。假设中提到，为了减少参数估计，假设远期 Libor $L_n(t)$的瞬间波动率在每一段时间区间内为一个固定的常数（Piecewise - Constant），且不随时间改变，即 $\sigma_n(t)=s_n$。为求远期瞬间波动率，我们可利用市场上平值（ATM）的利率上限期权（Cap）来估计。市场上利率上限期权是波动率报价，而利率上限期权可视为一连串欧式利率看涨期权（Caplets）的总和，应用 Black（1976）的公式可得：

$$Cap^{MKT}(0,T_j,K)=\sum_{i=1}^{j}\tau_iP(0,T_i)Bl[K,L_{i-1}(0),\sqrt{T_{i-1}}v_{T_j-Cap}] \quad (10-2)$$

此处，τ_i：每个 Caplet 的时间长度（本章假设为 3 个月）

$P(0,T_i)$：在时点 0 观察到期日为 T_i 的零息债券价格；

K①：利率上限期权的上限利率（即履约价）；

$L_{i-1}(0)$：在时点 0 观察时间(T_{i-1},T_i)的远期利率；

v_{T_j-Cap}：到期日为 T_j 的利率上限期权市场波动率报价。

市场上利率上限期权的波动率报价，可视为其所有包含的 Caplets 的平均隐含波动率。欲求得各别 Caplet 的隐含波动率，可由下列关系式求出：

$$\begin{aligned}&\sum_{i=1}^{j}\tau_iP(0,T_i)Bl[K,L_{i-1}(0),\sqrt{T_{i-1}}v_{T_j-Cap}]\\&=\sum_{i=1}^{j}\tau_iP(0,T_i)Bl[K,L_{i-1}(0),\sqrt{T_{i-1}}v_{T_{i-1}-Caplet}]\end{aligned} \quad (10-3)$$

此处 $v_{T_{i-1}-Caplet}$：Caplet（重设时点 T_{i-1}，到期日时点 T_i）的隐含波动率。

举例说明上列关系式。已知市场上 1 年期及 2 年期，每 3 个月重设一次利率上限期权的市场波动率报价，1 年期的利率上限期权则包含 3 个 Caplets（重设时间分别为第 0.25 年、第 0.5 年及第 0.75 年，而到期日分别为第 0.5 年、第 0.75

① 对每个 Caplet 而言，在个别执行价下亦为 ATM，但我们不能将平值 Cap 的执行价 K，单以某个平值 Caplet 的执行价表示。在整体考量下，我们定义 $K=S_{\alpha,\beta}(0)$。

年及第1年)，2年期的利率上限期权包含7个Caplets（重设时间分别为第0.25年、第0.5年、第0.75年、第1年、第1.25年、第1.5年及第1.75年，而到期日分别为第0.5年、第0.75年、第1年、第1.25年、第1.5年、第1.75年及第2年)。由于1年期以内，我们仅有一个1年期的利率上限期权波动率市场信息，所以无法求得其所含的3个Caplets的波动率，于是我们假设一年内的各期波动率皆为1年期，且每3个月重设一次的利率上限期权市场波动率。在已知一年期所含3个Caplets波动率后，可利用2年期利率上限期权的市场波动率代入式(10-3)，反推另外4个Caplets的波动率。由于1个方程式仅可解出1个未知变量，在无额外的市场信息下，故假设重设时间分别为第1年、第1.25年、第1.5年及第1.75年，到期日分别为第1.25年、第1.5年、第1.75年及第2年的Caplet波动率皆相同。依次类推，可求得其余各期每3个月重设一次的利率上限期权所包含所有Caplets的隐含波动率。

最后，利用所求算出Caplets的隐含波动率估计BGM模型远期利率的瞬间波动率，即：

$$v_{T_{i-1}-Caplet} = s_i \tag{10-4}$$

表示重设时点为T_{i-1}，到期日为T_i的Caplets波动率，等于BGM模型远期利率$L_{i-1}(0)$的瞬间波动率，此波动率为一固定常数，且不随时间t改变。

以上的估计方法，我们可利用产品发行日市场上1年期至10年期，每3个月重设一次的平值利率上限期权进行BGM模型远期利率瞬间波动率的估计。表10-4为当日利率上限期权的波动率报价。

表10-4　Cap波动率报价

到期日	Cap波动率报价	到期日	Cap波动率报价
1年	0.23	6年	0.2756
2年	0.3016	7年	0.2647
3年	0.3067	8年	0.2546
4年	0.2997	9年	0.2452
5年	0.2873	10年	0.2365

数据来源：Bloomberg。

由式（10-3）可反求出以上利率上限期权所包含Caplets的隐含波动率$v_{T_{i-1}-Caplet}$，而Caplets的波动率等于BGM模型远期利率的瞬间波动率，即可估计出各期远期利率的瞬间波动率，如表10-5所示：

表 10－5 BGM 模型下各期远期利率瞬间波动率

期间	远期利率瞬间波动率	期间	远期利率瞬间波动率
0～1 年	0.23	5～6 年	0.206142896
1～2 年	0.328348878	6～7 年	0.224720779
2～3 年	0.30524341	7～8 年	0.210771068
3～4 年	0.284056088	8～9 年	0.195838001
4～5 年	0.269998423	9～10 年	0.183395098

将表 10－4 的远期利率的瞬间波动率绘制成波动率期间结构，如图 10－4 所示。必须注意的是，在同一年内均假设每天的远期利率的瞬间波动率相同。

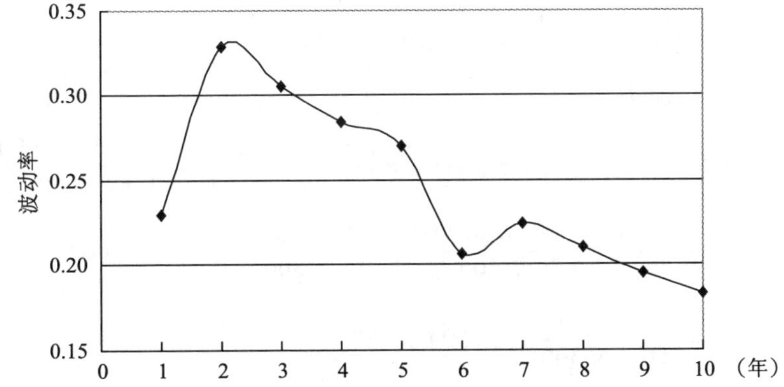

图 10－4 远期利率瞬间波动率期间结构

因 Cap 报价仅 10 年，但该产品需估计波动率至 42 年期，同样的，在无市场信息下，假设 10 年期后至 42 年的波动率皆和 9～10 年间的波动率相同。

（三）远期利率模拟方法

已知 2004 年 11 月 2 日各期的远期利率后，利用蒙地卡罗法可模拟出下一期的远期利率，其公式如下：

$$L_n(t_{i+1}) = L_n(t_i) \times \exp\left[\sum_{j=\eta(t_i)}^{n} \frac{\delta_j L_j(t_i) \sigma_n(t_i)^T \sigma_j(t_i)}{1 + \delta_j L_j(t_i)} \Delta t - \frac{1}{2} \sigma_n(t_i)^2 \Delta t + \sqrt{\Delta t} \sigma_n(t_i) Z_{i+1} \right] \quad (10-5)$$

此处，$Z \sim N(0,1)$。

由于本产品需模拟每天各期的远期 Libor，故利用蒙地卡罗法模拟的时间跳动长度 Δt 为 1/360。已知时点 0（2004 年 11 月 2 日）各期的远期利率后，运用式（10－5）可模拟出1天后（2004年11月3日）各期的远期利率。模拟出1天后的远期利率后，即可再模拟出2天后各期的远期利率。反复上述步骤，可得到1～4320天间（12年）各期远期利率。先以模拟1天后的30年期互换利率为例。期初已知，$L_1(0)$、$L_{91}(0)$、$L_{181}(0)$、$L_{271}(0)\cdots\cdots L_{10711}(0)$等120个远期利率（3个月互换一次，共30年），而求算1天后的30年期互换利率$S_{1.10801}(1)$需要$L_1(1)$、$L_{91}(1)$、$L_{181}(1)$、$L_{271}(1)\cdots\cdots L_{10711}(1)$等120个值，此各期远期利率于一天后的模拟值，可由期初已知的远期利率和估计的各段波动率代入式（10－5）即可得之。以$L_1(1)$为例：

$$L_1(1) = L_1(0) \times \exp\left[\sigma_{91}(0)\frac{\sigma_{91}(0)L_1(0)}{1+L_1(0)/4} \times \frac{1}{4} \times \frac{1}{360} - \frac{1}{2} \times \sigma_{91}(0)^2 \times \frac{1}{360} + \sqrt{\frac{1}{360}}\sigma_{91}(0)Z_{91}\right]$$

则L_{10711}（1）即为，

$$L_{10711}(1) = L_{10711}(0) \times \exp\left\{\sigma_{10801}(0) \times \left[\frac{\sigma_{91}(0)L_1(0)}{1+L_1(0)/4} + \frac{\sigma_{181}(0)L_{91}(0)}{1+L_{91}(0)/4} + \cdots + \frac{\sigma_{10801}(0)L_{10711}(0)}{1+L_{10711}(0)/4}\right] \times \frac{1}{4} \times \frac{1}{360} - \frac{1}{2} \times \sigma_{10801}(0)^2 \times \frac{1}{360} + \sqrt{\frac{1}{360}}\sigma_{10801}(0)Z1080_{91}\right\}$$

接着，以模拟2天后的30年期互换利率为例。我们于期初已知$L_2(0)$、$L_{92}(0)$、$L_{182}(0)$、$L_{272}(0)\cdots\cdots L_{10712}(0)$等120个远期利率，求算2天后的30年期互换利率$S_{2.10802}(2)$，需要$L_2(2)$、$L_{92}(2)$、$L_{182}(2)$、$L_{272}(2)\cdots\cdots L_{10712}(2)$等120个值，得各期远期利率于2天后的模拟值，模拟过程如图10－5所示。

$L_2(0)$ →	$L_2(1)$ →	$L_2(2)$
$L_{92}(0)$ →	$L_{92}(1)$ →	$L_{92}(2)$
→	→	
$L_{10712}(0)$ →	$L_{10712}(1)$ →	$L_{10712}(2)$

图10－5　模拟2天后远期利率示意图

依次类推，即可求得第3天、第4天至第12年（4320天）的各期远期利率值。仿真流程亦可表示如图10－6所示。

由图10－6可知，时点0的远期利率$L_1(0)$模拟至1天后成为$L_1(1)$，此时为1天后到期的即期利率，故无须继续模拟。同样的，$L_2(0)$在2天后亦成为即期利率，在下一期也无须模拟，依次类推，将可模拟出未来每天至 12 年的各期远期利率。

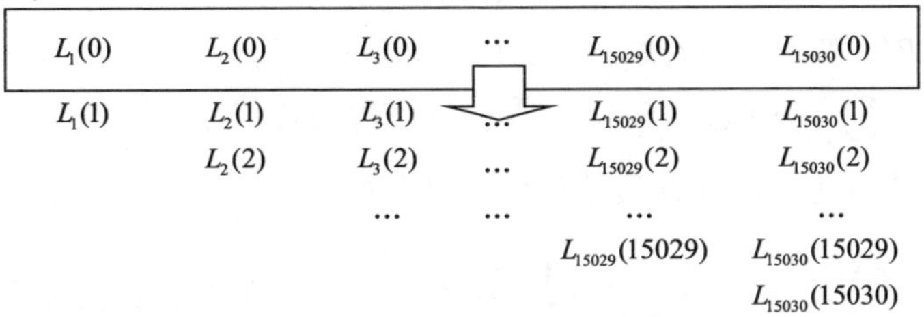

图 10－6　模拟远期利率流程

（四）互换利率的求算

假定有一单位名目本金。由利率互换（IRS）的定义（指标准型态的 IRS，固定/浮动），我们知道 IRS 为一两造互相互换支付的契约。在某个时点预定未来某些特定时点 $T_{\alpha+1}\cdots\cdots T_{\beta}$ 为支付日。固定端的一方支付固定利率 K，因 K 为年化的利率，所以必须乘以相对应经过的时间，实际支付的利率为 $\pi_j K$，其中的 π_j 为以年为单位的时间间隔$(T_{j-1}\sim T_j)$，而另一端浮动端的一方则支付浮动利率 $F_j(T_{j-1})$，F_j 为在 T_{j-1}时即设定的浮动利率，而在 T_j 时支付。换句话说，也就是浮动端的利率在 T_{α}、$T_{\alpha+1}\cdots\cdots T_{\beta-1}$时重设，而在 $T_{\alpha+1}$、$T_{\alpha+2}\cdots\cdots T_{\beta}$ 时支付。

由上可知，在 T_{α} 时点下，对利率互换支付一方的支付可以表示如下：

$$\sum_{i=\alpha+1}^{\beta} D(T_{\alpha},T_i)\tau_i[F_i(T_{i-1})-K] \tag{10-6}$$

此处的 $D(T_{\alpha},T_i)$为折现因子，将 T_i 时点下的收益折现至 T_{α} 时点，将其折回现在时点（$t<T_{\alpha}$ 时），即为：

$$\sum_{i=\alpha+1}^{\beta} D(t,T_i)\tau_i[F_i(T_{i-1})-K] \tag{10-7}$$

该契约的价值可计算如下：

$$\begin{aligned} PFS[t,(T_{\alpha},\cdots,T_{\beta}),K] &= E_t\{\sum_{i=\alpha+1}^{\beta} D(t,T_i)\tau_i[F_i(T_{i-1})-K]\} \\ &= \sum_{i=\alpha+1}^{\beta} P(t,T_i)\tau_i E_t^i[F_i(T_{i-1})-K] \\ &= \sum_{i=\alpha+1}^{\beta} P(t,T_i)\tau_i[F_i(t)-K] \\ &= \sum_{i=\alpha+1}^{\beta}[P(t,T_{i-1})-(1+\tau_i K)P(t,T_i)] \end{aligned} \tag{10-8}$$

其中，$P(t,T_i)$为在 T_i 时点到期时的零息债券价格。如 IRS 定义，远期互换利率为一 K 特定值，该特定值 K 恰能使该契约在 t 时点为一公平（Fair）契约，也就是说现值为 0。在此条件下，即可得互换利率 $S(t)$[①]：

$$S(t) = \frac{P(t,T_0) - P(t,T_n)}{\sum_{i=1}^{n}\tau_i P(t,T_i)} = \frac{1 - FP(t;T_0,T_n)}{\sum_{i=1}^{n}\tau_i FP(t;T_0,T_i)} \tag{10-9}$$

其中，FP 为远期的零息债券价格，定义如下：

$$FP(t;T_0,T_i) = \frac{P(t,T_i)}{P(t,T_0)} = \prod_{j=1}^{i} FP_j(t), \quad FP_j(t) = \frac{1}{1+\tau_j F_j(t)} \tag{10-10}$$

可将式（10－10）代入式（10－9），即可将 $S(t)$改写如下：

$$S(t) = \frac{1 - \prod_{j=1}^{n}\frac{1}{1+\tau_j F_j(t)}}{\sum_{i=1}^{n}\tau_i \prod_{j=1}^{i}\frac{1}{1+\tau_j F_j(t)}} \tag{10-11}$$

由式（10－11），互换利率可化为 Libor 的函数型态。产品配息条款中，欲模拟的远期 30 年期和 10 年期的互换利率，则可将模拟出来的远期 Libor 透过式（10－11）转换后得到。

（五）定价结果

模拟出来远期 Libor 和远期互换利率后，即可计算各期配息和得到折现率。"'谁来比一比'12 年期美元计价利率链接组合式产品"利用 BGM 模型由上述步骤求得的定价结果列报于表 10－7（蒙地卡罗模拟 10000 次的平均值）。由于该产品在每季付息时发行商具有赎回的权利，因此折现时需考虑赎回条款。我们以 100 美元作为债券面额，则该产品在具有赎回权下的理论价格为 101.18 美元。

若此产品不具有赎回条款的理论价格为 136.61 美元，则推出此产品可赎回的价值为 35.43（即 136.61－101.18）美元。由于已知即期的 Libor $L_0(0)$和模拟出的远期 Libor $L_{90}(90)$、$L_{180}(180)$、$L_{270}(270)$……$L_{4230}(4230)$等 47 个值，即可利用此 48 个利率值，作为零息债券的折现因子，依次折现回来，求得存续期间为 12 年的零息债券价格为 55.542 美元。由第三部分产品特色分析中对产品的拆解，我们可以知道可赎回挂钩债券隐含的期权价值为 45.638（即 101.18－55.542）美元。

由定价结果看，在满足发行日当天的利率期限结构和波动率期间结构下进行

① 可参阅《利率衍生品设计原理与应用》第 12 章，陈松男著，机械工业出版社。

仿真，可以发现发行商发行此产品将会遭受损失，该产品很可能于第一季度付息后即被赎回。由此可知，该产品提供的配息率过高，在无赎回权的情况下，债券理论价格将高达 136.61 美元。本章尝试调整不同的配息条款来检视挂钩债券的价格，可以发现，当第 1 年到第 3 年固定配息为 4%（原为 7%），同时第 4 年至第 12 年的加码利率改为 2.5%（原为 4%）时，该挂钩债券的价格为 100.01 美元，相当接近面额。其余资料列示如表 10－6 所示。配息条款变动对挂钩债券价值的影响见表 10－7。

表 10－6　12 年期美元计价利率链接组合式产品定价结果

项目	价值（美元）
零息债券	55.542①
期权（可赎回）	45.638②（即 101.18－55.542）
挂钩债券（可赎回）	101.18
挂钩债券（不可赎回）	136.61
附买回权价值	35.43（即 136.61－101.18）
面额	100

表 10－7　配息条款变动对挂钩债券价值的影响

组合	挂钩债券价值（美元）
(3%，1.5%)③	98.516
(3.5%，2%)	98.889
(4%，2.5%)	100.01
(4.5%，3%)	100.28
(5%，3.5%)	100.49

① 零息债券价值 $= \frac{1}{1+\frac{1}{4}L_0(0)} \times \frac{1}{1+\frac{1}{4}L_{90}(90)} \times \frac{1}{1+\frac{1}{4}L_{180}(180)} \times \cdots \times \frac{1}{1+\frac{1}{4}L_{4140}(4140)} \times \frac{1}{1+\frac{1}{4}L_{4230}(4230)}$。此为模拟 1 万次的平均值。

② 由产品的拆解我们可知，可赎回利率挂钩债券的价值为一“零息债券＋利率期权”，该期权的价值可简单地从挂钩债券价值减去零息债券价值的差价求得。

③ 即第 1 年至第 3 年的固定配息 7% 部分变动为 3%，而第 4 年至第 12 年的加码利率变动为 1.5%，其余依次类推。

五 避险参数

（一）Delta（收益率曲线平移对挂钩债券价值的影响）

Delta 是指当收益率曲线变动一单位时对挂钩债券价格的影响。由于原产品配息条款设计和具赎回权的情况下，收益率曲线的变动并不会造成该产品价格上的差异，并从第四部分中定价结果的表 10－8 可知，当第 1 年到第 3 年固定配息更改为 4%，同时第 4 年至第 12 年的加码利率改为 2.5% 时，该挂钩债券的价格最接近面额，我们依此配息条款做 Delta 避险参数的计算（Vega 亦依此做计算）。

此处所求的 *Delta* 值为收益率曲线平移 10bps 对债券价格的影响，公式如下：

$$Delta = \frac{\Delta V}{\Delta r} = \frac{V_1 - V_0}{\Delta r}$$

做法是利用一开始算出的挂钩债券价格 V_0，再来计算收益率曲线平行上移 10bps 后挂钩债券价格 V_1，接着就可以算出因收益率曲线变动所引起的挂钩债券价格的变化，再除以收益率平移幅度，就可以得到挂钩债券的 *Delta*。

Δr 代表收益率平移幅度，当收益率向上平移 10bps，所得到的挂钩债券价格为 99.484（V_1），而原来的挂钩债券价值为 100.01（V_0）。依据 *Delta* 的求算公式，可得该挂钩债券的 *Delta* 值为 －0.0526［即(99.484 － 100.01)/10］。意指为当收益率上升 1bps 时，挂钩债券价值会下降 0.0526 美元（或当收益率上升 10bps 时，挂钩债券价值会下降 0.526 美元）。

收益率曲线的变动会和挂钩债券价格呈现负相关的原因是，由于收益率曲线往上平移，使零息债券的价格较低，因此挂钩债券价格也会下降。

（二）Vega（波动率 σ 对挂钩债券价值的影响）

Vega 是指波动率 σ 变动一单位对挂钩债券价值的影响，其计算方法与 Delta 类似。公式如下：

$$Vega = \frac{\Delta V}{\Delta \sigma} = \frac{V_1 - V_0}{\Delta \sigma}$$

一开始计算挂钩债券的价格 V_0，接着计算波动率上升 10bps 后的挂钩债券价

格 V_1，然后就可以得到因波动率变动10bps所引起的价格变动，再除以变动程度即得到挂钩债券的 *Vega*。

$\Delta\sigma$ 代表波动率变动程度。当假设整个波动率期间结构往上平移10bps（在BGM模型中，波动率于各时间区段不同的，假设整个波动率期间结构往上平移10bps，即将每段波动率加上10bps），所得到的挂钩债券价值为99.854美元（V_1），原来的债券价值100.01美元（V_0），依据公式可以算出 *Vega* 为 -0.0156美元[即(99.854 - 100.01)/10]。*Vega* 所求算出来的意义为当波动率上升1bps，挂钩债券的价值会下降 -0.0156美元（或当波动率上升10bps时，挂钩债券价值会下降0.156美元）。

当波动率变大后，利率的变动也会变大，使30年期互换利率小于10年期互换利率的可能性变大（同样，也可能使30年期互换利率大于10年期互换利率，但这方面的变动由产品条款可知，并不会影响定价结果），造成指标利率（30年期互换利率 - 10年期互换利率）落入区间的概率降低（指标利率 <0的可能性变大），减少配息的支付，以致挂钩债券价值下降。

由上述可知，波动率变动对价格的影响相对于收益率曲线变动的影响是较低的（*Delta* = -0.0526、*Vega* = -0.0156）。

六 风险与利润分析

（一）发行商的风险及避险策略分析

该产品对于发行商而言，要支付的利率成本是浮动的，在1~3年时，因为发行商在互换利率差大于零才支付利息，所以最高的支付利率为7%，对发行商来说已锁住了利率上方风险，但自第4年后，配息再依3个月Libor而浮动，若之后3个月Libor大幅扬升，若无赎回条款的保护，发行商将面临很大的支付成本。由定价结果我们可以发现发行商发行该产品，几乎面临注定亏损的情况。以下将就发行商为何在极有可能亏损的情况下，仍愿意发售该档挂钩债券进行探讨。

1. 发行商的预期

由于任何利率模型在仿真未来利率走势时，在利率期限结构和波动率期间结构的设定上，仅能在起始点时满足，在发行日当天，美元收益率期间结构仍呈正斜率，30 年期美元互换利率和 10 年期美元互换利率仍有 0.681%（5.206% - 4.525%）的差距，在此市场数据下，进行蒙地卡罗模拟，发生 10 年期互换利率大于 30 年期互换利率的次数并不高，使该组合式产品的理论价格将会大于面额 100 美元。但若以该产品发行数月后的市场数据进行仿真计算，仿真结果将有很大不同，由于这段时间，30 年期和 10 年期利率差持续缩减，以产品发行后 6 个月为例，两者差距已缩小至 0.295% 的水平，在此期间的大部分时候，仍保持仅约 0.3% 的差距。由于选定起始点的利率期限结构的不同，将影响模拟结果，这也是在使用利率模型时尚难克服的问题之一。

另外，从本章第一部分发行背景介绍我们可以发现，该产品于发行前 30 年期美元互换利率和 10 年期美元互换利率的价差一直呈现缩小的状态，所以发行商很有可能因看跌未来景气，预期未来收益率曲线将发生逆转、呈负斜率的情况。此时，若预期正确，发行商将可减少利息支出的成本，且在有赎回条款的保护下，即使未来可能回到正常状况，收益率曲线呈现正斜率，发行商并不会有过大的损失，且该产品极佳的配息条款将能够吸引到投资人的眼光而发售顺利（但此配息条款对发行商而言仍是极为不利的，自该类型产品发行后即出现了多档发行银行赎回的情况）。

2. 发行商的自有部位

发行商于发行时可能有 10 年美元互换利率，而支付 30 年美元互换利率的自有部位。而发行商由于发行该产品，收支结构相反，可相互对冲从而达到互相避险的效果。即使未来的利率走势，对发行商而言极度不利，在对冲之后，仍不会发生损失。

（二）投资人投资策略与分析

1. 投资人的收益分析

“‘谁来比一比’12 年期美元计价利率链接组合式产品”对于投资人来说是类似美元结构式存款的产品，期初存入的钱约定在到期时可以 100% 拿回，配息是依据 30 年期美元互换利率和 10 年期美元互换利率两者间的相互关系，只要 30 年期美元互换利率大于 10 年期美元互换利率的天数逐渐增多，则投资人将可领取到逐渐多的配息。在收益率的历史走势中，我们可以发现除非景气处于衰弱的情况，这时候 30 年期利率会优先反映未来利率走势，从而走跌。但一般而言，30 年期利率会大于 10 年期利率的机会是相当高的，促进该产品有优厚的配息，这对投资人来说是非常有吸引力的。

2. 投资人的风险

投资人投资“‘谁来比一比’12 年期美元计价利率链接组合式产品”会面临的风险有以下几种：

（1）汇率风险。由于此产品是以美元计价，投资人于申购时需先将人民币换成美元，而配息也是以美元支付，到期日投资人亦需将美元换回人民币，除非美元在挂钩债券存续期间走强，否则投资人将面临汇兑的损失。

（2）投资标的适用风险。若 10 年期美元互换利率持续长时间高于 30 年期美元互换利率，投资人有拿不到利息或拿到的利率低于市场利率的可能。

（3）提前到期风险。由于发行商（发行银行）在每一季度付息时，皆可执行提前赎回的权利，且由定价结果可以发现，该债券在可赎回条款下的理论价格仍大于 100 美元，使该产品对投资人来说隐含了相当大的提前到期风险。虽该产品有相当吸引人的配息条款且长达 12 年，但如此的配息，投资人未必享受到，且非常有可能在发行初期即被赎回。

（4）流动性风险。该产品有闭锁期，且每月仅有 6 ~ 9 日可通知银行解约，解约日为每月 10 日，且组合式产品结合了许多衍生金融产品，常仅限于店头市场交易，不具备充分流通市场的特性。当投资人提前解约时，实际交易价格可能会与产品原有资产价值产生显著的价差（Spread），造成投资者于本产品到期前解约卖出时，可能会有无法收回全额本金而损失的结果。

（5）市场利率风险。该产品自正式成立后，其存续期间的市场价格将受美元利率影响，当美元利率上升时，本产品的市场价格将会下降，并有可能低于原始投资金额，从而造成资本损失。

（6）信用风险。发行商本身的信用风险也要考虑，若在投资期间发行商发生信用事件，投资人可能拿不回本金，因此对于投资人来说有发行商的信用风险。

七 结论

本章借由分析一个实际市场上所发行的利率挂钩债券的合理定价方法、相关的风险收益分析及可能避险策略，为发行商提供了合适的定价方式，以及发行结构式产品可能面临的风险和可行的避险方式，并使投资人更加了解投资相关产品可能遭遇的收益和风险。

本章研究的产品为每日利率区间型的挂钩债券，由定价结果我们可以发现，在满足当时的利率期限结构下，发行券商会遭受亏损，而投资人在发行商极有可能赎回的情况下，即使产品有诱人条款，也可能可望而不可得。由此，发行券商在发行结构式产品时，不能将对利率未来的走势单纯地建立在自身的预期下，如此，将遭受到可能的风险损失。

在定价上，对于后续的研究发展与建议主要有两个方向。第一个方向为波动率假设的部分，由于本章所使用的波动率是由产品发行日市场上 Cap 波动率报价所求得的各区段波动率，并假设其为常数，并不随着观察时点的经过而跟着变动，因此，若能引进随机波动率模型将更符合实际情况。第二个方向则为相关系数的部分，由于实际上各区段利率与利率之间存在高度相关性，但仍不呈现完全相关，且由于个案产品存续时间长达 12 年且每日计息，若将相关系数纳入考虑因素，处理起来将更为耗时复杂，使本章中假设各利率间相关系数呈现完全正相关。未来若能将相关系数的此项假设解除，甚至设定相关系数也随机变动，模型的准确度应能进一步增加。

第十一章　区间 CMS 挂钩债券的定价及分析①

本章针对花旗银行发行的指定用途信托投资型海外债券进行定价与分析。该产品的条款见表 11－1。

表 11－1　花旗银行指定信托投资型海外债券内容展示（Termsheet）

项目	内容		
债券有效期	10 年		
债券币别	美元		
债券发行价格	票面金额的 100%		
到期本金赎回金额	票面金额的 100%		
配息计算方式	9.5% ×（n/N） n = 在计息期间内，指标利率落在区间范围内的实际天数 N = 计息期间天数		
利率	计息期间	指标利率	指标利率的区间范围
	第 1 年	10 年期美元互换利率	0～5.25%
	第 2 年	9 年期美元互换利率	0～5.50%
	第 3 年	8 年期美元互换利率	0～5.75%
	第 4 年	7 年期美元互换利率	0～6.00%
	第 5 年	6 年期美元互换利率	0～6.00%
	第 6 年	5 年期美元互换利率	0～6.00%
	第 7 年	4 年期美元互换利率	0～6.25%
	第 8 年	3 年期美元互换利率	0～6.25%
	第 9 年	2 年期美元互换利率	0～6.50%
	第 10 年	1 年期美元互换利率	0～6.50%

① 本章由陈松男教授、研究特助陈宗佑撰写。

此产品为10年期美元计价利率挂钩可赎回债券，每季配息一次，发行机构可于每一配息日执行强制赎回权利。由这个产品的指针利率可看出，其为一个与CMS挂钩的债券，每日看同年期的互换利率（Swap Rate）是否落于区间之内，每年看不同年期的互换利率，所以也可将此产品看成10个不同CMS挂钩的债券。由于配息取决于指标利率落入区间内的天数比率，投资人在申购这只债券后，若指标利率都落在区间之内，则可获9.5%的高配息，但若是指标利率皆落在区间外，则投资人拿不到任何配息。本研究使用Libor市场模型的方法仿真出每天的三个月期Libor，再转换成所需要的互换利率，如此便可以模拟出未来每一天的互换利率，再判定其落入区间的天数，进而得到各付息日的付息状况，从而定出此产品的价格。以下将定价的流程分开详述。

一 分组蒙地卡罗模拟

要定价此产品，需要有每日的指标利率来计算配息，还需要有各个付息时点的折现率来进行现金流量的折现。本研究使用Libor市场模型的方法，每天模拟出各时点的远期利率，再依据条款将远期利率转换成所需要的互换利率，于第1年的期间内（1~360天）用各个远期利率转换成10年期互换利率，于第2年的期间内（361~720天）转换成9年期的互换利率。如此类推，于第10年的期间中（3241~3600天）则要将远期利率转换成1年期的互换利率。基本上的工作就是去模拟要转换成当天互换利率所需的各个远期利率。

此产品的到期期间长达10年，而且必须计算每日的指标利率是否落入区间内，因此必须进行每日模拟，然而模拟从第一天到最后一天（第3600天）一次所需要的内存量非常庞大，运算时间也非常耗时，尤其是在模拟10000次以求取平均价格时，将给计算机造成很大的负担。所以在运用Libor市场模型时，将简化一些设定，以便继续模拟。

本研究采取分组同时模拟的方法来进行，将需要模拟的远期利率依时点分成90组，每组有43个90天期的远期利率。分组形式及说明见图11－1。

举第一组为例，第1个利率代表第1天到第91天的利率，第2个利率代表第91天到第181天的利率。如此分组，除了可以方便模拟的进行，也较容易了解仿真的流程。在时点0时，这90组的每个利率都是远期利率，但模拟了一天

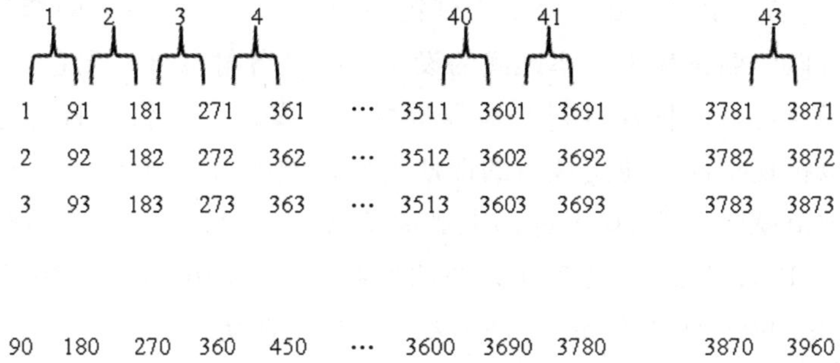

图 11－1　蒙地卡罗分组示意图

后，第 1 组的第 1 个利率将会变成即期利率，因为是站在时点 1 看第 1 天到第 91 天的利率，所以过了第 1 天要进行第 2 天的模拟时，第 1 组的第 1 个利率因为已经到期所以不用继续进行模拟。此时轮到第 2 组的第 1 个利率变成即期利率，因为站在时点 2 看第 2 天到第 92 天的利率。如此依序一天一天地模拟，每天都会有一个远期利率变成即期利率，而就每一组来看则是每 90 天会有一个远期利率到期。至于如何求得每一天的指标利率（Swap Rate），我们以第 1 组为例（见图 11－2）说明。

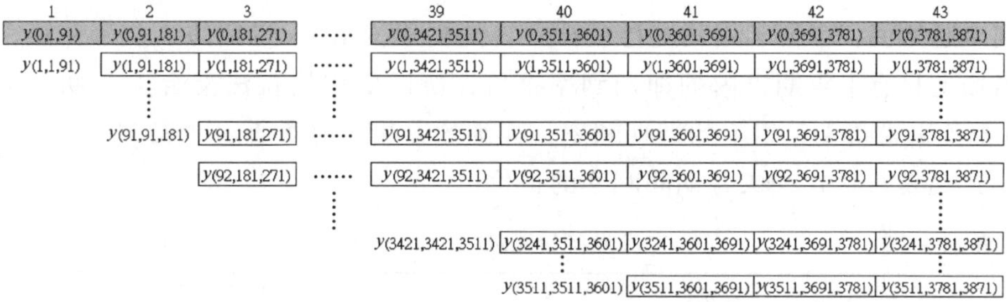

图 11－2　第 1 组模拟过程示意图

如图 11－2 所示，当模拟了 1 天时，我们需要的是 10 年期的互换利率（Swap Rate），依照互换利率转换公式，需要用第 1 个到第 40 个共 40 个远期利率来求第 1 天的 10 年期互换利率。在模拟了 91 天后，则需要用第 2 个到第 41 个共 40 个远期利率来求第 91 天的 10 年期互换利率。如此可依模拟天数的推进得到第 1、第 91、第 181、第 271 天的指标利率 10 年期互换利率，但是在第 2 年期间内，指标利率变成了 9 年期的互换利率，所以在第 361 天时，需要第 5 个到第 40 个，共 36 个远期利率来求第 361 天的 9 年期互换利率。所以在计算指标利率时，每过 1 年（4 个 90 天），就要使用不同数量的远期利率（减少 4 个）来计算指标利率。就第 1 组来看，模拟到第 3511 天，求得该天 1 年期的互换利率后即停止模拟，总共可得到从第 1 天每隔 90 天到第 3511 天共 40 个指标利率。

总共 90 组的结果，便可得到从第 1 天到第 3600 天共 10 年每天的指标利率 3600 个，如此便可以依照条款中利率区间的设定，得到各付息日的配息，有了每季度的现金流量后便可经由折现得到此债券价格。其实每一个付息日都包含在第 90 组当中，所以折现率即是使用该组的即期利率，例如当第 360 天的现金流量是 X 元的话，其现值就是用第 90 天的即期利率 F（90，90，180）、第 180 天的即期利率 F（180，180，270）、第 270 天的即期利率 F（270，270，360）以及期初即期利率 r（0，90）将 X 每季度（90 天）折现至期初。

至此，远期利率的仿真模式以及债券配息的计算方式已经确立，接下来就是要让模型参数的设定符合市场报价，且需要有各组各个远期利率的起始值。

二 各时点远期利率的初始值

为了要模拟出每天的远期利率，必须先由市场上的收益率曲线求出各时点远期利率起始值，以便利用其进行模拟。首先要建构出 11 年期的收益率曲线，由于市场上只有 1 年期以内的即期利率报价，所以要用拔靴法配合 1 年期以上的 IRS 报价来求得 1 年以上的即期利率，详细的方法如前章所述。表 11 - 2 为定价日（产品发行日）当天各期间利率的报价。

表 11 - 2　　产品发行日 USD Libor 报价

Libor	1W	2.32625
	2W	2.43125
	1m	2.41250
	2m	2.46000
	3m	2.52000
	4m	2.58000
	5m	2.65125
	6m	2.73875
	7m	2.79375
	8m	2.84500
	9m	2.90000
	10m	2.94813
	11m	0.99375
	12m	3.03750

续表

IRS	1	3.05500
	2	3.38600
	3	3.60600
	4	3.79400
	5	3.96500
	6	4.12100
	7	4.25500
	8	4.38400
	9	4.49900
	10	4.59700

在运用非线性内插法得到市场上所缺乏的报价后，便可使用拔靴法得到收益率曲线，要注意的是互换契约最长期的报价是 10 年期，所以要使用外插的方式得到 11 年期的即期利率。最后得到的收益率曲线由图 11－3 所示，在线的每个点代表的是每一季。

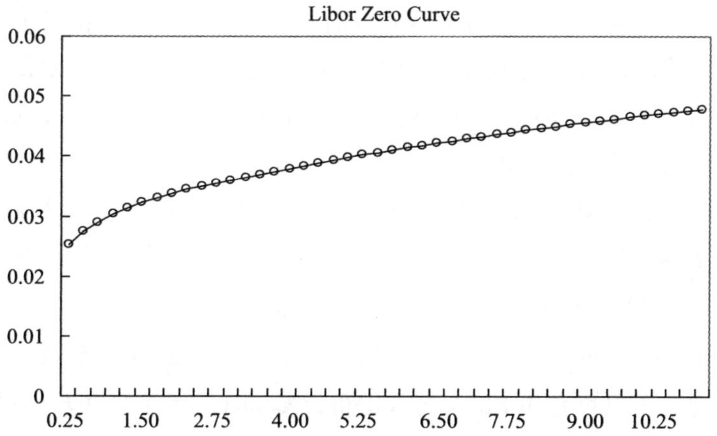

图 11－3 产品发行日的收益率曲线

因为需要的起始值是每一天的 3 个月期远期利率，所以必须再将以上的收益率曲线以非线性内差法（Cubic Spline）差补出每一天期的即期利率，共有 3960 个。再利用相差 90 天的两个即期利率求得各远期利率，例如利用 $r(0,1)$ 与 $r(0,91)$ 求得：

$$F(0,1,91) = \frac{360}{90}\left\{\frac{[1+r(0,91)]^{\frac{91}{360}}}{[1+r(0,1)]^{\frac{1}{360}}} - 1\right\}$$

再利用 r（0，2）与 r（0，92）求得：

$$F(0,2,92)=\frac{360}{90}\left\{\frac{[1+r(0,92)]^{\frac{92}{360}}}{[1+r(0,2)]^{\frac{2}{360}}}-1\right\}$$

如此依序可得到 F（0，k，$k+90$）for k = 1，2，3，…，3869，3870，共3870 个远期利率。至此，90 组各 43 个远期利率的起始值已经求得，接下来要设定符合市场报价的波动率期间结构。

三 波动率期间结构与相关系数的设定

和 Hull-White 的利率模型一样，本研究利用市场上各年期 Cap 的报价来校正 Libor 市场模型中的参数 σ（t），但是和 Hull-White 利率模型不同的地方在于，操作 Hull-White 模型时本研究把参数 a 与 σ 设定成固定常数，校正的工作是找出一组 a 与 σ，使理论价格与市场价格差距的平方和最小。然而在现实生活中利率的波动率并非固定常数，在不同期间的远期利率会有不同的波动率，也就是波动率和利率一样，有一个期间结构，所以在操作 Libor 市场模型时，必须将 $\sigma(t)$ 设定为符合市场的波动率结构。

在 Libor 市场模型设定下，远期利率在该远期概率测度下为对数正态分配，其动态过程不具漂浮项，为一个平赌过程（Martingale），以数学式表示为：

$$dF_i(t)=\sigma_i(t)F_i(t)dZ_i(t),\quad Q^i,t\leqslant T_{i-1} \tag{11-1}$$

当有一个 Caplet 的标的为 $F_i(t)$，执行利率为 K 时，由于 F_i（t）在 Q^i 下为对数正态分配，所以可套用 Black 公式定价此 Caplet，将标的以 $F_i(t)$ 带入，执行价以 K 带入，到期期间为 T_{i-1}。以数学式表示如下：

$$\begin{aligned}Cpl^{\mathrm{LFM}}(0,T_{i-1},T_i,K)&=Cpl^{\mathrm{Black}}(0,T_{i-1},T_i,K,v_i)\\&=P(0,T_i)\tau_i Bl[K,F_i(0),v_i]\end{aligned} \tag{11-2}$$

其中：

$$\begin{aligned}Bl[K,F_i(0),v_i]&=E^i[F_i(T_{i-1})-K]^+\\&=F_i(0)\Phi\{d_1[K,F_i(0),v_i]\}-K\Phi\{d_2[K,F_i(0),v_i]\}\end{aligned}$$

$$d_1(K,F,v)=\frac{\ln\left(\frac{F}{K}\right)+\frac{v^2}{2}}{v}$$

$$d_2(K,F,v)=\frac{\ln\left(\frac{F}{K}\right)-\frac{v^2}{2}}{v}$$

$\Phi(\cdot)$ 为标准累积正态分配函数，其中关于波动率 v_i^2 的计算为：

$$v_i^2 = T_{i-1}v^2_{T_{i-1}-Caplet}$$

$$v^2_{T_{i-1}-Caplet} = \frac{1}{T_{i-1}}\int_0^{T_{i-1}}\sigma_i(t)^2dt$$

这是由于 σ （t） 代表的是一个远期利率瞬间的波动率，必须将其转换成 T_i 期间的波动率。

由上述 Caplet 公式的推导可以发现，其实 Libor 市场模型与 Black 1976 模型在定价 Caplet 时具有一致性（Equivalence）。而市场上关于 Cap 的报价其实是以 Black 1976 模型为基准的 volatility 报价，只要简单地将市场上的 Caplet 的 volatility 报价以式（5 - 3）做个转换带入 Libor 市场模型中，就可以定价出与市场价值一致的 Caplet 价格。所以使用 Libor 市场模型将非常容易地达到校准的效果，以吻合 Cap 的市场报价。

根据 Brigo & Mercurio（2001），设定波动率期间结构的方式有 7 种，本研究选取其中一种进行定价。在假设波动率为片段常数固定（Piecewise - Constant）的情况下，也就是假设波动率在一段期间内会是固定常数，而在其他期间呈现不同的固定常数型态。本研究设定波动率期间结构的型态如表 11 - 3 所示。

表 11 - 3　　波动率期间结构的设定类型

Vols	$F(t,T_0,T_1)$	$F(t,T_1,T_2)$	$F(t,T_2,T_3)$	…	$F(t,T_{M-1},T_M)$
$[0,T_0]$	η_1	η_2	η_3	…	η_M
$[T_0,T_1]$	已到期	η_1	η_2	…	η_{M-1}
$[T_1,T_2]$	已到期	已到期	η_1	…	η_{M-2}
…	…	…	…	…	…
$[T_{M-2},T_{M-1}]$	已到期	已到期	已到期	…	η_1

如表 11 - 3 所示，波动率期间结构的设定是依据距离到期期间的长度不同而设定不同的波动率。举第二个远期利率为例，在时间区间 0 至 T_0 时，距离其到期还有两个区间，因此其波动率为 η_2；当模拟天数进入区间 T_0 至 T_1 时，距离其到期只剩一个区间，因此其波动率为 η_1，之后因为其已经到期故不做设定。从表 11 - 3 也可以看出，随着模拟时间的经过，整个波动率期间结构的型态并没有改变，都是［η_1，η_2，η_3，η_4，…，η_{M-1}，η_M］，但整个期间结构会随着仿真时间的经过而往后移动，之后会以定价产品为例，说明此过程。

在片段常数固定的假设下，式（11－3）的积分形式可以用加总形式表达：

$$v_{T_{i-1}-Caplet}^2 = \frac{1}{T_{i-1}}\int_0^{T_{i-1}} \sigma_i(t)^2 dt = \frac{1}{T_{i-1}}\sum_{j=1}^{i} \tau_{j-2,j-1}\sigma_{i,j}{}^2 \qquad (11-3)$$

其中，$\tau_{i,j} = T_j - T_i$

而在表11－3的波动率期间结构的假设下，市场上Caplet的volatility报价与模型中的波动率期间结构的关系可以用式（11－4）表达：

$$v_{i-Caplet}^2 = \frac{1}{T_{i-1}}\sum_{j=1}^{i} \eta_{j-2,j-1}^2 \eta_{i-j+1}^2 \qquad (11-4)$$

所以，只要有各年期Caplet的volatility市场报价，即可运用上式求得LFM模型中整个波动率期间结构。

接下来要由Cap的市场报价来建构波动率期间结构，表11－4为定价日当天的平值Cap的Vol报价，这些Cap每3个月以3个月期Libor计息一次：

表11－4　　产品发行日平值Cap报价

到期期间	Vol报价（%）	执行利率（%）
1	20.01	3.17
2	22.91	3.46
3	24.38	3.65
4	25.12	3.81
5	25.45	3.97
6	25.54	4.12
7	25.51	4.25
8	25.38	4.37
9	25.22	4.48
10	25.02%	4.57

数据来源：Bloomberg ICAU报价系统。

由于Cap包含了数个Caplet，但是在报价的时候，每个年期Cap中的所有Caplet都共享一个Vol报价。理论上来说，每个平值Caplet应该因为标的利率以及到期日的不同而有不同的报价，而各个不同到期日Caplet的Vol报价才是我们所需要的。然而市场上不但没有Caplet的报价，而且Cap的报价还要间隔一年，因此本研究在要符合市场的真实情况下，假设波动率片段常数固定的间隔为1年。接着依照前述抽离方法（Stripping）可以得到各年期Caplet隐含的Vol报价，再利用式（11－4）将此报价转换成模型中的参数，结果如表 11－5 所示。其中，第 11 年期的波动率是以外插法求得。

表 11－5　　各年期 Caplet 的价值与波动率期间结构求算表

到期期间	Caplet－σ	σ^2	$T_{i-1}\sigma^2$	η^2	η
0～1	0. 2001	0. 04004	0. 04004	0. 04004	0. 2001
1～2	0. 2408	0. 057978	0. 115956	0. 075916	0. 2755
2～3	0. 2589	0. 06705	0. 201149	0. 085193	0. 2919
3～4	0. 2635	0. 069449	0. 277795	0. 076645	0. 2768
4～5	0. 2621	0. 068677	0. 343384	0. 065589	0. 2561
5～6	0. 2578	0. 066435	0. 398611	0. 055227	0. 2350
6～7	0. 2540	0. 064527	0. 451692	0. 053081	0. 2304
7～8	0. 2483	0. 061652	0. 493217	0. 041525	0. 2038
8～9	0. 2435	0. 05928	0. 533517	0. 040301	0. 2008
9～10	0. 2383	0. 056764	0. 567644	0. 034127	0. 1847
10～11	0. 2328	0. 054192	0. 59611	0. 028466	0. 1687

以图示表达片段常数固定假设下，波动率期间结构的型态。

图 11－4 为波动率期间结构示意图，其表示出片段常数固定的假设下，到期期限同年内的远期利率将有一致的波动率，且此波动率为固定常数。

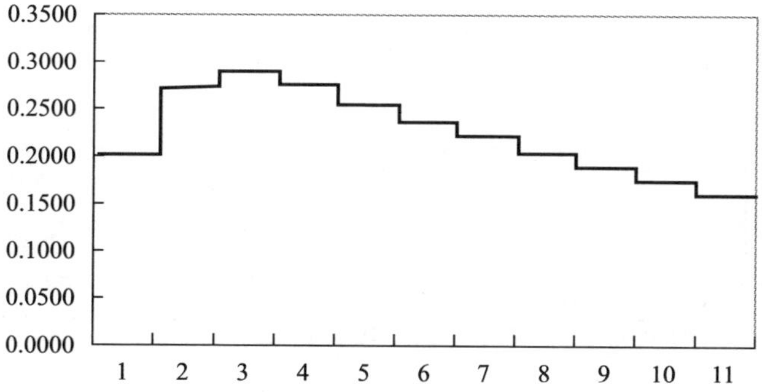

图 11－4　波动率期间结构示意图

接着以分组模拟中的第一组为例，说明波动率的期间结构该如何应用到远期利率的模拟中。第 1 组的波动率期间结构应用如表 11－6 所示。

表 11-6　　第 1 组的波动率期间结构在不同仿真时点的设定

时点	σ	1	2	3	4	5	9	43		
		F(t, 1,91)	F(t,91, 181)	F(t,181, 271)	F(t,271, 361)	F(t,361, 451)	…	F(t,721, 811)	…	F(t,3781, 3871)
t	[1~91]	0.2001	0.2001	0.2001	0.2001	0.2755	…	0.2919	…	0.1687
	[91~181]	已到期	0.2001	0.2001	0.2001	0.2001	…	0.2755	…	0.1687
	[181~271]	已到期	已到期	0.2001	0.2001	0.2001	…	0.2755	…	0.1687
	[271~361]	已到期	已到期	已到期	0.2001	0.2001	…	0.2755	…	0.1847
	[361~451]	已到期	已到期	已到期	已到期	0.2001	…	0.2755	…	0.1847
	[451~541]	已到期	已到期	已到期	已到期	已到期	…	0.2001	…	0.1847
	⋮	⋮	⋮	⋮	⋮	⋮	⋮	⋮	⋮	⋮
	[3511~3601]	已到期	已到期	已到期	已到期	已到期	…	已到期	…	0.2001

当模拟时间在第 1 天至第 91 天时，波动率的期间结构会维持不变，而当模拟天数进入第 91 天至 181 天时，整个波动率期间结构会往后移动一个区间，此时第 2 到第 4 个远期利率的波动率因为还是位于 1 年以内，所以不变，但是第 5 个远期利率的波动率因为从距到期 2 年内变成 1 年内，所以由 0.2755 变成 0.2001，接着第 6 到第 8 个远期利率的波动率因为还是位于 2 年以内，所以不变，但是第 9 个远期利率因为从距到期 3 年内变成 2 年内所以波动率会从 0.2919 变成 0.2755，之后依次类推。图 11-5 将波动率期间结构以曲线表示，以便表示其移动过程。

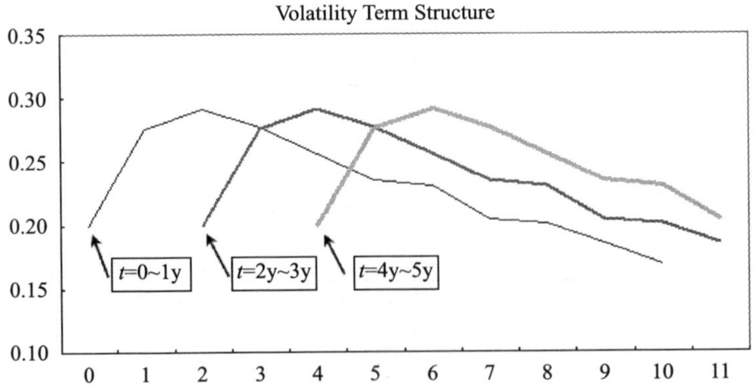

图 11-5　波动率期间结构随仿真时间经过的移动示意图

图 11-5 主要是为了表达在模拟的过程中，整个波动率期间结构会整个平移，只是其形状是不会改变的，型态和图 11-4 一致。

四

相关系数矩阵的设定与随机数的抽取

本研究的仿真方法本应属多变量蒙地卡罗法，在模拟的过程当中必须考虑各变量间的相关系数，即在进行模拟之前，必须先设定好各个远期利率间的相关系数，于是会有一个相关系数矩阵产生。就理论上来说，远期利率间的相关系数可以由两种方式取得，第一种方式是运用 Libor 市场模型对市场上各个不同期间不同到期日的互换期权（Swaption）进行校准，如此可得到符合市场报价的相关系数。第二种方式是以过去的历史数据，找出远期利率间历史的相关系数，以之衡量各远期利率间的相关性。

但是由于花旗这只挂钩债必须每日计息，使需模拟的远期利率数量相当庞大，在应用于多变量蒙地卡罗法时，会因相关系数矩阵维度过大，造成计算机在抽取随机数进行仿真时无法负荷。于是本研究假设相关系数矩阵的秩数为 1（Rank－One），用以缩减相关系数矩阵，也就是假设各个远期利率间的相关系数为 1，其相关性是完全正相关。在此假设下，仿真方式成为单变量的蒙地卡罗法，所以各组在进行模拟时，每天只需抽取一个随机数，组内各个远期利率皆共享此随机数。虽然在现实生活中，不同远期利率间并不是完全正相关，但是彼此间的关联性也不低，大致上相关系数会介于 0.8 至 1 之间，所以完全正相关的假设并不算牵强，主要是为了增进运算上的效能。

五

定价结果

（一）未考虑赎回条款

利用本章第二部分已建构的初始值，依照第一节的方式进行分组模拟，在秩数为 1（Rank－One）的假设下，各组每日只需抽取一个正态分配的随机数。然后将本章第三部分的波动率期间结构置入各组模型参数中，随着模拟时间的推移，每组每过 90 天要移动一次波动率期间结构。在模拟 3600 天之后，便可以计算这 10 年内各付息日的配息，再使用第 90 组当中各个付息日当天的即期利率作为各期折现率，由期末依序往前折现便可得到债券价格。经过模拟 10000 次，再将这 10000 次结果/平均，然后得到债券价格为 123.9277 美元。此价格尚未将发行者提前赎回条款纳入考虑。由于价值 123.9277 美元的债券只以 100 元卖出，发行者赔了 23.9277 美元（即 100 - 123.9277）。所以在未考虑赎回条款时，发行这只配息率高达 9.5% 的挂钩债券对发行者是非常不利的。CMS 挂钩债券仿真价格与发行者盈亏（未含赎回条款）见表 11 - 7。

表 11 - 7　　CMS 挂钩债券仿真价格与发行者盈亏（未含赎回条款）

CMS 挂钩债券仿真价值	123.9277 美元
发行价格	100.0000 美元
发行者盈亏	-23.9277 美元

考虑一只票息 9.5%，每季度付息的单纯 10 年期债券，以定价日当天的收益率曲线当作折现率，将其未来每季度配息折现可得债券价格为 140.8618 美元。因此在配息率 9.5% 下的溢价为 40.8618 美元。比较这两种债券的价值，可以发现附有链接 CMS 条款的价值为 16.9340 美元（即两种债券价格的差距），这代表加入挂钩条款后，因指标利率可能落在区间外，使发行商需支付的配息减少了所带来的价值（对发行商有利），而 16.9341 美元也就是在没有赎回条款下的区间型利率期权的价值（见表 11 - 8）。

表 11 - 8　　CMS 挂钩债券仿真价格与一般附息债券的比较（不含赎回条款）

一般季度付息债券（9.5%）	140.8618 美元
本挂钩债券	123.9277 美元
挂钩条款的价值	16.9341 美元

（二）考虑赎回条款

接下来将发行者赎回条款纳入考虑中，远期利率模拟过程和前述方式一样，不同的地方在于将每期现金流量往前折现时，必须将发行者是否有赎回的检定加到递归的程序当中。依据条款设定，在付息日若债券价值（现值）大于面额 100 美元时，发行人可以面额的 100% 赎回此债券。

假设站在倒数第二个付息日（第 39 个付息日），这时 90 天期即期利率（Libor）为 5.79%，举两个例子说明如何考虑赎回条款。

例 1：发生赎回情形

倘若接下来的 90 天内指标利率落入区间内的天数为 90 天，最后一个付息日的现金流量为：

$$102.375 = \left(\frac{90}{90}\right) \times 9.5\% \times 100 \times \left(\frac{90}{360}\right) + 100$$

其现值为：

$$100.9143 = \frac{102.375}{(1 + 5.79\%/4)}$$

由于发行者了解让债券存续至下一期的现值为 100.9143 大于 100，所以发行者将以 100 美元赎回价值 100.9143 美元的债券，如此才符合发行者的利益。此时（第 39 个付息日）债券价值应是 100 美元再加上本期配息，表示发行者在当日付给投资人应计利息后便会以 100 美元赎回债券。

例 2：未发生赎回情形

若接下来的 90 天内指标利率落入区间内的天数为 20 天，可知最后一个付息日的现金流量为：

$$100.5278 = \left(\frac{20}{90}\right) \times 9.5\% \times 100 \times \left(\frac{90}{360}\right) + 100$$

其现值为：

$$99.0934 = \frac{100.5278}{(1 + 5.79\%/4)}$$

这时发行者不会用 100 美元赎回只值 99.0934 美元的债券，所以当期不管是否考虑赎回条款，债券价值皆是 99.0934 美元再加上当期配息（见表 11－9）。

表 11－9　CMS 挂钩债券仿真价格与发行者盈亏（含赎回条款）

CMS 挂钩债券仿真价值	98.8912 美元
发行价格	100.0000 美元
发行者盈亏	1.1088 美元

将赎回条款纳入定价流程后，可以得到花旗这只挂钩式债券的价格为 98.8912 美元。代表发行者发行每 100 美元面额的债券获利为 1.1088 美元。比较含有赎回条款与不含赎回条款的债券价格（见表 11－10），可以得到赎回条款的价值为两者价格之差，等于 25.0365 美元（即 123.9277 －98.8912）。

表 11-10 赎回条款对挂钩债券价格影响比较

CMS 挂钩债券仿真价值（不可赎回）	123.9277 美元
CMS 挂钩债券仿真价值（可赎回）	98.8912 美元
赎回条款价值	25.0365 美元

赎回条款代表投资人赋予发行者买回此债券的权利，所以相当于发行人所持有买权，义务端在投资人。仔细观察模拟结果，可以发现在绝大部分的情况（大约九成）下发行者会提早赎回。因为指标利率大多落于区间之内，使发行者预期的配息成本增加，所以会赎回此债券。只有当利率持续走高导致指标利率超过区间的天数很多，使发行者不需要支付高配息时，发行者才不会赎回此债券，从模拟结果看，这种情况很少。所以在没有赎回条款时，发行者会因为高配息且指标利率甚少超出区间从而形成巨额亏损，每 100 美元损失 23.9277 美元。但在加入赎回条款后，则可避免支付高利息情况的发生，每 100 美元反而可以赚 1.1088 美元。

可以看出，这个赎回条款对发行者而言具有很高的价值，也具有很强的保护性。但是反过来说，对投资者而言，这个赎回条款会造成其获利受到限制，眼看高收益的情况要出现了，但在这之前，发行者就要赎回了，所以投资人拿到高配息的情况非常有限。虽然这是一只长达 10 年期的债券，但是投资人真正持有的时间会因赎回条款而缩短许多，可能不到 1 年，发行者就赎回了。

另外，再考虑一只票息 9.5% 每季度付息的可赎回 10 年期的债券，以 Hull-White 利率三元树模型定价，其价格为 101.7400 美元。比较这两种债券的价值，可以发现，在附有赎回条款下，链接 CMS 条款的价值为 2.8488 美元，代表加入挂钩条款后，指标利率可能落在区间外，使发行者需要支付的配息减少从而带来的价值（对发行商有利）。而 2.8488 美元就是加入赎回条款后的区间型利率期权的价值（见表 11-11）。

表 11-11 CMS 挂钩债券仿真价格与一般附息债券的比较（含赎回条款）

可赎回季度付息债券（9.5%）	101.7400 美元
本挂钩债券（可赎回）	98.8912 美元
挂钩条款的价值	2.8488 美元

六 敏感度分析

(一) 配息率对挂钩债券价格的影响

首先研究不同的配息率下债券的价格与发行者获利的情况，其结果如表11－12 所示。

表 11－12 不同配息率与发行者的盈亏关系

配息率（%）	价格（美元）	盈亏（美元）
4.0	91.0626	8.9374
6.0	94.3228	5.6772
8.0	97.3711	2.6289
9.5	98.8912	1.1088
10.0	99.5729	0.4271
12.0	101.5631	－1.5631
16.0	102.4231	－2.4231

从表 11－12 可以看出，配息率越高，债券的价格越高，但是由于赎回条款的缘故，当配息率高到某个水平之后，债券价格上涨的幅度就会有限，因为当配息率高至某个水平后，未来现金流量的现值会大于 100 美元，因而触动赎回条款。这种情况会使发行者在设定条款时倾向设定高配息，因为配息率在大于 8% 以后，配息率增加使债券价格（成本）增加的幅度已经不大，与其将配息率设定得比较小，不如设定高一点好吸引投资人。

另外，将本产品配息率与发行者盈亏的关系以图 11－6 表示。

观察图 11－6 可知，配息率越低，发行者的获利越大，但是投资人的申购量可能就会很少。而当配息率越高时，发行者的获利会降低，但是降低的幅度会随着配息率增高而递减。由图 11－6 可以看出，这只债券的盈亏两平点发生在配息率约等于 10.6% 的点上，代表发行者在设定配息率时将不会超过这一点，否则会产生损失。至于配息率该设定在何处会让发行者的获利最大？这可能要靠发行者进行市场调查，了解配息率的设定与产品申购量的关系，确定是要薄利多销还

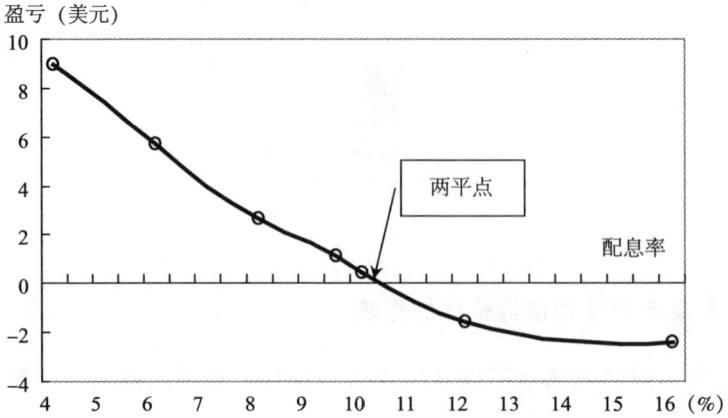

图 11－6 发行者盈亏两平的配息率设定示意图

是厚利少销。由于这只挂钩式债券的原始配息率设定为 9.5%，此时每 100 美元，发行者只赚取 1.1088 美元，所以该债券发行者应该是想要用高配息吸引投资人，将“饼”做大，好获取最大利润。

接下来进行避险参数的估算，本研究考虑的避险参数为 Delta、Gamma 与 Vega，希望由这些参数了解这只挂钩债券的风险来源。

（二）避险参数 Delta

本研究采取的 Delta 定义如下：

$$Delta = \frac{V(r_{original} + \Delta r) - V(r_{original})}{\Delta r} \qquad (11-5)$$

代表期初收益率曲线整个上移 1bp 对债券价格的影响，以本产品为例，原本债券价格为 98.8912 美元，但是当整个收益率曲线上移 10bp 之后，债券价格变成了 98.1051 美元，此时：

$$Delta = \frac{98.1051 - 98.8912}{10} = -0.07861$$

表示整个收益率曲线上移 1bp 时，债券价格会减少 0.07861 美元。这是由于当利率上升时，一方面，指标利率更容易落入区间外，导致配息减少使债券价格降低，另一方面，由于折现率增加也会使债券价格降低，两个因素是同方向的，所以当利率上升时，此挂钩式债券价格减少；利率下降时反之。

（三）避险参数 Gamma

再来探讨本产品的 Gamma 值，其定义式如下：

$$Gamma = \frac{V\ (r_{original} + \Delta r)\ \ -2V\ (r_{original})\ \ + V\ (r_{original} - \Delta r)}{\Delta r^2} \tag{11-6}$$

Gamma 代表当整个收益率曲线上移 1bp 时 *Delta* 值的变动量。依然以本产品为例，原本债券价格为 98.8912 美元，但是当整个收益率曲线上移 10bp 之后，债券价格变成了 98.1051 美元，而当整个收益率曲线下移 10bp 之后，债券价格变成 99.3944 美元，所以：

$$Gamma = \frac{98.1051 + 99.3944 - 2 \times 98.8912}{10^2} = -0.002829$$

这代表当收益率曲线整个上移 1bp 时，*Delta* 值会下降 0.002829。由于 *Delta* 值本来就是负值，当利率上升时，*Delta* 变动方向又是负的，表示随着利率的上升，债券价格呈现加速下跌的情形。将收益率曲线变动对债券价格的影响整理如表 11－13 所示。

表 11－13　　收益率曲线整体移动与债券价格的关系

－30bp	100.2092 美元
－20bp	99.8513 美元
－10bp	99.3944 美元
0bp	98.8912 美元
+10bp	98.1051 美元
+20bp	97.0619 美元
+30bp	95.8384 美元

由图 11－7 可以看出，当利率上移时，债券价格的确呈现加速下降的情况。原因正如前所述，当利率上升时有两个力量会使这个债券价格下跌，一是折现率的增加使债券价格下跌，二是由于利率上升使指标利率落在区间外的概率增加，从而导致配息减少，债券价格下跌。

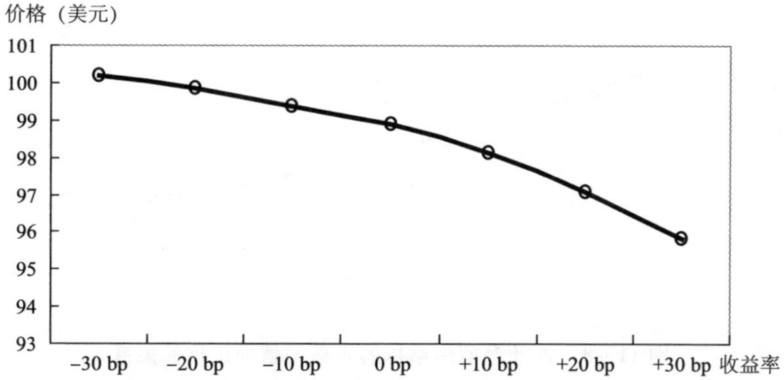

图 11－7　收益率曲线整体移动与债券价格的关系

（四）避险参数 Vega

最后求算避险参数 Vega，其定义式为：

$$Vega = \frac{V(\sigma_{original}) - V(\sigma_{original} + \Delta\sigma)}{\Delta\sigma} \tag{11-7}$$

Vega 值衡量整个波动率期间结构上移 1% 时，债券价格的变动量。已知本债券原本价格为 98.8912 美元，整个波动率期间上移 1% 后，债券价格变成 98.6345 美元，所以：

$$Vega = \frac{98.6345 - 98.8912}{1} = -0.2567$$

表示波动率期间，结构每上移 1%，债券价格下跌 0.2567 美元。这是因为当波动率增加时，指标利率因为波动率上升导致落在区间外的概率提高，使配息率降低，债券价格下跌。另外，由于赎回条款等于投资人卖给发行者的买权，当波动率增加时，期权价值增加，即赎回条款价值增加，所以债券价格下降。将波动率期间结构平移对价格的影响关系以表 11-14、图 11-8 表示。

表 11-14　　波动率期间结构的平移与债券价格关系

Volatility Term Structure	
-3%	99.7524 美元
-20%	99.4431 美元
-10%	99.1778 美元
0%	98.8912 美元
+1%	98.6345 美元
+2%	98.4463 美元
+3%	98.3224 美元

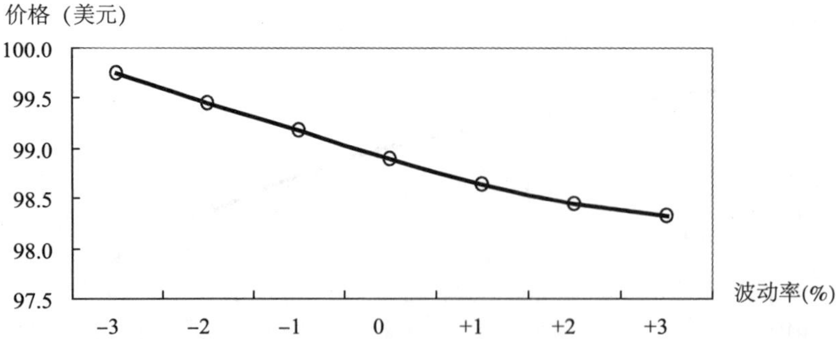

图 11-8　波动率期间结构的平移与债券价格的关系

可以看出，当波动率变动越小，债券价格越高，因为指针利率将稳定地落入区间之内，使发行者必须支付较高的利息。另外，波动率变动越小，发行者提前赎回条款的价值就越少，债券价格上涨。所以，这只债券就发行人而言，波动率变动越大越好，其获利机会越高，但是就投资人而言，波动率越低则越有利。

七 结 论

由风险分析的结果可以看出，利率走高时对发行者有利，因为利率走高时会使指标利率较不容易落入区间内，使发行者不用付出过多的配息。但是这对投资人来说利率走高则是不利。而当利率走低时，指标利率大多会落于区间内，导致发行者必须支付高额配息，此时发行者会执行赎回债券的权利，所以投资人也得不到什么好处。

可见这只挂钩债最需要注意的是赎回条款所代表的买权，由定价结果可看出其价值非常高。投资人身为买权的卖方，所预期的高收益将会被此买权的高价值所抵销。就发行机构而言，赎回此债券的时机反而是最重要的考虑因素。虽然此债券的年限为 10 年，但是投资人真正持有的时间会因为赎回条款而远远低于 10 年。长期投资的投资人不应该考虑此只挂钩债券。

第十二章　逆浮动利率挂钩型债券的设计与分析
——雪球式货币市场利率挂钩组合式[①]

一　产品介绍

（一）产品资料（见表12－1）

表12－1　　产品资料

产品代号	NSDA05001
产品名称	利滚利01三年期雪球式货币市场利率挂钩组合式投资产品
申购期间	10天
最低申购金额	10万美元，并以5万美元为累进单位
承作期间	3年
产品收益	第1年：2.2%（年率）（视市场利率调整）；第2年：Max［前一期的收益率（年率）+1.50%－指标利率，0.12%］ 第3年：Max［前一期的收益率（年率）+1.75%－指标利率，0.12%］ 保障最低税前收益率为0.12%

① 本章由陈松男教授、研究特助江姿莹撰写。

续表

计息期间	自起始日起每3个月为一计息期间；首次计息期间为第1年1月7日（含）起至4月7日（不含）；各收益配发日始至次一收益配发日（不含）止；最后一次计息期间计算至到期日（不含）
计息基础	实际天数/365（固定），每季度配发收益一次
指标利率	90天期美元商业票据二级市场利率，以各该计息期间终止日前二个营业日时间上午11：00美联社 Telerate 6165 页面而定，若该日无报价资料，由结算代理人依诚信原则及商业上合理方式选定
收益配发方式	每季度配发收益，首次收益配发日为第1年的4月7日。计息基础为实际天数/365（固定）

注：本产品也可以改为以人民币计价的产品。

（二）产品风险分析

1. 市场利率风险

此产品存续期间市场价格将受挂钩标的（90天期商业票据二级市场利率）影响；在利率方面，当市场剧烈变化时，本产品的市场价值有可能低于原始投资金额而产生资本亏损，若持有本产品至到期日，则不会发生任何损及本金的可能，发行银行不为任何市场行情进行预测或是保证。

2. 流动性风险

组合式投资产品因结合许多衍生产品，不具备充分的流动性，故客户不得要求中途解约。

3. 产品条件变更风险

本产品所载交易条件，若因市场剧烈波动而致条件变更或申购不成功，本银行保留产品条件变更及最后发行的权利，实际交易条件及价格应以本银行制发的成交确认书为准。

4. 信用风险

本产品投资人须承担发行银行的信用风险。

5. 提前到期风险

本产品附有提前终止条款，故投资人于产品存续期间将有可能面临本产品因提前终止而到期的风险。

6. 收益不确定风险

若指标利率大幅提升时，则该季度的票面收益将会偏低，投资人应审视风险考量决定是否投资。

二 产品解析与定价

（一）特色分析“利滚利”三年期货币市场利率挂钩组合式

由于美元持续强势，为提供强势货币理财工具，发行银行推出3年期美元计价组合式投资产品“利滚利01”。此产品适合善于进行美元资金理财而又不愿意承受汇率风险的定期存款族群，或曾投资海外挂钩债而蒙受汇兑亏损的客户，此产品可作为安稳的保本保息的资产配置。

“利滚利01”为三年期组合式投资产品，最低申购金额为10万美元，时间比一般挂钩债要短，若银行方面未行使提前终止，每年无须与任何产品比价，一定期间保证固定配息，三年至少可获得2.44%配息收益，若挂钩指标利率介于1.25%至1.50%之间，最高获利约可达年息3.7%。

此外，“利滚利01”的付息方式采用新颖的滚雪球式（Snowball）架构，按照定价的产品条件，以每季度为一个期间付息给承作的客户。首年可享有保证配息2.2%，第二年及第三年有可能按照定价条件而获得更高配息收益。

此产品挂钩美元90天二级市场商业票据利率（CP Rate），只要90天CP利率上涨不超过定价公式的条件，投资人每年即可获得收益，依其收益率计算公式来看，只要未来几年短期利率维持在低档，不要大幅走高，想要累积远高于定存的稳定收益，其可能性会大为提高。

（二）计息分析

根据之前的条款可知，此债券是每季度付息，付息的分析如图12-1所示。首先将三年中可能的付息点放在左方的X轴，由于产品总共三年，共有12个付息点。每个付息日随着各季度时间点与利率的不同，有不同的计息方式。

而为了分析投资人各期的收益，这里将各期的利率固定，放置于Y轴，来观察此产品的特性。

可以发现，当利率皆固定为0时，除了第一年有固定收益2.2%外，收益会随着接近到期日越来越高。原因是此产品本来就有逆浮动债券的特性，本期利率越低，收益就越大，而且会受前期收益的影响，所以当前期收益越高，收益也会增加。当利率固定为0时，第二年最高有8.2%的收益，最低也至少有3.7%的收益；第三年收益则更理想，介于9.95%～15.2%，可见利率低时，此产品获利可期。而当利率设定皆为2%时，发现第一年的2.2%收益保持不变，但到了第一年后收益则逐渐减少。当利率越高，收益则下降越快，第二年只有1.7%～0.2%的收益，而第三年投资人皆只能拿到最低配息0.12%，当利率维持在高档时，侵蚀获利的速度不可谓不快。

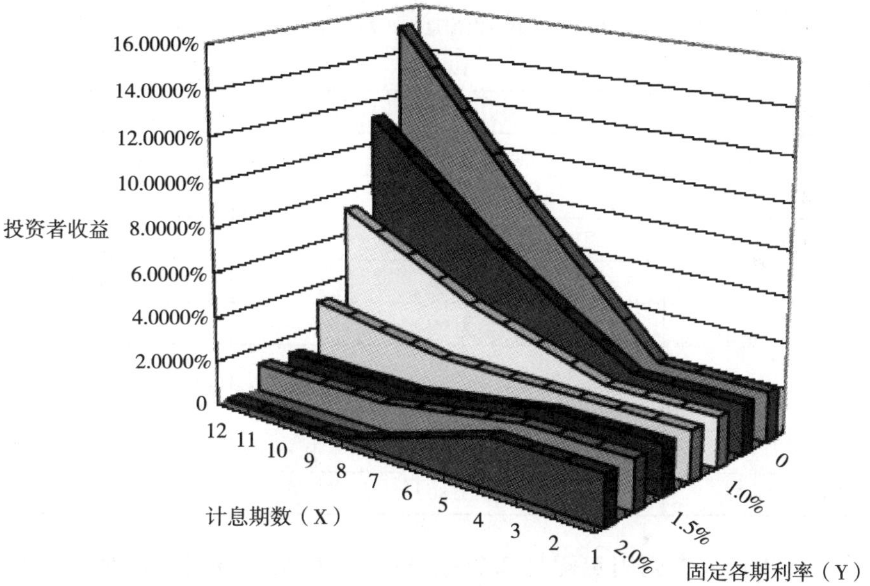

图12－1 滚雪球式计息产品分析

（三）收益分析

由于最近利率开始上扬（发行日起），对此产品不利。但是若往后利率处于盘旋阶段，则获利便会大增；此产品投资年限短，第一年固定配息，一年后若利率持稳，则可以有很大的收益。以保守的投资人来看，若利率上升缓慢又持稳，当可享受此债券的优势，而且到期年限只有三年，资金不会长期卡在此债券上，是一个有吸引力的投资产品。但是若市场预期利率水平回升，债市价格下跌，资金流向股票市场；积极型的投资人购买此产品的意愿便会下降。但是在金融产品越来越多时，能够锁定固定的收益还是可以吸引保守型投资人的眼光的。

（四）情境分析

以下我们简单精算未来利率的不同情况，让投资人对此产品的损益能够更加了解利率缓升、利率持续缓升和利率骤升三个不同情境下的收益。

1. 利率缓缓上升（见表 12－2）

表 12－2　　90 天期商业票据利率缓升与收益

配息日	90 天期商业票据利率（%）	年收益率（%）
第一年：4/7	（第一次配息）1.25	2.20
7/7	1.30	2.20
10/7	1.35	2.20
第二年：1/7	1.40	2.20
4/7	1.45	2.25
7/7	1.50	2.25
10/7	1.55	2.20
第三年：1/7	1.60	2.10
4/7	1.65	2.20
7/7	1.70	2.25
10/7	1.75	2.25
第四年：1/7	1.80	2.20

第一年投资人领到固定配息 2.2%，在利率缓缓上升时，持续保持低位时，投资人收益依旧是很稳健的，持续在 2.2% 左右。在这种利率情况没有明显大好的情况下，投资人可以拿到这样的收益是相当惊人的。所以，相对于低利时代，发行银行“利滚利”美元三年期货币市场利率挂钩债是一个很不错的选择。

2. 利率持续缓升（见表 12－3）

表 12－3　　90 天期商业票据利率持续缓升与收益

配息日	90 天期商业票据利率（%）	年收益率（%）
第一年：4/7	1.25	2.20
7/7	1.28	2.20
10/7	1.30	2.20
第二年：1/7	1.33	2.20
4/7	1.35	2.35
7/7	1.38	2.48

续表

配息日	90 天期商业票据利率（%）	年收益率（%）
10/7	1.40	2.58
第三年：1/7	1.43	2.65
4/7	1.45	2.95
7/7	1.48	3.23
10/7	1.50	3.48
第四年：1/7	1.53	3.70

第一年投资人领到固定配息 2.2%，在利率持续缓缓上升时，投资人收益大幅增加，可以到 3.5% 左右，更吸引保守型的投资人。尤其对比 CP 利率和投资人的收益，每一季度的付息随着利率的低档可带来可观的收益，对于投资人来说是非常大的诱因。相对于其他获利渠道，投资“利滚利”美元三年期货币市场利率挂钩债是一个相当优良的投资组合工具。

3. 利率骤升（见表 12－4）

表 12－4　　90 天期商业票据利率骤升与收益

配息日	90 天期商业票据利率（%）	年收益率（%）
第一年：4/7	1.25	2.20
7/7	1.33	2.20
10/7	1.40	2.20
第二年：1/7	1.48	2.20
4/7	1.55	2.15
7/7	1.63	2.03
10/7	1.70	1.83
第三年：1/7	1.78	1.55
4/7	1.85	1.45
7/7	1.93	1.28
10/7	2.00	1.03
第四年：1/7	2.08	0.70

第一年投资人领到固定配息 2.2%，在利率骤升时，让每一季度的收益大幅减少，最后一期由于利率上涨到 2.08%，投资人所能获得的配息率更是不到 1%，而且由于是逆浮动债券，会随着利率上升收益大幅减少，而且本产品没有提前解约条款，所以必须等到三年后才可以拿回本金。这些都是“利滚利”三年期货币市场利率挂钩债的风险。若投资人预期利率随时会快速翻转向上，其所

承担的风险相当大，必须更加小心注意。

（五）定价分析

根据条款里所言，定价方式可以分成下列几点来讨论。

1. 第一年 2.2%

可视为一个一年期固定收益债券，其收益率为 2.2%

2. 第二年季度收益

Max［前一期的收益率（年率）+1.50% －指标利率，0.12%］=0.12% + Max［前一期的收益率（年率）+1.38% －指标利率，0］

第二年的每一季度收益率可视为固定利率 0.12% 的债券，加上变动执行价的看跌期权或类似逆浮动利率债券组合而成的收益率，该执行价是前一期的收益率（年率）+1.38%，这与一般不同，跟前一期收益相关。

3. 第三年季度收益

Max［前一期的收益率（年率）+1.75% －指标利率，0.12%］

= 0.12% + Max［前一期的收益率（年率）+1.58% －指标利率，0］

0.12% 的部分，可以看成一个的固定收益率为 0.12% 零息债券，其他的部分与第二年相同，加上一连串的浮动的上限（上限值为前一期收益 +1.58%）的利率看跌期权（Floorlets）即可。

4. 赎回条款

条款中如果有发行商提前依照面额赎回的限制，在这里必须依靠数值方法来进行定价。由于发行者每季必须考虑一次是否履行此权利，本章利用符合 Hull - White 三叉树模型分别计算具有赎回条款的雪球式挂钩债券与无赎回条款的雪球式挂钩债券的理论价格，进而求得发行者具有的赎回权利价值。

5. 定价方法

此产品第一年之后的每期收益都与前期收益相关，所以除了第一年收益外，其他都是浮动的，且具有赎回条款，因此无法推导封闭解。故利用之前介绍的符合市场期间结构的 Hull - White 三叉树模型来定价此产品的合理价格。先找出发行日的利率信息，绘出收益率曲线；然后校准模型的参数，再找出所有付息日节点的利率，利用上述求得的即期利率信息展出第一阶段对称于零的利率三叉树模型。之后再依照收益率的资料展出符合市场利率期间结构的第二阶段三叉树模型，然后将即期利率转换成 90 天商业票据利率。由于此产品的配息条款与前期相关，再加入路径函数的模型，来确定雪球式利率挂钩债的合理价格。

三 产品定价

（一）收益率曲线的估计以及模型参数的校准

构建符合市场期间结构的利率树，首先必须决定两大参数利率回转速度（α）和利率波动率（σ）。本章导入美元商业票据利率的收益率曲线。将市场上一年之内的收益率报价与一年以上的互换利率报价整理成表 12－5。

表 12－5　　产品发行日 90 天期商业票据利率报价

期限（年）	0.25	0.5	1	2	3	4	5	7	10
CP 收益率与互换利率报价（%）	1.24	1.31	1.43	1.59	1.78	1.97	2.16	2.37	2.62

以上资料 1 年以内是根据商业票据利率的报价，1 年以上是固定端 3 个月付息一次的商业票据利率互换利率报价。但这些信息并不足以构建收益率曲线，所以利用这些已知的信息，配合拔靴法去估计收益率曲线。主要是因为利率互换报价等于一个平值发行的相同年限、风险等级、付息次数债券的票面利率，此票面利率就是本章所需求得的收益率。经过换算，可以大概估计出所需的信息。由于市场上只有整数年的资料，故使用数值软件 Matlab 中的 CubicSpline（非线性差补法）函式求出非整数年的互换利率与收益率资料。此方法所得的曲线较为平滑，故结果较佳。譬如使用 1 年与 2 年的互换利率信息，即可求的中间 1.25 年、1.5 年、1.75 年的非整数年互换利率，整理如表 12－6 所示。

表 12－6　　非线性差补法求得的季度互换商业票据利率报价

期限（年）	利率（%）	期限（年）	利率（%）	期限（年）	利率（%）	期限（年）	利率（%）
0.25	1.25	2.75	1.73	5.25	2.20	7.75	2.45
0.5	1.31	3	1.78	5.5	2.23	8	2.46
0.75	1.37	3.25	1.83	5.75	2.26	8.25	2.48
1	1.43	3.5	1.88	6	2.29	8.5	2.50
1.25	1.48	3.75	1.92	6.25	2.31	8.75	2.53
1.5	1.51	4	1.97	6.5	2.33	9	2.55

续表

期限（年）	利率（%）	期限（年）	利率（%）	期限（年）	利率（%）	期限（年）	利率（%）
1.75	1.55	4.25	2.02	6.75	2.35	9.25	2.58
2	1.59	4.5	2.07	7	2.37	9.5	2.62
2.25	1.63	4.75	2.12	7.25	2.39	9.75	2.42
2.5	1.68	5	2.16	7.5	2.40	10	2.43

接下来，利用拔靴法来计算各个付息日时点的收益率，详细步骤如下：

1. 拔靴法——以复利观念求算

利率互换报价等于一个平值发行的债券票面利率，公式如下：

$$1 = \sum_{i=1}^{n-1}\left[S_{n\times 0.25}\times 0.25\times e^{-({}_0r_{0.25\times i})\times 0.25\times i}\right]+(S_{n\times 0.25}\times 0.25+1)\times e^{-({}_0r_{0.25\times n})\times 0.25\times n}$$

$n=5,6,7\cdots$（此公式是由互换利率定价而来） (12-1)

$S_{n\times 0.25}$：利率 Cubic Spline（非线性差补法）求出非整数年的交换利率资料。

举例：$n=5$ 时。

$S_{1.25}$：所求出的 1.25 年互换利率信息；

${}_0r_{0.25i}$：想求得的收益率；

${}_0r_{1.25}$：表示 1.25 年收益率。

将公式中已知各期收益（Payoff）总和计算，如式（12-2）：

$$各期的收益（Payoff）总和 =(S_{0.25\times n}\times 0.25)\times\sum_{i=1}^{n-1}\left[e^{-({}_0r_{0.25\times i})\times 0.25\times i}\right]$$

$$=(S_{0.25\times n}\times 0.25)\times 各期折现项的加总 \quad (12-2)$$

则各期需要求算的收益率可以代换成式（12-3）：

1 = 各期需要求算的收益率可以代换成式（12-3）：

$$1 = 各期收益总和 +(S_{n\times 0.25}\times 0.25+1)\times e^{-({}_0r_{n\times 0.25})\times 0.25\times n}$$

$$\Rightarrow 1-各期收益总和 =(S_{n\times 0.25}\times 0.25+1)\times e^{-({}_0r_{n\times 0.25})\times 0.25\times n}$$

$$\Rightarrow\frac{1-各期收益总和}{(S_{n\times 0.25}\times 0.25+1)}=e^{-({}_0r_{n\times 0.25})\times 0.25\times n}$$

$n=5,6,7$ (12-3)

两边取对数：

$$-({}_0r_{n\times 0.25})\times 0.25\times n=\log\left(\frac{1-各期\ \text{Payoff}}{1+S_{n\times 0.25}\times 0.25}\right)$$

故所求$_0r_{n\times0.25} = -\left(\frac{1}{0.25\times n}\right)\times\log\left(\frac{1-\text{各期 payoff}}{1+S_{n\times0.25}\times0.25}\right)$

$n = 5,6,7\cdots$

举例而言，当 $n=5$ 时，公式如下：

$$1 = (S_{1.25}\times0.25)\times e^{-({}_0r_{0.25})\times0.25} + (S_{1.25}\times0.25)\times e^{-({}_0r_{0.5})\times0.5}$$
$$+ (S_{1.25}\times0.25)\times e^{-({}_0r_{0.75})\times0.75} + (S_{1.25}\times0.25)\times e^{-({}_0r_{1})\times1}$$
$$+ (S_{1.25}\times0.25+1)\times e^{-({}_0r_{1.25})\times1.25}$$

其中$_0r_{0.25}$、$_0r_{0.5}$、$_0r_{0.75}$与$_0r_1$ 是市场上不同到期年限的收益率，可以利用之前表格中 1 年期以内收益率资料代入计算，$_0r_{1.25}$是必须求算的 1.25 年收益率。$S_{1.25}$是利用差补法求出的 1.25 年互换利率，所以便可以求得所需要的 1.25 年的收益率，值为 1.47%。

当 $n=6$ 时，公式如下：

$$1 = (S_{1.5}\times0.25)\times e^{-({}_0r_{0.25})\times0.25} + (S_{1.5}\times0.25)\times e^{-({}_0r_{0.5})\times0.5}$$
$$+ (S_{1.5}\times0.25)\times e^{-({}_0r_{0.75})\times0.75} + (S_{1.5}\times0.25)\times e^{-({}_0r_{1})\times1}$$
$$+ (S_{1.5}\times0.25)\times e^{-({}_0r_{1.25})\times1.25} + (S_{1.5}\times0.25+1)\times e^{-({}_0r_{1.5})\times1.5}$$

其中$_0r_{0.25}$、$_0r_{0.5}$、$_0r_{0.75}$与$_0r_1$ 是市场上不同到期年限的收益率，$_0r_{1.25}$是刚刚求算出的 1.25 年收益率。$S_{1.5}$是利用差补法求出的 1.5 年互换利率。而可以求得未知的 1.5 年收益率值为 1.51%。

重复此步骤，就可以依序求得所有不同期限的收益率，并整理成表 12－7。

表 12－7　　复利法计算各期的收益率

期限（年）	利率（%）	期限（年）	利率（%）	期限（年）	利率（%）	期限（年）	利率（%）
0.25	1.25	2.75	1.73	5.25	2.21	7.75	2.44
0.5	1.31	3	1.78	5.5	2.25	8	2.45
0.75	1.37	3.25	1.83	5.75	2.28	8.25	2.47
1	1.43	3.5	1.88	6	2.31	8.5	2.49
1.25	1.47	3.75	1.93	6.25	2.33	8.75	2.51
1.5	1.51	4	1.98	6.5	2.35	9	2.53
1.75	1.55	4.25	2.03	6.75	2.37	9.25	2.56
2	1.59	4.5	2.08	7	2.39	9.5	2.59
2.25	1.63	4.75	2.13	7.25	2.41	9.75	2.62
2.5	1.68	5	2.17	7.5	2.42	10	2.66

2. 拔靴法——以单利观念求算

与复利法相同的概念，只是折现采用单利计算，公式如下：

$$1 = \sum_{i=1}^{n-1}\frac{(S_T/4)}{[1+{}_0r_{(i\times0.25)}/4]^i} + \frac{(S_T/4)+1}{(1+{}_0r_T/4)^n}$$

$n = 5, 6, 7 \cdots$

$$T = 0.25 \times n \tag{12-4}$$

此处 S_T：利用 Cubic Spline（非线性差补法）求出非整数年的互换利率资料。

举例：$n = 5$ 时，

$S_{1.25}$：所求出的 1.25 年互换利率信息；

${}_0r_{0.25\times i}$：想求得的收益率；

${}_0r_{1.25}$：表示 1.25 年收益率。

将公式中已知各期收益（Payoff）总和计算，如式（12-5）：

$$\begin{aligned}\text{各期的收益（Payoff）总和} &= \sum_{i=1}^{n-1} \frac{(S_T/4)}{[1 + {}_0r_{(i/4)}/4]^i} \\ &= (S_T/4) \times \sum_{i=1}^{n-1} \frac{1}{[1 + {}_0r_{(i/4)}/4]^i} \\ &= (S_{n\times 0.25}/4) \times \text{各期折现项的加总}\end{aligned} \tag{12-5}$$

则各期需求值现值可代换成式（12-6）[是式（12-4）的单利公式]：

$$1 - \text{各期收益总和} = \frac{(S_T/4) + 1}{(1 + {}_0r_{T/4})^n} \Rightarrow \frac{(S_T/4) + 1}{1 - \text{各期收益总和}} = (1 + {}_0r_{T/4})^n$$

$$\Rightarrow 1 + {}_0r_{T/4} = \left[\frac{(S_T/4) + 1}{1 - \text{各期收益总和}}\right]^{\frac{1}{n}}$$

$$\Rightarrow {}_0r_T = 4 \times \left\{\left[\frac{(S_T/4) + 1}{1 - \text{各期收益总和}}\right]^{\frac{1}{n}} - 1\right\} \tag{12-6}$$

$n = 5, 6, 7 \cdots$

$T = 0.25 \times n$

举例而言，当 $n = 5$ 时，单利的公式如下（5/4 = 1.25 年）：

$$1 = \frac{(S_{1.25}/4) + 1}{[1 + {}_0r_{(0.25)}/4]^1} + \frac{(S_{1.25}/4) + 1}{[1 + {}_0r_{(0.5)}/4]^2} + \frac{(S_{1.25}/4) + 1}{[1 + {}_0r_{(0.75)}/4]^3} + \frac{(S_{1.25}/4) + 1}{[1 + {}_0r_{(1)}/4]^4}$$
$$\frac{(S_{1.25}/4) + 1}{[1 + {}_0r_{(1.25)}/4]^5}$$

其中 ${}_0r_{0.25}$、${}_0r_{0.5}$、${}_0r_{0.75}$ 与 ${}_0r_1$ 是市场上不同到期年限的收益率，可以利用之前表格中的 1 年期以内收益率资料代入计算，${}_0r_{1.25}$ 是必须求算 1.25 年的收益率。$S_{1.25}$ 是利用差补法求出的 1.25 年互换利率。然后可以求得所需的 1.25 年收益率，值为 1.48%。

当 $n = 6$ 时，公式如下（6/4 = 1.5 年）：

$$1=\frac{(S_{1.5}/4)+1}{[1+{}_0r_{(0.25)}/4]^1}+\frac{(S_{1.5}/4)+1}{[1+{}_0r_{(0.5)}/4]^2}+\frac{(S_{1.5}/4)+1}{[1+{}_0r_{(0.75)}/4]^3}+\frac{(S_{1.5}/4)+1}{[1+{}_0r_{(1)}/4]^4}+\frac{(S_{1.25}/4)+1}{[1+{}_0r_{(1.25)}/4]^5}+\frac{(S_{1.5}/4)+1}{[1+{}_0r_{(1.5)}/4]^6}$$

其中${}_0r_{0.25}$、${}_0r_{0.5}$、${}_0r_{0.75}$与${}_0r_1$是市场上不同到期年限的收益率，${}_0r_{1.25}$是已求算出1.25年收益率。$S_{1.5}$是利用差补法求出的1.5年互换利率，故可以求出未知的1.5年的收益率，值为1.52%。

重复此步骤，就可以利用单利法依序求得所有不同期限的收益率，并将其整理成表12－8。

表12－8 单利法计算各期的收益率

期限（年）	利率（%）	期限（年）	利率（%）	期限（年）	利率（%）	期限（年）	利率（%）
0.25	1.25	2.75	1.73	5.25	2.22	7.75	2.44
0.5	1.31	3	1.79	5.5	2.25	8	2.46
0.75	1.38	3.25	1.83	5.75	2.29	8.25	2.48
1	1.43	3.5	1.88	6	2.31	8.5	2.49
1.25	1.48	3.75	1.93	6.25	2.34	8.75	2.51
1.5	1.52	4	1.98	6.5	2.36	9	2.54
1.75	1.55	4.25	2.03	6.75	2.38	9.25	2.56
2	1.59	4.5	2.08	7	2.40	9.5	2.59
2.25	1.64	4.75	2.13	7.25	2.41	9.75	2.63
2.5	1.68	5	2.18	7.5	2.43	10	2.67

3. 验证

由Bloomberg资料库查到市场上不同到期年限的收益率报价，为了检验单利或复利哪种方法较贴近实务上的收益率曲线，同样的利用线性差补法差补出各非整数期限的收益率，再与上述两种方法计算出来的收益率相比，结果见表12－9。

表12－9 市场观察的收益率报价

期限（年）	收益率报价（%）
0.25	1.25
0.5	1.31
1	1.43
2	1.59
3	1.79
4	1.98
5	2.18
7	2.40
10	2.67

有了 1 年期的收益率与 2 年期的收益率报价，利用数值软件 Matlab 中 Cubic Spline（非线性差补法）求出非整数年的收益率。利用表 12-9 内 1 年与 2 年的收益率，就可以求得非整数年 1.25 年、1.5 年、1.75 年的收益率，分别记录在表 12-10 中。

表 12-10 非线性差补法计算各期的收益率

期限（年）	利率（%）	期限（年）	利率（%）	期限（年）	利率（%）	期限（年）	利率（%）
0.25	1.25	2.75	1.73	5.25	2.22	7.75	2.45
0.5	1.31	3	1.79	5.5	2.25	8	2.46
0.75	1.37	3.25	1.83	5.75	2.29	8.25	2.48
1	1.43	3.5	1.88	6	2.31	8.5	2.50
1.25	1.48	3.75	1.93	6.25	2.34	8.75	2.52
1.5	1.52	4	1.98	6.5	2.36	9	2.54
1.75	1.55	4.25	2.03	6.75	2.38	9.25	2.57
2	1.59	4.5	2.08	7	2.40	9.5	2.60
2.25	1.64	4.75	2.13	7.25	2.41	9.75	2.63
2.5	1.68	5	2.18	7.5	2.43	10	2.67

将三种方法求出的收益率比较，如图 12-2 所示。

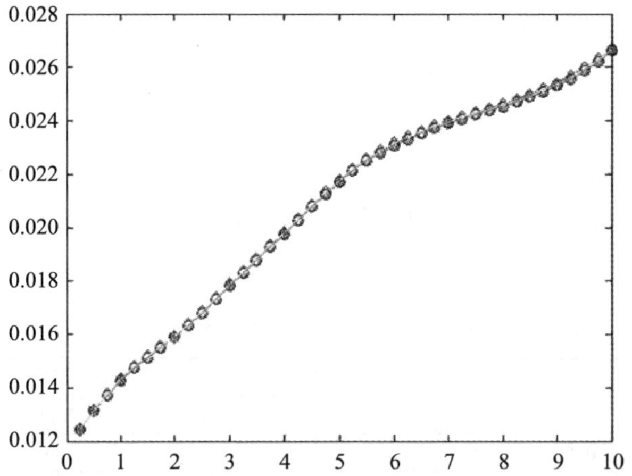

图 12-2 产品发行日 90 天期商业票据收益率曲线

比较结果，Bloomberg 资料库观察到的收益率、复利的收益率曲线、单利的收益率曲线几乎贴近，差距相当的小，表示此两种做法与市场上查到的收益率几乎一致。不过观察三者表格算出来的数字，利用复利所算出的收益率比单利结果高估，所以采用单利的结果去描述之后的收益率曲线，不仅可以贴近现有的收益率，对之后构建利率树也能提供较准确的结果。

(二) 校准模型参数——利用市场上的利率上限期权价格

估计出收益率曲线后，接着校准 Hull - White 三叉树里面的两个参数利率回转速度（α）和利率波动率（σ）。利用市场上观察到的利率上限期权波动率报价，计算出现金价格［Black（1976）公式］与理论价格（Hull - Whit 公式解与展树解）来决定此两参数估计问题。

首先，利用 Black（1976）模型来计算利率上限期权的现金价格，假设以零息债券远期价格为标的资产，零息债券的远期价格呈对数正态分配，则零息债券期权的定价公式为：

$$C(T_i,K)=P_{0,T}[F_{T,T+m}N(d_1)-KN(d_2)]\Delta\tau \tag{12-7}$$

$$P(T_i,K)=P_{0,T}[KN(-d_2)-F_{T,T+m}N(-d_1)]\Delta\tau \tag{12-8}$$

$$d_1=\frac{\ln\left(\frac{F_{T,T+m}}{K}\right)+\frac{\sigma^2T_i}{2}}{\sigma\sqrt{T}}$$

$$d_2=d_1-\sigma\sqrt{T}$$

注：此模型同样适用于国内 LPR 和 Shibor 为标的利率的期权。

市场上观察到的资料如表 12 - 11 所示。不同的到期年限的利率上限期权拥有不同波动率，在设定执行价为 0.01 的情形下①，表 12 - 11 说明了 1 ~9 年的利率上限期权波动率现金报价，利用 Black（1976）公式可计算现金价格。

表 12 - 11　　利率上限期权（Cap）波动率与执行价

期限（年）	1	2	3	4	5	6	7	8	9
Cap 波动率	0.0143	0.186	0.199	0.202	0.2001	0.197	0.194	0.1896	0.186
设定执行价	0.01	0.01	0.01	0.01	0.01	0.01	0.01	0.01	0.01

利用市场上 5 年期 Cap 报价为例，计算方式如下：

1. 市场上查到执行价。
2. 市场上的波动率报价。
3. 利用公式算出所有同利率的零息债券价格，再使用零息债券价格和即期利率，便可以求出各个时点的远期价格。

---

① 因寻找不到不同期 Cap 报价的执行价，故以推测值 0.01 替代。其实，执行价是以 Cap 有效期的互换率为主。比如，二年期 Cap 的执行价是二年期互换率。详见第四章（3）式。

$$[1+y(0,t)]^{t}\times[1+f(t,T)]^{(T-t)}=[1+y(0,T)]^{T}$$

$$\Rightarrow f(t,T)=\left\{\frac{[1+y(0,T)]^{T}}{[1+y(0,t)]^{t}}\right\}^{\frac{1}{T-t}}-1=\left[\frac{p(0,t)}{p(0,T)}\right]^{\frac{1}{T-t}-1} \quad (12-9)$$

4. 使用拔靴法算出不同到期日的 CP 利率。

5. 利用公式 $C(T_i,K)=P_{0,T}[F_{T,T+m}N(d_1)-KN(d_2)]\Delta\tau$，可以计算利率上限期权的实际价格。

5 年期的 Cap 是由期间内各个不同的 Caplet 价值所构成，故 5 年期利率上限期权(Cap)的现金价格为：

$$Cap=\sum_{i=1}^{n}Caplet_i=0.05737575112102$$

而不同到期年限与对应的波动率，可以按表 12－12 进行求算，则 1～9 年期的利率上限期权（Cap）的现金价格便可求得，整理结果如表 12－13 所示。

表 12－12　　5 年期利率上限期权（Cap）的市场价值

到期日	执行价（1）	波动率（2）	远期利率（3）	即期利率（4）	Caplet 现金价格（5）
0.5	0.01	20.010%	1.501%	1.313%	0.001244
0.75	0.01	20.010%	1.597%	1.375%	0.001477
1	0.01	20.010%	1.660%	1.431%	0.001628
1.25	0.01	20.010%	1.713%	1.476%	0.001751
1.5	0.01	20.010%	1.775%	1.516%	0.001898
1.75	0.01	20.010%	1.865%	1.553%	0.002107
2	0.01	20.010%	1.989%	1.592%	0.002398
2.25	0.01	20.010%	2.119%	1.636%	0.002699
2.5	0.01	20.010%	2.240%	1.684%	0.002974
2.75	0.01	20.010%	2.343%	1.734%	0.003203
3	0.01	20.010%	2.426%	1.785%	0.003383
3.25	0.01	20.010%	2.512%	1.834%	0.003565
3.5	0.01	20.010%	2.610%	1.882%	0.003772
3.75	0.01	20.010%	2.723%	1.931%	0.004012
4	0.01	20.010%	2.849%	1.980%	0.004275
4.25	0.01	20.010%	2.955%	2.031%	0.004489
4.5	0.01	20.010%	3.026%	2.082%	0.004619
4.75	0.01	20.010%	3.055%	2.132%	0.00465
5	0.01	20.010%	0.000%	2.178%	0

表 12－13 1～9 年期利率上限期权（Cap）的市场价值

期限（年）	1	2	3	4	5	6	7	8	9
Cap 波动率	0.0143	0.186	0.199	0.202	0.2001	0.197	0.194	0.1896	0.186
设定执行价	0.01	0.01	0.01	0.01	0.01	0.01	0.01	0.01	0.01
Cap 现金价格	0.004034	0.012292	0.0247	0.0394	0.0574	0.076	0.0961	0.1165	0.1366

（三）校准模型参数——计算 Hull－White 模型的利率上限期权

接下来进行模型校准，为了使 Hull－White 利率模型符合市场利率期间结构，必须利用之前计算出的 1～9 年期 CP 利率上限期权的市价，再利用 Hull－White 利率模型算出理论价格，求算能使两者价格的平方差之和为最小的利率回转速度（α）和利率波动率（σ），即下列式子成立：

$$SSE = \min_{\alpha,\sigma} \sum_{i} (P_i - V_i)^2 \qquad (12-10)$$

P_i：利率期权的市场价格；

V_i：Hull－White 模型算出的利率上限期权（Cap）理论价格。

通常有两种方法来计算理论价格，一种是利用 Hull－White 利率模型封闭解计算利率上限期权的理论价格，另一种是利用 Hull-White 的三叉利率树模型求算利率上限期权的理论价格。然后分别根据市场现金价格的校准，求出 SSE 误差平方和最小的利率回转速度（α）和利率波动率（σ）。两种方法计算分析如下：

1. 利用 Hull－White 利率模型封闭解求出和市场上相同到期日利率上限期权价格。

首先计算出利率上限期权理论价格，而后求算 α 和 σ 的校准估计，Caplet 的理论定价公式为：

（1）利率上限期权可视为零息债券的看跌期权。首先将利率上限期权计算转换成 Hull－White 零息债券的看跌期权。以 1 年期的利率上限期权为例，起始点为 0，重设的时间点为 0.25 年、0.5 年及 0.75 年（一季度重设一次），总共有三个 Caplet，每个 Caplet 期间都为 0.25 年，$\Delta\tau = 0.25$，以第一个 Caplet 说明：

时间点为 0.25 年、利率为 R_1，所以收益为 $\max(R_1 - R_{执行价}, 0)$，乘以折现值后，Caplet 的现值可以表示成：

$$\frac{\Delta\tau}{1 + R_1\Delta\tau}\max(R_1 - R_{执行价}, 0)$$

$$=\max\left(\frac{R1\Delta\tau-R_{执行价}\Delta\tau+1-1}{1+R_1\Delta\tau},\ 0\right)$$

$$=\max\left(\frac{1+R1\Delta\tau-R_{执行价}\Delta\tau-1}{1+R_1\Delta\tau},\ 0\right)$$

$$=\max\left(1-\frac{R_{执行价}\Delta\tau+1}{1+R_1\Delta\tau},\ 0\right)$$

$=(1+R_{执行价}\Delta\tau)\ \max\left(\frac{1}{1+R_{执行价}\Delta\tau}-\frac{1}{1+R_1\Delta\tau},\ 0\right)$，此处 max（·）符号是看跌期权

$=(1+R_{执行价}\Delta\tau)\max$（执行价 - 标的零息债券，0）

这里 $\Delta\tau=0.25$ 年，$R_{执行价}$ 皆设为 0.01，R_1 为此时点的即期利率。

以第一个 Caplet 来看，上式可以视为一个零息债券的看跌期权，到期日为 0.25 年，执行价为$\frac{1}{1+R_{执行价}\Delta\tau}$，标的的零息债券价格为$\frac{1}{1+R_1\Delta\tau}$，零息债券的到期日为 0.5 年。请参阅作者的书《利率衍生品设计原理与应用》中第 3 章 38、39 页。

（2）利用 Hull - White 零息债券看跌期权公式求算所有 Caplet 价值，将不同到期年限（1 ~ 9 年）所包含相同执行价与相同波动率的 Caplet 相加，即为当期的 Caplet 现金价值，公式如下：

在 t 时间点、Caplet 到期日为 T，零息债券的到期日为 s，执行价为 K，零息债券看跌期权的定价公式和转换成 Caplet 的过程如下：

以一年期第一个 Caplet 为例子，$t=0$，$T=0.25$ 年，$s=0.5$ 年：

$$P(t,T,s)=P(t,T)[KN(-d_2)-P(T,s)N(-d_1)]$$
$$=KP(t,T)N(-d_2)-P(t,s)N(-d_1)$$

Caplet 的现金价格求解如下：

$$\frac{\Delta\tau}{1+R_1\Delta\tau}\max(R_1-R_{执行价},\ 0)$$

$$=\max\left(\frac{R_1\Delta\tau-R_{执行价}\Delta\tau+1-1}{1+R_1\Delta\tau},\ 0\right)$$

$$=\max\left(\frac{1+R_1\Delta\tau-R_{执行价}\Delta\tau-1}{1+R_1\Delta\tau},\ 0\right)$$

$$=\max\left(1-\frac{R_{执行价}\Delta\tau+1}{1+R_1\Delta\tau},\ 0\right)$$

$$=(1+R_{执行价}\Delta\tau)\ \max\left(\frac{1}{1+R_{执行价}\Delta\tau}-\frac{1}{1+R_1\Delta\tau},\ 0\right)$$

$$= (1 + R_{执行价}\Delta\tau)\max\ (K - S,\ 0)\ (取其期望值求算后获得下式)$$

$$= (1 + R_{执行价}\Delta\tau)[KP(0,0.25)N(-d_2) - P(0.25,0.5)N(-d_1)]$$

$$= (1 + R_{执行价}\Delta\tau)P(0,0.25)\left[\frac{1}{1 + R_{执行价}\Delta\tau}N(-d_2) - \frac{1}{1 + R_1\Delta\tau}N(-d_1)\right]$$

$$d_1 = \frac{\ln\left[\frac{P(T,s)}{K}\right] + \frac{\sigma_p^2}{2}}{\sigma_p},P(0,0.25,0.5) = \frac{P(0,0.5)}{P(0,0.25)} = \frac{1}{1 + R_1\Delta\tau}$$

$$d_2 = d_1 - \sigma_p$$

$$\sigma_p^2 = \frac{\sigma^2}{2a^3}[1 - e^{-2a(T-t)}][1 - e^{-a(s-T)}]^2$$

其中，$P\ (T,\ s)$ 为到期日 S 的远期零息债券在 T 时点的价格。

σ_p^2 为远期债券价格的波动率。

依照上述的公式，可以算出同一年限下各期的 Caplet，再将所有的 Caplet 加总，便可以求算出 Hull - White 模型下各个不同年限解的 Cap 价值。

找出误差使 SSE 最小即为所求，整理如表 12 - 14 所示。

表 12 - 14　Cap 价值与误差平方和（SSE）整理表——Hull - White 公式解

期限（年）	Cap 波动率	设定执行价	Cap 现金价格［BS（76）］	Hull - White 公式解	误差平方和（SSE）
1	0.0143	0.01	0.004034	0.005007855	9.48393561E - 07
2	0.186	0.01	0.012292	0.016468	1.74389760E - 05
3	0.199	0.01	0.024665	0.029437	2.27719840E - 05
4	0.202	0.01	0.039385	0.043826	1.97224810E - 05
5	0.2001	0.01	0.057375	0.059032	2.74564900E - 06
6	0.197	0.01	0.075986	0.074872441	1.24001365E - 06
7	0.194	0.01	0.096093	0.091172	2.42162410E - 05
8	0.1896	0.01	0.116485	0.10755	7.62129000E - 05
9	0.186	0.01	0.13662	0.124473	1.47549609E - 04
参数：$\alpha = 0.2995178$　$\sigma = 0.0214685$				总和	3.12846247E - 04

2. 第二种方式是利用 Hull - White 展树模型求出和市场上相同到期日的利率上限期权价格，再将所有的 Caplet 加总，便可以求算出 Hull - White 的 Cap 价格，用市场上现金价格校准，求出 SSE 误差平方和最小的 α 和 σ。找出误差使 SSE 最小即为所求，整理如表 12 - 15 所示。

表 12－15 Cap 价值与误差平方和（SSE）整理表——Hull－White 展树解

期限（年）	Cap 波动率	设定执行价	Cap 现金价格［BS（76）］	Hull－White 公式解	误差平方和（SSE）
1	0.0143	0.01	0.004034	0.004056013	4.84572169E－10
2	0.186	0.01	0.012292	0.01235	3.36400000E－09
3	0.199	0.01	0.024665	0.024747	6.72400000E－09
4	0.202	0.01	0.039385	0.039479	8.83600000E－09
5	0.2001	0.01	0.057375	0.056865	2.60100000E－07
6	0.197	0.01	0.075986	0.076067438	6.63214784E－09
7	0.194	0.01	0.096093	0.096145	2.70400000E－09
8	0.1896	0.01	0.116485	0.11649	2.50000000E－11
9	0.186	0.01	0.13662	0.13656	3.60000000E－09
参数：α＝0.390375 σ＝0.034375				总和	2.92469720E－07

比较表 12－14 与表 12－15 的结果之后，本章采用误差平方和较小（SSE＝2.92469720E－07）的一组参数（α＝0.3909375，σ＝0.034375），即利用 Hull－White 展树解所配适出的参数。

（四）构建的利率三叉树

接下来开始建立利率三叉树（同样适用于国内 LPR、Shibor 和其他利率指标）。

◇ 步骤 1：

计算公式中各个所需的参数值和建立第一阶段利率树，结果见表 12－16、图 12－3。

表 12－16 方向概率矩阵

	up	middle	Down
$j=2$	0.9047	0.0044	0.00
$j=1$	0.1244	0.6580	0.2176
$j=0$	0.1667	0.6667	0.1667
$j=-1$	0.2176	0.6580	0.1244
$j=-2$	0.0909	0.004	0.9046

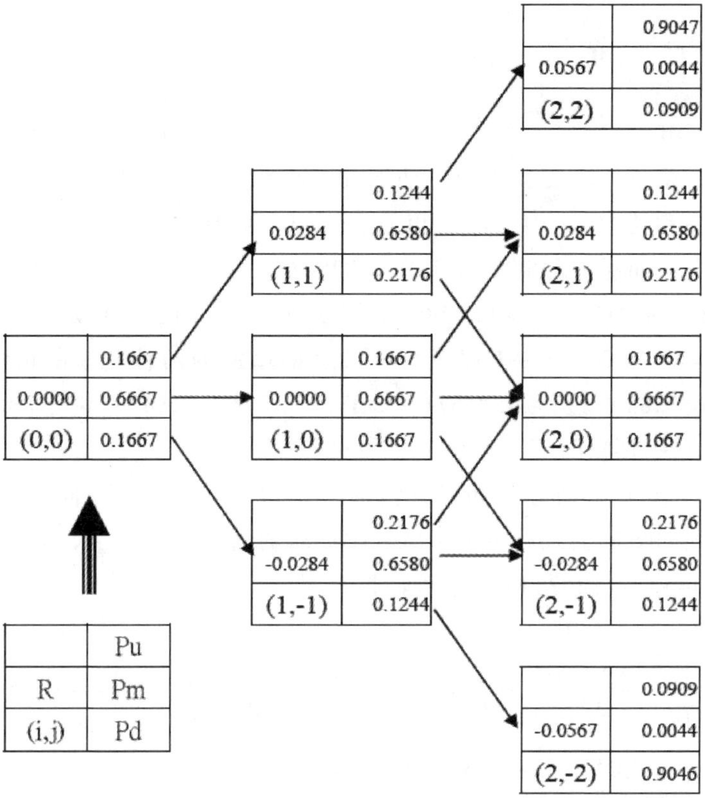

图 12－3 第一阶段对称于零的利率三叉树

第一阶段利率树是对称于零的三叉树，也就是令时间函数为零的情况下，表示方法如下：

$$\Delta r^* = -\alpha r^* \Delta t + \sigma \Delta z$$

令 r^* 的初始值为 0，而其变量 Δr^* 为正态分配，此一利率的期望值和变异数如式（12－11）表示：

$$E[r^*(t+\Delta t) - r^*(t)] = -\alpha r^* \Delta t = M\Delta t \tag{12－11}$$

$$Var[r^*(t+\Delta t) - r^*(t)] = \sigma^2 \Delta t = V \tag{12－12}$$

在这里 r^* 被视为连续复利的利率参数计算如下：

$$M\Delta t = -\alpha dt = -0.09311023564314$$

$$V = \sigma^2 \Delta t = 2.683311549744597e-004$$

$$\Delta r^* = \sigma\sqrt{3\Delta t} = \sqrt{3V} = 0.02837240675240$$

之后计算出利率反转的时点，代入式（12－13），

$$\frac{-0.184}{M} \leqslant j_{\max} \leqslant \frac{-0.186}{M} \tag{12－13}$$

$$\frac{0.184}{M} \leqslant j_{\min} \leqslant \frac{0.186}{M}$$

取大于$\frac{-0.184}{M}$的最小整数为$j_{\max}$，其中$j_{\max} = \left[\frac{-0.184}{M}\right] = 2$，取$j_{\min} = -j_{\max} = -2$。

图 12－3 是第一阶段利率树，抽取前三个状态，解析如下：当 $i=1$ 时，利率变动共有三种情形，$j=1$、$j=0$ 以及 $j=-1$，共有(1,1)、(1,0)以及(1,－1)三个节点标号；而对应的利率分别为 0.0284($j\Delta r = 1 \times 0.0284$)、0($0 \times 0.0284$)以及 －0.0284($-j\Delta r = -1 \times 0.0284$)。当扩展到 $i=2$ 时，变动共有五种利率情形：$j=2$、$j=1$、$j=0$、$j=-1$ 以及 $j=-2$。而增加的两种利率的情形为 0.0567($2j\Delta r = 2 \times 0.0284$)以及 －0.0567($-2j\Delta r = -2 \times 0.0284$)，树上所有节点利率皆用相同的方法计算出。

而表 12－16 则必须分下列三种情形（正常、向下反转、向上反转），带入各种情况下所对应的公式。主要考虑利率反转的情形，节点(2,0)、节点(2,1)、节点(2,－2)与节点(2,2)概率计算如下：

节点（2，0）：$j=0$

$$P_u = \frac{1}{6} + \frac{\alpha^2 j^2 \Delta t^2 - \alpha j \Delta t}{2} = \frac{1}{6} + \frac{0^2 \times (-0.093)^2 - 0 \times (0.093)}{2} = 0.1667$$

$$P_m = \frac{2}{3} - \alpha^2 j^2 \Delta t^2 = \frac{2}{3} - (0 \times 0.093)^2 = 0.6667$$

$$P_d = \frac{1}{6} + \frac{\alpha^2 j^2 \Delta t^2 + \alpha j \Delta t}{2} = \frac{1}{6} + \frac{0^2 \times (-0.093)^2 + 0 \times (0.093)}{2} = 0.1667$$

节点(2,1)：$j=1$

$$P_u = \frac{1}{6} + \frac{\alpha^2 j^2 \Delta t^2 - \alpha j \Delta t}{2} = \frac{1}{6} + \frac{1^2 \times (-0.093)^2 - 1 \times (0.093)}{2} = 0.1244$$

$$P_m = \frac{2}{3} - \alpha^2 j^2 \Delta t^2 = \frac{2}{3} - (1 \times 0.093)^2 = 0.6580$$

$$P_d = \frac{1}{6} + \frac{\alpha^2 j^2 \Delta t^2 + \alpha j \Delta t}{2} = \frac{1}{6} + \frac{1^2 \times (-0.093)^2 + 1 \times (0.093)}{2} = 0.2176$$

节点(2,－2)：$j=-2$

$$P_u = \frac{1}{6} + \frac{\alpha^2 j^2 \Delta t^2 + \alpha j \Delta t}{2} = \frac{1}{6} + \frac{2^2 \times (-0.093)^2 + (-2) \times (0.093)}{2} = 0.0909$$

$$P_m = -\frac{1}{3} - \alpha^2 j^2 \Delta t^2 - 2\alpha j \Delta t = -\frac{1}{3} - (-2 \times 0.093)^2 - 2(-2 \times 0.093)$$

$$= 0.0044$$

$$P_d = \frac{7}{6} + \frac{\alpha^2 j^2 \Delta t^2 + 3\alpha j \Delta t}{2} = \frac{7}{6} + \frac{(-2 \times 0.093)^2 + 3 \times (-2 \times 0.093)}{2} = 0.9046$$

节点(2,2)：$j=2$

$$P_u=\frac{7}{6}+\frac{\alpha^2 j^2\Delta t^2-3\alpha j\Delta t}{2}=\frac{7}{6}+\frac{(-2\times0.093)^2-3\times(2\times0.093)}{2}=0.9046$$

$$P_m=-\frac{1}{3}-\alpha^2 j^2\Delta t^2+2\alpha j\Delta t=-\frac{1}{3}-(2\times0.093)^2+2(2\times0.093)=0.0044$$

$$P_d=\frac{1}{6}+\frac{\alpha^2 j^2\Delta t^2-\alpha j\Delta t}{2}=\frac{1}{6}+\frac{2^2\times(0.093)^2-(2)\times(0.093)}{2}=0.0909$$

将所得的第一阶段对称于零的利率树结果，整理为表 12－17。

表 12－17　　第一阶段三叉利率树

	$i=1$	$i=2$	$i=3$	$i=4$	$i=5$	$i=6$	$i=7$	$i=8$	$i=9$	$i=10$	$i=11$	$i=12$	$i=13$
$j=2$			0.0567	0.0567	0.0567	0.0567	0.0567	0.0567	0.0567	0.0567	0.0567	0.0567	0.0567
$j=1$		0.0284	0.0284	0.0284	0.0284	0.0284	0.0284	0.0284	0.0284	0.0284	0.0284	0.0284	0.0284
$j=0$	0.0000	0.0000	0.0000	0.0000	0.0000	0.0000	0.0000	0.0000	0.0000	0.0000	0.0000	0.0000	0.0000
$j=-1$		-0.0284	-0.0284	-0.0284	-0.0284	-0.0284	-0.0284	-0.0284	-0.0284	-0.0284	-0.0284	-0.0284	-0.0284
$j=-2$			-0.0567	-0.0567	-0.0567	-0.0567	-0.0567	-0.0567	-0.0567	-0.0567	-0.0567	-0.0567	-0.0567

◇ 步骤 2：建立第二阶段利率三叉树

由于第一阶段利率三叉树是对称于零的三叉树，也就是令时间函数 $\theta(t)$ 为零的情况下，利率随机过程可以表示成：

$\Delta r^*=-\alpha r^*\Delta t+\sigma\Delta z$

而本步骤须求得符合市场利率期限结构的利率三叉树：

$dr=[\theta(t)-\alpha r]dt+\sigma dz$

在离散时间下的利率随机过程可以表示如下：

$\Delta r=[\theta(t)-\alpha r]\Delta t+\sigma\Delta z$

首先，利用平移函数的定义 $\alpha(t)=r(t)-r^*(t)$，$\alpha(t)$代表原始的节点利率与利率期间结构的利率之差。换言之，若求得 $\alpha(t)$ 便可将对称于零的利率三叉树平移成符合利率期限结构的利率三叉树。延续之前的例子，解析如图 12－4 所示。

利用 Arrow－Debreu Price 的定义，$Q_{i,j}$代表的是在节点 (i,j) 可以拿到的收益为 1、其他情况为零的证券现值。$\alpha(0)$ 为第 0 期的平移函数，是第 0 期的零息债券价格与由利率期间结构求出的债券价格相同的平移函数。按照此定义，起始利率为 0.012458，$r^*(0)=0$（第一阶段利率树的原点利率），故：

$\alpha(0)=r(0)-r^*(0)=0.012458$

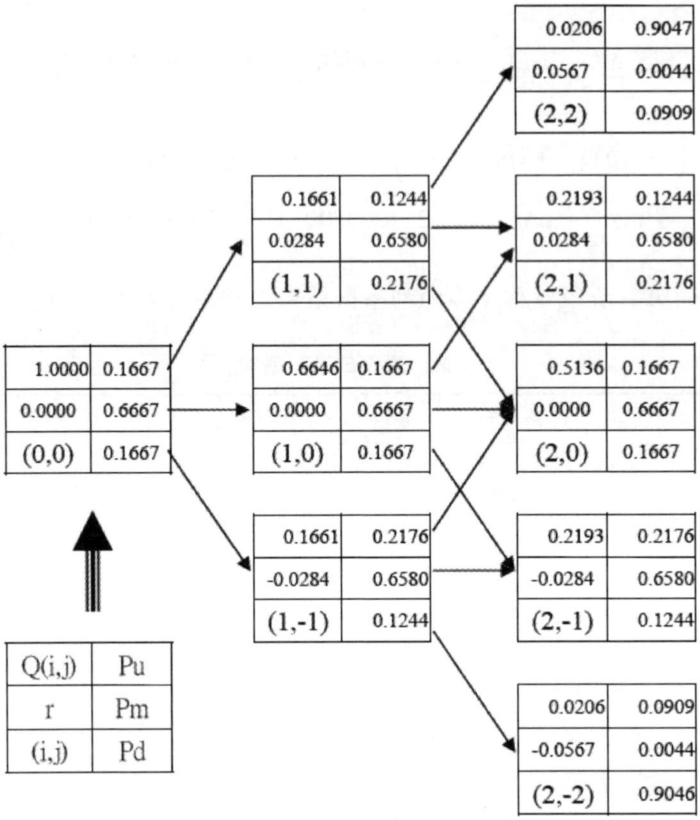

图 12－4　第二阶段利率三叉树

接下来可求：

$Q_{1,1} = P_u e^{-\alpha(0) \times 0.25} = 0.166667 \times \exp(-0.012458 \times 0.25) = 0.16614839083731$

$Q_{1,0} = P_m e^{-\alpha(0) \times 0.25} = 0.666667 \times \exp(-0.012458 \times 0.25) = 0.66459356334925$

$Q_{1,-1} = P_d e^{-\alpha(0) \times 0.25} = 0.166667 \times \exp(-0.012458 \times 0.25) = 0.16614839083731$

使用 Arrow－Debreu Security 求算出的第 2 期到期的零息债券价格与市场价格相等。

$P(0,2) = \exp(-2 \times r_2) = \exp(-2 \times 0.013125) = 0.97375$。

$P(0,2) = Q_{1,1} e^{-[\alpha(1) + 1 \times \Delta r]} + Q_{1,0} e^{-[\alpha(1) + 0 \times \Delta r]} + Q_{1,-1} e^{-[\alpha(1) - 1 \times \Delta r]}$

由上式可以算出 $\alpha(1) = 0.01382554139437$，依次类推，先算出 Arrow－Debreu Security，再利用上式算出 $\alpha(2)$、$\alpha(3)$、$\alpha(4)$。依次类推，便可算出符合利率期间结构的三叉树。三叉树会出现负利率的情况，一旦出现以 0 代替。例如：$r_{(1,-1)} = 0.013826 - 0.0284 = 0$（利率为负）。相关过程见表 12－18、表 12－19、表 12－20。

表 12－18　　各期的 α 值

α (0)	α (1)	α (2)	α (3)	α (4)	α (5)	α (6)
0.012458	0.013826	0.015035	0.015986	0.016616	0.017141	0.017764
α (7)	α (8)	α (9)	α (10)	α (11)	α (12)	
0.018655	0.019892	0.021187	0.022389	0.023414	0.024246	

表 12－19　　Arrow－Deubreu Prices

	i=0	i=1	i=2	i=3	i=4	i=5	i=6	i=7	i=8	i=9	i=10	i=11	i=12
j=2			0.0205	0.0451	0.0682	0.0880	0.1043	0.1175	0.1280	0.1363	0.1427	0.1476	0.1512
j=1		0.1662	0.2186	0.2277	0.2216	0.2111	0.2003	0.1904	0.1819	0.1746	0.1684	0.1632	0.1587
j=0	1.0000	0.6646	0.5135	0.4698	0.3996	0.3748	0.3576	0.3446	0.3342	0.3256	0.3183	0.3120	0.3065
j=－1		0.1662	0.2197	0.2300	0.2246	0.2145	0.2039	0.1941	0.1855	0.1782	0.1720	0.1668	0.1623
j=－2			0.0207	0.0460	0.0703	0.0915	0.1095	0.1244	0.1367	0.1468	0.1550	0.1616	0.1670

表 12－20　　Hull－White 模型三叉利率树状图数据

	i=0	i=1	i=2	i=3	i=4	i=5	i=6	i=7	i=8	i=9	i=10	i=11	i=12
j=2			0.0718	0.0727	00734	0.0739	0.0745	0.0754	0.0766	0.0779	0.0791	0.0802	0.0810
j=1		0.0422	0.0434	0.0444	0.0450	0.0455	0.0461	0.0470	0.0483	0.0496	0.0508	0.0518	0.0526
j=0	0.0125	0.0138	0.0150	0.0160	0.0166	0.0171	0.0178	0.0187	0.0199	0.0212	0.0224	0.0234	0.0242
j=－1		0.0000	0.0000	0.0000	0.0000	0.0000	0.0000	0.0000	0.0000	0.0000	0.0000	0.0000	0.0000
j=－2			0.0000	0.0000	0.0000	0.0000	0.0000	0.0000	0.0000	0.0000	0.0000	0.0000	0.0000

产品标的利率是三个月的 CP 利率，然而求出之 Hull－White 利率模型是即期利率，所以要把表 12－20 求出的利率做个转换，转换公式[①]如下：

$$P(t,T)=A(t,T)e^{-B(t,T)r}$$

此处，$P(t,T)$ 为零息债券的价格，起时点为 t，到期日为 T。

$$A(t,T)=\frac{P(0,T)}{P(0,t)}\exp\left[B(t,T)F(0,t)-\frac{\sigma^2B(t,T)^2(1-e^{-2at})}{4a}\right]$$

其中：

$$B(t,T)=\frac{1-e^{-a(T-t)}}{a}$$

$$F(0,t)=\frac{-\partial\log P(0,t)}{\partial t}$$

r：所求的三个月 CP 利率。

① Hull－White（1990）。

以即期利率的观点，债券价格为 $P(t,T)=e^{-R\Delta t}$。

其中：

R：三叉树上节点的利率，$\Delta t=3$ 个月。

故：

$$e^{-R\Delta t}=A(t,T)e^{-B(t,T)r}$$

$$\Rightarrow r=\frac{R\Delta t+\ln A(t,T)}{B(t,T)}$$ ［$A(t,T)$与 $B(t,T)$皆由上述公式计算］

r 才是计息时真正要考虑利率三叉树，结果见表 12－21。

表 12－21　　Hull－White 模型三叉树转换后的 CP 利率

	i=0	i=1	i=2	i=3	i=4	i=5	i=6	i=7	i=8	i=9	i=10	i=11	i=12
j=2			0.0724	0.0734	00740	0.0746	0.0752	0.0761	0.0774	0.0787	0.0799	0.0810	0.08180
j=1		0.0424	0.0436	0.0446	0.0452	0.0458	0.0464	0.0473	0.0486	0.0499	0.0511	0.0521	0.0530
j=0	0.0125	0.0138	0.0151	0.0160	0.0167	0.0172	0.0178	0.0187	0.0199	0.0212	0.0225	0.0235	0.0243
j=－1		0.0000	0.0000	0.0000	0.0000	0.0000	0.0000	0.0000	0.0000	0.0000	0.0000	0.0000	0.0000
j=－2			0.0000	0.0000	0.0000	0.0000	0.0000	0.0000	0.0000	0.0000	0.0000	0.0000	0.0000

注：时间单位 i：每季度。

◇ 步骤 3：计算前期收益产品的路径函数

一旦利率三叉树建立后，可由节点算出的利率来判断每一期投资人应该获得的收益；再利用短期利率折现，就可以求得债券价格。但是本产品与前期收益相关，是与路径相关的挂钩式债券，必须利用路径函数来记录前期的收益，方法说明如下［路径函数的求算比较复杂，也可采用控制变量（Control Variate）方法，请参阅 Hull－White（1988）的论文］

变数设定：

$R(i,j)$：在节点(i,j)的指标利率；

$P(i,j)$：路径由起始点$(0,0)$到节点(i,j)的概率；

$C(i,j)$：节点(i,j)期望前期收益的路径函数，由概率的方式计算出［见式(12－14)］；

$F(i,j)$：节点(i,j)的路径函数，这里指代入产品收益公式求得的本期收益；

$P_k(i,j)$：$P(i,j)\times P_k(i,j)$ $(k=u,m,d)$，$P(i,j)$为起始点$(0,0)$到达节点(i,j)的概率；

$P_u(i,j)$表示节点(i,j)走到下一节点$(i+1,j+1)$的概率；

$P_m(i,j)$表示节点(i,j)走到节点$(i+1,j)$的概率；

$P_d(i,j)$表示节点(i,j)走到节点$(i+1,j-1)$的概率。

图 12－5 表示：利率三叉树的其中一分支，从图 12－5 中可知，节点 4 是由前三条路径（1→4，2→4 以及 3→4）汇集的，之后前期收益的计算写成通式如下（几率也被称为概率）：

$$\text{前期收益}=\frac{\sum_i \text{到达所有此节点的方向几率}\times\text{对应的前期收益}}{\text{加总到达此节点所有路径发生的几率}} \tag{12－14}$$

$$=\frac{F(i,j+1)\times P_d(i,j+1)+F(i,j)\times P_m(i,j)+F(i,j-1)\times P_u(i,j-1)}{P(i+1,j)}$$

其中：

$P(i+1,j)=P_d(i,j+1)+P_m(i,j)+P_u(i,j-1)=$ 到达此节点所有路径发生的几率

本期收益 = 将前期收益带入收益公式

由此可简化到该点的路径函数，不用复杂的计算，只需利用到前一期的信息就可以求出本期的路径。

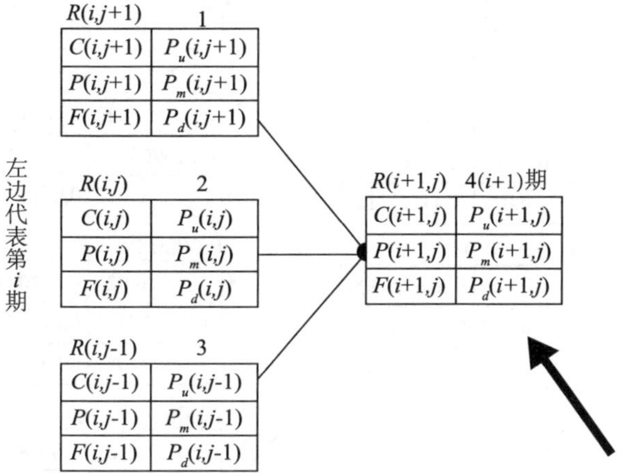

利率	节点标号
前期收益 $C(i,j+1), C(i,j), C(i,j-1)$	$P(i,j)$*此节点上升的方向概率
从起始点到此节点的概率 $P(i,j)$	$P(i,j)$*此节点持平的方向概率
本期收益 $F(i,j+1), F(i,j), F(i,j-1)$	$P(i,j)$*此节点下降的方向概率

图 12－5　路径函数

（五）产品解析

由于第 1 年的配息固定，所以每季度能收到的年收益是 0.022，所以前 4 期的收益固定。第 5 期之后，利用上面展开的树来计算往后各期收益，使用概率的观念求出各点的前期平均收益，再代入收益的公式，求得当期投资人可获得的收益，因为产品每一年的配息公式均不相同，本章分别讨论第 1 年固定配息、第 2 年配息与第 3 年配息。

1. 第 1 年固定配息（见图 12－6）

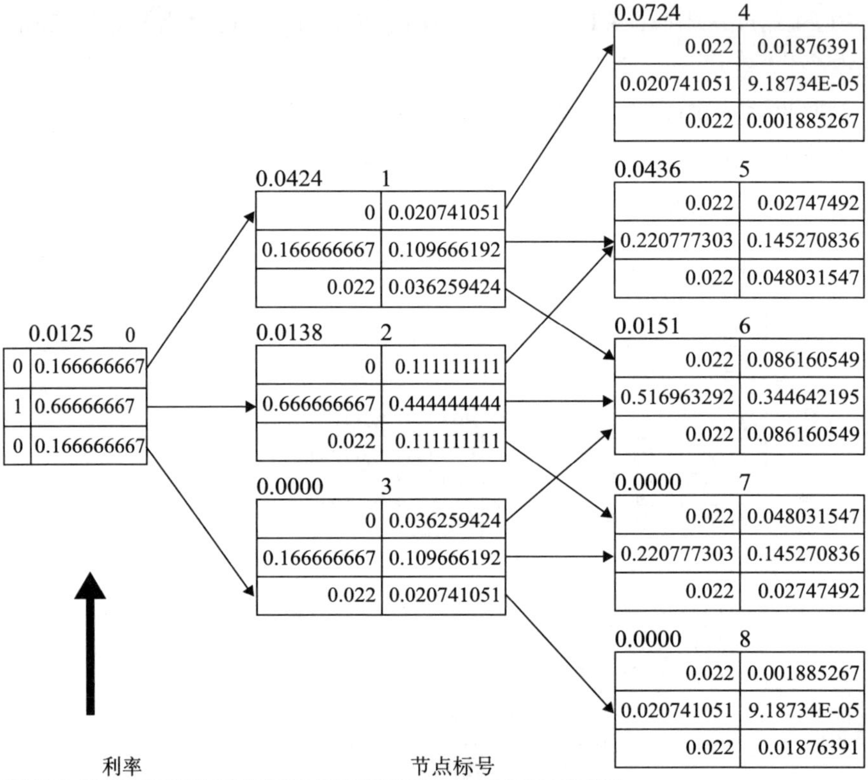

利率	节点标号
前期收益	$P(i,j)$×此节点上升的方向概率
从起始点到此节点的概率$P(i,j)$	$P(i,j)$×此节点持平的方向概率
本期收益	$P(i,j)$×此节点下降的方向概率

图 12－6 第 1 年路径函数实例

这里将利率放在方框的左上方，节点名称放在方框的右上方。而方框内依序是由本期计算出的前期收益，从起始点(0,0)到达节点(i,j)的概率 $P(i,j)$，以及代入收益公式计算出的本期收益。右边则是起始点到该点的概率 $P(i,j)$ 乘以该

节点的方向概率 < $P_u(i,j)$, $P_m(i,j)$, $P_d(i,j)$ >。例如，点 1 的右边的三个概率值 <0.0207，0.1096，0.036259 > 的计算方式为 < 0.1667 × 0.1244，0.1667 × 0.6580，0.1667 ×0.2176 >。而 0.0207 表示由点 0 走到点 1 再持续往上走到点 4 的概率，表示由起始点 0 到达点 1 的概率 0.16667 再乘以点 1 上升到点 4 的概率 0.1244。0.1069 表示由点 0 走到点 1 再持续持平到点 5 的概率，表示由起始点 0 到达点 1 的概率 0.16667 再乘以点 1 到达点 5 的概率 0.6580。0.036259 表示由点 0 走到点 1 再持续往下走到点 6 的概率；表示由起始点 0 到达点 1 的概率 0.16667 再乘以点 1 下降到点 6 的概率 0.2176。上述各点的上升、持平、下降概率分别小于 0.1244、0.6580、0.2176，可由之前计算出的方向概率矩阵求得。

至于点 4 的概率决定于起始点 0 到达点 4 的路径函数。由于只有一条路径 (0→1→4)，所以其数值为之前所计算的点 0 走到点 1 再持续往上走到点 4 的概率 0.020741051。点 5 的概率决定于起始点 0 到达点 5 的路径函数。由图 12 – 6 可知共有两条(0→1→5 以及 0→2→5)，所以其数值为两路径函数计算出的概率总和 0.10966192 + 0.11111111 = 0.220777303。同理，点 6（0→1→6 、0→2→6 以及 0→3→6）的概率必须加总三条路径，即 0.036259424 + 0.444444444 + 0.036259424 = 0.516963292。接着运用期望值以及条件概率计算前期总收益的路径函数，放在方格中的左上角。但由于第 1 年保障 2.2% 的收益，所以前期收益皆等于 2.2%。例如从点 6 来看，前期收益的公式为：

$$
\begin{aligned}
\text{前期收益} &= \frac{\sum_i \text{到达所有此节点的方向概率} \times \text{对应的前期收益}}{\text{加总到达此节点所有路径发生的概率}} \\
&= \frac{0.022 \times 0.03625 + 0.022 \times 0.44444 + 0.022 \times 0.03625}{0.51696} \\
&= 0.022
\end{aligned}
$$

更详细的说明如下：{0.022(点 1 的收益) ×0.03625(点 0 →点 1 →点 6 的概率) +0.022(点 2 的收益) ×0.44444(点 0 →点 2 →点 6 的概率) +0.022(点 3 的收益) ×0.03625(点 0 →点 3 →点 6 的概率)}/0.51696(点 0 →点 6 的总概率)。

从点 5 来看，前期收益的公式为：

$$
\begin{aligned}
\text{前期收益} &= \frac{\sum_i \text{到达所有此节点的方向概率} \times \text{对应的前期收益}}{\text{加总到达此节点所有路径发生的概率}} \\
&= \frac{0.022 \times 0.10966192 + 0.022 \times 0.11111}{0.20777303} \\
&= 0.022
\end{aligned}
$$

其中，上式的含义为{0.022(点 1 的收益) ×0.10966192(点 0 →点 1 →点 5 的概

率）+0.022（点 2 的收益）×0.11111（点 0→点 2→点 5 的概率）}/0.220777303（点 0→点 5 的总概率）。知道前期收益公式后，必须再代入本期收益公式，求得投资人本期确实该得到的收益。这里因为第 1 年收益固定，所以本期投资人预期获得 0.022 的收益。

2. 第 2 年配息

配息公式：Max［前一期的收益率（年率）+1.50% - 指标利率，0.12%］因为第 2 年利率有反转的情形，所以利率树表示见图 12-7。

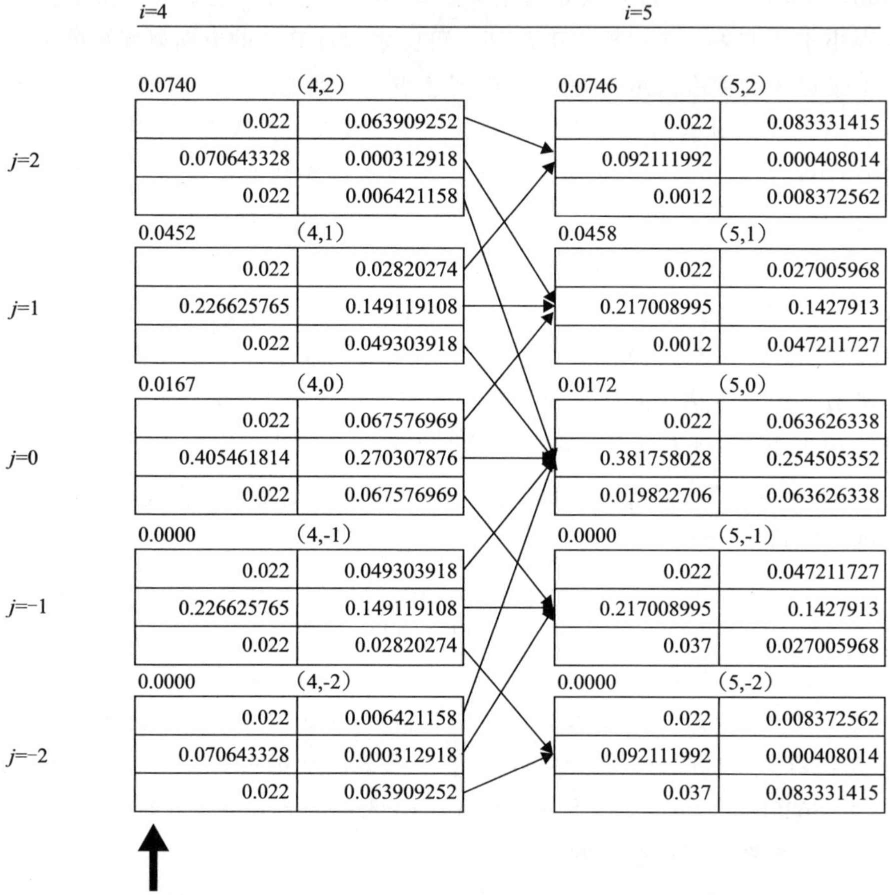

利率　　　　节点标号

前期收益	$P(i, j)$×此节点上升的方向概率
从起始点到此节点的概率$P(i, j)$	$P(i, j)$×此节点持平的方向概率
本期收益	$P(i, j)$×此节点下降的方向概率

图 12-7　第 2 年路径函数实例

举点（5，0）为例，前期收益的公式为：

$$\text{前期收益} = \frac{\sum_i \text{到达所有此节点的方向概率} \times \text{对应的前期收益}}{\text{加总到达此节点所有路径发生的概率}}$$

$$= \frac{(0.022 \times 0.00642 + 0.022 \times 0.04930 + 0.022 \times 0.02703 + 0.022 \times 0.04930 + 0.022 \times 0.00642)}{0.381758}$$

$$= 0.022$$

其中，{0.022[点(4,2)的收益]×0.00642[0→(4,2)→(5,0)的概率]+0.022[点(4,1)的收益]×0.04930[0→(4,1)→(5,0)的概率]+0.022[点(4,0)的收益]×0.27030[0,→(4,0)→(5,0)的概率]+0.022[点(4，-1)的收益]×0.00642[0→(4，-1)→(5,0)的概率]+0.022[点(4，-2)的收益]×0.00642[0→(4，-2)→(5,0)的概率]}/0.381758[0→(5,0)的总概率]。

点0→点(5,0)的总概率：

0.381758=0.00642+0.04930+0.27030+0.04930+0.00642

$P_u(5,0)=0.381758\times0.166666=0.063626338$

$P_m(5,0)= 0.381758\times0.666666=0.254505352$

$P_d(i,j)= 0.381758\times0.166666=0.063626338$

知道前期收益公式后，必须再带入本期收益公式 Max（2.2%+1.50%-1.72%，0.12%）=1.98%，即为本期投资人预期获得的收益。

3. 第3年配息

配息公式：Max［前一期的收益率（年率）+1.75%-指标利率，0.12%］

利率树表示如图12-8所示。

举点（9，0）为例，前期收益的公式为：

$$\text{前期收益} = \frac{\sum_i \text{到达所有此节点的方向概率} \times \text{对应的前期收益}}{\text{加总到达此节点所有路径发生的概率}}$$

$$= \frac{(0.0012 \times 0.00125 + 0.0012 \times 0.04122 + 0.01456 \times 0.02297 + 0.05601 \times 0.041229 + 0.07852 \times 0.0125)}{0.33743}$$

$$= 0.022$$

其中，{0.0012[点(8,2)的收益]×0.00125[0→(8,2)→(9,0)的概率]+0.0012[点(8,1)的收益]×0.04122[0→(8,1)→(9,0)的概率]+0.01456[点(8,0)的收益]×0.02297[0→(8,0)→(9,0)的概率]+0.05601[点(8，-1-2)的收益]×0.04122[0→(8，-2)→(9,0)的概率]}/0.33743[0→(9,0)的总概率]

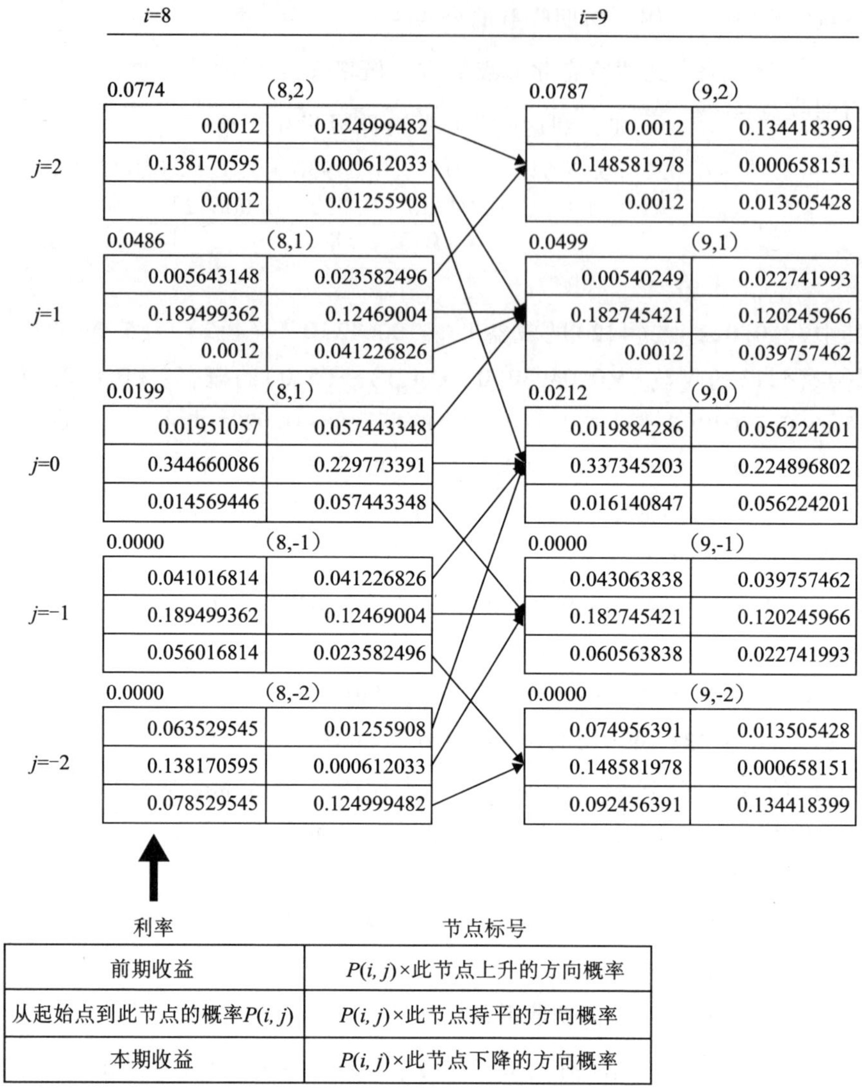

图 12－8 第 3 年路径函数实例

点 0→点(5,0)的总概率：

$0.33743 = 0.00125 + 0.04122 + 0.02297 + 0.04122 + 0.0125$

$P_u(5,0) = 0.33743 \times 0.166666 = 0.05622$

$P_m(5,0) = 0.33743 \times 0.666666 = 0.22489$

$P_d(i,j) = 0.33743 \times 0.166666 = 0.05622$

知道前期收益公式后，必须再带入本期收益公式：

Max(1.988% + 1.75% − 2.12%, 0.12%) = 1.62%，即为本期投资人预期获

得的收益。

将前述3年所计算出的每季度收益率整理见表12－22（年化收益）：

表12－22　　各期的收益分析　　单位：美元

	i=0	i=1	i=2	i=3	i=4	i=5	i=6	i=7	i=8	i=9	i=10	i=11	i=12
j=2			0.0220	0.0220	0.0220	0.0012	0.0012	0.0012	0.0012	0.0012	0.0012	0.0012	0.0012
j=1		0.0220	0.0220	0.0220	0.0220	0.0012	0.0012	0.0012	0.0012	0.0012	0.0012	0.0012	0.0012
j=0	0.0000	0.0220	0.0220	0.0220	0.0220	0.0198	0.0168	0.0155	0.0146	0.0161	0.0172	0.0180	0.0187
j=－1		0.0220	0.0220	0.0220	0.0220	0.0370	0.0467	0.0525	0.0560	0.0606	0.0641	0.0667	0.0687
j=－2			0.0220	0.0220	0.0220	0.0370	0.0520	0.0659	0.0785	0.0925	0.1053	0.1173	0.1284

4. 折现公式

求得各期收益之后，挂钩债价值可以利用式（12－15）求出：

$$V_{i-1,k}=e^{-r\Delta t}[P_u(V_{i,u})+P_m(V_{i,m})+P_d(V_{i,d})]+C_{i-1,k} \tag{12-15}$$

其中：

$V_{i-1,k}$：$(i-1,k)$；

P_u、P_m、P_d：各节点上升、下降与持平的概率；

$C_{i-1,k}$：各节点的季度收益率。

5. 考虑无买回条款

面额等于100美元的条件下，将上面各期的收益带入，再利用本期的利率折现，可以得到各期挂钩债券的价值，不考虑有提前买回的条款，各期价格如表12－23所示。

表12－23　　无买回条款各期价格　　单元：美元

	i=0	i=1	i=2	i=3	i=4	i=5	i=6	i=7	i=8	i=9	i=10	i=11	i=12
j=2			93.23	93.22	93.19	93.138	93.667	94.284	95.026	95.932	97.043	98.396	100.03
j=1		99.023	98.935	98.763	98.481	98.034	98.089	98.149	98.248	98.427	98.74	99.249	100.03
j=0	104.34	104.87	104.88	104.86	104.83	104.8	104.6	104.28	103.86	103.35	102.74	102.03	101.24
j=－1		109.53	109.63	109.75	109.91	110.11	109.94	109.43	108.62	107.54	106.13	104.38	102.3
j=－2			112.7	112.9	113.11	113.36	113.23	112.71	111.79	110.45	108.62	106.28	103.4

由表12－23得知，在三叉树解析解求得的不含买回条款下的雪球式挂钩利率债券的价格为104.34美元（每一百美元面额）。

6. 考虑有买回条款

因发行商有权利在每个付息日前通知投资者买回挂钩债券，所以挂钩债券的计算价值如下：

本期价值 = min（买回价格，由前一期往前折现的本期价值） + 本期利息收益

在此设定买回价格 = 面额 = 100 美元，而前一期往前折现的本期价值为表12 - 23 每一点对应的价格。

当发行商评估未来的现金流量的折现大于面额时，发行商可以结束此产品，另外发行新的债券或另觅融资渠道。所以可以预估，有可买回条款的债券应该低于无买回条款的债券价格。公式计算后的结果如表 12 - 24 所示。

表 12 - 24　　有买回条款各期价格　　单位：美元

	$i=0$	$i=1$	$i=2$	$i=3$	$i=4$	$i=5$	$i=6$	$i=7$	$i=8$	$i=9$	$i=10$	$i=11$	$i=12$
$j=2$			91.282	91.552	91.798	92.014	92.799	93.662	94.627	95.719	96.967	98.396	100.03
$j=1$		95.63	95.862	96.039	96.119	96.038	96.466	96.918	97.411	97.951	98.558	99.249	100.03
$j=0$	98.583	99.291	99.522	99.782	100.12	100.52	100.74	100.83	100.91	101.03	101.12	101.19	101.24
$j=-1$		100.55	100.55	100.55	100.55	100.93	101.22	101.45	101.63	101.84	102.02	102.17	102.3
$j=-2$			100.55	100.55	100.55	100.93	101.3	101.66	102	102.38	102.74	103.08	103.4

在求出挂钩式债券的价格后，发行商的利润如下：考虑无提前执行的情况下，应收的款项是 104.34 美元；发行商的收益为 -4.34 美元(即 100 - 104.34)；而考虑有赎回条款的情形下收益增加为 1.417 美元(即 100 - 98.583)，由此可见，赎回条款的价值为 5.757 美元(即 4.34 + 1.417)。若不考虑提前买回，券商会面临亏损。但值得注意的是，最近的利率有翻升的趋势；对于投资人在此时点投资此产品较为不利，因为此产品具有逆浮动收益的性质。

四

产品敏感度分析和避险参数

（一）利率回转速度 α 及利率波动率 σ 对发行银行 3 年

前期雪球式货币市场利率挂钩组合式债券的影响见图 12 - 9。

1. 正比关系：挂钩债券价格与利率回转速度 α

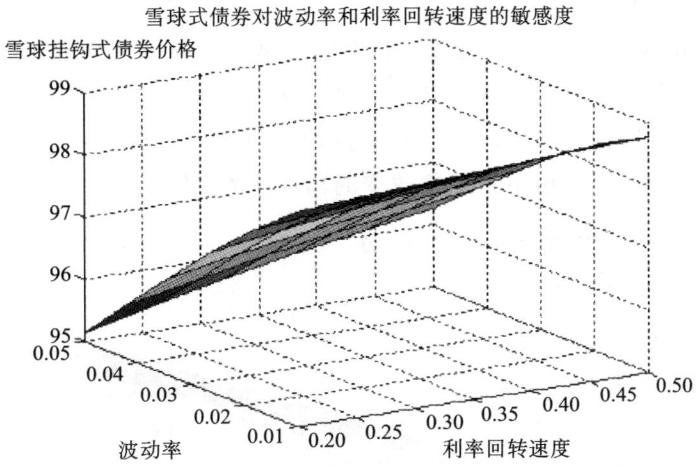

图 12－9 考虑波动率变动和利率回转速度变动对价格的关系

在固定的利率波动率下，利率回转速度越慢（即 α 越小），则挂钩债券价值就越低。当利率回转速度越高时，逼近平均利率水平的速度越快，表示利率越容易恢复平均利率水平。

由此判断，在短期利率波动小以及回转速度低的情况下，当市场短期利率处于低位时，继续维持低档的可能性高，具有逆浮动性质挂钩债券的配息可能较高。

2. 反比关系：挂钩债券价格与利率波动率 σ

在相同利率回转速度下，利率波动率越低，则挂钩债券价值就越高；反之亦然。因此，当利率波动率越低时，表示利率走势越平稳。利率走势无太大变化的情况下，投资人在前几年可以获得大部分配息，有利于投资人；而发行商发行挂钩债券的成本较高，对其不利。

除此之外，利率回转速度越高，代表短期利率波动越小，当利率处于高档时，该挂钩债券价值可能较低。在利率回转速度已经很大时，如果再加上波动率，一样也很低，会使利率整体改变的程度大幅缩小，因此，在目前利率渐渐处于高位的时代，挂钩式债券的价格便会更低。

（二）利率回转速度 α 及收益率曲线平移对发行银行 3 年期雪球式货币市场利率挂钩组合式债券的影响

1. 正比关系：挂钩债券价格与利率回转速度 α

在固定利率波动率与收益率曲线平移的情况下，利率回转速度（α）越大，挂钩债券的价格越高。相对的，当利率回转速度越小，价格越大。因为 α 越大，会使利率越快速往平均值移动，不容易有太大的偏移，在利率处于低位时，挂钩债券的价格会较高。

另外，由图 12－10 可以发现，利率回转速度影响债券价格的程度远不如收益率曲线的平移幅度，原因是校准过后的波动率只有 0.034375，由于本身的波动率小，所以利率回转速度的大小对于挂钩式债券的价格改变不至于那么明显。在相同的收益率平移幅度下，价格改变的幅度较为平缓。

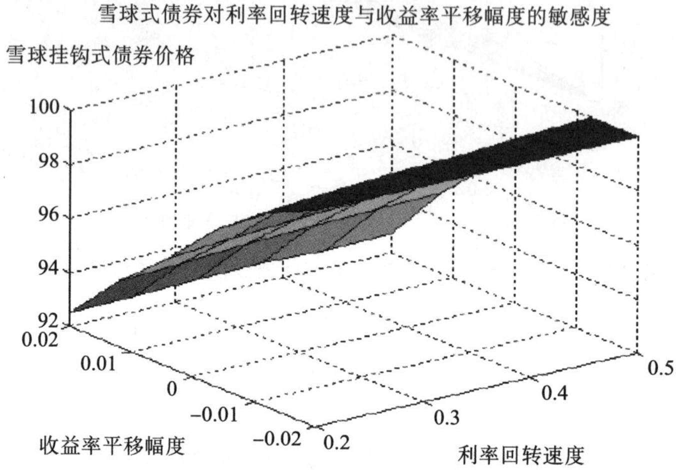

图 12－10　考虑收益率平移和利率回转速度变动对价格的关系

2. 反比关系：挂钩债券价格与收益率曲线平移幅度

收益率曲线平移，代表利率树也会改变。如果平行上移，短期利率走势会跟着往上移动，整体利率树则跟着上移，由于此产品具有逆浮动债券的性质，投资人收益降低；相反的，当收益率曲线整体下移时，因为短期利率下降，利率树上的节点下移，投资人的配息增加，所以收益率平移幅度与挂钩债券的价格表现为反比关系。

（三）利率波动率 σ 及收益率曲线平移对发行银行 3 年期雪球式货币市场利率挂钩组合式债券的影响

在相同的收益率平移幅度下，利率波动率越大，挂钩债券的价值就越低。而由图 12－11 分析，波动率大小对挂钩债的价格产生的影响比收益率平移幅度更为显著。当波动率高（5%），利率走势变动程度大，使收益率曲线平移对未来利率走势的影响相对比较小，对挂钩债券的价值影响变小；反之，当波动率低（1%），利率走势变动程度将会较小，使收益率曲线平移对未来利率走势的影响相对较大，对挂钩债券的影响也较大。因此，可得到波动率越高时，收益率曲线平移程度对挂钩债券价值影响较小的结论；反之亦然。

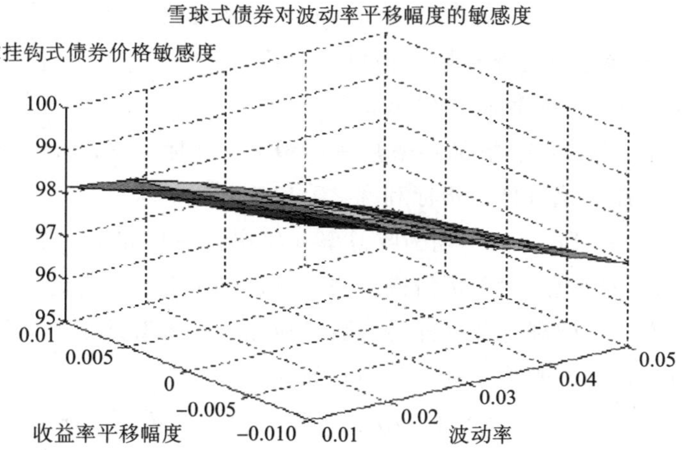

图 12－11 考虑波动率和收益率平移幅度与价格的关系

（四）避险参数：Delta（Delta = －0. 0282）

$$Delta = \frac{\Delta V}{\Delta r} = \frac{V_1 - V_0}{\Delta r}$$

雪球式挂钩债券的 Delta 受利率变动对逆浮动债券价格的影响，在这里，假设当收益率曲线一次平移 10bp 时所造成的债券价格的影响，那么可算出 Delta 等于－0. 0282，当收益率上升 10bp 时，价格会下降 0. 0282 元。

（五）避险参数：Vega（Vega = －0. 7862）

$$Vega = \frac{\Delta V}{\Delta \sigma} = \frac{V_1 - V_0}{\Delta \sigma}$$

当波动率一次变动 0. 1% 时，可知所造成的逆浮动债券价格的影响，那么可算出 Vega 等于－0. 7862，当波动率上升 0. 1% 时，价格会下降 0. 7862 元。

五 雪球式债券避险策略探讨

由于此产品是一个投资 1 年到期的固定利率的债券，以及两个浮动执行价格的利率债券看跌期权，加上收益率等于 0. 12% 的两年到期债券的组合，为规避 1

年期的债券风险，可采用债券期货和远期契约来规避。或者在期初买进收益率为2.2%的1年期零息债券来避险，但成本较高。

针对浮动利率看跌期权，以第2年期为例：

Max［前一期的收益率（年率）+1.50%－指标利率，0.12%］

＝Max（浮动执行价－指标利率，0.12%）

＝0.12%＋Max［前一期的收益率（年率）+1.38%－指标利率，0］

可以运用期权敏感度分析值避险法，也是市场上许多有能力避险的金融机构采用的避险方法，即利用各种外在变数对逆浮动利率看跌期权价值变化的敏感度分析值来对其作动态避险。利率封闭解如下：

$$P(T_i, K) = P_{0,T}\left[KN(-d_2) - F_{T,T+m}N(-d_1)\right]\Delta\tau$$

$$d_1 = \frac{\ln\left(\frac{F_{T,T+m}}{K}\right) + \frac{\sigma^2 T_i}{2}}{\sigma\sqrt{T}}$$

$$d_2 = d_1 - \sigma\sqrt{T}$$

根据上述的Black（1976）利率看跌期权的封闭解可知，利率期权价格主要受到5个因素变动的影响，即远期利率的变动（也就是收益率曲线点上的位移）、到期日时间的远近、利率的波动性、无风险利率及执行价等因素，每个因素都会对期权价格产生影响。所以拥有期权部位的发行商对这些因素造成的价格上的变动必须格外重视，进而规避掉这些风险。对欧式期权而言，共有五种不同的避险参数：Delta，当其他条件不变时，收益率曲线（标的资产）位移一单位时对利率看跌期权价格的变量；Gamma，当其他条件不变时，收益率曲线（标的资产）位移一单位对避险比率Delta的敏感度值；Vega，当其他条件不变时，利率的波动率改变对利率看跌期权价格的影响；Rho，当其他条件不变时，即期利率变动对利率看跌期权价格的影响；Theta，当其他条件不变时，到期期限变动对利率看跌期权价格的影响。

一般避险的手续中，会利用这些避险参数值当基准，以规避其不同因素改变对价格的风险。但由于此期权是浮动执行价的，所以我们必须用数值解才能求算这五个避险参数。

发行商会先进行Delta避险，通过指标利率期货契约的买卖、动态调整的方式将期权的Delta值变为等于0，达成所谓的Delta Neutral，如此，利率挂钩债券价格便可以不受利率的影响，但是实务上操作有困难。理由如下：

当利用各种避险参数避险之后，因为需要持续不断的交易，所以称为动态避险法。采用此方法时，发行商虽然可借着不断的避险调整而有效地对冲风险，但现实环境下运作还是会遭遇某些条件的限制，常常产生避险误差的问题。之前尚未考虑所谓的连续与间断交易不同、交易成本、利率波动率难以避险等，当避险越繁杂时，所花费的成本也越高。所以，针对浮动执行价的利率看跌期权部分，可以采用对冲交易（Back - to - Back Dealing）避险法，也是简单且有效的方法。做法是发行券商寻找一个契约相同、而发行部位相反的工具来规避风险。此种避险策略不论是效率或是风险都极小，例如本产品契约中隐含一个浮动执行价的利率看跌期权，便跟另一对手（投资银行或大型商业银行）购买一组产品规格相同而且到期年限等皆一致的看跌期权来避险。但需要特别小心的是对冲的期权契约与标的，两者要完全一样，才能收到完全避险的效果。就像本产品存续期间为 3 年，后两年的浮动利率期权则必须换约，跟不同的银行与券商决议价格，若期权的种类更多的话，避险效果会受到影响。

六 结论

本章考虑无提前执行的情况下，对投资人是有利的，发行商发行此产品反而会造成本身亏损，但考虑赎回条款的情形才不会造成亏损。而赎回条款的价格高达 5.757 美元（每百美元）。

在固定的利率波动率下，利率回转速度越慢（即 α 越小），则挂钩债券价值就越低。当利率回转速度越高时，逼近平均利率水平的速度就越快，表示利率越容易恢复平均利率水平。在短期利率波动小以及回转速度低的情况下，当市场短期利率处于低位时，表示继续维持低档的可能性高，具有逆浮动性质挂钩债券的配息可能较高。

因此，当利率波动率越低时，表示利率走势较为平稳。利率走势无太大变化的情况下，投资人在前几年可以获得大部分配息，有利于投资人；但发行挂钩债券的成本较高，对发行商不利。

而收益率曲线平行上移，短期利率走势会跟着往上移动，整体利率树则跟着上移，由于此产品具有逆浮动债券的性质，投资人收益降低；相反的，当收益率曲线整体下移时，因为短期利率下降，利率树上的节点下移，投资人的配息增加，所以收益率平移幅度与挂钩债券的价格表现为反比关系。

第十三章　双重结构利率挂钩债券分析与定价①

一

条款介绍

双重结构利率挂钩债券的产品介绍见表 13 - 1。

表 13 - 1　　双重结构利率挂钩债券产品

<table>
<tr><td>发行机构</td><td colspan="3">卢森堡国家储蓄银行</td></tr>
<tr><td>信用评级</td><td colspan="3">AA + / Aa1</td></tr>
<tr><td>代理发行者</td><td colspan="3">华侨银行</td></tr>
<tr><td>募集规模</td><td colspan="3">5000000 美元</td></tr>
<tr><td>有效期</td><td colspan="3">7 年</td></tr>
<tr><td>申购金额</td><td colspan="3">10000 美元</td></tr>
<tr><td>发行价格</td><td colspan="3">100 %</td></tr>
<tr><td>赎回价格</td><td colspan="3">100 %</td></tr>
<tr><td>赎回规定</td><td colspan="3">发行人有权以面额于 1 年后每季度赎回</td></tr>
<tr><td>付息频率</td><td colspan="3">每季度付息一次</td></tr>
<tr><td rowspan="8">计息方式</td><td>期间</td><td>6 个月 Libor 利率区间</td><td>票面利率</td></tr>
<tr><td>第 1 年</td><td>无区间设定</td><td>Max [6.5% - USD6m Libor, 0]</td></tr>
<tr><td>第 2 年</td><td>无区间设定</td><td>Max [7.0% - USD6m Libor, 0]</td></tr>
<tr><td>第 3 年</td><td>0 ~ 4.0%</td><td>7.0% × 落入区间乘数</td></tr>
<tr><td>第 4 年</td><td>0 ~ 5.0%</td><td>7.5% × 落入区间乘数</td></tr>
<tr><td>第 5 年</td><td>0 ~ 5.5%</td><td>8.0% × 落入区间乘数</td></tr>
<tr><td>第 6 年</td><td>0 ~ 6.0%</td><td>8.5% × 落入区间乘数</td></tr>
<tr><td>第 7 年</td><td>0 ~ 7.0%</td><td>9.0% × 落入区间乘数</td></tr>
</table>

① 本章由陈松男教授、研究特助廖韦绫撰写。

续表

落入区间乘数	于设定区间的实际天数 ÷ 付息期间天数（日数以 30/360 为计算标准）
参考利率	6 个月美元 Libor
提前赎回	投资人提前赎回的最低金额为 10 万美元，赎回价格由计算代理机构提供
计算代理机构	法国里昂信贷银行
保管机构	Clear Stream Luxembourg（国际清算保管机构）

二 产品特色分析

从产品的配息状况来看，我们可以发现这个产品前 2 年是属于逆浮动利率债券，后 5 年则属于区间增长型债券，所以先拆解成两部分来探讨。

（一）逆浮动利率债结构

根据条款知道第 1 年的配息为 Max［6.5% – USD 6m Libor，0］，所以当利率走势越低时，可以拿到的配息越高，为 6.5% 减去 6 个月美元 Libor；反之利率走势越高，配息会减少。

第 2 年的配息变为 Max［7.0% – USD 6m Libor，0］，也是逆浮动债券的结构，但给付的配息上限提高至 7%，即当利率走势越低时，可拿到的配息呈现微幅增加，为 7% 减去 6 个月美元 Libor；反之利率走势越高。

（二）区间增长利率债结构

区间型债券最大的特色就是采取每日计息的方式，只要当日指标利率落在该计息期间的计息范围内，投资人就可以拿到给定的收益。但如果当日利率不在计息范围内，投资人的票面利率就是 0。到了每季度的付息日，发行商就会根据过去 3 个月以来 6 个月美元 Libor 的走势，计算出该计息期间内指标利率落在计息范围内的天数 N，再把指标利率在计息范围内的天数占计息期间总天数的比例 N/D 乘以条款上的配息，就可以得到每期的票面利率，如图 13 – 1 所示。

此产品第 3 年到第 7 年都是属于区间增长型债券的结构，即利率区间的范围会越来越宽，从图 13 – 1 中可以看到利率区间从第 3 年的 0 ~ 4%、第 4 年的0 ~

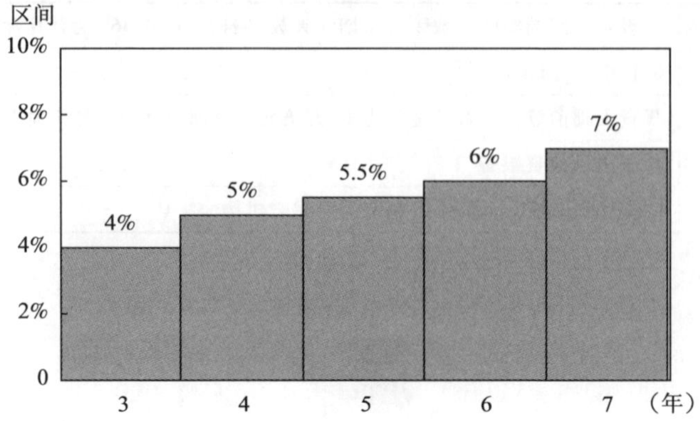

图 13-1 产品结构状况

5%一直持续扩大到第7年的0～7%。利率区间越宽，指标利率落入区间的天数也会越多，乘以票面利率后，投资人所领到的票息也会增加。

除了区间范围持续增加外，此产品的票面利率也持续增加，从第3年的票面利息为7%、第4年的票面利率7.5%，持续增加到第7年的9%，不过由于产品是属于区间型债券，票面利率必须乘以落入区间的天数后，才是每期所领回的票息。所以当落入区间的天数都是固定的情况下，票面利息越高，投资人可以领的利息会越高（见图13-2）。

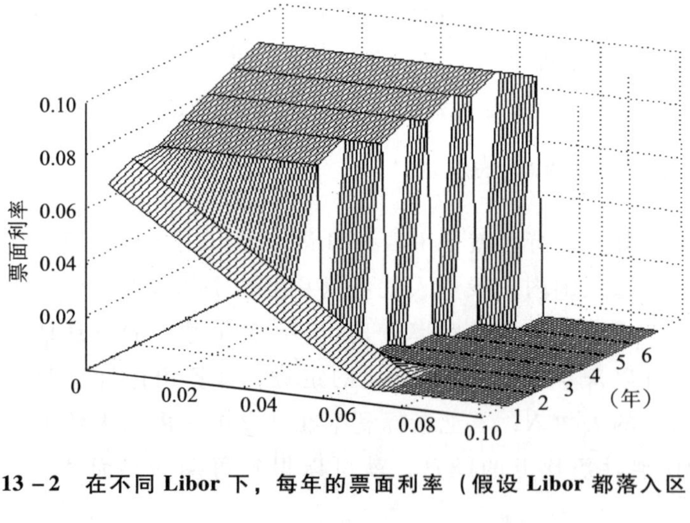

图 13-2 在不同 Libor 下，每年的票面利率（假设 Libor 都落入区间）

三 定价方法：Hull - White 利率三叉树

(一) 构建收益率曲线 [USD Libor (零息利率) Curve]

国外的金融机构以及银行融通短期资金需求的方式都是通过 Libor 市场，因此可视 Libor 为资金成本，在定价衍生性金融产品多半也都以 Libor 替代无风险利率来当作折现率，所以我们要先构建出一条 7 年期的收益率曲线。

由于市场上的 Libor 只有 1 年以内的报价，分别是 1 周、2 周、1 个月、2 个月……12 个月，所以 1 年以上长天期的收益率曲线必须通过浮动端为 3 个月付息一次的 US Libor 的互换利率（Swap 利率）求得（见表 13 - 2）。

表 13 - 2　市场上 US 6m Libor 及 Swap 利率的报价（2003. 3. 31）

到期日	Libor（%）	到期日	Swap 利率（%）
3 个月	1.2788	1 年	1.26
6 个月	1.2313	2 年	1.75
9 个月	1.2375	3 年	2.32
12 个月	1.2800	4 年	2.81
		5 年	3.22
		6 年	3.43
		7 年	3.6855

1. 以即期 Libor 利率来建立 1 年以下的 Libor（零息利率）

市场上的 Libor 表示的是简单利率，不是连续复利率，然而 Libor（零息利率）是连续复利的折现率，所以要将市场上的 Libor 转为连续复利的折现率。

$$\frac{1}{1 + r_i \cdot \frac{i}{12}} = e^{-{}_0r_i\frac{i}{12}} \Rightarrow {}_0r_i = \ln\left(1 + r_i\frac{i}{12}\right) \times 12$$

此处：

r_i：第 i 个月市场报价；

${}_0r_i$：第 i 个月 Libor（零息利率）。

2. 利用互换利率来建立 1 年以上的 Libor（零息利率）

我们采用拔靴法的概念来构建 1 年以上的收益率。互换利率由两组现金流量所形成，所以利率互换价格相当于两组现金流量价格的差额，通常交易双方在确定新的利率互换合约时，会让两组现金流量的现值相等，并等于面额，根据此原则就可以反推出一个固定利率。

目前已知市场上 1 年期与 2 年期的互换利率报价，但我们需要 1.25 年期的互换利率来求算 1.25 年的收益率，对于所缺少的数据，必须先利用 Matlab 的非线性内插法（Cubic Spline），用插补的方式求算不同年期的互换利率。

在求出 1.25 年的互换利率后，就可以带入下面的关系式，用拔靴法来求算 1.25 年的收益率。

$$S_{1.25}\times\frac{1}{4}\times e^{-r(0,0.25)\times 0.25}+S_{1.25}\times\frac{1}{4}\times e^{-r(0,0.5)\times 0.5}+S_{1.25}\times\frac{1}{4}\times e^{-r(0,0.75)\times 0.75}+S_{1.25}\times\frac{1}{4}\times e^{-r(0,1)\times 1}+(1+S_{1.25})\times\frac{1}{4}\times e^{-r(0,1.25)\times 1.25}=1 \quad (13-1)$$

此处：

$S_{1.25}$：由 Cubic Spline 法求得的互换利率；

$r(0,t)$：市场上 t 年期的收益率。

其中 $r(0,0.25)$、$r(0,0.5)$、$r(0,0.75)$、$r(0,1)$ 可以从市场上的报价得知，所以方程式只有 r（0，1.25）是未知的，因此就可以解上述方程式，并反求出 1.25 年的收益率。

重复以上步骤，依序可继续求出 1.5 年、1.75 年、2 年、2.25 年一直到 7 年的收益率，再利用 Matlab 的 Cublic Spline 得到整条 USD Libor Zero Curve（见图 13－3）。Libor 零息利率曲线，是它的期限结构。

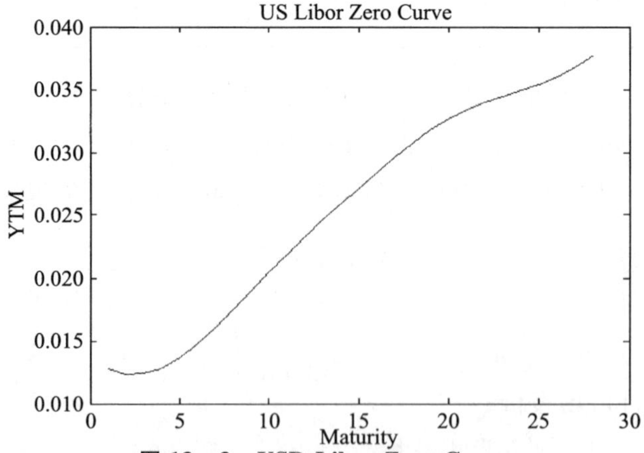

图 13－3　USD Libor Zero Curve

（二）校准模型参数 α、σ

接着校准 Hull－White 利率模型所牵涉的两个参数：α（决定均值回归的速度）及 σ（决定利率波动率），让所构建出来的利率三叉树与市场利率期间结构一致。我们利用市场上 1～7 年期平值美元 Libor 的利率上限期权 Cap（市场价格）与 Hull－White 模型算出的利率上限期权 Cap（理论价格）来进行校准，求出令理论价格与市场价格误差平方和最小的 α 与 σ（见表 13－3）。

表 13－3　　市场上平值（产品发行日 ATM）Cap 的报价

到期日	执行价（%）	波动率（%）
1 年	1.25	58.4
2 年	1.81	59.8
3 年	2.39	52.0
4 年	2.85	45.2
5 年	3.22	40.2
6 年	3.52	36.5
7 年	3.77	33.7

1. 计算市场上的利率上限期权价格——市场价格

市场上假设远期利率是对数正态分配，所以可以套用 Black-76 的定价公式，来计算市场上平值 Caplet 的价格。但是市场上的利率上限期权都是以波动率来报价，所以把波动率代入 Black-76 公式就可求出 Black 模型的理论价值，也就是市场价格。

$$\text{Caplet}(0,t_k,t_{k+1}) = P(0,t_k)[f(0,t_k,t_{k+1})N(d_1) - R_{\text{Cap}}N(d_2)]\Delta\tau L \qquad (13-2)$$

其中：$d_1 = \dfrac{\ln\left[\dfrac{f(0,\ t_k,\ t_{k+1})}{R_{Cap}}\right] + \dfrac{\sigma^2}{2}(t_k - 0)}{\sigma\sqrt{(t_k - 0)}}$

$d_2 = d_1 - \sigma\sqrt{(t_k - 0)}$

此处：

$f(0,t_k,t_{k+1})$：在时点 0，$t_k \sim t_{k+1}$ 期间的远期利率；

$P(0,t_k)$：在 0 时点下，t_k 时点到期的零息债券价格；

R_{Cap}：执行利率；

σ：远期利率的波动率。

由于市场上 Cap 标的是 3 个月 Libor 利率，所以 7 年的 Cap 共有 27 个 Caplet {Caplet（0，0.25，0.5）、Caplet（0，0.5，0.75）、Caplet（0，6.75，7）}，理论上需要 27 个波动率来求算不同年期 Caplet 的价值。但市场上波动率的报价只有以年为单位，并没有 0.25 年、0.5 年的波动率，所以我们假设同一年内所有的波动率皆相同，再利用类似拔靴法的概念依序求出 1～2 年的波动率、2～3 年的波动率……6～7 年间的波动率。

市场上第 i 年 Cap 的波动率报价代表第 i 年内所有 Caplet 的平均波动率。所以第 i 年内所有的 Caplet 代入市场 Cap 波动率报价所计算出来的价格加总应该会等于所有第 1 年的 Caplet 代入 0～1 年的波动率，加上所有第 2 年的 Caplet 代入 1～2 年的波动率，一直加到所有第 i 年的 Caplet 代入 $i-1$ 年到 i 年波动率的总和。

公式整理如下：

利用数学式表示 Cap 与各个 Caplet 的关系如式（13－3），我们就可利用此关系式求算波动率的期间结构。

$$\sum_{k=1}^{4i-1} \tau_k P(0,T_k)\,\mathrm{Bl}[K,F_k(0),\sqrt{T_{k-1}}v_{i-\mathrm{Cap}}] \qquad (13-3)$$

$$= \sum_{k=1}^{4i-1} \tau_k P(0,T_k)\,\mathrm{Bl}[K,F_k(0),\sqrt{T_{k-1}}v_{(i-1,i)-Caplet}]$$

其中：

Bl（·）函数：Black－76 的定价公式；

v_{i-Cap}：第 i 年市场 Cap 的波动率报价；

$v_{(i-1,i)-Caplet}$：第 $i-1$ 年到第 i 年利率看涨期权（Caplet）的波动率。

我们先以第 1 年为例，算出 0～1 年间的波动率，再用这个概念去求算 1～2 年间的波动率，求算步骤如下：

第 1 年：

$$0.25P(0,0.5)Bl[K,F_{0.5}(0),\sqrt{0.25v_{1-Cap}}]+0.25P(0,0.75)Bl[K,F_{0.75}(0),\sqrt{0.5}v_{1-Cap}]+0.25P(0,1)Bl[K,F_1(0),\sqrt{0.75v}_{1-Cap}]=0.25P(0,0.5)Bl[K,F_{0.5}(0),\sqrt{0.25}\,v_{0.25-Caplet}]+0.25P(0,0.75)Bl[K,F_{0.75}(0),\sqrt{0.5}\,v_{0.5-Caple}]+0.25P(0,1)Bl[K,F_1(0),\sqrt{0.75}v_{0.75-Caplet}]$$

第 2 年：

$$0.25P(0,0.5)Bl[K,F_{0.5}(0),\sqrt{0.25}v_{2-Cap}]+0.25P(0,0.75)Bl[K,F_{0.75}(0),\sqrt{0.5}v_{2-Cap}]+0.25P(0,1)Bl[K,F_1(0),\sqrt{0.75}v_{2-Cap}]+0.25P(0,1.25)Bl$$

$$[K,F_{1.25}(0),\sqrt{1}v_{2-Cap}]+0.25P(0,1.5)Bl[K,F_{1.5}(0),\sqrt{1.25}v_{2-Cap}]+0.25P(0,1.75)Bl[K,F_{1.75}(0),\sqrt{1.5}v_{2-Cap}]+0.25P(0,2)Bl[K,F_{2}(0),\sqrt{1.75}v_{2-Cap}]=0.25P(0,0.5)Bl[K,F_{0.5}(0),\sqrt{0.25}v_{0.25-Caplet}]+0.25P(0,0.75)Bl[K,F_{0.75}(0),\sqrt{0.5}v_{0.5-Caplet}]$$

$$+0.25P(0,1)Bl[K,F_{1}(0),\sqrt{0.75}v_{0.75-Caplet}]+0.25P(0,1.25)Bl[K,F_{1.25}(0),\sqrt{1}v_{1-Caplet}]+0.25P(0,1.5)Bl[K,F_{1.5}(0),\sqrt{1.25}v_{1.25-Caplet}]+0.25P(0,1.75)Bl[K,F_{1.75}(0),\sqrt{1.5}v_{1.5-Caplet}]+0.25P(0,2)Bl[K,F_{2}(0),\sqrt{1.75}v_{1.75-Caplet}]$$

由于利率期权的报价为每年的波动率，并无法得知每3个月的波动率，故假设同一年内的波动率均相等，则将此设定带入1年期的关系式内，可得0~1年间的波动率：

$$v_{0.25-Caplet}=v_{0.5-Caplet}=v_{0.75-Caplet}=v_{(0,1)-Caplet}=v_{1-Cap}$$

接着假设

$$v_{1-Caplet}=v_{1.25-Caplet}=v_{1.5-Caplet}=v_{1.75-Caplet}=v_{(1,2)-Caplet}$$

带入2年期的利率期权等式关系：

$$0.25P(0,0.5)Bl[K,F_{0.5}(0),\sqrt{0.25}v_{2-Cap}]+0.25P(0,0.75)Bl[K,F_{0.75}(0),\sqrt{0.5}v_{2-Cap}]+0.25P(0,1)Bl[K,F_{1}(0),\sqrt{0.75}v_{2-Cap}]+0.25P(0,1.25)Bl[K,F_{1.25}(0),\sqrt{1}v_{2-Cap}]+0.25P(0,1.5)Bl[K,F_{1.5}(0),\sqrt{1.25}v_{2-Cap}]+0.25P(0,0.75)Bl[K,F_{1.75}(0),\sqrt{1.5}v_{2-Cap}]+0.25P(0,2)Bl[K,F_{2}(0),\sqrt{1.75}v_{2-Cap}]$$

$$=0.25P(0,0.5)Bl[K,F_{0.5}(0),\sqrt{0.25}v_{(0.1)-Caplet}]+0.25P(0,0.75)Bl[K,F_{0.75}(0),\sqrt{0.5}v_{(0.1)-Caplet}]+0.25P(0,1)Bl[K,F_{1}(0),\sqrt{0.75}v_{(0.1)-Caplet}]+0.25P(0,1.25)Bl[K,F_{1.25}(0),\sqrt{1}v_{(1.2)-Caplet}]$$

$$+0.25P(0,1.5)Bl[K,F_{1.5}(0),\sqrt{1.25}v_{(1.2)-Caplet}]+0.25P(0,1.75)Bl[K,F_{1.75}(0),\sqrt{1.5}v_{(1.2)-Caplet}]+0.25P(0,2)Bl[K,F_{2}(0),\sqrt{1.75}v_{(1.2)-Caplet}]$$

由于 $v_{(0,1)-Caplet}$ 及 v_{2-Cap} 已知，便可求解1~2年的波动率 $v_{(1,2)-Caplet}$。在求出0~1年的波动率、1~2年的波动率后，我们就可以按照上述的步骤，代入式(13-3)求算2~3年的波动率……6~7年的波动率。求算结果如图13-4、表13-4所示。

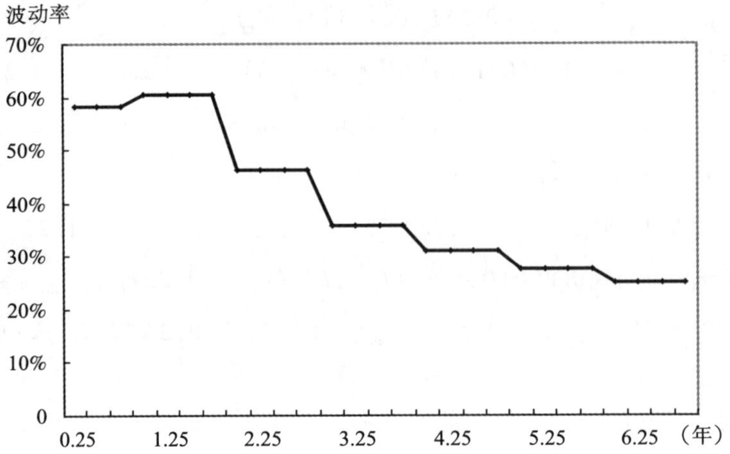

图 13－4 波动率的期间结构

表 13－4 波动率的期间结构

	1	2	3	4	5	6	7
v_{i-Cap}	0. 584	0. 598	0. 520	0. 452	0. 402	0. 365	0. 337
$v_{(i-1,i)-Caplet}$	0. 584	0. 605	0. 462	0. 359	0. 312	0. 276	0. 250

利率上限期权——市场价格计算见表 13－5。

表 13－5 利率上限期权——市场价格计算表

序号	t	vol	执行利率	Libor 利率	P（0，t）	远期利率	Caplet
1	0. 25	0. 584	0. 0125	0. 0128	0. 9968	0. 0118	0. 0003
2	0. 50	0. 584	0. 0125	0. 0123	0. 9939	0. 0125	0. 0005
3	0. 75	0. 584	0. 0125	0. 0124	0. 9908	0. 0141	0. 0009
4	1. 00	0. 605	0. 0181	0. 0128	0. 9873	0. 0169	0. 0009
5	1. 25	0. 605	0. 0181	0. 0136	0. 9831	0. 0207	0. 0016
6	1. 50	0. 605	0. 0181	0. 0148	0. 9780	0. 0240	0. 0023
7	1. 75	0. 605	0. 0181	0. 0161	0. 9722	0. 0273	0. 0030
8	2. 00	0. 462	0. 0239	0. 0175	0. 9656	0. 0306	0. 0026
9	2. 25	0. 462	0. 0239	0. 0190	0. 9582	0. 0337	0. 0033
10	2. 50	0. 462	0. 0239	0. 0204	0. 9502	0. 0365	0. 0039
11	2. 75	0. 462	0. 0239	0. 0219	0. 9415	0. 0389	0. 0044

续表

序号	t	vol	执行利率	Libor 利率	P（0，t）	远期利率	Caplet
12	3.00	0.359	0.0285	0.0233	0.9324	0.0407	0.0037
13	3.25	0.359	0.0285	0.0247	0.9230	0.0426	0.0041
14	3.50	0.359	0.0285	0.0259	0.9132	0.0445	0.0045
15	3.75	0.359	0.0285	0.0272	0.9031	0.0466	0.0049
16	4.00	0.312	0.0322	0.0284	0.8926	0.0489	0.0045
17	4.25	0.312	0.0322	0.0296	0.8818	0.0504	0.0048
18	4.50	0.312	0.0322	0.0308	0.8708	0.0508	0.0049
19	4.75	0.312	0.0322	0.0318	0.8598	0.0498	0.0047
20	5.00	0.276	0.0352	0.0327	0.8491	0.0477	0.0037
21	5.25	0.276	0.0352	0.0334	0.8391	0.0458	0.0034
22	5.50	0.276	0.0352	0.0340	0.8295	0.0450	0.0033
23	5.75	0.276	0.0352	0.0345	0.8202	0.0453	0.0033
24	6.00	0.250	0.0377	0.0349	0.8110	0.0472	0.0032
25	6.25	0.250	0.0377	0.0354	0.8015	0.0509	0.0037
26	6.50	0.250	0.0377	0.0360	0.7913	0.0566	0.0046
27	6.75	0.250	0.0377	0.0368	0.7802	0.0648	0.0060
28	7.00			0.0378	0.7677		

2. 利用 Hull - White 模型算出利率看涨期权价格——理论价格

利率上限期权可转换成零息债券看跌期权。假设利率上限水平为 R_{Cap}，起始点 0，重设时点分别为 0.25，0.5，0.75，…，6.75，一个 Cap 总共包含 27 个 Caplet，每个 Caplet 的期间都为 3 个月，以第一个 Caplet（0，0.25，0.5）为例：

时点 0.25 的 3 个月利率为 $R_{0.25}$，在时点 0.5 的现金流量为 max（$R_{0.25}-R_{Cap}$，0），所以第一个 Caplet 在时点 0.25 折现值为：

$$Caplet=\frac{1}{1+R_{0.25}\Delta\tau}\max\left(R_{0.25}-R_{Cap},\ 0\right)\times\Delta\tau,\quad R_{Cap}=\text{执行利率}$$

$$=\max\left(\frac{1+R_{0.25}\Delta\tau-R_{Cap}\Delta\tau-1}{1+R_{0.25}\Delta\tau},\ 0\right)$$

$$=\max\left(1-\frac{1+R_{Cap}\Delta\tau}{1+R_{0.25}\Delta\tau},\ 0\right)$$

$$= (1+R_{Cap}\Delta\tau)\ \max\left(\frac{1}{1+R_{Cap}\Delta\tau}-\frac{1}{1+R_{0.25}\Delta\tau},\ 0\right)$$

$$= (1+R_{Cap}\Delta\tau)\ \max\ (K-S,\ 0)$$

所以 Caplet 可视作一个本金为（$1+R_{Cap}\Delta\tau$）的零息债券看跌期权 max（$K-S$，0），利用 Hull－White 的零息债券看跌期权公式可以求算不同到期日的 Caplet 价值。详见作者的书《利率衍生品设计原理与应用》第三章 38－39 页。

到期日 t_k 的看跌期权定价公式如下（看跌期权的标的为 t_{k+1} 到期的零息债券，执行价为零息债券 K）：

$$P\ (0,\ t_k,\ t_{k+1})\ = P\ (0,\ t_k)\ [KN\ (-d_2)\ - P\ (t_k,\ t_{k+1})\ N\ (-d_1)] \tag{13-4}$$

其中：$d_1 = \dfrac{\ln\ [P\ (t_k,\ t_{k+1})\ /K]}{\sigma_p} + \dfrac{\sigma_p}{2}$

$$d_2 = d_1 - \sigma_p$$

$$\sigma_p^2 = \frac{\sigma^2}{2\alpha^3}\ (1-e^{-2\alpha t_k})\ [1-e^{-\alpha(t_{k+1}-t_k)}]^2$$

此处：

$P\ (t_k,\ t_{k+1})$：到期日 t_{k+1} 远期债券在时点 t_k 的价格；

σ_p^2：远期债券价格波动率。

所以，利率上限期权的理论价格，就可以用下列的公式表示，同时参考表 13－6。

$$Caplet = (1+R_{Cap}\Delta\tau)max(K-S,0) = (1+R_{Cap}\Delta\tau)max\left(\frac{1}{1+R_{Cap}\Delta\tau}-\frac{1}{1+R_{0.25}\Delta\tau},0\right)$$
$$= (1+R_{Cap}\Delta\tau)P(0,t_k)[KN(-d_2)-P(t_k,t_{k-1})N(-d_1)]$$
$$= P(0,t_k)[N(-d_2)+(1+R_{Cap}\Delta\tau)P(t_k,t_{k+1})N(-d_1)] \tag{13-5}$$

表 13－6　　利率上限期权——Hull－White 模型理论价格计算

序号	*t*	*P*（0，*t*）	*RCap*	*face value*	*P*（*t*，*T*）	*K*	*sigma_ p*	*Caplet*
1	0.25	0.9968	0.0125	1.0031	0.9970	1	0.0015	0.0005
2	0.50	0.9939	0.0125	1.0031	0.9969	1	0.0021	0.0008
3	0.75	0.9908	0.0125	1.0031	0.9965	1	0.0026	0.0012
4	1.00	0.9873	0.0181	1.0045	0.9958	1	0.0030	0.0010
5	1.25	0.9831	0.0181	1.0045	0.9948	1	0.0033	0.0017
6	1.50	0.9780	0.0181	1.0045	0.9940	1	0.0036	0.0022

续表

序号	t	P (0, t)	*RCap*	*face value*	P (t, T)	K	*sigma_ p*	*Caplet*
7	1.75	0.9722	0.0181	1.0045	0.9932	1	0.0039	0.0029
8	2.00	0.9656	0.0239	1.0060	0.9924	1	0.0041	0.0025
9	2.25	0.9582	0.0239	1.0060	0.9916	1	0.0044	0.0031
10	2.50	0.9502	0.0239	1.0060	0.9909	1	0.0046	0.0037
11	2.75	0.9415	0.0239	1.0060	0.9903	1	0.0048	0.0041
12	3.00	0.9324	0.0285	1.0071	0.9899	1	0.0050	0.0036
13	3.25	0.9230	0.0285	1.0071	0.9894	1	0.0052	0.0040
14	3.50	0.9132	0.0285	1.0071	0.9889	1	0.0054	0.0043
15	3.75	0.9031	0.0285	1.0071	0.9884	1	0.0056	0.0047
16	4.00	0.8926	0.0322	1.0081	0.9879	1	0.0058	0.0044
17	4.25	0.8818	0.0322	1.0081	0.9875	1	0.0059	0.0047
18	4.50	0.8708	0.0322	1.0081	0.9874	1	0.0061	0.0047
19	4.75	0.8598	0.0322	1.0081	0.9876	1	0.0062	0.0046
20	5.00	0.8491	0.0352	1.0088	0.9882	1	0.0064	0.0038
21	5.25	0.8391	0.0352	1.0088	0.9886	1	0.0065	0.0035
22	5.50	0.8295	0.0352	1.0088	0.9888	1	0.0066	0.0034
23	5.75	0.8202	0.0352	1.0088	0.9887	1	0.0068	0.0034
24	6.00	0.8110	0.0377	1.0094	0.9883	1	0.0069	0.0033
25	6.25	0.8015	0.0377	1.0094	0.9874	1	0.0070	0.0038
26	6.50	0.7913	0.0377	1.0094	0.9859	1	0.0072	0.0046
27	6.75	0.7802	0.0377	1.0094	0.9839	1	0.0073	0.0058
28	7.00	0.7677						

3. 找出使误差平方和最小的 α 与 σ

接下来要找出最适的 α 与 σ，使市场价格跟理论价格相减后的平方和最小，也就是找到让理论价格最接近市场价格的 α 与 σ：

$$\min_{\alpha\&\sigma}\sqrt{\sum_{i=1}^{27}[\text{model}_i(\alpha,\sigma)-\text{market}_i]^2} \tag{13-6}$$

由于 Bloomberg 中提到 α 的范围通常都介于 0.01 到 0.3 之间，σ 的范围通常都介于 0.001 到 0.1 之间。所以把 0.01 到 0.3 切割成 30 等份 {0.01，0.02，…，0.3}，0.001 到 0.1 切割 100 等份 {0.001，0.002，…，0.1}，从这 3000 个 α 跟 σ 的组合找出可以让误差平方和最小的 α 跟 σ：

α	0.02
σ	0.012

利率上限期权市价跟模型理论价格之差见表 13 – 7。

表 13 – 7　利率上限期权市价跟模型理论价格之差

序号	market price	model price	diff	序号	market price	model price	diff
1	0.0003	0.0005	0.0002414	15	0.0049	0.0047	–0.0001786
2	0.0005	0.0008	0.0003293	16	0.0045	0.0044	–0.0000917
3	0.0009	0.0012	0.0003567	17	0.0048	0.0047	–0.0001224
4	0.0009	0.0010	0.0001439	18	0.0049	0.0047	–0.0001353
5	0.0016	0.0017	0.0000376	19	0.0047	0.0046	–0.0001260
6	0.0023	0.0022	–0.0000588	20	0.0037	0.0038	0.0000512
7	0.0030	0.0029	–0.0001539	21	0.0034	0.0035	0.0000897
8	0.0026	0.0025	–0.0000634	22	0.0033	0.0034	0.0001078
9	0.0033	0.0031	–0.0001435	23	0.0033	0.0034	0.0000966
10	0.0039	0.0037	–0.0002109	24	0.0032	0.0033	0.0001853
11	0.0044	0.0041	–0.0002656	25	0.0037	0.0038	0.0001003
12	0.0037	0.0036	–0.0000544	26	0.0046	0.0046	–0.0000154
13	0.0041	0.0040	–0.0000947	27	0.0060	0.0058	–0.0001371
14	0.0045	0.0043	–0.0001359	SSE		0.000835	

（三）Hull – White 利率三叉树

求出模型参数 α 与 σ 后，接着利用 Hull – White 三叉树的方式求出树上各节点的利率。

1. 展出 Hull – White 利率树

利率三叉树模型必须分成两阶段来构建，第一阶段先利用 dr^* 构建出 r^* 利率树；第二阶段接着求出平移函数 $\alpha(t)$，并且利用 $r(t) = r^*(t) + \alpha(t)$ 的关系式，找出真正 $r(t)$ 的利率三叉树模型。至于详细的推导过程已于前面的研究方法介绍过。

模型的参数如下：

$\Delta t = 1/360$

$M = -\alpha\Delta t = -0.02 \times 1/360 = -0.000056$

$V = \sigma^2\Delta t = 0.012^2 \times 1/360 = 0.0000004$

$\Delta r = \sqrt{3V} = 0.0011$

$\text{jmax} = -0.1835/-0.000056 \approx 3303$

2. 转换

此产品要记录每天的标的利率是否落入利率区间，以此作为配息的乘数，因此要展出每天的利率树。所以由前述步骤展出的利率只是 $\Delta t =$ （1/360） 时间长度的即期利率，但产品的标的利率是 6 个月 Libor（6 个月复利一次的利率），故需经过转换，才能展出本章所需要的 Libor 利率树。接下来利用 Hull - White 导出的债券价格定价公式辅助我们做利率转换成为 6 个月期 Libor。

Hull - White 债券价格解析解公式如下：

$$P(t,T) = A(t,T)\mathrm{e}^{-B(t,T)r} \tag{13-7}$$

此处：$P(t,T)$ = 到期日为 T 在 t 时点的零息债券价格

$$A(t,T) = \frac{P(0,T)}{P(0,t)}\exp\left[B(t,T)F(0,t) - \frac{\sigma^2}{4a}(1-\mathrm{e}^{-2at})B(t,T)^2\right]$$

$$B(t,T) = \frac{1-e^{-\alpha(T-t)}}{\alpha}$$

$F(0,t) = \dfrac{-\partial \log P(0,t)}{\partial t}$，在 0 时点观察，在 t 时点的瞬间远期利率。

此外，

$$P(t,t+180)\left(1+\text{Libor}\frac{1}{2}\right) = 1$$

$$\Rightarrow \text{Libor} = \frac{1-\mathrm{P}(t,t+180)}{\mathrm{P}(t,t+180)\times\frac{1}{2}} \tag{13-8}$$

其中，$P(t,t+180)$ 为 180 天期的零息债券。可由 Hull - White 债券价格式（13 - 7）求算：

$$P(t,t+180) = \mathrm{A}(t,t+180)e^{-B(t,t+180)r}$$

此处 r 为三叉树上的即期利率。$P(t,t+180)$ 求算后，再利用式（13 - 8）求 6 个月期 Libor。所以经过我们的转换后，就可得到 6 个月 Libor 的利率树。

3. 路径函数

本产品为每日计息型的产品，在配息时点上，需以前 180 天的累积天数加总作为配息依据。每一个节点在判断落入配息天数时，还需加上前期已累积的天数作为该节点的累积天数，但是前期的节点会有许多到达该节点的路径，所以可能会在一个节点上出现许多累积天数值。

故试着利用条件几率的概念，求出一期望值，当前期往后期累积加总时，仅加上可到达该节点的天数期望值。如此一来，每个节点可以仅利用一个路径天数值作为前期累积至本期的期望路径天数，也可以表示每个节点上的期望累积天数。详细过程可参照前面的研究方法。

4. 配息、折现

因为产品有赎回条款，所以当债券在某一时点未来现金流量的现值（PV）大于在同一时点债券价格的时候，发行商就可以按照赎回条款将债券用面值赎回，赎回的条件可以表示如下：

$$V_t = \min\left[\text{call price}, PV(V_{t+1})\right] \tag{13-9}$$

此处：

V_t：t 时点的现金流量；

call price：发行商买回价格，条款为发行商以面值 100 买回；

$PV(V_{t+1}) = t+1$ 时点的现金流量（V_{t+1}）折现到 t 点的价值。

债券价格的计算方式是从最后一期的本金加上利息后，依据各节点的几率依序往前折现得到。表 13－8 是不同分支状况下的折现方式。

表 13－8　　不同分支状况下的折现方式

情况	分支形状	折现方式
一般情况	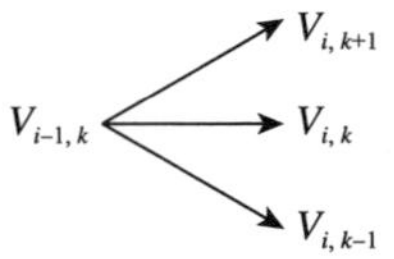	$V_{i-1,k}=e^{-L_{i-1,1}dt}(P_uV_{i,k+1}+P_mV_{i,k}+P_dV_{i,k-1})+C_{i-1}$
利率低档	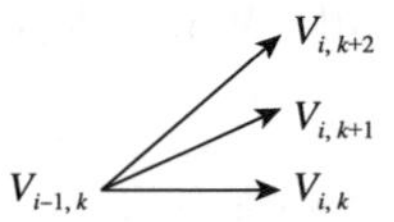	$V_{i-1,k}=e^{-L_{i-1,1}dt}(P_uV_{i,k+2}+P_mV_{i,k+1}+P_dV_{i,k})+C_{i-1}$
利率高档	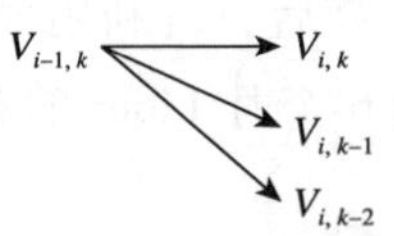	$V_{i-1,k}=e^{-L_{i-1,1}dt}(P_uV_{i,k}+P_mV_{i,k-1}+P_dV_{i,k-2})+C_{i-1}$

四 定价结果与利润分析

从图 13 –5 可以很清楚地看到定价流程。经过上述这些步骤，就可算出债券价格，不过由于此产品是每日计息，7 年共有 2520 个时间点，而均值回归的节点数为 jmax =3303，共有 6607 个状态；我们所展出的利率三叉树为 2520 乘以 6607 的矩阵。由于矩阵太大，没有附于本章，我们所计算的结果如表 13 –9 所示。

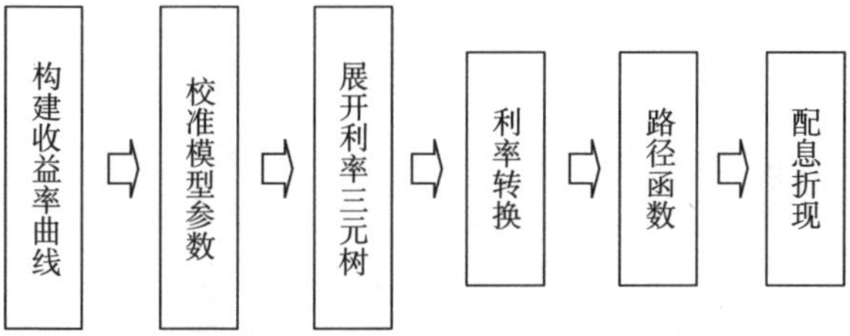

图 13 –5　定价步骤

表 13 –9　双重式利率挂钩债券——定价结果

项目	100 为单位	10000 为单位
零息债券部分	76.767	7676.7
期权部分	19.93	1993
挂钩式债券（可赎回）	96.697	9669.7
挂钩式债券（不可赎回）	119.14	11914
附买回价值	22.443	2244.3
面额	100	10000
利润	3.303	330.3

双重结构式利率挂钩债券可以拆解成零息债券加上期权。零息债券的价值我们可以从最后一期节点上的 Arrow – Debreu Security $Q_{i,j}$来计算，把 $Q_{i,j}$乘以本金加总后即可得到零息债券价值 76.767。期权部分为 19.93(=96.697 –76.767)。

若以 100 元为债券面额，则双重结构式利率挂钩债券利用 Hull – White 利率三叉树求得债券的理论价格为 96.697，发行商利润为 3.303(=100 –96.697)。7 年的总收益率等于 3.416% (=3.303/96.697)，所以每年发行商的平均收益率为 0.481% [=$(1+3.416\%)^{1/7}-1$]。

因为发行商具有赎回条款，所以在债券面额等于100元的情况下，若未来时点的现金流量会大于100元，发行商就会用100元赎回。有赎回条款的，给出双重结构式利率挂钩债券的价格为96.697元；比没有赎回条款的价格119.14元多出22.443元。这是因为此产品的配息很高，所以发行商为规避支付投资人太多利息成本所设计的一种保护条款；若利率的走势对发行商不利，则发行商即可赎回此债券。

五

敏感度分析与避险参数

（一）敏感度分析

1. 均值回归速度 α 对双重结构利率挂钩债价格的影响

在利率波动率 $\sigma = 0.012$ 的情况下，我们给均值回归速度及债券价格画图（见图13－6），会发现均值回归速度与债券价格呈现正向关系，即均值回归速度越大，利率反转的速度越快，利率的变动程度较小，挂钩式债券的价格较高。讨论如下：

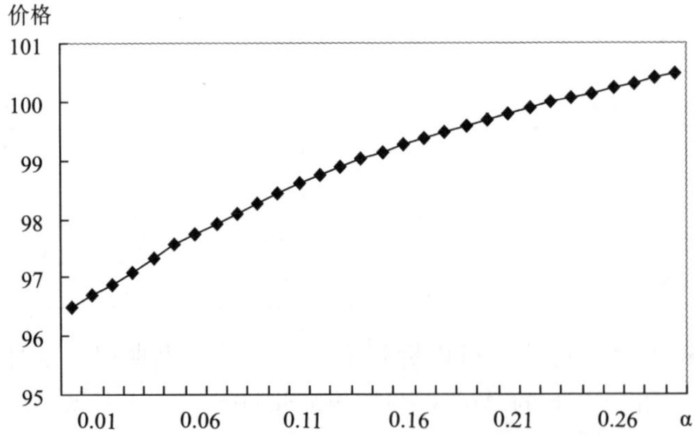

图13－6　均值回归速度 α 对债券价格的影响

就逆浮动的结构而言，当市场利率处于低档，利率变动程度又小时，短期利率更有可能继续维持在低档水平，所以配息较高的情况下，挂钩债的价格也会比较高。就区间增长的结构来看，由于目前市场上的利率处于计息范围内，若利率变动的程度较小，指标利率落入区间的天数会增加，因此债券价格也会比较高；反之，若均值回归的速度越小，利率反转的速度越慢，利率变动的程度越大，短期利率不太可能维持在低水平，超出利率区间的概率会变大，挂钩式债券价格也会因此而降低。

2. 利率波动率 σ 对双重结构利率挂钩债价格的影响

同样的，若我们固定均值回归速度 $\alpha = 0.02$，并做出利率波动率 σ 及债券价格图（见图 13－7），会发现利率波动率与债券价格呈现负相关，即随着波动率的减少，债券价格会增加。因为波动率越低，代表利率的走势将不会有太大的改变，利率更有可能继续维持在低档水平，所以利率停留在计息范围的几率会提高，挂钩债券的价格也会因此较高。

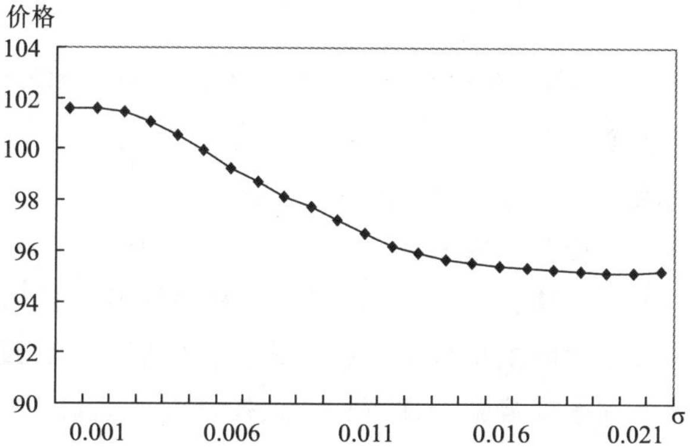

图 13－7　利率波动率 σ 对债券价格的影响

3. 均值回归速度 α 及利率波动率 σ 对双重结构利率挂钩债券价格的影响

从图 13－8 可以看出，挂钩式债券价格和均值回归速度呈现正向关系，与利率波动率呈现反向关系。以下探讨两者的综合效果。

在利率波动率很小的情况下，利率更有可能继续维持在低档水平，所以债券价格较高，这时均值回归速度对债券价格几乎不会造成任何影响；反之，在利率波动率很大的情况下，债券价格较低，若均值回归的速度增加，会让整体的利率波动程度减少，债券价格提升。

在均值回归速度很小的情况下，利率反转速度越慢，利率的变动程度较大，挂钩式债券的价格越低；反之，在均值回归速度较大时，利率反转速度较快，利率变动幅度较小，债券的价格较高。从图 13－8 可以看出，在均值回归速度较小的时候，波动率对价格的影响比均值回归速度大的时候更大。

根据上面的分析可知，利率波动率对于债券价格的影响程度比均值回归速度

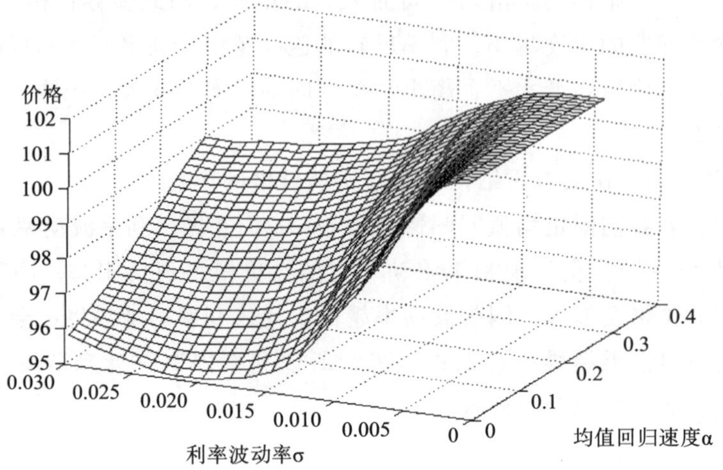

图 13－8　均值回归速度 α 及利率波动率 σ 对债券价格的影响

对债券价格的影响程度更大。

4. 收益率曲线变动对双重挂钩式债券价格的影响

收益率曲线整条移动会导致整体利率水平改变，Hull－White 的利率树也会跟着改变。如果是平行上移，会使 Hull－White 利率树所模拟出来的利率走势整个往上移动，投资人拿到的配息减少，挂钩式债券价值上升；反之，当收益率曲线平行下移，也会使利率走势整个往下移动，投资人可拿到的配息增加，挂钩债券的价值上升（见图 13－9）。

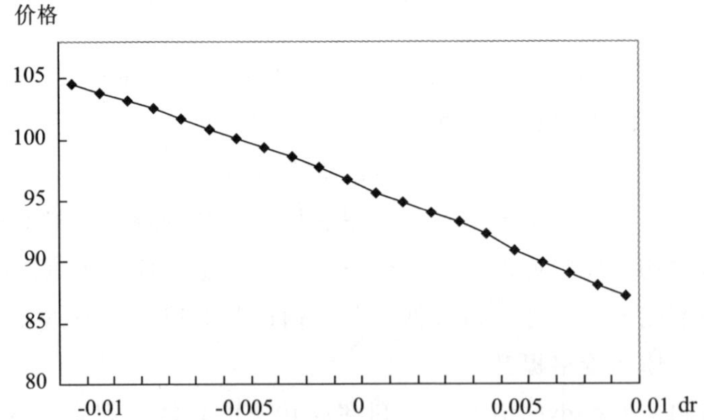

图 13－9　收益率曲线变动对债券价格的影响

5. 收益率曲线变动与均值回归速度 α 对双重挂钩式债券价格的影响

已知在波动率很小的情况下，均值回归的速度对债券价格的影响程度较小，然而我们所校准出来的 $\sigma=0.012$，可知均值回归速度对挂钩式债券价格不会有太大的影响。

由图 13－10 可以看到，收益率曲线平行下移时，挂钩债券的价格会因此增加，而收益率曲线平行上移时，挂钩债券的价格会随之下降。均值回归速度较大时，债券价格会呈现略微上升的状态；反之，当均值回归速度较小时，债券价格会略为下降，但对整体的影响程度并不大。

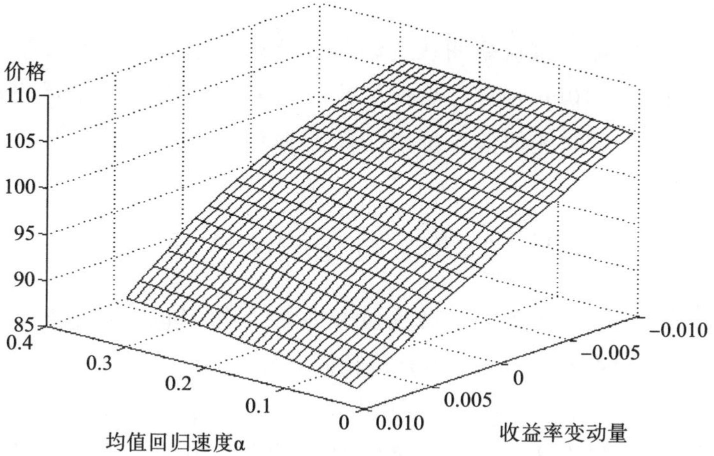

图 13－10　收益率曲线变动与均值回归速度对债券价格的影响

6. 收益率曲线变动与利率波动率 σ 对双重挂钩式债券价格的影响

从图 13－11 可知，收益率曲线变动对价格的影响还是远大于利率波动率对

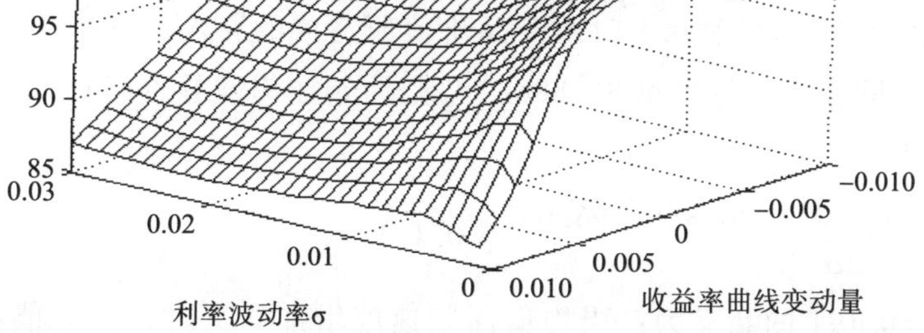

图 13－11　收益率曲线变动与利率波动率对债券价格的影响

价格的影响，所以随着收益率曲线的平移下降，挂钩债券的价值会增加；反之，收益率曲线平移上升时，债券价值会减少。虽然利率波动率相对于收益率变动而言影响不大，但利率波动率下降时，债券价格还是会呈现微幅上升。利率波动率减少时，价格会呈现微幅的下降。

（二）避险参数

1. Delta

避险参数 Delta 是指收益率曲线变动对于挂钩式债券价格的影响。我们探讨当收益率曲线往上移 10bp 时对产品价值造成的影响。其中，V_1 是收益率曲线平行上移 10bp 后所得到的挂钩债券价格；V_0 是原始挂钩债券价格；Δr 为收益率曲线的变动量，为 10bp。

$$\text{Delta}=\frac{V_1-V_0}{\Delta r}=\frac{95.62-96.697}{10}=-0.1077$$

Delta = −0. 1077 的意义为：当收益率曲线上升 1bp，挂钩债券价格会下降 0. 1077 美元。其原因及解释与上述分析相同。

2. Vega

避险参数 Vega 代表波动率 σ 变动对挂钩债券价值的影响。这里讨论当波动率 σ 增加 0. 1% 时对产品价值所造成的影响。其中，V_1 是波动率增加 0. 1% 时所求得的挂钩债券价格 91. 212 美元；V_0 是原始挂钩债券价格；$\Delta\sigma$ 为波动率的变动量 0. 1% 。

$$\text{Vega}=\frac{V_1-V_0}{\Delta\sigma}=\frac{96.212-96.697}{0.1}=-4.85$$

Vega = −4. 85 的意义为：当波动率上升 1% 时，挂钩债券价格会下降 4. 85 美元。其原因及解释与前述分析相同。

3. Omega

避险参数 Omega 指均值回归速度变动对此挂钩债券价格的影响。这里探讨的是当均值回归速度变动 0. 1 时对产品价值所造成的影响。其中 V_1 是均值回归速度增加 0. 1 的挂钩债券价格 96. 888；V_0 是原始挂钩债券价格；$\Delta\alpha$ 为均值回归的变动量 0. 1。

$$\text{Omega}=\frac{V_1-V_0}{\Delta\alpha}=\frac{96.888-96.697}{1}=0.191$$

Omega = 0. 191 的意义为：当均值回归速度增加 0. 1 时，挂钩债券价值增加 0. 191 美元。

六 发行商的风险

此产品前两年属于逆浮动债券，发行商需要支付浮动利息成本，即 6.5% 或 7% 减去 6 个月 Libor，在利率上升的情况下，配息会逐渐减少；而就区间型债券的结构而言，发行商需要支付固定的利息成本，在利率上升的情况下，利率超出区间的几率增加，配息也会随之下降。所以逆浮动与区间的设计都保护了利率上升的上方风险。

此外，发行商具有赎回条款，即发行商可以执行买回的权利，以面额向投资人买回此挂钩债券。我们利用 Hull - White 利率三叉树定价的结果显示，在面额 100 美元的情况下，不具赎回条款的价格为 119.14 美元，比具有赎回条款的价值 96.697 美元多了 22.443 美元。所以赎回条款的设计保护了发行商利率下降的下方风险。

但如果利率一直落在原先设定的利率区间内，且缓步上扬，发行商会支付较多的利息成本，发行商就需要规避此种浮动利率的风险，可以利用数据期权进行避险。

七 发行商的避险策略

发行商在发行挂钩债券时，可以采用完全动态避险，采用之前所计算出挂钩债券的 Delta，买入 Libor 期货来避险。但是由于避险比率会随时间及 Libor 而变动，为了达到完全避险的目的必须要随时利用动态避险比率来调整持有的 Libor 期货部位。这种方法可以达成完全避险效果，但是需要随时调整部位，对于发行商来说花费成本太大。

由于产品前 2 年的结构为逆浮动利率，即发行商出售利率上限期权 Floor 给投资人，所以发行商应该要规避利率持续在低档水平的风险，发行商可以利用出售利率期货来规避风险。后 5 年的结构为区间增长，可以视作发行商卖数据期权给投资人，所以发行商也可以利用买入一系列数据期权来进行避险（其实，此处的对冲风险有点复杂）。

八
结论

结构式产品虽然标榜保本、高配息、高预期收益，但依照产品结构与挂钩标的不同，仍有相当的投资风险。所以投资人在决定申购前，应破除“保本、高获利”的思想，做好基本功课与认知，才能在投资挂钩债时明哲保身。本文介绍了两种结构式产品：利率挂钩式债券与信用挂钩式债券。我们可利用对这两种产品的定价、拆解与分析，让投资人对结构式产品有更深入的了解，更了解结构式产品的风险何在，以及该如何去选择适合的产品。

双重结构利率挂钩债券，为逆浮动与区间增长的组合。当利率缓步上升（或持平）时，投资人可以收到最高的配息；而发行时点的利率正位于低水平，所以利率逐渐上升的几率很高，且产品的条款配息颇为优渥，应该颇受投资人欢迎。但此产品有附买回条款，即一年之后发行商有权以面额买回此债券，故当投资人正要享受高配息时，票券就可能被发行商赎回，投资人并无利可图。所以投资人在投资此产品时，应该要仔细考虑，因为实际情形并没有条款那般诱人。

此外，发行商在进行结构式债券的设计时，除了要兼顾是否能吸引广大的投资人投资外，最主要的是要考虑发行该产品是否可以获得利润，是否能够避险，避险方法是否可行。

第十四章　每日利率区间型挂钩式债券定价及避险：3年期每日计息式货币市场利率挂钩组合式投资产品[①]

一

产品内容说明

本产品条款介绍参见表14－1。

表14－1　　3年期每日计息式货币市场利率挂钩组合式投资产品

发行机构	花旗银行
有效期	3年
最低申购金额	300000美元
到期保本	保证偿还100%本金
计息方式	第1年：保证年收益2.3% 第2年到第3年每年配息视指标利率是否落入利率区间内，每季度配息，收益如下： 第1年：保证2.3%（无区间） 第2年：Max（指标利率×N/D，0.12%）　利率区间：0～2.00% 第3年：Max（指标利率×N/D，0.12%）　利率区间：0～2.25% 指标利率：90天期美元商业票据次级市场利率 N/D：利率落入区间乘数 N：各计息期间指标利率落入利率区间总天数 D：各计息期间内实际天数

① 本章由陈松男教授、研究特助廖秦尉撰写。

续表

浮动项说明	90 天期商业票据次级市场利率为指标利率。N/D 表示各计息期间指标利率落入利率区间总天数占各计息期间内实际天数
发行机构赎回条款	自产品起始日起满 6 个月后，发行机构有权利于本产品的任一收益发配日行使提前买回权，本行将于每次收益发配日前两个营业日通知客户
产品风险	
利率风险	指标利率若大幅上扬且逾原约定的利率区间时，投资人无法拿到配息
流动性风险	组合式投资产品因结合了许多衍生产品，不具备充分的流动性，故投资人不得要求中途解约
提前到期风险	当指标利率在存续期间持续下降，发行机构有可能会执行提前买回的权利
信用风险	发行银行本身的信用风险，只是投资本金部分受存款保险 100 万美元的限额保障

二 每日利率区间型挂钩式债券定价

（一）计息方式

每日利率区间型挂钩债券属于浮动利率产品，产品存续期间为 3 年。此挂钩债券付息方式如下：第 1 年利息为固定利率 2.3%；第 2 年之后，判断利率落入区间天数占计息期间实际天数，并以此作为利率落入区间乘数，以付息日当日指标利率乘以利率落入区间乘数为计息利率，且保证配息 0.12%。第 2 年利率区间为 0～2.00%，第 3 年利率区间扩大为 0～2.25%。假设该季度交易日落入区间天数为 42 天，计息期间实际天数为 63 天，计息日指标利率为 1.8%，则此季度可获得 1.2% $\left(=1.8\%\times\frac{42}{63}\right)$ 配息。此产品在每一付息日，发行银行都具有提前赎回的权利。

（二）定价方法

每日利率区间型挂钩债券为浮动利率产品，配息依照付息日指标利率乘落入区间乘数决定，并且发行者于每付息日都具有赎回的权益。要定价本产品，首先估计收益率曲线，其次配适 Hull－White 模型的参数后，构建出 90 天期商业票据利率三叉树；最后，计算指标利率是否落入区间的路径函数，并且考虑计息、赎回条款，则可以折现求得每日利率区间型挂钩债券价格。

1. 收益率曲线估计

发行日当天互换利率报价，列报于表 14－2 中，1 年期内报价为利率报价，可以作为折现率，但 1 年期以后报价为每季度付息一次的互换利率报价。

表 14－2 发行日互换利率报价

到期日	到期日（年化）	互换利率
1 周	0.0027	1.1919
1 个月	0.0822	1.1919
2 个月	0.1644	1.2339
3 个月	0.2493	1.2447
4 个月	0.3315	1.2942
5 个月	0.4137	1.3036
6 个月	0.5000	1.3158
9 个月	0.7493	1.3929
1 年	1	1.4612
2 年	2	1.6600
3 年	3	1.8600
4 年	4	2.0200
5 年	5	2.1800
6 年	6	2.3142
7 年	7	2.4400
8 年	8	2.5298
9 年	9	2.6131
10 年	10	2.6900

因为市场上只有以年为单位的互换利率，所以利用程序软件 Matlab，以非线性插补法（Cubic Spline）求算出以一季为单位的互换利率报价。以求算 r（0，1.25）为例：

$$S_{1.25}\times\frac{1}{4}\times e^{-r(0,0.25)\times 0.25}+S_{1.25}\times\frac{1}{4}\times e^{-r(0,0.5)\times 0.5}+S_{1.25}\times\frac{1}{4}\times e^{-r(0,0.75)\times 0.75}$$

$$+S_{1.25}\times\frac{1}{4}\times e^{-r(0.1)\times 1}+S_{1.25}\times\frac{1}{4}\times e^{-r(0,1.25)\times 1.25}+1\times e^{-r(0,1.25)\times 1.25}=1 \qquad (14-1)$$

此处：

$S_{1.25}$：由 Cubic Spline 法求算出 1.25 年期的互换利率；

r（0，t）：目前市场第 t 年期收益率；

$S_{1.25}$为利用非线性差补法所得 1.25 年的互换利率。

$S_{1.25}=1.516\%\times 1=0.01516$

$r(0,0.25)$、$r(0,0.5)$、$r(0,0.75)$、$r(0,1)$为市场 0.25 年、0.5 年、0.75 年、1 年的收益率，$r(0,0.25)=1.2447\%$；$r(0,0.5)=1.3158\%$；$r(0,0.75)=1.3931\%$；$r(0,1)=1.4612\%$。式（14－1）中仅 $r(0,1.25)$是未知，因此，利用式（14－1）求解 1.25 年期的收益率过程如下：

$$0.01516\times\frac{1}{4}\times e^{-1.2447\%\times0.25}+0.01516\times\frac{1}{4}\times e^{-1.3158\%\times0.5}+0.01516\times\frac{1}{4}\times e^{-1.3931\%\times0.75}+0.01516\times\frac{1}{4}\times e^{-1.4612\%\times1}+0.01516\times\frac{1}{4}\times e^{-r(0,1.25)\times1.25}+1\times e^{-r(0,1.25)\times1.25}=1$$

求解上式，得出 $r=(0,\ 1.25)=1.5141\%$。同理可求算 $r(0,\ 1.5)$ 如下：

$$S_{1.5}\times\frac{1}{4}\times e^{-r(0,0.25)\times0.25}+S_{1.5}\times\frac{1}{4}\times e^{-r(0,0.5)\times0.5}+S_{1.5}\times\frac{1}{4}\times e^{-r(0,0.75)\times0.75}+S_{1.5}\times\frac{1}{4}\times e^{-r(0,1)\times1}+S_{1.5}\times\frac{1}{4}\times e^{-r(0,1.25)\times1.25}+S_{1.5}\times\frac{1}{4}\times e^{-r(0,1.5)\times1.5}+1\times e^{-r(0,1.5)\times1.5}=1 \qquad (14-2)$$

所以 $r(0,\ 1.5)=1.5645\%$

同理，$S_{1.5}$是利用非线性插补法求算出的互换利率，市场收益率 0.25 年、0.5 年、0.75 年及 1 年的收益率报价已知，经由式（14－1）求得 1.25 年期收益率，式（14－2）中只有 $r(0,1.5)$未知，因此求解式(14－2)得到 1.5 年期收益率。重复上述步骤，依次可得出 1.75 年、2 年、2.25 年……至第 10 年期的收益率。结果如表 14－3 所示。

表 14－3　　拔靴法求得的收益率

到期日（年）	互换利率（%）	收益率（%）
0.25	1.2447	1.2447
0.50	1.3158	1.3158
0.75	1.3931	1.3931
1	1.4612	1.4612
1.25	1.516	1.5141
1.50	1.5663	1.5645
1.75	1.6129	1.6114
2	1.66	1.6588
2.25	1.71	1.7093
2.50	1.7614	1.7613

续表

到期日（年）	互换利率（%）	收益率（%）
2.75	1.8122	1.8128
3	1.86	1.8613
…	…	…
9.75	2.6721	2.7111
10	2.69	2.7306

求算出市场利率期间结构后，再次利用 Matlab 软件的非线性插补法得到市场收益率曲线，如图 14－1 所示。

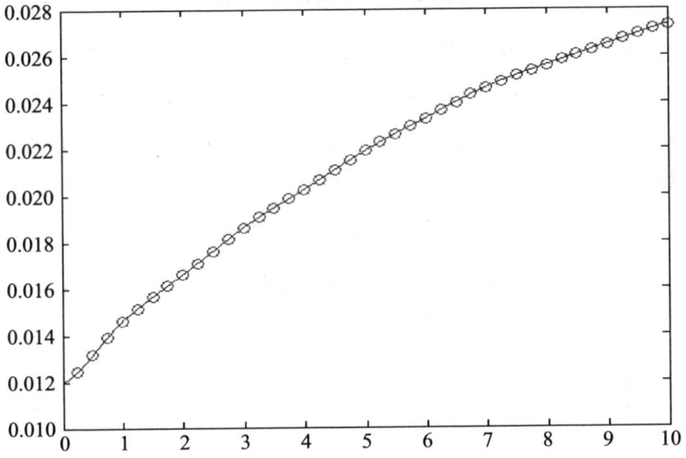

图 14－1 市场收益率曲线

2. 模型参数配适

三叉树模型中有 α 和 σ 两个参数，α 决定利率反转速度，σ 决定长期相对于短期的利率波动率 σ。为了让三叉树利率符合市场利率期间结构，利用市场上平值的利率上限期权 Cap 报价，计算 Black 模型的利率看涨期权（Caplet）价格，并与 Hull－White 模型的利率看涨期权价格进行参数配适。参数配适方法如下：首先，利用 Black－Scholes 模型（1976）计算市场上利率看涨期权价格；接着，将利率看涨期权视为零息债券看跌期权，利用 Hull－White 模型的零息债券公式，将 α 和 σ 代入，得出相对应的利率看涨期权价格；最后，将前述市场价格与 Hull－White 理论价格利用最小平方法，得出最适的 α 和 σ。

（1）市场利率上限期权价格。市场上利率上限期权（Cap）为波动率报价，1 年期的 Cap 可拆解为 3 个利率看涨期权（Caplet），如图 14－2 所示。依次类推，2 年期的 Cap 相当于 7 个 Caplet，3 年期 Cap 为 11 个 Caplet。

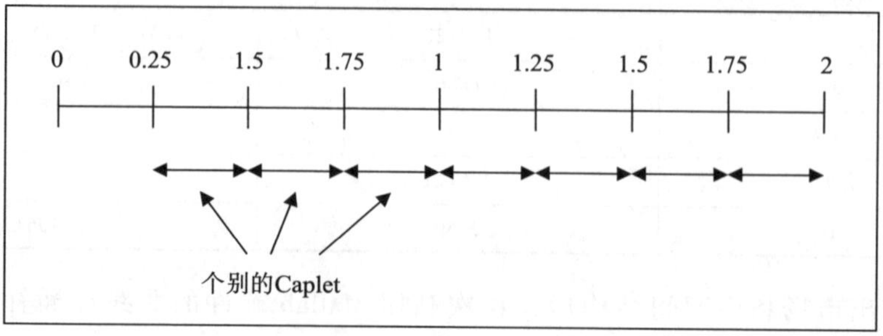

图 14-2　Caplet 示意图

由于利率上限期权为波动率报价，因此 1 年期 Cap 中的每一个 Caplet 波动率都相同，同理，2 年期的 7 个 Caplet 波动率相同。本研究配适方法采取 Black 模型 Caplet 价格和 Hull - White 模型下的 Caplet 价格相比较，并且将 1 年、2 年、3 年期的 Cap 波动率转换为转换 1 年、2 年、3 年期 Caplet 波动率，以减少配适所产生的误差。利用式（14-3），将 1 年、2 年期 Cap 波动率转换为第 2 年的 Caplet 波动率。同理，利用 1 年期、2 年期 Cap 波动率，将 3 年期 Cap 波动率转换为第 3 年的 Caplet 波动率，结果如表 14-4 所示。

$$Cap(2) = \sum_{1}^{7} Caplet[Cap\_vol(2)]$$

$$= Cap(1) + \sum_{4}^{7} Caplet[Caplet\_vol(2)] \tag{14-3}$$

此处：

Cap（t）：t 年期 Cap 价格；

Cap_vol（t）：t 年期 Cap 波动率；

Caplet_vol（t）j：第 t 年期转换后 Caplet 波动率。

表 14-4　Cap 报价及转换后的 Caplet 波动率

年期	Cap_ vol（%）	Caplet_ vol（%）
1	24.7	24.7
2	24.1	15.4
3	25.8	14.1

将转换后的 Caplet 波动率代入 Black 的 Caplet 式（14-4），可求得 Caplet 的市场价格。

$$\text{Caplet}(t,t_k,t_{k+1}) = P(t,t_k)[f(t,t_k,t_{k+1})N(d_1) - R_{Cap}N(d_2)]\Delta\tau L \qquad (14-4)$$

此处：

$$d_1 = \left\{\ln\left[\frac{f(t,t_k,t_{k+1})}{R_{\text{Cap}}}\right] + \frac{\sigma^2}{2}(t_k - t)\right\}/\sigma\sqrt{t_k - t};$$

$$d_2 = d_1 - \sigma\sqrt{t_k - t};$$

$f(t,t_k,t_{k+1})$：在 t 时点上，$t_k \sim t_{k+1}$期间的远期利率；

$P(t,t_k)$：在 t 时点，t_k 年期零息债券价格；

R_{Cap}：执行利率；

σ：远期利率$f(t,t_k,t_{k+1})$的波动率；

L：利率上限期权的本金，假设 $L=1$。

利用无套利原理可求算远期利率如下：

$$[1+y(t,t_{k+1})]^{t_{k+1}-t} = [1+y(t,t_k)]^{t_k-t}[1+f(t,t_k,t_k+1)]^{t_{k+1}-t_k}$$

$$f(t,t_k,t_{k+1}) = \left\{\frac{[1+y(t,t_{k+1})]^{t_{k+1}-t}}{[1+y(t,t_k)]^{t_k-t}}\right\}^{\frac{1}{t_{k+1}-t_k}} - 1 = \left[\frac{P(t,t_{k+1})}{P(t,t_k)}\right]^{\frac{1}{t_{k+1}-t_k}} - 1 \qquad (14-5)$$

计算市场利率上限期权价格时，利用预期理论求算出不同期间的远期利率$f(t, t_k, t_{k+1})$［如式（14－5）］，R_{Cap}采用相同到期日的互换利率。将上述资料代入式（14－4），表14－5选取不同年期、不同市场波动率报价的Caplet价格计算结果。

表14－5　　Black公式计算的市场Caplet价格

$Vol(\sigma)$	$RCap$	t_k	$P(t,t_k)$	$f(t,t_k,t_{k+1})$	$N(d_1)$	$N(d_2)$	$\text{Caplet}(t,t_k,t_{k+1})$
24.7%	1.461%	0.25	0.9969	1.39%	0.0765	0.0606	0.000014
24.7%	1.461%	0.5	0.9934	1.55%	0.3703	0.3080	0.000152
24.7%	1.461%	0.75	0.9896	1.67%	0.5492	0.4661	0.000350
15.4%	1.660%	1	0.9855	1.73%	0.6332	0.5739	0.000350
15.4%	1.660%	1.25	0.9812	1.81%	0.7256	0.6655	0.000518
15.4%	1.660%	1.5	0.9768	1.89%	0.7835	0.7242	0.000682
15.4%	1.660%	1.75	0.9722	1.99%	0.8409	0.7866	0.000899
14.1%	1.860%	2.00	0.9674	2.11%	0.7688	0.7041	0.000757
14.1%	1.860%	2.25	0.9623	2.23%	0.8345	0.7767	0.001007
14.1%	1.860%	2.5	0.9569	2.32%	0.8669	0.8131	0.001200
14.1%	1.860%	3	0.9514	2.40%	0.8861	0.8347	0.001362

（2）Hull-White 模型所得的理论价格。Caplet(t,t_k,t_{k+1})相当于 t_k 时点到期、执行价为 L 的零息债券看跌期权，此期权的标的资产为 t_{k+1}时点到期、$(1+R_{Cap}\Delta t)L$ 面额的零息债券。依照上述概念，将 α 和 σ 代入Hull－White 模型下的零息债券看跌期权式（14－6），可得不同到期日的 Caplet 价格。

$$P(t,T,s)=KP(t,T)N(-d_2)-P(t,s)N(-d_1) \tag{14-6}$$

此处：

$$d_1=\frac{\ln[P(t,s)/KP(t,T)]}{\sigma_p}+\frac{\sigma_p}{2}=\frac{\ln[P(T,s)/K]+\sigma_p^2/2}{\sigma_p};$$

$$d_2=d_1-\sigma_p;$$

$P(T,s)$：在 T 时点，s 时点到期的远期债券价格；

σ_p：远期债券价格波动率；

$$\sigma_p=\frac{\sigma^2}{2a^3}(1-e^{-2a(T-t)})(1-e^{-a(s-T)})^2。$$

在 Hull-White 模型的零息债券看跌期权公式中 P（t，s）为面额为（$1+R_{Cap}\Delta t$）L的零息债券，零息债券看跌期权价格相当于不同到期日的 Caplet 价格（见表 14－6）。

表 14－6　　　　Hull－White 模型下 Caplet 价格

t	Caplet_ vol	RCap				
1	24.7%	1.46%		a	0.1	
2	15.4%	1.66%		σ	0.01	
3	14.06%	1.86%		σ_p	0.023	
t	P（0，T）	P（t，T）	P（t，s）	N（d_1）	N（d_2）	P（t，T，s）
0.25	0.9969	0.9969	0.9971	0.4923	0.5015	0.009013
0.5	0.9934	0.9934	0.9932	0.4993	0.5084	0.009178
0.75	0.9896	0.9896	0.9891	0.5045	0.5136	0.009292
1	0.9855	0.9855	0.9853	0.4986	0.5077	0.009085
1.25	0.9812	0.9812	0.9809	0.5023	0.5114	0.009150
1.5	0.9768	0.9768	0.9762	0.5056	0.5148	0.009203
1.75	0.9722	0.9722	0.9714	0.5101	0.5192	0.009286
2	0.9674	0.9674	0.9668	0.5065	0.5157	0.009140
2.25	0.9623	0.9623	0.9614	0.5119	0.5210	0.009242
2.5	0.9569	0.9569	0.9558	0.5158	0.5249	0.009301
2.75	0.9514	0.9514	0.9501	0.5191	0.5282	0.009339
3	0.9457	0.9457				

3. 求使误差最小的 α 和 σ

求得 Black 公式和 Hull – White 模型下的 Caplet 价格后，经过反复校准，求算出使价格误差最小的 α 和 σ。使用价格误差最小化的函数公式（14 –7），并且列示配适结果于表 14 –7。

$$\min_{\alpha,\sigma} \sqrt{\sum_{i} [\text{model}_i(\alpha, \sigma) - \text{market}_i]^2} \qquad (14-7)$$

model_i：以 Hull – White 模型零息债券价格求出的 Caplet 价格；

market_i：由 Black 模型得出的 Caplet 市场价格。

表 14 –7　　参数配适结果

Caplet Maturity	α = 0.33		σ = 0.006	
	Caplet_ vol	market price	HW Price	Diff
0.50	24.7%	0.000098	0.000000	9.579E –09
0.75	24.7%	0.000379	0.000218	2.596E –08
1.00	24.7%	0.000644	0.000515	1.665E –08
1.25	15.4%	0.000350	0.000178	2.959E –08
1.50	15.4%	0.000518	0.000385	1.778E –08
1.75	15.4%	0.000682	0.000572	1.213E –08
2.00	15.4%	0.000899	0.000817	6.849E –09
2.25	14.06%	0.000757	0.000616	1.988E –08
2.50	14.06%	0.001007	0.000907	1.001E –08
2.75	14.06%	0.001200	0.001118	6.720E –09
3.00	14.06%	0.001362	0.001289	5.226E –09
			SSE	0.00040

4. 构建利率三叉树

估计出收益率曲线，求得 α 和 σ 两个参数后，本部分采取前述的研究方法建立利率三叉树。由于本产品需要每日记录指标利率是否落入区间，作为落入区间乘数，因此必须展出存续期间为 3 年的每日的利率树。由于本产品落入区间乘数计算方式为每季度落入区间天数除以每季度商业票据交易天数，产品发行日前 2 年的 90 天期商业票据每年交易日平均为 252 天，则一季度为 63 天（$63 = \frac{252}{4}$）来计算配息期间天数。本产品存续期间 3 年，每季度配息，共有 12 个付息日。

构建利率三叉树的参数如表 14 – 8 所示。首先，配适的短期利率波动率 σ 为 0.33，长期相对短期利率波动率 α 为 0.006；接着，依照第一部分内容的市场收益率曲线，得出 1 天期即期利率为 1.20%，作为平移函数 α（0）。过去 3 年 90 天期商业票据每年平均交易天数为 252 天，因此本章以 252 天作为每年的切割期数，年化的期间长度 Δt 为 0.0040（$=\frac{1}{252}$）。由上述参数可知，依照 Hull - White 模型设定求算出瞬间利率变动平均数 M 为 -0.000794，瞬间利率变动幅度 Δr 为 0.000109，最大节点数 $j_{max}=141$，最小节点数 $j_{min}=-141$。

设定 Hull - White 利率三叉树参数后，首先建立对称于期初零利率 $r_0=0$ 和 $\theta(t)=0$ 的利率树，接着平移三叉树，平移函数 $\alpha(0)=1.20\%$，因此可得到符合市场利率期间结构的利率三叉树（见表 14 - 8）。

表 14 - 8　　　　Hull - White 利率三叉树参数

Parameters		Initial Yield Curve	
α	0.33	Δr	0.000655
σ	0.006	M	-0.00131
Δt	0.0040	j_{max}	141
α（0）	1.20%	j_{min}	-141

由于利率三叉树的利率 r 为 Δt 时长的瞬间利率，但本产品的挂钩标的为 90 天期商业票据，因此利用 Hull - White 模型（1990）所导出的债券价格解析解将三叉树的瞬间利率 r 转换为 90 天期利率 R 作为指标利率。公式如下：

$$P(t,T)=A(t,T)e^{-B(t,T)R} \tag{14-8}$$

此处 $P(t,T)$ 为在 t 时点到期日为 T 时点的零息债券，$T-t$ 为 3 个月。

$$A(t,T)=\frac{P(0,T)}{P(0,t)}\exp[B(t,T)F(0,t)-\sigma^2B(t,T)^2(1-e^{-2at})/4\alpha]$$

$$F(0,t)=\frac{\partial\log P(0,t)}{\partial t}\qquad（瞬间远期利率）$$

$$B(t,T)=1-e^{-a(T-t)/a}$$

R 为欲求的 90 天期利率。

根据零息债券价格定义：

$$P(t,T)=e^{-r(T-t)} \tag{14-9}$$

此处 r 为 Hull - White 模型利率三叉树节点的瞬间利率。

利用式（14 - 5）及式（14 - 6）可得结果如下：

$$e^{-r(T-t)}=A(t,T)\,e^{-B(t,T)R}$$

$$R=\frac{r(T-t)+\ln A(t,T)}{B(t,T)}$$

此处 R 为转换后的 90 天期商业票据利率。

5. 路径函数

由于此产品为每日利率区间挂钩式债券，需判断每日是否落入利率区间以计算落入区间乘数，需由路径函数记录每日利率路径。在构建出 90 天期商业票据的利率三叉树后，利用下文路径函数方法记录每日路径，并计算出付息节点上的期望落入区间天数，从每季度的第一天累计至配息日，计算每个节点期望落入区间天数，最后再以期望落入天数除以每季度 90 天期商业票据交易天数，获得利率区间乘数，作为配息依据。以下选取几个节点说明路径函数计算方式，结果如图 14－3 所示：

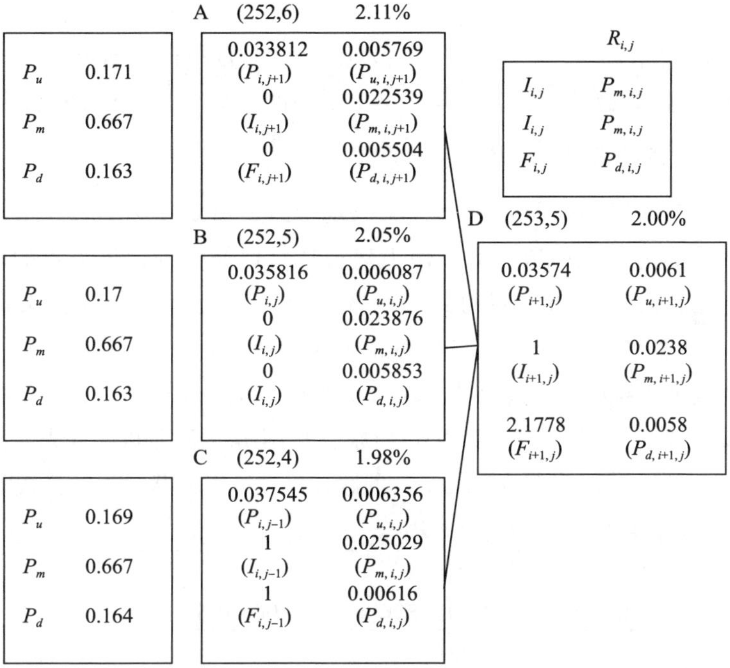

图 14－3　路径函数示例

图 14－3 符号说明如下：

$R_{i,j}$：节点(i, j)的指标利率；

$P_{i,j}$：路径从起始点$(0, 0)$走到节点(i, j)的概率；

$F_{i,j}$：节点(i, j)的路径函数，此路径函数表示从各付息期间的起始点到节点(i, j)的期望天数。

$$I_{i,j}=\begin{cases}1 & \text{当 } R_{i,j}\text{落入区间}\\ 0 & \text{当 } R_{i,j}\text{没有落入区间}\end{cases}$$

$I_{i,j}$为节点(i, j)的指标函数，记录节点(i, j)的利率是否落入区间。

$P_{k,i,j}=P_{i,j}\times P_k \quad (k=u, m, d)$

此处：

$P_{i,j}$为路径从起始点$(0, 0)$走到节点(i, j)的概率；

P_k（$k=u$，m，d）为节点(i, j)往下一个节点$(i+1, j+1)$、$(i+1, j)$、$(i+1, j-1)$方向的概率。

图 14 – 3 表示利率三叉树的一个分支，从图中可以得知，D 点［$(i+1, j)$］分别从三条路径而来（$A \to D$，$B \to D$，$C \to D$），因此将路径函数用公式表示如下：

$$F_{i+1,j}=\frac{F_{i,j+1}\times P_{d,i,j+1}+F_{i,j}\times P_{m,i,j}+F_{i,j-1}\times P_{u,i,j-1}}{P_{i+1,j}}+I_{i+1,j}$$

此处：

$P_{i+1,j}=P_{d,i,j+1}+P_{m,i,j}+P_{u,i,j-1}$，$I_{i,j}$为点$(i+1, j)$的指标函数；

$P_{i,j}$为路径从起始点$(0, 0)$走至节点(i, j)的概率，同一时期（i 相同）不同时点(j 不同)的概率总和 $\sum_i P_{i,j}=1$ 。

判断每日落入区间产品用利率三叉树定价时，需要找出其每一节点的路径函数，此类产品称为路径相依产品，由上述方法可以简化到达该节点的路径，只需利用前一期的信息便可知本期的路径函数（注：详见《结构式金融产品的设计与应用》，第十四章，陈松男著，机械工业出版社）。

选取节点第 2 年第 1 季度节点(253,5)为例，节点(253,5)的路径是由第 26 期三个节点(252,4)，(252,5)，(252,6)而来，从图 14 – 3 可知。首先，判断每一节点是否落入区间($I_{i,j}$)，节点（253，5）的路径函数可以由路径函数公式中求得如下：

$$\begin{aligned}F_{253,5}&=\frac{F_{252,6}\times P_{d,252,6}+F_{252,5}\times P_{m,252,5}+F_{252,4}\times P_{u,252,4}}{P_{253,5}}+I_{253,5}\\&=\frac{0\times 0.005504+0\times 0.023876+1\times 0.006356}{0.03574}+1\\&=1.778+1\\&=2.778\end{aligned}$$

此处：$P_{253,5}=P_{d,252,6}+P_{m,252,5}+P_{u,252,4}$

$=0.005504+0.023876+0.006356=0.03574$

$P_{d,252,6}=P_{252,6}\times P_d=0.033812\times 0.163=0.005504$

$P_{m,252,5}=P_{252,5}\times P_m=0.035816\times 0.667=0.023876$

$P_{u,252,4}=P_{252,4}\times P_u=0.037545\times 0.169=0.006356$

6. 计息、赎回权及折现

在取得 3 年的路径函数后，本产品为每季度配息，除第 1 年为固定利率 2.3%，往后各季度配息利率计算方式如式（14 – 10）。依照配息日指标利率乘以落入区间乘数（N/D），此处，落入区间乘数为配息日的路径函数（即期望利率落入区间天数）除以一季度平均交易日（63 天），得到每季度利率。此外，本产品保障配息至少为0.12%，所以每季度配息为0.12%，或为“指标利率×落入区间乘数”。

$$C_{i,j}=100\times\max\left(R_{i,j}\times\frac{F_{i,j}}{63},0.12\%\right)/4 \tag{14-10}$$

此处：

$F_{i,j}$：路径函数；

$R_{i,j}$：指标利率，即90天期商业票据利率；

$\frac{F_{i,j}}{63}$：落入区间乘数；

100：本金。

确定配息后，配息日前一交易日的挂钩债券价值可以利用式（14-11）求出，非配息的交易日则利用式（14-12）计算。

$$V_{i,j}=e^{-r\Delta t}[P_u(C_{i+1,u}+V_{i+1,u})+P_m(C_{i+1,m}+V_{i+1,m})+P_d(C_{i+1,d}+V_{i+1,d})] \tag{14-11}$$

$$V_{i,j}=e^{-r\Delta t}[P_u\times V_{i+1,u}+P_m\times V_{i+1,m}+P_d\times V_{i+1,d}] \tag{14-12}$$

此处：

$V_{i,j}=(i,j)$节点挂钩债券价格；

P_u、P_m、P_d为利率上升、平移、下跌概率；

$C_{i+1,k}$为后一期节点的配息，随后一期节点位置$k=u$，m，d。

以下以第2年节点（314，0）为例，说明配息日的挂钩债券价值计算。节点（314，0）的路径是由第315期的三个节点（315，1）、（315，0）、（315，-1）而来，从图14-3可知。方格内的定义与式（14-11）定义相同，$r_{i,j}$为即期瞬间利率。在已知路径函数为$F_{i,j}$的情形下，由（14-7）式可求算出$C_{i,j}$，以节点（315，1）说明配息方式，$C_{i,j}=100\times\max\left(\frac{57.1719}{63}\times1.7838\%,\ 0.12\%\right)/4=0.405$，将$C_{i,j}$与该节点挂钩债券价格$V_{i,j}$相加，利用式（14-11）将其折现可求算出节点（314，0）债券的债券价值。

本产品条款中，发行者于每付息日都具有赎回权，因此本研究在每一计息日都要考虑挂钩债券价值是否大于赎回价格，此处假设赎回价格为100。依照式（14-13），于付息日判断赎回价格与未来现金流量现值孰低，作为当期挂钩债券价值。

$$V_t=\min\ [\text{Call Price},\ \text{PV}\ (\text{Future Cash Flow})] \tag{14-13}$$

此处V_t=在节点t未来现金流量的现值。

每日落入区间挂钩债券在各付息节点配息及附买回条款后，则依式（14-

12）及式（14－13），将该期挂钩债券价格以即期利率折现反推至第0期，则可计算出债券价值。表14－9比较了具有赎回条款与不具赎回条款的折现价值。

表14－9　具有赎回条款的链接债券价值

节点	不具赎回条件	具赎回条件
（315，－24）	100.0294	99.9526
（315，－25）	100.0568	99.9704
（315，－26）	100.0824	99.9862
（315，－27）	100.1055	99.9994
（315，－28）	100.125	100
（315，－29）	100.1414	100
（315，－30）	100.155	100
（315，－31）	100.1664	100

7. 定价结果

利用Hull－White利率三叉树计算的可赎回的每日利率区间挂钩债券价值，假设挂钩债券面额为100元时，相同发行日的零息债券价值为94.57元，挂钩债券价值为98.165元（每100元单位），发行者利润为1.83元（＝100－98.17）。假设发行银行的美元3年期每日计息式货币市场利率挂钩组合式投资产品每单位是300000元，因此发行银行发行每一单位产品的利润为5505元（见表14－10）。发行银行3年的收益率为1.869%（＝1.83/98.17），平均年收益为0.62% [$=\sqrt[3]{(1+1.83\%)}-1$]，每年为62bp的收益率。此外，发行银行拥有一赎回权价值是0.02元（每100元单位）。图14－4可观察出发行银行的收益状况。

表14－10　每日落入区间利率挂钩债券定价结果

项目	100元为单位（元）	300000元为单位（元）	百分比（%）
面额	100	300，000	100.00
零息债券	94.57	283707	94.57
期权价值	3.60	10788	3.60
挂钩债券（可赎回）	98.17	294495	98.17
挂钩债券（不可赎回）	98.19	294570	98.19
赎回权价值	0.02	75	0.02
利润	1.83	5505	1.83

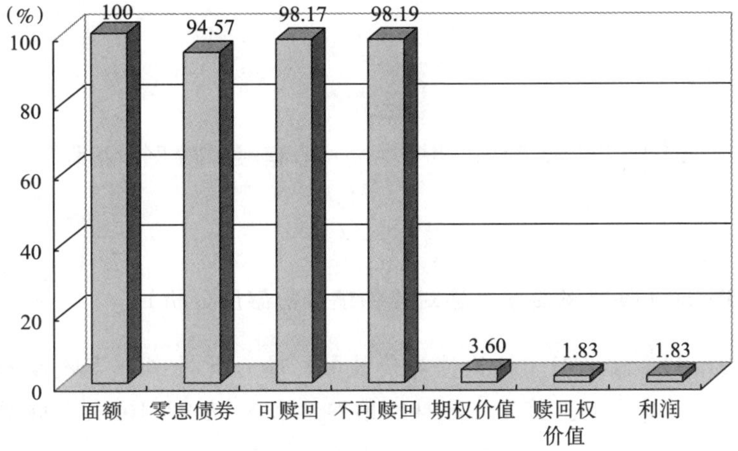

图 14－4　定价结果

零息债券价格见表 14－11。

表 14－11　零息债券价格

节点	Arrow－Debreu Price $Q_{i,j}$	$Q_{i,j}$ × 本金
(756，232)	0.00000	0.00
(756，231)	0.00000	0.00
…	…	…
(756，4)	0.018033	1.80
(756，3)	0.018187	1.82
(756，2)	0.018298	1.83
(756，1)	0.018366	1.84
(756，0)	0.018391	1.84
(756，－1)	0.018371	1.84
(756，－2)	0.018309	1.83
(756，－3)	0.018203	1.82
(756，－4)	0.018055	1.81
…	…	…
(756，－232)	0.00000	0.00
合计	0.94569	94.57

注：利用 Arrow-Debreu Security 计算零息债券价格。

三 每日利率区间型挂钩式债券避险分析

（一）Delta（收益率曲线平移对挂钩债券敏感度分析）

Delta 表示利率波动对于挂钩债券价值的影响。此处考虑当收益率曲线平移 10bp 对产品价值的影响。首先，原挂钩债券价格 V_0 为 98.165，当收益率曲线平移 10bp 时，挂钩债券价格 V_1 变动为 97.856，利用 Delta 公式计算如下：

$$Delta=\frac{\Delta V}{\Delta r}=\frac{V_1-V_0}{\Delta r}=\frac{97.856-98.165}{10}=-0.0309$$

Delta 值代表收益率曲线往上平移 1bp，挂钩债券价格下降 0.0309 元。当收益率曲线平移时，利率落在区间的概率变小，落入区间天数减少将会造成投资人配息减少，因此挂钩债券价格会下降。

（二）Vega

避险参数 Vega 是指波动率 σ 对于挂钩债券价值的影响。当 σ 增加 10bp，债券价值从 $V_0=98.165$ 变动为 $V_1=98.067$，求算出挂钩债券 Vega = −0.0098。当波动率上升 0.1%，指标利率跳出利率区间的可能性增加，挂钩债券价值因此减少 0.0098。计算过程如下：

$$Vega=\frac{\Delta V}{\Delta\sigma}=\frac{V_1-V_0}{10}=\frac{98.067-98.165}{10}=-0.0098$$

（三）Omega

避险参数 Omega 是指反转速度 α 对于挂钩债券价值的影响，当 α 增加 0.1，债券价值从 $V_0=98.165$ 变动为 $V_1=98.298$，求算出挂钩债券 Vega = −1.33。当反转速度减少 1%，指标利率跳出利率区间可能性降低，则挂钩债券价值增加。

$$Omega=\frac{\Delta V}{\Delta a}=\frac{V_1-V_0}{\Delta a}=\frac{98.298-98.165}{-0.1}=-1.33$$

（四）利率反转速度 α 和长期相对短期利率波动率 σ

从图 14－5 结果可知，α 利率反转速度和波动率 σ 与挂钩债券价值呈现反向，α 值越小，利率反转速度越慢，利率越不容易超越利率区间，投资人较为容易取得配息，因此每日落入区间挂钩债券价值较高。当 α 介于 0.3～0.5 的范围时，对于债券价值的影响变小。当波动率 σ 上升，指标利率跳出利率区间可能性增加，所以挂钩债券价值变小。

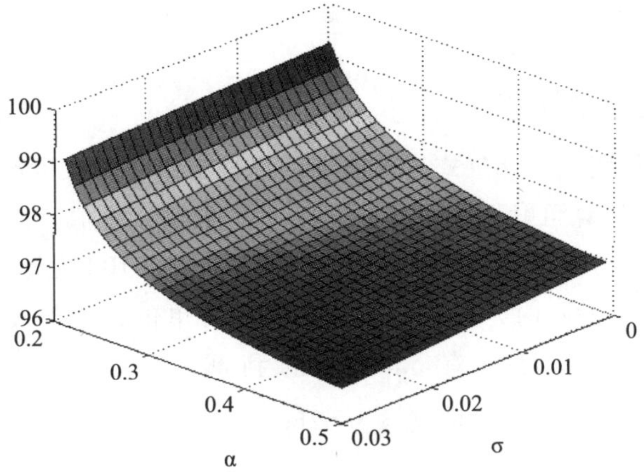

图 14－5　α 和 σ 敏感度分析

（五）长期相对短期利率波动率 σ 和收益率曲线平移敏感度分析

相同的平移程度下，利率波动率越高，债券价值越低。收益率曲线平移对于挂钩债券价值影响较大，收益率平移增加越多，挂钩债券价值则越小。当收益率降低时，波动率对挂钩债券的影响程度有稍微提升的趋势，即代表收益率降低后，落入区间的可能性增加，波动率的变化对于链接债券价值影响力也随之提升（见图 14－6）。

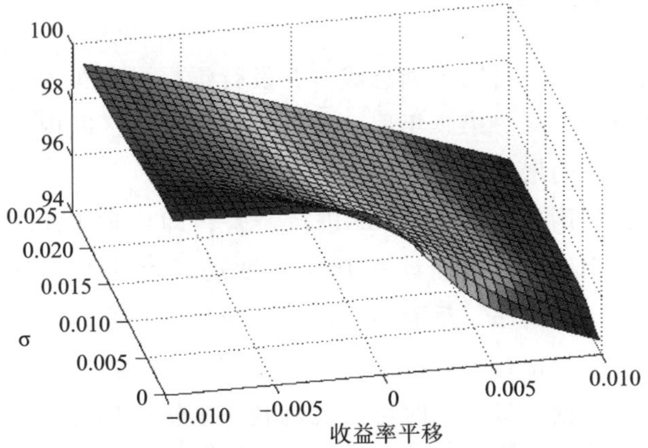

图 14－6　σ 与收益率平移对挂钩债券的影响

四 发行银行的发行策略

（一）发行者利润分析

发行银行3年期每日计息式货币市场利率挂钩组合式投资产品可利用Hull－White利率三叉树计算可赎回的每日利率区间挂钩债券价值。假设挂钩债券面额为100元时，挂钩债券价值为98.165元（到期本金以100元计算），发行者利润为1.83元。实际上发行时，该产品以30000元为单位，平值发行，因此发行银行发行每一单位时，可以有5505元的利润，3年总收益为0.62% [$=\sqrt[3]{(1+1.83\%)}-1$]，每年平均收益为62bp。

（二）发行者风险

每日利率区间挂钩式债券对发行者而言，除第1年固定配息2.3%外，往后两年必须支付的利率成本为浮动利率，但仅需针对落入利率区间部分付息。对于发行银行而言，已保护其上方风险。此外，发行银行具有赎回权，同时保护其利率下方风险。一旦市场利率降低，发行者可执行赎回权，以面额买回此挂钩债券。因此，发行银行仅需考虑当利率维持在原先设定的利率区间内且缓慢上升时，此时需支付的较高的利息成本。

（三）发行者避险方法

由于发行银行必须支付固定利息成本，发行银行可以买入为期1年的固定付息债券以支付投资人利息。第2年后，发行银行在利率区间内要支付浮动利率成本，第3年的利率区间增加幅度不大。

避险方法一：利用避险参数Delta进行避险，即依据Delta买入适当数量的利率期货，再随利率改变，重新计算Delta，变动买入的利率期货数量。此方法为动态避险，因为成本高昂，反而会侵蚀发行银行的利润。

避险方法二：发行银行可以依照未来90天期商业票据走势，卖出不同到期日和执行价的商业票据期货，同时可以规避利率小幅上扬的风险，在利率上升的同时，利率期货同时也有收益。但目前国内市场仅有30天期商业票据利率期货，且市场交易量有逐渐增加的趋势，避险效果可以随之改进。

五 投资人的投资策略

每日利率落入区间挂钩型债券的配息结构，能够吸引认为未来利率水平上升幅度不大的保守型投资人。若投资人认为未来利率水平会逐渐上升，或是大幅走高，则投资人不会考虑每日利率落入区间挂钩型债券，因为一旦利率攀升，短期内不会降低，则投资此产品在第2年及第3年除了无法享受未来利息高于利率区间的配息之外，投资人仅能获得低于市场利率的配息（见表14-12）。因此，对于预期未来将会升息的投资人，不会投资此类设有上限的浮动利率债券。在假设市场利率持续徘徊在0~2.5%的状况下，投资人会投资商业银行美元3年期每日计息式货币市场利率挂钩组合式投资产品；在第2年及第3年利率仍维持低档的状况下，投资人仍可获得市场利率收益，而第1年固定利率配息高于市场利率，因此投资人将于第1年获得较高的收益。

接着，利用情境分析模拟投资人在各种不同情况下可以获得的配息。假设每一季利率与该配息日利率相同，表14-12显示利率在这3年中维持低档水平，皆为1.5%，利率虽都落入区间，但由于利率不高，投资人平均年收益为1.77%［=(2.3%+1.5%+1.5%)/3］。表14-13中，利率缓步上扬，从1.5%、2%到3%，每年升息0.5%。这种情况下，90天期商业票据利率每日皆落入区间，且为利率区间上限，可以拿到最多配息的情况，则投资人3年平均年收益为2.27%=［=(2.3%+2%+2%)/3］。表14-14中利率大幅上涨，由于超过利率区间，投资人于第2年、第3年仅能获得0.12%的保障配息，因此平均年收益为0.85%［=(2.3%+0.12%+0.12%)/3］。综观三种情境，可以了解利率呈现缓慢上升的情境下，投资人可获得最多的配息。

表14-12　　未来配息情境分析：利率维持低档

第1年			第2年			第3年		
季度	90CP	配息	季度	90CP	配息	季度	90CP	配息
1	1.50%	2.30%	1	1.50%	1.50%	1	1.50%	1.50%
2	1.50%	2.30%	2	1.50%	1.50%	2	1.50%	1.50%
3	1.50%	2.30%	3	1.50%	1.50%	3	1.50%	1.50%
4	1.50%	2.30%	4	1.50%	1.50%	4	1.50%	1.50%

表 14－13　　　　　　　未来配息情境分析：利率缓步上扬

第 1 年			第 2 年			第 3 年		
季度	90CP	配息	季度	90CP	配息	季度	90CP	配息
1	1.50%	2.30%	1	2.00%	2.00%	1	2.50%	2.50%
2	1.50%	2.30%	2	2.00%	2.00%	2	2.50%	2.50%
3	1.50%	2.30%	3	2.00%	2.00%	3	2.50%	2.50%
4	1.50%	2.30%	4	2.00%	2.00%	4	2.50%	2.50%

表 14－14　　　　　　　未来配息情境分析：利率大幅上扬

第 1 年			第 2 年			第 3 年		
季度	90CP	配息	季度	90CP	配息	季度	90CP	配息
1	2.00%	2.30%	1	3.00%	0.12%	1	5.00%	0.12%
2	2.00%	2.30%	2	3.00%	0.12%	2	5.00%	0.12%
3	2.00%	2.30%	3	3.00%	0.12%	3	5.00%	0.12%
4	2.00%	2.30%	4	3.00%	0.12%	4	5.00%	0.12%

六

结论与建议

本章利用封闭解以及数值方法定价本产品的结构型产品，并且对于产品的结构、风险进行深入探讨，并分别站在投资人与发行银行的角度来分析收益。结论与建议如下：

发行银行的美元 3 年期每日计息式货币市场利率挂钩组合式投资产品具有可赎回特性，因此无法利用封闭解导出。本章采用 Hull－White 利率三叉树以及每日落入区间的路径函数求出该产品的理论价格，提供市场上每日落入区间以及正浮动挂钩债券的定价方法。本产品虽为正浮动挂钩债券，由于利率上限的条款，发行银行无须承担利率大幅上升的风险。只有在利率缓慢上升的情形下，发行银行才必须负担较高的利息成本，而投资人只有在此时才能获得较高的利息。

第十五章　每日计息双区间可赎回债券[①]

本章使用 Libor 市场模型来定价英国劳埃德银行发行的每日计息双区间可赎回债券，并分析发行商的避险策略与产品的敏感性。

一

产品介绍

此“每日计息双区间可赎回债券”是由英国的劳埃德银行（Lloyds TSB Bank Plc.）发行的，采取每日计息的方式，即每天都需确认是否同时落入两个区间中，若分别都落入区间中，则当日算入计息天数。此债券挂钩两个标的，分别为 3 个月的美元 Libor 及 30 年期与 2 年期美元互换利率利差。3 个月的美元 Libor 的区间为 0% ~7%，30 年期与 2 年期美元互换利率利差要大于等于 0，若同时符合这两个条件，则当日列入计息天数。表 15 -1 为此产品的公开说明书。

表 15 -1　　每日计息双区间可赎回债券产品说明书

产品名称	5 年期每日计息双区间可赎回票券
发行机构	英国劳埃德银行 Lloyds TSB Bank Plc. Lloyds TSB Bank Plc. 为英国知名银行，拥有资产达 2530 亿英镑，集团市值约 244 亿英镑，穆迪评鉴为 Aaa
投资本金	10000 美元/per Note 最小交易金额：10 万美元
发行价格	100.00%

① 本章由陈松男教授、研究特助李映瑾撰写。

续表

投资期间	5 年
挂钩标的	Index 1：USD 3m Libor 以伦敦时间上午 11：00 Telerate Page 3750 所显示的 USD 3m Libor 为准 Index 2：USD 30y Swap Rate - USD 2y Swap Rate 此 30 年与 2 年美元互换利率为半年付息的利率互换，30/360 basis，以伦敦时间上午 11:00，ISDAFIXI 路透社页面所显示的 USD 3m Libor 为准
利息计算	每季度计息，以 30/360 为计算基础
付息点	每季度付息，每一年的 2/28、5/29、8/29、11/29 为付息日
计息方式	Year 1 - 5：Coupon × $\left(\frac{n}{N}\right)$ Period　Range 1　Range 2　Coupon Year 1 - 5　0 - 7.00%　0.00%　7.50% n = 每季度 Index 1 落入 Range 1 且 Index 2 落入 Range 2 的天数 N = 计息期间内的总天数，在此为一季度，90 天 每季度利息：7.50% × $\frac{1}{4}\times\left(\frac{n}{N}\right)$
赎回金额	100.00%
提前赎回条款	发行者可在每个付息日行使提前赎回权，并以 100% 本金赎回，但须在付息日前 5 个营业日通知付息机构，且当期配息一并支付给投资人
产品风险	若 Index 1 和 Index 2 其中有一个没有落入相对应的区间，则当日不计息 非营业日不计息

将 USD 3m Libor 和 USD 30y Swap Rate - USD 2y Swap Rate 在发行日过去一年半的历史资料画成走势图以供参考（见图 15 - 1、图 15 - 2）。

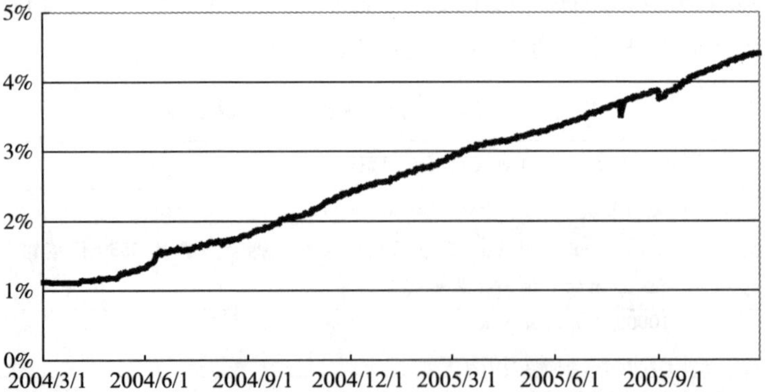

资料来源：British Bankers' Association（BBA）。

图 15 - 1　3 个月美元 Libor 走势

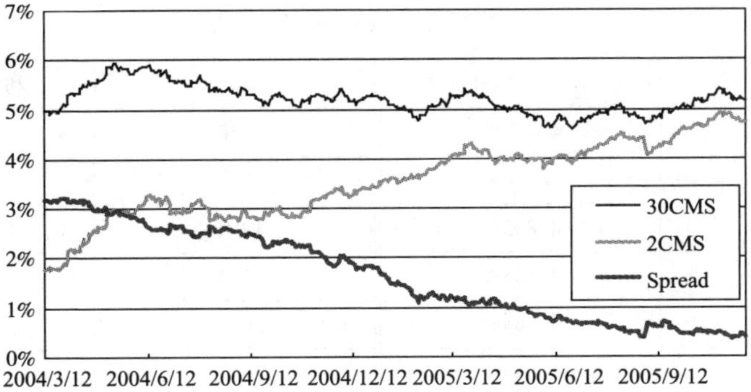

资料来源：Datastream。

图 15－2 美元 30 年与 2 年期互换利率走势

二 产品定价与分析

（一）定价过程

在 Libor 市场模型架构下，我们使用蒙地卡罗模拟法估算未来 5 年内每天的一连串远期利率，因此未来 5 年内每天的 3 个月美元即期 Libor（产品挂钩标的一）可直接模拟出来，而 30 年期与 2 年期的美元互换利率（产品挂钩标的二）可通过公式由一连串的远期利率计算出来。接下来判断每季度同时落入两区间的可计息天数，即可计算出每季度的票面利息，最后使用最小平方蒙地卡罗法来判断发行商的赎回时点，将模拟 1 万次的债券价格平均，得到此产品的理论价格。以下将详细描述定价的过程与方法。

◇ 步骤 1：估计收益率曲线

远期利率需要由收益率才能估计出来，而估计收益率所需要的市场数据为产品发行日当天的 3 个月美元 Libor 和 6 个月美元 Libor 报价，与各年期的互换利率报价，列于表 15－2 与表 15－3。

表 15－2 产品发行日 Libor 市场报价

产品	利率市场报价
USD 6 个月 Libor	4.58%
USD 12 个月 Libor	4.73938%

表 15－3　　　　产品发行日互换利率市场报价

时间	利率市场报价	时间	利率市场报价
1 年	4.775%	9 年	4.965%
2 年	4.79%	10 年	4.995%
3 年	4.805%	12 年	5.04%
4 年	4.835%	15 年	5.1%
5 年	4.865%	20 年	5.155%
6 年	4.895%	25 年	5.18%
7 年	4.915%	30 年	5.19%
8 年	4.94%		

使用 Matlab 程序软件中的非线性内插法(Cubic Spline)函数指令，内插出每半年的互换利率，再使用式(15－1)与式(15－2)，以拔靴法(Bootstrapping)重复相同步骤，直到找出 30 年期内每半年的收益率。

$$S_{1.5}\times\frac{1}{2}\times e^{-{}_0r_{0.5}\times 0.5}+S_{1.5}\times\frac{1}{2}\times e^{-{}_0r_{1}\times 1}+S_{1.5}\times\frac{1}{2}\times e^{-{}_0r_{1.5}\times 1.5}+1\times e^{-{}_0r_{1.5}\times 1.5}=1 \tag{15-1}$$

$$S_{2}\times\frac{1}{2}\times e^{-{}_0r_{0.5}\times 0.5}+S_{2}\times\frac{1}{2}\times e^{-{}_0r_{1}\times 1}+S_{2}\times\frac{1}{2}\times e^{-{}_0r_{1.5}\times 1.5}+S_{2}\times\frac{1}{2}\times e^{-{}_0r_{2}\times 2}+1\times e^{-{}_0r_{2}\times 2}=1 \tag{15-2}$$

式(15－1)中，$S_{1.5}$代表 1.5 年期的互换利率，${}_0r_{0.5}$代表市场上 6 个月的收益率，${}_0r_1$ 代表市场上一年的收益率，其中${}_0r_{0.5}$与${}_0r_1$ 为已知（即市场上当日的 USD 6m Libor 与 USD 12m Libor 报价），$S_{1.5}$也为已知（以非线性内插法求出），则我们可求出唯一的未知数${}_0r_{0.5}$，也就是 1.5 年期的收益率。求出 1.5 年期的收益率后，在式(15－2)中，${}_0r_2$ 是唯一的未知数，即可求出 2 年期的收益率，依照相同步骤，求出 30 年间每半年的收益率，列于表 15－4。

表 15－4　　　　每半年期收益率曲线估计值

时间	收益率	时间	收益率	时间	收益率	时间	收益率
0.5 年	4.5800%	8 年	4.8942%	15.5 年	5.0972%	23 年	5.1775%
1 年	4.7394%	8.5 年	4.9080%	16 年	5.1068%	23.5 年	5.1803%
1.5 年	4.7287%	9 年	4.9227%	16.5 年	5.1154%	24 年	5.1827%
2 年	4.7345%	9.5 年	4.9401%	17 年	5.1232%	24.5 年	5.1850%
2.5 年	4.7404%	10 年	4.9580%	17.5 年	5.1302%	25 年	5.1870%

续表

时间	收益率	时间	收益率	时间	收益率	时间	收益率
3 年	4.7496%	10.5 年	4.9736%	18 年	5.1364%	25.5 年	5.1888%
3.5 年	4.7641%	11 年	4.9871%	18.5 年	5.1421%	26 年	5.1904%
4 年	4.7809%	11.5 年	4.9994%	19 年	5.1472%	26.5 年	5.1918%
4.5 年	4.7967%	12 年	5.0114%	19.5 年	5.1519%	27 年	5.1929%
5 年	4.8126%	12.5 年	5.0238%	20 年	5.1563%	27.5 年	5.1938%
5.5 年	4.8295%	13 年	5.0367%	20.5 年	5.1604%	28 年	5.1946%
6 年	4.8448%	13.5 年	5.0497%	21 年	5.1643%	28.5 年	5.1951%
6.5 年	4.8559%	14 年	5.0626%	21.5 年	5.1680%	29 年	5.1954%
7 年	4.8663%	14.5 年	5.0750%	22 年	5.1714%	29.5 年	5.1954%
7.5 年	4.8796%	15 年	5.0866%	22.5 年	5.1746%	30 年	5.1953%

因为市场上的互换利率报价只到 30 年期，我们只能求出 30 年以内的收益率，但是此产品为 5 年期，必须观察第 5 年最后一天的 30 年期互换利率，所以需要一条长达 35 年的收益率曲线。因为收益率曲线越长越平缓，因此我们假设第 30.5 年、第 40 年，一直到第 35 年的收益率都与第 30 年的收益率相等。图 15－3 为收益率曲线走势，图 15－3 中的圆圈，前 30 年为表 15－3 估计出的每半年收益率资料，30 年以后为假设的水平收益率；实线部分则由使用 Matlab 程序软件插补出每天的收益率而画成。

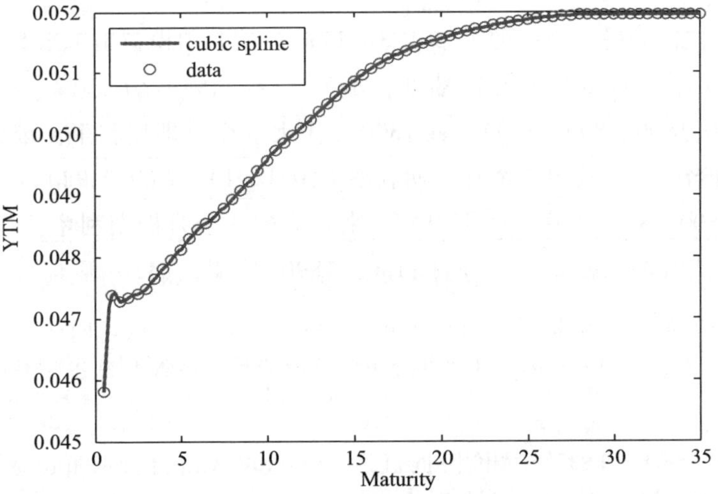

图 15－3 美元收益率曲线

◇ 步骤 2：估计远期利率

计算未来某天的 USD 30y Swap Rate 与 USD 2y Swap Rate 需要那天的一连串远期利率，此产品所挂钩的 30 年期互换利率与 2 年期互换利率为半年付息一次的互换利率，因此，所需的远期利率为一连串的 6 个月远期利率。例如计算未来第一天的 USD 30y Swap Rate，需要 $F(1;1,181)$[①]，$F(1;181,361)$，$F(1;361,541)$，…，$F(1;12241,12421)$，共 60 个远期利率；计算未来第一天的 USD 2y Swap Rate，需要 $F(1;1,181)$、$F(1;181,361)$、$F(1;361,541)$、$F(1;541,721)$ 共 4 个远期利率。

我们需要先估计发行日当天的一连串 6 个月远期利率，才能往前模拟出未来 5 年每天的一连串 6 个月远期利率，进而计算出未来 5 年内每天的 USD 30y Swap Rate 与 USD 2y Swap Rate。利用步骤一插补出的每天收益率，再经由式(15 - 3)计算出在发行日当天、1 天后、2 天后、3 天后直到第 34.5 年的 6 个月远期利率，即 $F(0;1,181)$，$F(0;2,182)$，$F(0;3,183)$，…，$F(0;12420,12600)$，共 12420 个(34.5×360)6 个月远期利率。

$$F(0;t_1,t_2) = \frac{{}_0r_{t_2} \times t_2 - {}_0r_{t_1} \times t_1}{t_2 - t_1} \tag{15-3}$$[②]

例如，1 天后的 6 个月远期利率使用式(15 - 4)即可求得：

$$F(0;1,181) = \frac{{}_0r_{181} \times \frac{181}{360} - {}_0r_1 \times \frac{1}{360}}{\frac{181}{360} - \frac{1}{360}} \tag{15-4}$$

此产品挂钩的另一个标的为 USD 3m Libor，故必须模拟出未来 5 年内每天的 USD 3m Libor，以远期利率的符号可表示为 $F(1;1,91)$，$F(2;2,92)$，$F(3;3,93)$，…，$F(1800;1800,1890)$，共 1800 个美元 3 个月即期利率。进行模拟时使用在发行日当天的一连串 3 个月远期利率 $F(0;1,91)$，$F(0;2,92)$，$F(0;3,93)$，…，$F(0;1800,1890)$来往前模拟得到未来每天的 3 个月即期利率。$F(0;1,91)$，$F(0;2,92)$，$F(0;3,93)$，…，$F(0;1800,1890)$使用式(15 - 3)即可求得，例如

---

① $F(1;1,181)$代表在未来第一天的时点，从未来第一天开始生效，在第 181 天到期的 6 个月远期利率，即未来第一天的 6 个月即期利率。$F(1;181,361)$代表在未来第一天的时点，从未来第 181 天开始生效，在第 361 天到期的 6 个月远期利率。

② $e^{-{}_0r_{t_2} \times t_2} = e^{-{}_0r_{t_1} \times t_1} \times e^{-F(0;t_1,t_2) \times (t_2 - t_1)}$

$\Rightarrow {}_0r_{t_2} \times t_2 = {}_0r_{t_1} \times t_1 + F(0;t_1,t_2) \times (t_2 - t_1)$

$\Rightarrow F(0;t_1,t_2) = \frac{{}_0r_{t_2} \times t_2 - {}_0r_{t_1} \times t_1}{t_2 - t_1}$

一天后的 3 个月远期利率使用式(15 - 5)即可求得：

$$F(0;1,91)=\frac{{}_0r_{91}\times\frac{91}{360}-{}_0r_1\times\frac{1}{360}}{\frac{91}{360}-\frac{1}{360}} \tag{15-5}$$

◇ 步骤 3：波动率校准

在本章中，我们假设远期利率的波动率不随时间而改变，即每个远期利率的波动率为常数，我们通过市场上价平利率上限期权(Caps)报价来进行波动率的校准。市场上利率上限期权是以波动率来报价，此报价为利率上限期权包含区间内的平均波动率，例如发行日当天的到期期限为 2 年的 Cap 报价为 17.26%，代表此 2 年间 Cap 的平均波动率为 17.26%。

以 6 个月 Libor 为标的的 1 年期 Cap，包含 1 个 Caplet，2 年期的 Cap 包含 3 个 Caplet，3 年期的 Cap 则包含 5 个 Caplet，依次类推。利用市场上以 6 个月 Libor 为标的的各年期 Cap 报价可反推出各个包含不同区间的 Caplet 波动率，也就是我们所要校准的 6 个月远期利率波动率。校准方法的理论基础如下：

假设各个远期利率的波动率为常数，等于相同区间的 Caplet 波动率，在 LFM 模型架构下，Caplet 的理论价值为：

$$\text{Caplet}(0,T_{i-1},T_i)=P(0,T_i)\tau_i\quad \text{Black}[K,F_i(0),v_i] \tag{15-6}$$

此处 $F_i(0)=F(0;T_{i-1},T_i)$

$$\text{Black}[K,F_i(0),v_i]=F_i(0)N\{d_1[K,F_i(0),v_i]\}-K\quad N\{d_2[K,F_i(0),v_i]\}$$

$$d_1[K,F_i(0),v_i]=\frac{\ln[F_i(0)/K]+v_i{}^2/2}{v_i}$$

$v_i=\sqrt{T_{i-1}}$，　$v_{T_{i-1}-Caplet}$、　$v_{T_{i-1}-Caplet}$为以$[T_{i-1},T_i]$为区间的 Caplet 波动率。

因为 Cap 的价值是其所包含的 Caplet 价值的加总，所以 T_j 年期的 Cap 理论价值为：

$$\begin{aligned}Cap(0,T_j,K)&=\sum_{i=1}^{j}P(0,T_i)\tau_i\quad \text{Black}[K,F_i(0),v_i]\\&=\sum_{i=1}^{j}P(0,T_i)\tau_i\quad \text{Black}[K,F_i(0),\sqrt{T_{i-1}}v_{T_{i-1}-Caplet}]\end{aligned} \tag{15-7}$$

此处，$K=S_{0,j}(0)=S(0;\ T_0,\ T_j)$，为所求得的互换利率。

因为市场上的 Cap 报价为期间内的平均波动率，所以将报价带入 Cap 的理论价值公式中可求得 Cap 的市场价格为：

$$Cap^{\text{Market}}(0,T_j,K)=\sum_{i=1}^{j}P(0,T_i)\tau_i\,Black[K,F_i(0),\sqrt{T_{i-1}}v_{T_j-Cap}] \tag{15-8}$$

此处 v_{T_j-Cap} 为 T_j 年期的 Cap 报价。

利用 Cap 的理论价值应等于市场价格，可得式（15－9）的等式关系，并可求算出各远期利率的波动率。

$$\sum_{i=1}^{j} P(0,T_i)\tau_i Black[K,F_i(0),\sqrt{T_{i-1}}v_{T_{i-1}-Caplet}]$$
$$=\sum_{i=1}^{j} P(0,T_i)\tau_i Black[K,F_i(0),\sqrt{T_{i-1}}v_{T_j-Cap}] \quad (15-9)$$

举例说明如何求得第 1 年到第 2 年间的波动率。

1 年期的等式关系：

$$0.5P(0,0.5)\cdot Black[K,F_{0.5}(0),\sqrt{0.5}v_{0.5-Caplet}]$$
$$=0.5P(0,0.5)\cdot Black[K,F_{0.5}(0),\sqrt{0.5}v_{1-Cap}] \quad (15-10)$$

2 年期的等式关系：

$$0.5P(0,0.5)\cdot Black[K,F_{0.5}(0),\sqrt{0.5}v_{0.5-Caplet}]+0.5P(0,1)\cdot Black[K,F_1(0),\sqrt{1}v_{1-Caplet}]+0.5P(0,1.5)\cdot Black[K,F_{1.5}(0),\sqrt{1.5}v_{1.5-Caplet}]$$
$$=0.5P(0,0.5)\cdot Black[K,F_{0.5}(0),\sqrt{0.5}v_{2-Cap})+0.5P(0,1)\cdot Black[K,F_1(0),\sqrt{1}v_{2-Caplet}]+0.5P(0,1.5)\cdot Black[K,F_{1.5}(0),\sqrt{1.5}v_{2-Cap}] \quad (15-11)$$

由 1 年期的等式关系，可得 $v_{0.5-Caplet}=v_{1-Cap}$。

接下来将 2 年期等式中的 $v_{0.5-Caplet}$ 以 v_{1-Cap} 代入，并假设 $v_{1-Cap}=v_{1.5-Cap}=v_{(1-2)Cap}$，其中，$v_{(1-2)Caplet}$ 为第 1 年到第 2 年间的波动率。

则 2 年期的等式可改写为：

$$0.5P(0,0.5)\cdot \mathrm{Black}[K,F_{0.5}(0),\sqrt{0.5}v_{1-Cap}]+0.5P(0,1)\cdot \mathrm{Black}[K,F_1(0),\sqrt{1}v_{(1-2)Caplet}]+0.5P(0,1.5)\cdot \mathrm{Black}[K,F_{1.5}(0),\sqrt{1.5}v_{(1-2)Caplet}]$$
$$=0.5P(0,0.5)\cdot \mathrm{Black}[K,F_{0.5}(0),\sqrt{0.5}v_{2-Cap}]+0.5P(0,1)\cdot \mathrm{Black}[K,F_1(0),\sqrt{1}v_{2-Caplet}]+0.5P(0,1.5)\cdot \mathrm{Black}[K,F_{1.5}(0),\sqrt{1.5}v_{2-Cap}] \quad (15-12)$$

因为 v_{1-Cap} 与 v_{2-Cap} 为已知，所以可求出 $v_{(1-2)Caplet}$，即为第 1 年到第 2 年间的波动率。依照上述步骤，利用市场上 1 到 10 年期的 Cap 报价，可求得 10 年内各年间的远期利率波动率。因为定价此产品需要 35 年内的波动率结构，且利率波动率的期限越长越趋于平缓。我们假设 10 年以后的波动率与第 9 年到第 10 年间的波动率相等。将产品发行日当天的各年期 Cap 波动率报价以及校准过后的波动率结构列于表 15－5 及表 15－6。

表 15－5　　产品发行日各年期 Cap 市场 ATM 报价及理论执行价

Maturity	Vol. (%)	Strike (%)
1	13.30	4.740
2	17.26	4.735
3	19.06	4.749
4	19.95	4.778
5	20.27	4.807
6	20.14	4.837
7	20.43	4.856
8	20.07	4.881
9	19.93	4.905
10	19.85	4.934

数据来源：Bloomberg。

表 15－6　　校准后的远期利率波动率结构

期限	利率波动率	期限	利率波动率
0~1 年	13.30%	5~6 年	19.70%
1~2 年	18.50%	6~7 年	21.70%
2~3 年	21.00%	7~8 年	18.70%
3~4 年	21.50%	8~9 年	19.10%
4~5 年	21.09%	9~10 年	19.30%

◇ 步骤 4：相关系数校准

因为无法得知未来远期利率的相关系数，所以采用过去的历史数据求得历史相关系数矩阵，本章采用产品发行日过去 180 个交易日的市场历史数据。首先找出过去 180 个交易日每天的美元 6 个月与一年 Libor 报价以及各年期互换利率报价，依照步骤 1 及步骤 2 所述方法，使用非线性插补法插补出每半年的互换利率，再使用拔靴法以及插补法得到收益率曲线，最后利用预期理论求出过去 180 天每天的一连串 6 个月远期利率，即可求得不同期限远期利率的历史相关系数矩阵。

所求出的历史相关系数矩阵为非正定矩阵（Non－Positive Definite），但是可使用第三章研究方法中 Peter Weigel（2004）所提出的降秩（Rank）。在历史相关系数矩阵上，我们发现在秩降到 6 的时候，即可得到另一个相同矩阵大小且为正定的近似相关系数矩阵，以此近似矩阵进行 Cholesky 分解，来产生具有相关性的随机数，并进行远期利率模拟。

◇ 步骤 5：蒙地卡罗模拟

1. USD 30y Swap Rate 与 USD 2y Swap Rate 的模拟

我们由步骤 2 求出的 12420 个 6 个月远期利率开始进行模拟，依据模型设定及仿真将远期利率分为 180 组，每组有 69 个不同期限的远期利率，如表 15－7 所示。

表 15－7　　6 个月远期利率模拟分组

组别	一组有 69 个互相关联的远期利率				
1	$F(0;1,181)$	$F(0;181,361)$	L	$F(0;12061,12241)$	$F(0;12241,12421)$
2	$F(0;2,182)$	$F(0;182,362)$	L	$F(0;12062,12242)$	$F(0;12242,12422)$
⋮	⋮	⋮	⋮	⋮	⋮
179	$F(0;179,359)$	$F(0;359,541)$	L	$F(0;12239,12419)$	$F(0;12419,12599)$
180	$F(0;180,360)$	$F(0;360,540)$	L	$F(0;12240,12420)$	$F(0;12420,12600)$

使用式（15－13）来模拟远期利率每日的变动。由于每组内的 69 个远期利率互有关联，因此在模拟时，每组需要产生 69 个互为相关的随机数，且使随机数间符合历史相关系数。

$$F_k^{Vt}(t+Vt)=F_k^{Vt}(t)\exp\left\{\begin{array}{l}\sigma_k(t)\sum_{i=j+1}^{k}\dfrac{\rho_{k,i}\tau_i\sigma_i(t)F_i^{Vt}(t)}{1+\tau_iF_i^{Vt}(t)}Vt\\-\dfrac{\sigma_k(t)^2}{2}Vt+\sigma_k(t)\left[Z_k(t+Vt)-Z_k(t)\right]\end{array}\right\}\qquad(15-13)$$

程序在进行仿真时，为 180 组同时往前一天模拟，而每往前模拟一天，就需自标准常态抽出 180 组，每组 69 个的随机数，且使用 Cholesky 分解，使每组随机数都符合各组的历史相关系数矩阵。

以第 1 组为例，解说模拟的过程。

往前模拟第 1 天后，$F(0;1,181)$成为已到期的 $F(1;1,181)$，故由组中剔除，无须再往前模拟。一直继续往前模拟到第 12241 天后，第 69 个远期利率也已到期，成为 $F(12241;12241,12421)$为止（见图 15－4）。因此 180 组一起模拟时，需要往前模拟到第 12420 天才结束。模拟完成后，以式(15－13)计算未来 5 年内每天的 USD 30y Swap Rate 与 USD 2y Swap Rate，第 1 天的互换利率是用第 1 组往前模拟 1 天的结果，第 2 天的互换利率是用第 2 组往前模拟 2 天的结果，依次类推。

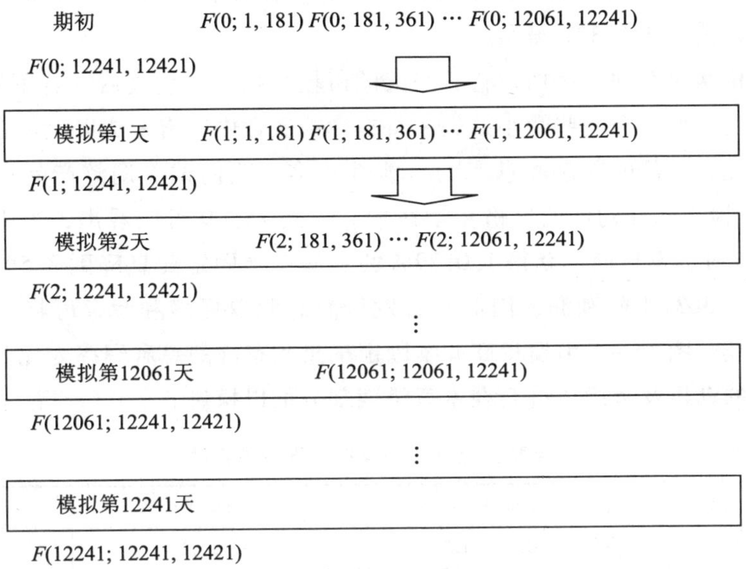

图 15－4 模拟流程

2. USD 3m Libor 的模拟

我们只需要模拟出未来 5 年内每天的 USD 3m Libor，由步骤 2 求出的 1800 个 3 个月远期利率开始模拟，如表 15－8 所示。

表 15－8　　3 个月远期利率模拟（共 1800 个远期利率）

$F(0;1,91)$	$F(0;2,92)$	$F(0;3,93)$	…	$F(0;1000,1090)$	…	$F(0;1800,1890)$

每往前模拟一天，就有一个远期利率到期成为那一天的即期利率（即 USD 3m Libor），剔除后剩下的远期利率再继续往前模拟，直到最后一个远期利率 F（0；1800，1890）成为 F（1800；1800，1890），模拟才结束。

3. 模拟完挂钩的两个标的后，即可知道每季度有多少天计入付息天数，且计算出每季度付息金额。使用蒙地卡罗法时，模拟次数越多，所得到的平均价格越接近理论价格，仿真 1 万次后，使用最小平方蒙地卡罗法来判断发行商的赎回时点，其中折现率使用模拟出的即期 3 个月 Libor，一期期地折回。最后将仿真 1 万次所得到的价格予以平均，即为每日计息双区间可赎回债券的理论价格。

（二）定价结果

模拟 1 万次的结果，每日计息双区间可赎回债券的理论价格为 10075.0538 美元，较本金 10000 美元大约有 0.751% 的溢价，若加上 1% 的手续费，则发行商大约有 0. 2476% 的利润。而不含赎回权的债券价值为 10356. 3748 美元，因此赎回权的价值为 281. 321 美元。

由定价结果发现，使用发行日当天的市场数据进行仿真后，若不加上 1% 的手续费，发行商还会有些微小损失，且在模拟次数中，有七成以上都在第一期被赎回。因此，产品的固定配息率的可能性较多，我们试着调整产品的固定配息 7. 5%，来检视此挂钩债的价格变动情形。由表 15 –9 可以看出，当固定配息降低为 4. 5% 时，发行商可获得 1. 0529% 的利润；当固定配息降到 3. 5% 时，发行商可获得 1. 3031% 的利润，因此，若发行商想赚取更多利润，可将产品的固定配息率降低，图 15 –5 为发行商调整固定配息利率后的总利润率变化。发行商发行此产品的动机及考虑，将会在本章第四部分加以探讨。

表 15 –9　　调整固定配息的挂钩债券价值变动

固定配息利率（%）	挂钩债价格（美元）	利润（含 1% 手续费）	总利润率（%）
10. 5	10147. 5092	–47. 5092	–0. 4682
9. 5	10116. 8713	–16. 8713	–0. 1668
8. 5	10108. 1412	–8. 1412	–0. 0805
7. 5	10075. 0538	24. 9462	0. 2476
6. 5	10046. 5091	53. 4909	0. 5324
5. 5	10016. 9980	83. 0020	0. 8286
4. 5	9994. 7643	105. 2357	1. 0529
3. 5	9970. 0830	129. 9170	1. 3031
2. 5	9942. 2161	157. 7839	1. 5870

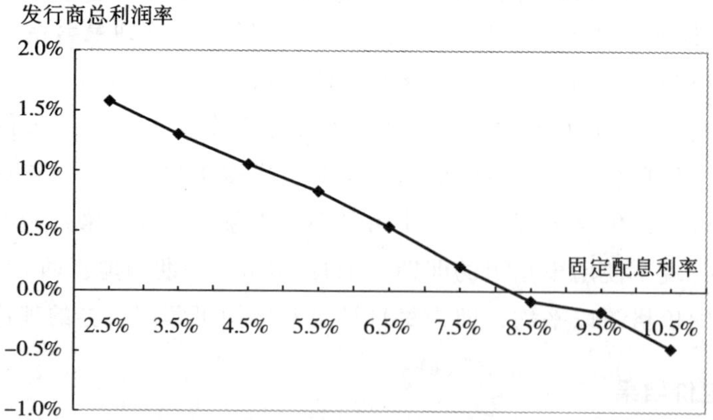

图 15 –5　发行商总利润率变化走势

三

避险参数分析

（一）Delta

Delta 是指当收益率曲线平移一单位时，产品价值变动的方向及幅度。

$$Delta = \frac{\Delta V}{\Delta r} = \frac{V_1 - V_0}{\Delta r} \tag{15-14}$$

以 1bp 为一单位，我们将收益率曲线向上平移 10bp，即 0.1%，则每日计息双区间可赎回债券的理论价值由原本的 10075.0538 美元变为 10067.3028 美元，根据 Delta 公式，此挂钩债券的 Delta 值为：

$$\frac{V_1 - V_0}{\Delta r} = \frac{10067.3028 - 10075.0538}{10} = -0.775 \tag{15-15}$$

表示收益率曲线往上平移 1bp，此挂钩债券的价值就会减少 0.775 美元。

由图 15-6 可以看出，当收益率曲线往上平移时，挂钩债券的价值降低，主要原因是挂钩债的配息已固定为 7.5%，若收益率曲线往上平移，则投资人领取到的利息及本金折回期初时，现值将会减少。换句话说，因为市场收益率上升，所以投资人领到的利息相对变少，使挂钩债券价值下降。另一个原因是当收益率曲线往上平移时，将会影响 USD 3m Libor 的模拟结果，使模拟出来的 USD 3m Libor 超过 7% 的可能性增加，因此配息减少，每日计息双区间可赎回债券的价值降低，这种情形在收益率曲线平移幅度由 0.02 到 0.03 时最为明显。

（二）Gamma

Gamma 是指收益率曲线平移一单位时 Delta 参数变动的方向及幅度。

$$Gamma = \frac{V_2 - 2V_0 + V_1}{(\Delta r)^2} \tag{15-16}$$

以 1bp 为一单位，我们将收益率曲线向上与向下平移 10bp，向上平移后，每日计息双区间可赎回债券的理论价值由原本的 10079.3453 美元变为 10067.3028 美元（V_1）；向下平移后，价值变为 10092.1115 美元（V_2），根据 Gamma 公式，此挂钩债券的 Gamma 值为：

$$\frac{V_2 - 2V_0 + V_1}{(\Delta r)^2} = \frac{10092.1115 - 2 \times 10075.0538 + 10067.3028}{10^2}$$

$$= 0.0931 \tag{15-17}$$

代表当收益率曲线往上平移1bp，此挂钩债券的 Delta 参数会增加 0.0931 美元。

（三）Vega

Vega 是指波动率结构平移一单位时产品价值变动的方向及幅度。

$$Vega = \frac{\Delta V}{\Delta \sigma} = \frac{V_1 - V_0}{\Delta \sigma} \tag{15-18}$$

以 1bp 为一单位，我们将波动率结构向上平移 10bp，即 0.1%，则每日计息双区间可赎回债券的理论价值由原本的 10075.0538 美元变为 10077.1608 美元，根据 Vega 公式，此挂钩债券的 Vega 值为：

$$\frac{V_1 - V_0}{\Delta \sigma} = \frac{10077.1608 - 10075.0538}{10} = 0.2107 \tag{15-19}$$

代表当波动率结构往上平移 1bp，此挂钩债券的价值会减少 0.2107 美元。

因为每日计息双区间可赎回债券挂钩的两个标的与区间分别是：USD 3m Libor 要落在 0～7.00% 以及 USD 30y Swap Rate～USD 2y Swap Rate 要大于 0.00%。当波动率结构往上平移时，利率的变动幅度也变大，使 USD 3m Libor 超过 7.00% 的可能性增加，同时 USD 30y Swap Rate 小于 USD 2y Swap Rate 的可能性也增加，这两种情况都会使同时落入区间的天数减少，降低配息，因此每日计息双区间可赎回债券的价值也会下降。

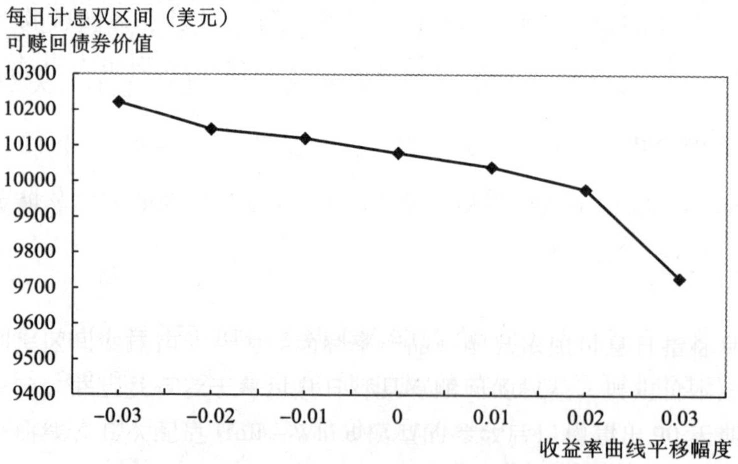

图 15－6　收益率曲线平移对债券价值的影响

四 发行商风险及策略分析

（一）发行商的风险

对于发行商而言，发行此每日计息双区间可赎回债券的风险在于：

1. 利息的支付决定于挂钩标的未来的走势，最高每年付息7.5%。

2. 若市场收益率下跌，则产品的固定配息率7.5%则相对较高，使发行商成本提高。

但是因为产品有发行商可赎回条款，若上述情况发生以致成本过高，发行商可向投资人强制赎回。

（二）发行商的发行策略

根据定价结果，若不加上1%的手续费，发行商面临亏损的几率非常大，那么为何发行商仍愿意发行此产品，以下试探讨其原因。

1. 利率模型在仿真利率未来走势时，尽管使用市场数据进行参数校准，但也只能在起始点设定，对于过去长久以来的历史走势以及现实情况，并不能反映在模型当中，因此仿真的结果仍需加上使用者在金融市场上所观察到的现象，才能将定价的结果与实务做最佳的配合。

2. 在发行日当天，USD 30y Swap Rate与USD 2y Swap Rate之间仍有0.4%的差距（5.19% -4.79%），而USD 3m Libor为4.41%，皆与产品所定的区间界线有不小的差距，因此以发行日当天的市场报价为起始点来模拟，将会使模拟后的USD 30y Swap Rate -USD 2y Swap Rate和USD 3m Libor落在区间外的几率太小，导致定价的理论价格过高。

3. 从图15-7可以看出，USD 30y Swap Rate与USD 2y Swap Rate之间的差距，从过去到发行日，一直呈现缩小的趋势，因此发行商很有可能预期未来差距仍会继续缩小，造成USD 30y Swap Rate小于USD 2y Swap Rate的情形。若预期正确，则发行商可减少利息支出的成本。图15-7圈起来的部分为发行日过后4个月的USD 30y Swap Rate与USD 2y Swap Rate的走势，可以看出，差距仍然持续缩小，且存在USD 30y Swap Rate小于USD 2y Swap Rate的情形，发行商的预期正确。

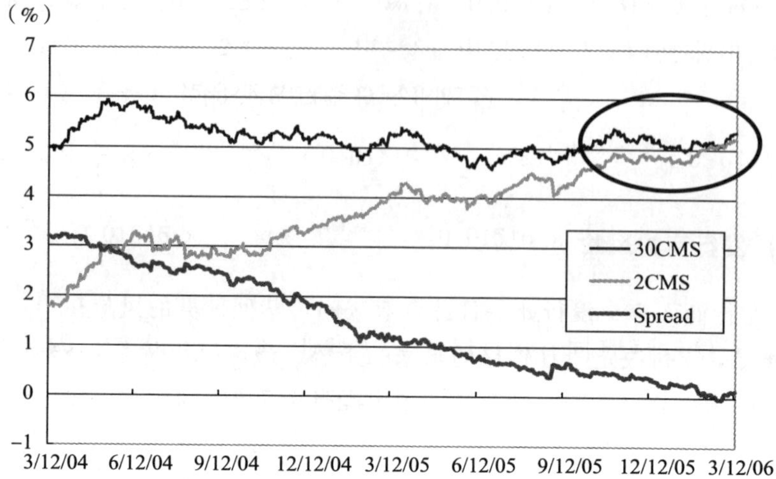

数据来源：Datastream。

图 15－7　发行日后美元 30 年与 2 年固定年期互换利率走势

4. 从图 15－8 可以看出，USD 3m Libor 在发行日前呈现直线上升的趋势，已长达一年半的时间，因此若发行商预期 USD 3m Libor 在未来仍持续上升，很有可能达到 7% 以上，应减少付息的成本。从图 15－8 圈起来的部分可清楚看到 USD 3m Libor 果真如发行商所预期，仍然呈现直线上升的态势。

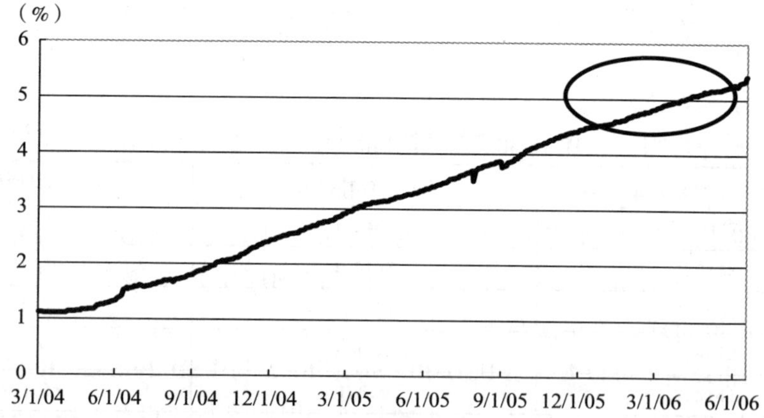

数据来源：British Bankers' Association (BBA)。

图 15－8　3 个月美元 Libor 走势（含发行日过后）

5. 产品的高配息条款，能够吸引更多投资人的眼光。

6. 若未来走势不符合发行商的预期，发行商仍具有强制赎回的权利。

五

投资人风险及收益分析

(一) 投资人的收益分析

由英国劳埃德银行（Lloyds TSB Bank Plc.）发行的每日计息双区间可赎回债券，属于美元结构式存款产品，本金保证百分百偿还，而利息则视其挂钩的两个标的未来的表现而定。在发行日之前，USD 30y Swap Rate – USD 2y Swap Rate 已持续 4 年半为正值，USD 3m Libor 还未达到 5%，且产品的固定配息率高达 7.5%，因此产品的条款对投资人来说，是非常具有吸引力的。

(二) 投资人的风险

对投资人来说，投资于每日计息双区间可赎回债券可能会面临的风险有以下几种：

1. 被赎回风险

由于条款中有发行商可在每个付息日执行赎回的权利，投资者在被高配息率吸引的同时，必须要考虑被发行商提早赎回的风险，虽然产品长达 5 年，但在高配息的情况下，极有可能在第一期就被赎回。

2. 汇率风险

由于此产品是以美元计价，投资及配息都以美元支付，到时若需将美元换成人民币，投资人必须面临汇兑损失的风险。

3. 市场利率风险

此挂钩债券价格受到美元利率所影响，当美元利率上升时，债券价值会下降，若低于期初投资金额，投资人会遭受到资本损失。

4. 信用风险

若发行商倒闭或违约，投资人可能拿不回原始投资的本金，故投资人在投资时，必须考虑发行商倒闭或违约的可能性。

六 结　论

从定价每日计息双区间可赎回债券的结果可以发现，几乎每次模拟都在第一个付息点被赎回，第一个原因为 USD 3m Libor 的区间 0～7% 太宽，且模拟出的 USD 30y Swap Rate － USD 2y Swap Rate 小于 0 的天数很少，造成落入区间的计息天数太多；第二个原因为产品的固定配息 7.5% 太高。这两个原因都是利息太高，以至于在第 1 期就会发生被赎回的情况。

观察 USD 3m Libor 和 USD 30y Swap Rate － USD 2y Swap Rate 过去的历史走势，发现 USD 3m Libor 持续呈现上升状态，而 USD 30y Swap Rate 与 USD 2y Swap Rate 的差距也逐渐持续缩小。因为产品投资期间长达 5 年，发行商也许是合理预期未来的走势若不变，则可由高固定配息吸引投资人，即使到时付息成本太高，也可行使赎回权将产品赎回。当投资人被宽区间及高配息吸引，必须注意到被发行商赎回的风险，若在第 1 期就被赎回，则完全无法享受到优厚的付息条件。

第十六章　6 年期可赎回完美曲线每日计息票券[①]

为了迎合投资人喜好，在市场里出现相当多种类的结构型产品，依类型可分成五类，分别为股权挂钩产品、利率挂钩产品、外汇挂钩产品、产品挂钩型与信用挂钩型结构型产品。本章要解析与定价的产品，则属于利率挂钩型产品。

利率结构型产品的特色是盯住某些指标利率，观察该指标利率的走势有没有符合计息条件，若有，通常可以拿到比市场利率更高的计息。这个特点让投资人相当喜欢投资利率结构型产品。然而，相对的，只要投资人对情势判断有误，其将会面临低利息的风险，甚至可能面临零息的风险。

为了避免投资人本金全无的风险，导致投资人对本产品交易不热情，事实上，这些利率结构型产品往往带有保本的作用。另外，发行商为了保护自己，往往也放入可赎回的条款，免得整个局势完全偏向投资人。故保本与发行商可赎回，算是利率型结构产品的特色。

至于观察的指标利率，往往以 Libor 或固定期互换利率（CMS）为主。而依付息条件型态的不同，简易分成滚雪球型态、逆浮动型态、利差型态与斜率型态等。共同特征在于符合某一条件后，才发生计息事件。

一　产品介绍

本章所定价的产品为 6 年期可赎回完美曲线每日计息票券。

---

① 本章由陈松男教授、研究特助蔡宗儒撰写。

（一）产品说明书（见表 16－1）

表 16－1　　6 年期可赎回完美曲线每日计息票券产品说明书

产品名称	6 年期可赎回完美曲线每日计息票券（6 Year Callable Perfect Curve Daily Range Accrual Note）
发行机构	瑞士银行（UBLACK）
最小投资金额	10000 美元（可改为人民币计价）
投资期间	6 年
挂钩标的	K 年期 CMS：美元 K 年固定年期互换利率（可改为 LPR CMS 利率） 其中 K＝2，3，5，7，10，30
发行价格	100%
保本率	100%
利息计算方式	6.00% × n/N n：计息区间内，2CMS≤3CMS≤5CMS≤7CMS≤10CMS≤30CMS 的天数 N：计息区间总天数
利息计算	采用 30/360，每季度计息
利息支付	每季度支付
赎回条款	发行者有权利在每个计息日提前赎回（需在 5 天前通知投资人），提前赎回保证 100% 还本，并与当日配息一并入账
手续费	1%

（二）产品特色

6 年期可赎回完美曲线每日计息票券，有三个重点：一是对整体互换利率走势的看法；二是保本型契约；三是每日计息的特色。

如果投资人对于互换利率的看法是长天期一定大于短天期，那投资本产品是可以得到相当可观的利息收入的。从图 16－1（在 2002 年 7 月 13 日，由上而下分别为 30、10、7、5、3 与 2 年期的 CMS）可以发现，发行日的过去 10 年来互换利率的走势，有保持长天期恒大于短天期的走势，因此只要互换利率的期间结构没有大幅度的变动，对投资人而言就是有利的。

倘若互换利率走势不如预期，也就是某些 CMS 突然剧变之后，不再保持长天期大于短天期的特色，投资人将拿到较低的利息，甚至可能拿到零息。但保本型的条款，让投资人不会有本金的亏损，损失的只是利息的机会成本，在期末或赎回时，仍可拿回本金。

而每日计息的特色，让投资人不用担心会错过一波长年期大于短年期的互换利率走势。在每日计息的设定之下，投资人似乎能得到较安全的保护，也较容易达到高配息。

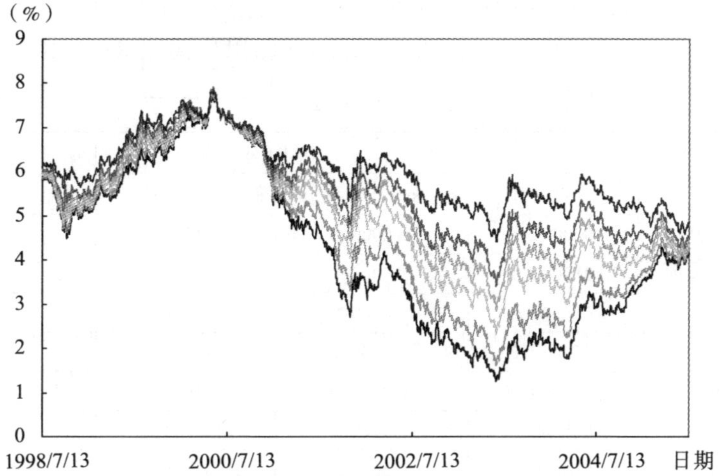

图 16－1　产品发行日的各年期互换利率走势

二 产品定价

在进行产品定价之前，需要先对市场数据进行利率模型参数的校准；等参数校准完成之后，便可以进行产品定价分析。本章 6 年期可赎回完美曲线每日计息票券的定价流程如图 16－2 所示。

首先，在参数校准部分，依序先完成收益率与远期利率的部分；其次，对波动率结构以及相关系数矩阵做探讨；最后，等到以上参数校准完毕后，便进入最小平方法、蒙地卡罗法在市场模型的应用。

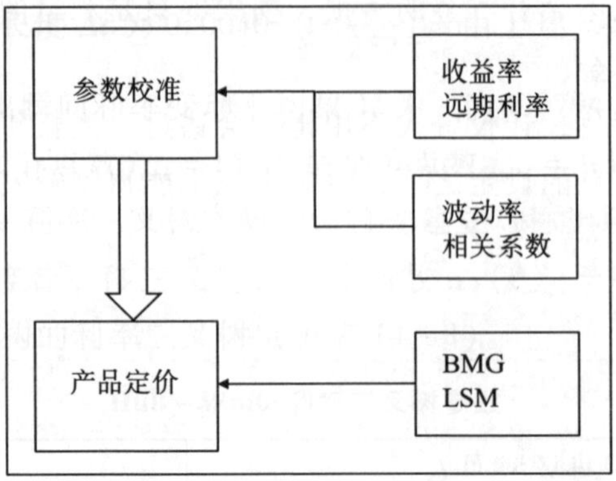

图 16－2　定价流程

（一）收益率

远期利率市场的相关报价，大致上以利率看涨期权与互换利率为主，这两者是参数校准的依据。在发行日当天，两者的市场报价分别列于表 16－2 与表16－3。

表 16－2　　产品发行日互换利率的市场报价

时间	互换利率（%）
1 年	4. 57000
2 年	4. 67500
3 年	4. 72000
4 年	4. 76500
5 年	4. 80500
6 年	4. 84000
7 年	4. 86500
8 年	4. 89500
9 年	4. 92500
10 年	4. 95500
15 年	5. 07500
20 年	5. 14000
30 年	5. 18000

表 16-3 产品发行日 Libor 的市场报价

时间	Libor（%）
3个月	4.15000
6个月	4.34188
9个月	4.47625
12个月	4.56750

搜集完上面两种市场资料后，要进行收益率曲线的估计，根据利率互换定价公式[①]：

$$S_{0,N}(t)\ \delta\sum_{i=1}^{N+1}P(t,T_{i})+P(t,T_{N+1})=1$$

此处，运用在起始点 $t=0$ 是利率互换的第 1 期$(0,T_0)$。所以，定价公式内的$P(0,T_0)=1$，因为 $T_0=0=$起始点。

由市场已知的互换利率与零息债券价格求得的第 $N+1$ 期的零期债券价格，便能找出在 $N+1$ 期的收益率，通过即期利率可将上式表示为：

$$S_{0,N}(t)\delta\sum_{i=1}^{N+1}\left\{\frac{1}{[1+F(t,t,T_{i})]^{\delta i}}\right\}+\frac{1}{[1+F(t,t,T_{N+1})]^{\delta(N+1)}}=1 \qquad (16-1)$$

在此特别强调式（16-1）中的 $F(t,t,T_i)$同表 16-3，一般只提供3个月、6个月、9个月、12个月的报价，这样的信息对于定价本产品是不足的。换言之，在定价之前，需要找12月内及12个月以上的每天收益率。另外，式（16-1）中互换利率 $S_{0,N}(t)$的市场报价，如表 16-2 所示，同样没有充裕的报价信息，因此在进行式（16-1）的收益率校准之前，必须先用非线性内插法（Cubic Spline）插补出需要的互换利率，如11年期、12年期等互换利率。

结束互换利率的插补后，由式（16-1）可以完整描绘出产品发行日当天的每3个月的收益率曲线。例如已知3个月、6个月、9个月与12个月的即期利率 $F(0,0,90)$，$F(0,0,180)$、$F(0,0,270)$与 $F(0,0,360)$，以及1年期互换利率 $S_{0,1}(0)$，这些资料与第15个月的收益率 $F(0,0,450)$ 通过式（16-1）可写成：

$$S_{0,1}(0)\times\frac{90}{360}\left\{\frac{1}{[1+F(0,0,90)]^{90/360}}+\frac{1}{[1+F(0,0,180)]^{180/360}}+\frac{1}{[1+F(0,0,270)]^{270/360}}+\frac{1}{[1+F(0,0,360)]^{360/360}}+\frac{1}{[1+F(0,0,450)]^{450/360}}\right\}$$

① 陈松男：《利率衍生品设计原理与应用》第12章中的式（12-25），136页。

$$+\frac{1}{[1+F(0,0,450)]^{450/360}}=1$$

移项之后，便可以求出第 15 个月的收益率 $F(0,0,450)$。如此反复下去，可构建出每 3 个月的收益率曲线。

由市场信息求得每 3 个月的收益率曲线后，再将每 3 个月的收益率曲线，做每天的插补动作，即绘出每天的收益率曲线。因此，在这一步骤，将得到 $F(0,0,1)$、$F(0,0,2)$、$F(0,0,3)$……$F(0,0,12960)$，共 $36\times360=12960$ 个收益率 [其中，$F(0,0,90)$、$F(0,0,180)$、$F(0,0,270)$ 以及 $F(0,0,360)$ 是市场中已报价的，也就是表 16－3 的内容]。图 16－3 为校准完成的收益率曲线。

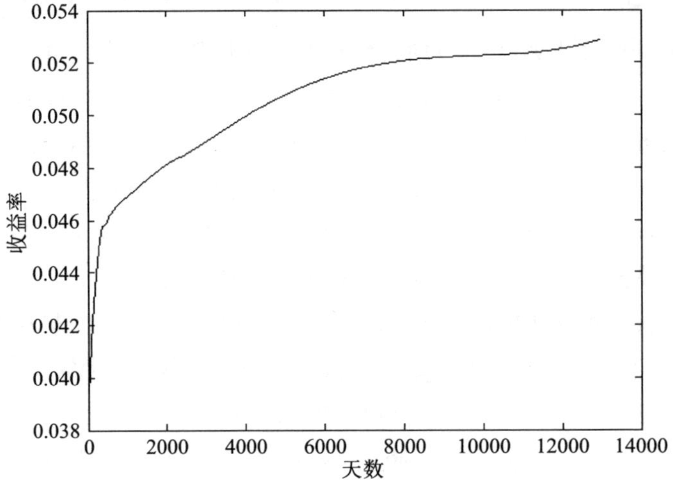

图 16－3　校准完成的收益率曲线

（二）远期利率

在收益率曲线求出之后，接下来要估计不同的 3 个月远期利率。例如，1 天后的 3 个月远期利率 $F(0,1,91)$，2 天后的 3 个月远期利率 $F(0,2,92)$，3 天后的 3 个月远期利率 $F(0,3,93)$，也就是要找出远期利率动态过程的起始值，以便抽样模拟。基于无套利，可以从式（16－2）拔靴法求出各个远期利率的起始值。由于产品是 6 年期，加上每天都需要观察最长年期的 30 年 CMS，并且都以 3 个月计息一次，因此，远期利率起始值的个数总共需要 $35.75\times360=12870$ 个，故需要插补出 $F(0,1,91)$、$F(0,2,92)$……$F(0,12870,12960)$ 远期利率起始值。下面以 1 天后的 3 个月远期利率 $F(0,1,91)$ 进行说明：

$$F(0,1,91)=\frac{\left(\frac{91}{360}-\frac{0}{360}\right)F(0,0,91)-\left(\frac{1}{360}-\frac{0}{360}\right)F(0,0,1)}{\frac{91}{360}-\frac{1}{360}} \tag{16-2}$$

如上，在求 1 天后的 3 个月远期利率，是需要第 1 天以及第 91 天的收益率的，因此借助收益率曲线的建立，便可以一期一期地求出所需要的 3 个月远期利率。

（三）波动率

在 BGM 的环境下，Brigo 及 Mercurio 推导了远期利率动态过程，除了起始值之外，还有远期利率的波动率需要校准。由于利率看涨期权标的物为远期利率，而且又有封闭解，因此我们将从利率看涨期权着手。

事实上，当我们采用 Black 公式计算利率看涨期权这个利率衍生品时，便已经隐含了远期利率波动率的参数，故这个校准项目应从利率看涨期权出发。然而，市场上并没有各期利率看涨期权的报价，只有利率上限期权的报价，所以必须通过市场上利率上限期权的报价与利率下限期权的定价关系来决定。

市场上利率看涨期权的报价方式，是以波动率方式呈现的。倘若需要求价格，只要套入 Black 公式即可。在定价日当天的利率看涨期权报价如表 16 – 4 所示。

表 16 – 4　　产品发行日利率上限期权的市场报价

时间	波动率（%）	时间	波动率（%）
USCFA1 Index	13.40	USCFA8 Index	19.50
USCFA2 Index	17.28	USCFA9 Index	19.40
USCFA3 Index	19.07	USCFA10 Index	19.30
USCFA4 Index	19.79	USCFA12 Index	18.60
USCFA5 Index	19.97	USCFA15 Index	17.70
USCFA6 Index	19.60	USCFA20 Index	16.50
USCFA7 Index	19.97		

一般来说，利率上限期权经过拆解后，实为一系列不同到期日的利率看涨期权的组合，而每一个利率看涨期权价格都可通过 Black 公式求得，分别加总后可

以求得利率上限期权的价格①。由利率看涨期权与利率上限期权的关系可知，通过表 16－4 的报价可校准出不同到期日利率看涨期权的波动率，相关的远期利率也随之而出。这里“适当”的波动率分别指利率看涨期权波动率（即远期利率波动率，也是需要校准求出的波动率）以及利率上限期权波动率（即根据表 16－4 的利率上限期权报价校准的波动率），类似于 BS 模型看涨期权（隐含）波动率的校准。

在校准波动率之前，本章选用 Brigo 与 Mercurio 的第三类架构作为波动率结构，亦即 S_k 型态。

基于市场资料不足，本章假设区间落在 1 年内的远期利率波动率皆相同，即 $F(0,1,91)$、$F(0,2,92)$……$F(0,270,360)$ 的波动率相同，区间落在 2 年、3 年或其他的也假设相同；这样的简化设定，加上利率上限期权通常以 90 天为付息日，让本章只需要算出 3 个月一期的远期利率波动率即可，如 $F(0,90,180)$、$F(0,180,270)$ 等。再加上所选用的第三类波动率结构，可以知道随着时间的推移，在做远期利率的模拟时，只需要考虑一个固定的波动率。另外，利率上限期权的计息采用先设定后支付的形式，因此 1 年期的利率上限期权会有 3 个利率看涨期权；2 年期的会有 7 个利率看涨期权，依次类推。

假设 $v_{T_{i-1}-\text{Caplet}}$ 为 $F(0,T_{i-1},T_i)$ 的波动率，则对于所有区间 (T_{i-1},T_i) 落在 $(0,1]$、$(1,2]$……$(29,30]$ 的远期利率波动率由于都假设为相等，分别定义为 S_1、S_2……S_{30}；而其到期日为 T_i 的利率上限期权的市场报价波动率为 $v_{T_{i-1}-\text{Cap}}$，则 1 年期的利率看涨期权价格的计算方式详细改写后可分成两种：

1. 透过市场利率上限期权的波动率

$$
\begin{aligned}
&Caplet^{M}[t,T_{i-1},T_i,F_i(t),K]\\
&=Black[t,T_{i-1},T_i,F_i(t),K,v_{T_{i-1}-Cap}]\\
&=P(0,T_i)(T_i-T_{i-1})G[F_i(t),K,v_{T_{i-1}-Cap}]
\end{aligned}
\tag{16-3}
$$

其中，M 指 Cap 的市场报价。（代表 Cap 内的每一个到期日 T_i 的 $Caplet$）

$$
\begin{aligned}
&G[F_i(t),K,v_{T_{i-1}-Caplet}]\\
&=F_i(t)N\{d_1[F_i(t),K,v_{T_{i-1}-Caplet}]\}-KN\{d_2[F_i(t),K,v_{T_{i-1}-Caplet}]\}
\end{aligned}
$$

$$
d_1[F_i(t),K,v_{T_{i-1}-Caplet}]=\frac{\ln[F_i(t)/K]+0.5v^2_{T_{i-1}-Caplet}}{v_{T_{i-1}-Caplet}}
$$

$$
d_2[F_i(t),K,v_{T_{i-1}-Caplet}]=\frac{\ln[F_i(t)/K]-0.5v^2_{T_{i-1}-Caplet}}{v_{T_{i-1}-Caplet}}
$$

---

① 陈松男：《利率衍生品设计原理与应用》第 12 章式（12－10）和式（12－4）。

2. 通过合理利率的看涨期权波动率

$$Caplet^R\ [t,\ T_{i-1},\ T_i,\ F_i\ (t),\ K]$$
$$=Black\ [t,\ T_{i-1},\ T_i,\ F_i\ (t),\ K,\ v_{T_{i-1}-Caplet}]$$
$$=P\ (0,\ T_i)\ (T_i-T_{i-1})\ G\ [F_i\ (t),\ K,\ v_{T_{i-1}-Caplet}] \qquad (16-4)$$

其中：

$$G[F_i(t),K,v_{T_{i-1}-Caplet}]$$
$$=F_i(t)N\{d_1[F_i(t),K,v_{T_{i-1}-Caplet}]\}-KN[d_2\{F_i(t),K,v_{T_{i-1}-Caplet}]\}$$
$$d_1[F_i(t),K,v_{T_{i-1}-Caplet}]=\frac{\ln[F_i(t)/K]+0.5v^2_{T_{i-1}-Caplet}}{v_{T_{i-1}-Caplet}}$$
$$d_2[F_i(t),K,v_{T_{i-1}-Caplet}]=\frac{\ln[F_i(t)/K]-0.5v^2_{T_{i-1}-Caplet}}{v_{T_{i-1}-Caplet}}$$

将式(16－3)与式(16－4)个别求得的利率看涨期权相加后，可分别得到用市场利率上限期权波动率与用合理利率看涨期权波动率所求得的利率上限期权价格，透过两者相等便可校准出远期利率的波动率。

需要注意的是，对于相同的利率上限期权，上面两式的执行价格是依各个所属的利率看涨期权而定的，且采用同年期的互换利率为执行价，例如在1年期的利率上限期权中，每个利率看涨期权都以1年期的互换利率 $S_{0,1}(t)$ 为执行价。以下以1年期与2年期的利率上限期权为例，说明如何求出模拟时所需的波动率。

1年期［详见第四章式（4－3）到式（4－7）的详细展示与说明］：

$$P(0,0.5)(0.25)G[F_{0.5}(0),K_1,\sqrt{0.25}v_{0.25-Caplet}]+P(0,0.75)(0.25)G[F_{0.75}(0),K_1,\sqrt{0.5}v_{0.5-Caplet}]+P(0,1)(0.25)G[F_1(0),K_1,\sqrt{0.75}v_{0.75-Caplet}]$$
$$=P(0,0.5)(0.25)G[F_{0.5}(0),K_1,\sqrt{0.25}v_{1-Cap}]+P(0,0.75)(0.25)G[F_{0.75}(0),K_1,\sqrt{0.5}v_{1-Cap}]+P(0,1)(0.25)G[F_1(0),K_1,\sqrt{0.75}v_{1-Cap}]$$

其中，$K_1=S_{0,1}(0)$ 表示1年期的互换利率，假设同一区间的远期波动率相同，即 $v_{0.25-Caplet}=v_{0.5-Caplet}=v_{0.75-Caplet}=s_1$，便可以得出在（0，1］区间的远期利率波动率。

2年期：

$$P(0,0.5)(0.25)G[F_{0.5}(0),K_2,\sqrt{0.25}v_{0.25-Caplet}]+P(0,0.75)(0.25)G[F_{0.75}(0),K_2,\sqrt{0.5}v_{0.5-Caplet}]+P(0,1)(0.25)G[F_1(0),K_2,\sqrt{0.75}v_{0.75-Caplet}]+P(0,1.25)(0.25)G[F_{1.25}(0),K_2,\sqrt{1}v_{1-Caplet}]+P(0,1.5)(0.25)G[F_{1.5}(0),K_2,\sqrt{1.25}v_{1.25-Caplet}]+P(0,1.75)(0.25)G[F_{1.75}(0),K_2,\sqrt{1.5}v_{1.5-Caplet}]+P(0,2)(0.25)G[F_2(0),K_2,\sqrt{1.75}v_{1.75-Caplet}]$$

$= P(0,0.5)(0.25)G[F_{0.5}(0), K_2, \sqrt{0.25}v_{2-Cap}] + P(0,0.75)(0.25)G[F_{0.75}(0), K_2, \sqrt{0.5}v_{2-Cap}] + P(0,1)(0.25)G[F_1(0), K_2, \sqrt{0.75}v_{2-Cap}] + P(0,1.25)(0.25)G[F_{1.25}(0), K_2, \sqrt{1}v_{2-Cap}] + P(0,1.5)(0.25)G[F_{1.5}(0), K_2, \sqrt{1.25}v_{2-Cap}] + P(0,1.75)(0.25)G[F_{1.75}(0), K_2, \sqrt{1.5}v_{2-Cap}] + P(0,2)(0.25)G[F_2(0), K_2, \sqrt{1.75}v_{2-Cap}]$

其中，$K_2 = S_{0,2}(0)$ 表示 2 年期的互换利率。如同一年期利率上限期权与同一区间的远期波动率相等，即 $v_{0.25-Caplet} = v_{0.5-Caplet} = v_{0.75-Caplet} = s_1$ 与 $v_{1-Caplet} = v_{1.25-Caplet} = v_{1.5-Caplet} = v_{1.75-Caplet} = s_2$，透过(0,1]区间的远期利率波动率 s_1 与市场利率上限期权报价 v_{2-Cap} 便可以得出在(1,2]区间的远期利率波动率。表 16－5 为校准出来的波动率期间结构，图 16－4 为波动率期间结构的图形。

表 16－5　　校准后的波动率期间结构

期间（年）	波动率（%）	期间（年）	波动率（%）
0～1	13.400	15～16	11.699
1～2	19.215	16～17	9.953
2～3	21.350	17～18	9.953
3～4	21.292	18～19	9.953
4～5	20.503	19～20	9.953
5～6	18.145	20～21	9.953
6～7	21.688	21～22	9.953
7～8	16.606	22～23	9.953
8～9	18.693	23～24	9.953
9～10	18.465	24～25	9.953
10～11	15.790	25～26	9.953
11～12	13.413	26～27	9.953
12～13	12.705	27～28	9.953
13～14	12.555	28～29	9.953
14～15	12.301	29～30	9.953

（四）相关系数

各个远期利率是有相关性的，因此，实际上是需要求得共 12782 个远期利率的相关系数。然而，如此庞大的历史相关系数是难以建立的，因此本章采用分组相关，如 $F(0,1,91)$、$F(0,91,181)$……$F(0,12781,128601)$ 共 143 个远期利率为一组，有相关性；$F(0,2,92)$、$F(0,92,182)$……$F(0,12782,128602)$ 共 143 个远期利率为一组，有相关性；依次类推，总共可分为 90 组，且每一组里头有 143

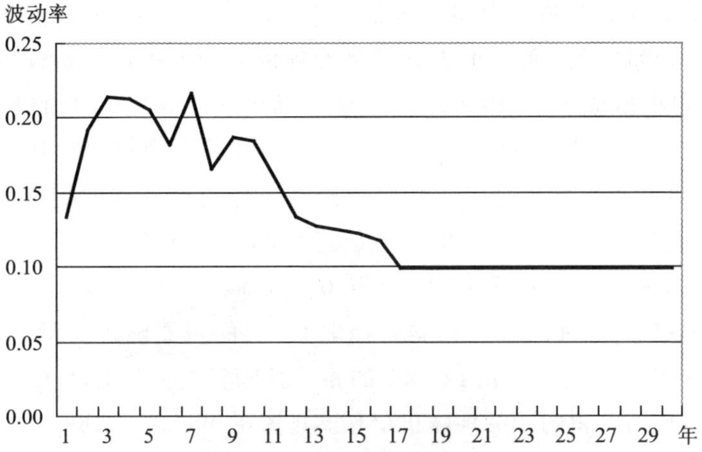

图 16－4 校准后的波动率结构

个远期利率具有相关性。因此需要借由历史数据找出 90 组相关系数矩阵，但为求简化，本章仅找出第一组的相关系数矩阵，并假设这 90 组都有相同的相关系数矩阵。

本章选用发行日前约 8 个月共 175 笔的历史资料来当作相关系数矩阵。在上一段提及，每组共有 143 个远期利率矩阵，因此在做模拟时，共需要 143 个随机变量。然而，此数目，对于每天都要观察互换利率的本产品来说数量太多，一定会导致运算效率过低。因此，本章将采用投影降秩①，将秩数降低至 8，以期能抽取 8 个随机变量，再经由矩阵运算，得到共 143 个具有相关性的随机变量。图 16－5为相关系数降秩的流程示意图。

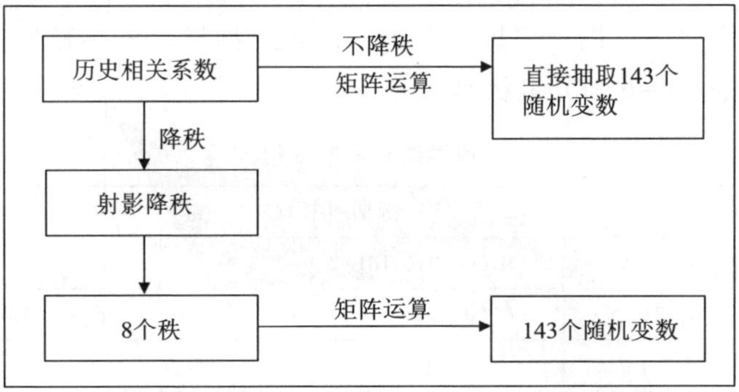

图 16－5 相关系数矩阵的降秩流程

① Peter Weigel, "Optimal Calibration of Libor Market Models to Correlations", Journal of Derivatives, Winter 2004, P43～50.

矩阵运算的重点在于 Cholesky 拆解。Cholesky 拆解是将目标矩阵拆解成一个上三角与下三角矩阵的乘积，且两者互为对称矩阵。由于相关系数矩阵为 143 × 143，需要经过拆解成下三角矩阵，再与独立随机变量 143 ×1 相乘，才能得到真正有相关性的 143 个随机变量。

然而，143 的抽样数太庞大，故需要降秩。经射影降秩的矩阵虽仍为143 × 143 的大小，但秩数已经改变至 8，所以在做 Cholesky 拆解时，得到的 143 ×143 下三角矩阵只会有前八行的数值明显大于 0，因而我们将趋近于 0 的行舍去，可得到一个 143 ×8 的矩阵。最后只需要抽取 8 ×1 的独立随机变量，再与前面的 143 ×8 的矩阵相乘，便可得到 143 ×1 的相关性随机变数。此相关随机变量，足以代表未经降秩而获得的相关性随机变量。可参见 Weigel（2004）的降秩方法。

需要注意的是，在做 Cholesky 拆解时，相关系数矩阵被限定在有正定性的特质，然而，本章所求得的历史相关系数矩阵是负定的，故要直接做 Cholesky 拆解，再抽 143 个随机变量，就是行不通的。这时候的射影降秩便可发挥另一项功用——将相关系数矩阵处理至正定。而“8”这个秩数的选择，是从射影后的正定矩阵选一个适当的秩数而定的。一般而言，降的秩数越低，越不能代表原相关系数矩阵，因此所谓的适当，是指在可接受的误差范围内选择一个最小的秩数，也就是用每个秩数下的 Fobenius Norm 相对大小来决定此适当的秩数。

（五）BGM

做完上述参数校准后，接下来直接进入远期利率的模拟，本章将采用 Q^i 测度之下远期利率 $F_k(t)$ 的动态过程。

然后将所需要的远期利率进行分组，以进行抽样，总共有 90 组，每组 143 个远期利率，表 16 – 6 为分组状况。

表 16 – 6　　各远期利率的分组

组别	远期利率 143 个一组			
1	*F*（0，1，91）	*F*（0，91，181）	…	*F*（0，12781，128601）
2	*F*（0，2，92）	*F*（0，92，182）	…	*F*（0，12782，128602）
⋮	⋮	⋮	⋱	⋮
90	*F*（0，90，180）	*F*（0，180，27 0）	…	*F*（0，12870，13960）

因此，每一组都用第一章的式（1 – 17）对 $k=1, 2, \cdots, 143$ 的远期利率，通过抽取具有相关性的标准正态来仿真 36 年的路径。

在模拟的途中，要特别注意到期与否，例如第一天的模拟 *F*（0，1，91）已

到期为 F（1，1，91），则在第二天模拟时便剔除掉，无须再模拟此远期利率的路径。

（六）LSMC

由于本产品的发行商具有提前赎回的权利，因此本章将通过最小平方蒙地卡罗法来决定发行商最适的赎回时点。

在下一章，百慕大式利率互换期权的特色是，可进行提前履约的对象是投资人，而本章产品“6 年期可赎回完美曲线每日计息票券”可进行提前赎回的却是发行商。因此在第十七章提及使用 LSMC 的流程，第一步骤，决定执行价值与内含价值，就必须做某些变动了。详见第十二章对 LSMC 的介绍。

一般而言，最小平方蒙地卡罗法要通过比较执行价值与内含价值来决定履约与否，然而此种比较机制，是从投资人可履约的观点出发，本产品不但有发行商可赎回条款，而且到期还要还本给投资人，因此，若从发行商的角度来看，则是比较“现在赎回”与“之后赎回”哪个花费的金额较少。若现在赎回的金额较少，则选择赎回；若之后赎回的金额较少，则此时点不赎回。故在运用蒙地卡罗法之前，要先决定何谓本产品的“赎回价值”与“不赎回价值”。

若在 t 时点决定赎回，则需要支付金额为 t 时点的应付利息 c_t 与本金 N 元，因此对于 t 时点的赎回价值 CV_t，本章采用本金加上 t 时点的应付利息金额，即 $CV_t = N\ (1 + c_t)$。倘若在 t 时点选择不赎回，则采用从 t 时点至到期日所有现金流量加总的折现值为不赎回价值，即 $UCV_t = \sum_{i=t}^{T} CF_i \times DF_i(t)$，其中 CF_i 表示 t 之后的各期可能的现金流量，这表示若在 t 观测时点与 T 到期时点之间发生了赎回情况，需要一并考虑进去。而 $DF_i\ (t)$ 表示第 i 期的 1 元在 t 时点的价值。事实上，为了方便起见，本章都将“赎回价值”与“不赎回价值”一并折现到定价时点，以期能更简便地判别大小。

由于本产品与远期利率相关，因此第十七章的百慕大式利率互换期权的解释变量使用各年期的互换利率（2 年、3 年、5 年、7 年、10 年与 30 年期 CMS）以及货币市场账户（Money Market Account，MMA）。此外，由于基本函数形式的差异，并不会造成价格显著差异，加上解释变量多达 7 个，因此本产品简单地使用一次多项式就可当作基本函数的形式，即回归式分别与各年期互换利率与货币市场账户有关，如下式（其中 ε_t 表误差项）：$UCV_t = 1 + 2CMS_t + 3CMS_t + 5CMS_t + 7CMS_t + 10CMS_t + 30CMS_t + 31MMA_t + \varepsilon_t$，此处，1、2、5、7、10、30 及 31 分别代表回归系数 b_1、b_2、b_5……和 b_{31}。

三 模拟结果

本产品的计息方式是每 90 天内符合短期互换利率恒小于长期互换利率的天数，也就是 2CMS≤3CMS≤5CMS≤7CMS≤10CMS≤30CMS 的天数 n，则在付息日 t 应付的利息 $C_t = n \times \frac{6\%}{360}$。本章仿真 5000 条路径，共 24 个付息观察日。模拟数据显示，在每一个付息区间内，符合计息条件的天数，从 30 天到 70 天不等，也就是每季度大约付了 0.00565% 至 0.01296% 不等的利息给投资人。

纵使图 16－1 显示出过去 10 年的不同年期利率互换走势，有越来越靠近的趋势，甚至会让人有往后天数容易交错的感觉，一切都倾向于对发行商有利的情势，但上面的付息状况，再加入最小平方蒙地卡罗法后，发行商大致在第 17 个付息日之前，都会有提前赎回的状况，事实上，有九成的提前赎回是发生在第 11 个付息日之前。这也代表互换利率走势，在时间拉长的情况下，会趋近于长天期恒大于短天期的走势，此时若发行商没有赎回权，整个局势反而对投资人更有利。

本产品发行面额为 10000 美元，发行价使用百分之百面额计算，用 5000 条路径仿真出来的结果为 9940.2137 美元（标准偏差 0.0137）。然而在不考虑发行商可赎回的情况下，纯债券价格为 10055.1885 美元（标准偏差 0.0332），因此，发行商的可赎回权利的价值为 10055.1885－9940.2137＝114.9748 美元，也就是本票券每张的期权价值有 114.9748 美元。

如果手续费采用 1% 计算，则发行商每张票券可得 （10000－9940.2137）＋ $10000 \times 1\% = 159.7863$ 美元的利润，该票券总共发行了 $\frac{4260000}{10000} = 426$ 张，因此这次发行的总利润为 $426 \times 159.7863 = 68068.9638$ 美元。而每张的 6 年总利润率有 $\frac{159.7863}{9940.2137} = 1.607\%$，所以每年平均报酬率为 $\sqrt[6]{1.01607} - 1 = 0.266\%$，故发行商每年约有 0.266% 的收益。

四 敏感度分析

(一) Delta

避险参数 Delta，代表标的物的轻微变动，造成产品价格的变动多寡。就本产品而言，是指收益率整条曲线平移后，造成产品价值变动的大小。本章使用有效存续时间或久期（Effective Duration）的概念，即：

$$Delta=\frac{[V(r+\Delta r)-V(r)]+[V(r)-V(r-\Delta r)]}{2V(r)\Delta r}$$

在此，Delta 表示采用收益率整个平移 10bp，即 $\Delta r=10$bp，会造成票券价值变动多少。

表 16 -7 为变动结果。

表 16 -7　Delta

$V(r+\Delta r)$	99.1728
$V(r)$	99.4021
$V(r-\Delta r)$	99.5426
Delta	-0.0186%

一般来说，收益率若变高，会造成票券价格降低，表 16 -7 的确呈现这样的趋势。而 Delta = -0.0186%，表示当收益率变动 1bp，会造成整个票券的价值变动 -0.0186%。因此当收益率走势有平移现象时，可以根据这个数值简单地做 Delta 避险。例如当观察到收益率曲线可能整个往上平移 1bp 时，最简单的方法是从市场上做反向操作买回此票券；反之亦然。

(二) Gamma

避险参数 Gamma 代表标的物的轻微变动，会使 Delta 变动多少。此处指收益率曲线平移后，造成 Delta 值的变动。本章使用有效凸性风险（Effective Convexity）的概念，即：

$$Gamma = \frac{Delta(+\Delta r) - Delta(-\Delta r)}{\Delta r}$$

$$= \frac{\frac{V(r+\Delta r) - V(r)}{V(r)\Delta r} - \frac{V(r) - V(r-\Delta r)}{V(r)\Delta r}}{\Delta r}$$

$$= \frac{V(r+\Delta r) - 2V(r) + V(r-\Delta r)}{V(r)(\Delta r)^2}$$

如同 Delta，在此让收益率曲线平移 10bp，即 $\Delta r = 10\text{bp}$，再看对 Delta 造成的影响。从表 16－7 可以直接得出 Gamma = －0. 00000828 = －0. 0828bp，表示当收益率曲线平移 1bp，造成整个 Delta 值反向变动了 0. 0828bp，所以本产品不具有凸性性质。若发行商想采用动态避险，则必须将 Gamma 值考虑进去，随时动态调整所需要的 Delta 值。

（三）Vega

避险参数 Vega，表示标的物的波动率变动会影响产品价值变动的多寡。类似于 Delta 的概念，此处让波动率期间结构整体移动 1% 后，看票券价值会变动多少。所以令 $\Delta\sigma = 1\%$ 后，看如何影响票券价格。类似 Delta 的算法，公式如下：

$$Vega = \frac{[V(\sigma+\Delta\sigma) - V(\sigma)] + [V(\sigma) - V(\sigma-\Delta\sigma)]}{2V(\sigma)\Delta\sigma}$$

由表 16－8 求出 Vega = －0. 0210%，表示波动率期间结构每平移 1%，就会使票券价值反向变动 0. 0210%。这是由于本票券的付息条件是所有长天期的互换利率要恒大于短天期的所有互换利率，在定价时点，互换利率从 2 年期到 30 年期的整体走势都已经符合计息条件，然而，波动率变大反而容易造成 Libor 整体走势有巨幅变动，间接可能影响到各年期的互换利率走势，因此在本票券的计息条件之下，波动率变动会对价格产生反向影响是毋庸置疑的。

表 16－8　Vega

$V(\sigma+\Delta\sigma)$	99. 1961
$V(\sigma)$	99. 4021
$V(\sigma-\Delta\sigma)$	99. 6138
Vega	－0. 2101%

五

发行商策略和投资人策略

（一）发行商策略

假设在第一个付息日发生了每天都符合计息条件的极端情况，也就是互换利率完全符合短天期小于长天期的特殊情况，则投资人可以拿到全部6% ×90/360的完全利息，且此时的赎回价格在期初为 $\frac{10000\left(1+\frac{90}{90}\times\frac{90}{360}\times 6\%\right)}{(1+0.0415)^{90/360}}=$ 10046.82，不但高于发行成本的9940.2137美元，还高于发行价格。所以在发行之后，如果突然出现了与发行商预期走向完全相反的局势，为了避免受到更多损失，发行商一定会在第一期赎回。

另一个极端方向，如果互换利率走势完全如发行商所预测，则只需在期末以面额10000美元还本，发行商因而享受了不用付息的好处，在期初时点来看，总共可享有 $10000-\frac{10000}{(1+0.048238)^{6}}=10000-7537.73=2462.67$ 美元的利润。

由于此种产品具有可赎回条款，因此对发行商而言不太容易蒙受损失，所以原则上只要注意互换利率整体走势即可。在整体互换利率走势有可能交错的情况下，是不需要采用赎回条款的；当不同年期的互换利率比较密集时，可以先稍微观察一下，再决定赎回与否；若互换利率整体走势明显有长年期高于短年期的情况，且持稳定发展，那发行商势必要好好思考赎回条件的使用时机，通常，立即赎回会比较占有优势。

根据模拟出来的结果，发行商大概在第17个付息日之前就使用赎回条款，不会让投资人持有到最后。由于赎回与否需要看付息多少以及还本金额的价值，这代表着两种可能性：第一种为发行商认为过了第17个付息日之后的互换利率走势不利于自己，可能需支付较高的利息，于是使用赎回条款；第二种则是认为越晚还本越有利，也就是折现率的影响使得还本价值越往后越低，因此发行商选择晚一点还本。综合以上两个可能，才能让此产品具有不会太早被赎回又不至于在期末才被赎回的特质。

（二）投资人策略

对于投资人而言，由于本产品具有赎回条款，发行商相对有利，故购买此产品者是属于较被动的一方，所以可以先区分成“想走短线”或“想投资长期”的投资人来拟定投资策略。

对于短期投资者，事实上要具备随时被提早赎回的心理准备。因为对于短期投资者，他们要的是马上可见的高利息支付，但相对的，当市场发生高利息支付的情况，表示互换利率走势与发行商预测相反，为避免发行者亏损扩大，本票券极易被提前赎回。所以在这样的心思下，唯有投资人预期互换利率走势容易发生短天期小于长天期，才适合真正下手投资，如果投资者认为第一期债券就可能被赎回，他更应该立即购买赚取短期利润。

至于长期投资者，反而希望不会被提前赎回，甚至最好到期末都没有赎回情况。此类投资人一方面希望能得到较安稳的利息收入，另一方面又希望该利息收入能比一般固定收益债券稍微高些。可想而知，如果预期互换利率走势不会让发行者急于赎回，又不至于让自己处于无息的情况下，投资人会愿意长期持有。

倘若次级市场存在，且投资人预期下期很有可能被提前赎回，则长短期投资人除了选择继续持有之外，还可选择在次级市场售出，以得到当时的票券价格。当然，这是建立在持有者能准确预测下一期现金流量收入会明显小于现在的售出价格的情况下。因此，相较于发行者，投资人似乎更需要注意市场整体的互换利率走势。

第十七章　百慕大式利率互换期权[①]

一般而言，承作利率互换（Interest Rate Swap）合约的买卖双方的动机分别是：为了赚取浮动利率的利润，将原本手上的固定期利率，以利率互换的方式换取浮动利率，此为买方，称作支付端（Payer）；为了规避浮动利率下跌的风险，也可以从利率互换合约得到固定期利率，来锁定自己的利息收入，此为卖方，称为接收端（Receiver）。

然而，有时候可能会有错判利率走势的情况，而使利率互换的一方直接蒙受巨额亏损。为了避免这种现象的发生，才有利率互换期权（Interest Rate Swap Option or Interest Rate Swaption）的出现。利率互换看涨期权的功能，是让买方有权利决定要不要进入利率互换合约成为支付端；相对的，利率互换看跌期权是让买方决定要不要成为利率互换合约的接收端，主要是因为支付了较高的权利金，所以多了一项选择的权利，如此便可避免直接蒙受巨额亏损。

根据履约（或行权）方式，利率互换期权又可分为欧式、百慕大式与美式利率互换期权。如一般所认知，欧式只有到期才能履约（或行权）；百慕大式可以在有限个履约（或行权）日执行履约（或行权）；美式则可以在任何时点履约（或行权）。

市场上以 X - nocall - Y 来表示一个利率互换期权。该简写表示期权的到期期限有 Y 年，而期权的标的物为 X 年的利率互换合约。此种产品也是市场较常见的合约，称作固定互换期间的利率互换期权（Constant Maturity Swaption，简称 CMS）。相对于固定期利率互换期间的合约，市场上还有固定期权到期日的利率互换期权，该合约若以 X - nocall - Y 来表示，则代表该期权合约到期日为 X + Y 年。若在第 Y 年履约（或行权），则可进入为期 X 年的利率互换；若在第 Y + 1

---

① 本章由陈松男教授、研究特助蔡宗儒撰写。

年履约（或行权），则可进入为期 X－1 年的利率互换；依次类推到最后一个履约（或行权）日为止。

本章将以固定互换区间的百慕大式利率互换期权为例，介绍最小平方蒙地卡罗法在市场模型中的应用。

一 产品介绍

由于产品数据难寻，按本章的算法，按照百慕大式利率互换期权例子得以重新调整和设计一个新百慕大式产品条款，如表 17－1 所示。

表 17－1　　百慕大式固定期利率互换期权产品说明书

产品名称	百慕大式固定期利率互换期权（Bermudan Constant Maturity Interest Rate Swaption）
最小投资金额	100 美元（可改为人民币计价）
发行日、有效期	发行日为某年的 10/13，期权有效期为 1 年 1 年内的每 3 个月可以行权一次，在行权日起之后的利率互换期为 4 年
连结标的	4 年期 CMS（可改为 LPR CMS 利率和其他条款）
发行日的 4 CMS	0.0482543
履约（或行权）价	0.03（产品已是深度实值）
履约（或行权）日	1/13、4/13、7/13、10/13
发行价格	100%
履约（或行权）条款	投资人有权利在发行日后每 3 个月共 4 个履约（或行权）日决定是否提前履约（或行权）

二 产品定价

本章定价重点在于最小平方蒙地卡罗法的使用，对于整个定价方法的流程，本章将介绍得较详细。由于产品合约的设定条件是以第十六章“6 年期可赎回完美曲线每日计息票券”的发行日期为依据，故参数校准与第十六章大同小异，详细的参数校准流程已经在第十六章介绍了。

本产品为期 1 年，并以 4 年期的互换利率为标的，故各个参数校准的年限最多应该包含到第 5 年。

（一）收益率

要校准 1 ~ 5 年的收益率，需要市场上互换利率与 Libor 的数据。

表 17 -2、表 17 -3 数据，可以校准出 5 年（1800 天）期内的收益率曲线，如图 17 -1 所示。

表 17 -2　　产品发行日互换利率市场报价

期限	互换利率（%）
1 年	4.57000
2 年	4.67500
3 年	4.72000
4 年	4.76500
5 年	4.80500

表 17 -3　　产品发行日 Libor 市场报价

期限	Libor（%）
3 个月	4.15000
6 个月	4.34188
9 个月	4.47625
12 个月	4.56750

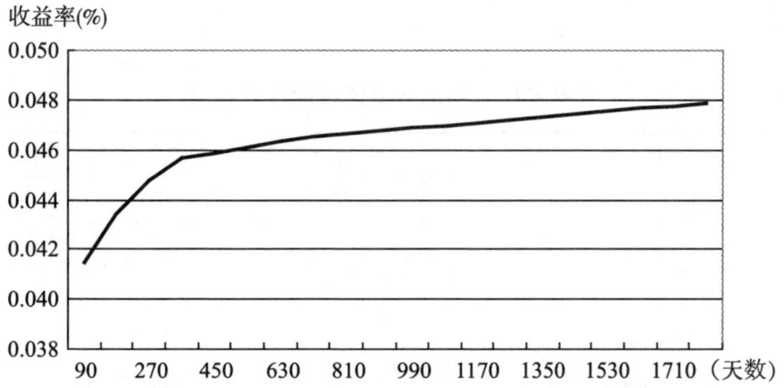

图 17 -1　产品发行日校准后的收益率曲线

（二）远期利率

为了得到未来 4 个履约（或行权）时点的 4 年期互换利率，在第十六章的式（16 - 1）转换成互换利率之前，需要先模拟出远期利率，故需要各远期利率的起始值。由收益率曲线与表 17 - 2 可以校准出在期初共 4.75 × 4 = 19 个远期利率的起始值，已足够进行本产品的定价分析：F（0，90，180）、F（0，180，270）……F（0，1710，1800），结果列在表 17 - 4。

表 17 - 4　　　　产品发行日的远期利率

F(0,90,180)	F(0,180,270)	F(0,270,360)	F(0,360,450)	F(0,450,540)
0.045338	0.047450	0.048413	0.046440	0.047554
F(0,540,630)	F(0,630,720)	F(0,720,810)	F(0,810,900)	F(0,900,990)
0.047699	0.047754	0.047769	0.047794	0.047880
F(0,990,1080)	F(0,1080,1170)	F(0,1170,1260)	F(0,1260,1350)	F(0,1350,1440)
0.048079	0.048407	0.048735	0.049011	0.049214
F(0,1440,1530)	F(0,1530,1620)	F(0,1620,1710)	F(0,1710,1800)	
0.049343	0.049467	0.049613	0.049789	

（三）波动率

模拟远期利率的波动率。依照该远期利率的所属期间，需要(0,1]、(1,2]……(4,5]五个区间的波动率，通过市场上利率上限期权的报价与第十六章利率上限期权的定价式(16 - 3)和式(16 - 4)的转换后，可以得到所需要的波动率(见表 17 - 5)。

表 17 - 5　　　　产品发行日利率上限期权的市场报价

年期	利率上限期权波动率（%）
USCFA1 Index	13.40
USCFA2 Index	17.28
USCFA3 Index	19.07
USCFA4 Index	19.79
USCFA5 Index	19.97

校准后的远期利率波动率见表 17 - 6。

表 17－6　校准后的波动率期间结构

期间（年）	波动率（%）
0～1	13.400
1～2	19.215
2～3	21.350
3～4	21.292
4～5	20.503

（四）相关系数

本产品所需要的远期利率共 19 个，其中个别具有相关性，故模拟时不可视为独立。本章选择产品发行日前 8 个月的数据，共 175 笔的历史资料来当作历史相关系数矩阵，随后再用投影降秩的方式将抽样数降至 6。

（五）BGM

做完上述参数校准后，接下来直接进入远期利率的模拟，本章将采用 Q^i 测度下的远期利率 $F_k(t)$ 的动态过程（$i<k$，$t\leqslant T_i$）：

$$dF_k(t) = \sigma_k(t)F_k(t)\sum_{j=i+1}^{k}\frac{\rho_{k,j}\delta_j\sigma_j(t)F_j(t)}{1+\delta_jF_j(t)}dt + \sigma_k(t)F_k(t)dW_k^i(t)$$

将其转化为对数正态分布的形式：

$$F_k(T) = F_k(t)\exp\left[\sigma_k(t)\sum_{j=i+1}^{k}\frac{\rho_{k,j}\delta_j\sigma_j(t)F_j(t)}{1+\delta_jF_j(t)} - \frac{\sigma_k^2(t)}{2}\right](T-t) + \sigma_k(t)[W_k^i(T) - W_k^i(t)]$$

将布朗运动项处理成标准正态，可以得到：

$$F_k(T) = F_k(t)\exp\left[\sigma_k(t)\sum_{j=i+1}^{k}\frac{\rho_{k,j}\delta_j\sigma_j(t)F_j(0)}{1+\delta_jF_j(t)} - \frac{\sigma_k^2(t)}{2}\right](T-t) + \sigma_k(t)\sqrt{T-t}Z_k^i \qquad (17-1)$$

通过此式（17－1），可以模拟出在履约（或行权）时点的各个远期利率，再借由远期利率与互换利率的关系式，即可得到各履约（或行权）时点的四年期互换利率。

在式（17－1）中，为求精准，将模拟期数切割为每一天，也就是式中的 $T-t=\frac{1}{360}$。注意，当时间到达 90 天、180 天、270 天与 360 天时，远期利率分别会有 $F(0,90,180)$、$F(0,180,270)$、$F(0,270,360)$与 $F(0,360,450)$到期，因

此在这些时间点上，得依序将这4个利率剔除，不需要再模拟下去。

（六）LSMC

定价百慕大式利率互换期权的几种方法，包含了 Broadie 及 Glasserman（1997）、Andersen（1999～2000）以及 Longstaff 与 Schwartz（2001）的三种方法。然而，一旦具有提早履约（或行权）或提前赎回的利率衍生产品复杂化之后，直觉性较佳的最小平方蒙地卡罗法是较容易使用的。因此，为了对较复杂的产品铺路，本章先以简单的百慕大式利率互换期权为例，进行最小平方蒙地卡罗法的定价。

首先定义履约（或行权）价值(Exercise Value)与持有价值(Holding Value)。百慕大式利率互换期权的履约（或行权）价值明显为履约（或行权）日时点的4年期互换利率与履约（或行权）价格相减后，再与零相比，取最大者。而持有价值则选用履约（或行权）时点（t）之后的可能现金流量折现值。

履约（或行权）价值为：$E_t = \max\left[S_{0,4}(t) - K, 0\right]$

持有价值为：$H_t = \sum_{k=1}^{T} CF_k \times DF_k(t)$

其中，t 表示履约（或行权）时点，本产品距到期日共有4个履约（或行权）时点；T 为利率互换的到期时点；CF_k 为第 k 个利率互换时点的现金流量；$DF_k(t)$ 为第 k 个时点至第 t 履约（或行权）时点的折现因子，且 $k \geqslant t$①。

事实上，产品的持有价值是观察不到的，故上面定义持有价值为现金流量的折现值总和，本质上只能称作点估计，因此为了得到真正的持有价值的估计量，Longstaff 与 Schwartz 采用回归式估计（详见本章附录）。即在多条路径上的某特定时间点，先如上文所讲的，计算可能持有价值 H_t，且令持有价为应变量，再与仿真出的解释变量（本产品选择4年期互换利率与货币市场账户 MMA），做简单回归。当回归系数估出之后，再将各路径上某特定时间点的解释变量代入回归式，求得真正的持有价值的估计量。

接着讨论解释变量的选择与基本函数的选取。解释变量的选择，应该是从市场上，观察对该产品有影响力的变量。由于文献中，如 Pedersen（1999）、Piterbarg（2003），对于百慕大式利率互换期权建议的解释变量，大多为同年期的互

① CF_k 和 $DF_k(t)$ 内含有行权节点 t 当时的4年期 CMS 和行权节点 t 后利率互换期内的各折现因子。这些数值的求算，可根据期初所构建的远期利率与 CMS 期限结构的 MC 仿真数据，再运用固定期利率互换期权的定价公式求算出 E_t 和 H_t。读者可参阅本书作者的另一本书《利率衍生品设计原理与应用》第12章（P138～140），式（12－32）～式（12－44）。

换利率与该时点的货币市场账户（Money Market Account），故本章也直接采用这个。

至于基本函数的选取，本章比较一次多项式函数以及 Longstaff 与 Schwartz 建议的具有权重的 Laguerre 多项式后，虽然二者有些微小的不同，但整体而言，一次多项式函数和具有权重的 Laguerre 多项式的结果，在 10000 次的模拟次数下，可认为是相同的。但本章还是直接采用 Longstaff 与 Schwartz 建议的具有权重的 Laguerre 多项式，即附录式（A1），本次定价取式（A1）的 n 为 3。表17－7为模拟 10000 次的两种基本函数比较（本金 100 美元）。

表 17－7　　两种基本函数的比较

	一次多项式函数	具权重 Laguerre 多项式
百慕大 CMS	1.8759	1.9071

另一个是履约（或行权）法则（Stopping Rule）矩阵的求得。最适当的履约（或行权）法则矩阵是由比较简单的回归求得的持有价值与该时点上的履约（或行权）价值而得到的。换言之，对于不同的仿真路径，会有不同的最适当的履约（或行权）法则矩阵。然而，实际上，并不需要将所有路径都拿来做简单回归。Longstaff 与 Schwartz 建议，先在足够多的路径上进行一次最小平方蒙地卡罗法尝试，并且留下每个时点上的回归系数，之后再用此次样本外的仿真路径，根据已经决定好的回归系数，直接代入仿真出的变量，可估计出这条新路径上的持有价值。换言之，各个时点上的回归系数是事先求得的。例如，要模拟 10000 次，并不需要真的去做样本数为 10000 的回归估计，可以先模拟出 1000 条路径，再根据这 1000 条路径，求得解释变量与应变量（及持有价值）的值，做完简单回归，留下回归系数的估计。之后，另外操作一次新的 10000 次蒙地卡罗法，只需要在这新的仿真路径里，求得解释变量的值，并直接代入事先求得的回归式，即可当作持有价值。其实，在 Andersen（1999～2000）的定价方法中，也是事先求得一个最适当的履约（或行权）法则，再用样本外的其他路径去进行定价工作。此外，为了提高效率，回归式上，只需要保留实值的路径即可，因为虚值的路径只会有零的履约（或行权）价值，无须比较，故可以省略掉。

综上，最小平方蒙地卡罗法的流程如下：

1. 定义产品的履约（或行权）价值与持有价值。
2. 选取解释变量与基本函数。
3. 事先模拟足够多的次数，求得回归系数。
4. 重新仿真路径，并依照上一步得到的回归式，决定各个路径各时点上的持有价值。

5. 采用后推式（Backward）从后往前比较4的持有价值与履约（或行权）价值。继续持有记0；履约（或行权）则记1，并将后面的记0。

6. 通过4的0与1矩阵，将履约（或行权）价值折现至期初取平均，便可得合理价格。

三 模拟结果

本次定价事先用1000条路径仿真出回归系数之后，再另外模拟10000次4年期的互换利率，最后求得的百慕大式利率期权价格为1.9071美元（标准偏差为0.008076）；而欧式利率互换期权的价值为1.1631美元（标准偏差为0.013024）。因此，当合约上多加了可以提早履约（或行权）的百慕大条款后，投资人必须多支付0.744美元的可行权期权费用，来享受提前履约（或行权）的好处。

故发行商每100美元本金可以从百慕大式利率互换期权中赚取的金额共达98.093美元（即100－1.9071）。

由于本产品是深度实值，因此与欧式的价格不但差了近两倍，从表17－7还可以发现，10000条路径上，投资人几乎都会选择提早履约（或行权），这个现象也可以从图17－2中观察到（只取10000条路径中的10条）：发行日的4年期互换利率是在0.0482543这个水平上，随着时间的推进，波动程度仍无法让4年期互换利率的走势往下降至0.03这个履约（或行权）价格，因此，投资人必然选择提早履约（或行权）。至于每次模拟的最佳履约（或行权）时机，可透过最小平方蒙地卡罗法求得类似表17－8的履约（或行权）矩阵。

表17－8　10000条路径下各履约（或行权）时点的履约（或行权）次数

履约（或行权）日	2006/1/13	2006/4/13	2006/7/13	2006/10/13
履约（或行权）次数	944	2939	1009	5107

在定价本产品时，为了有较明显的权利金支付金额，在产品设计一开始，便将履约（或行权）价格定为深度实值。为了达到概化的目的，应了解本产品在不同实值外的情况。此处，可特别比较实值、平值与虚值的价格差异。以下为事

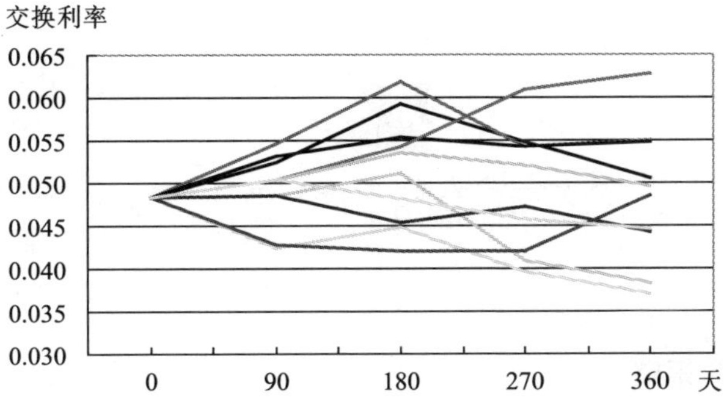

图17－2 10 条互换利率在各履约（或行权）时点的走势

先用 1000 条路径求得回归系数后，再仿真 10000 条路径求得的价格，括号代表标准偏差，以本金 100 美元为例。

表 17－9 显示百慕大利率互换期权仍和一般的期权有相同的特色，从实值、平值一直到虚值，价格会依序越来越低，且当互换利率处在虚值时，由于履约（或行权）价值不高，欧式与百慕大式的价格是差不多的。

表 17－9　　实值、平值与虚值的比较

项目	实值 $K=0.0472543$	平值 $K=0.0482543$	虚值 $K=0.0492543$
欧式 CMS 期权 （1000/10000）	0.42722 （0.0063733）	0.39227 （0.0062188）	0.37224 （0.0058906）
百慕大 CMS 期权 （1000/10000）	0.48062 （0.0064472）	0.41766 （0.0062424）	0.37968 （0.0059451）
百慕大价值	0.05340	0.02539	0.00744
百慕大价值比重	11.11%	6.08%	1.96%
各期履约（或行权）次数	8、202、356、5197	234、87、16、4915	10、21、63、4781

另外，在实值时，百慕大的期权价值占整个百慕大利率互换期权的比重高于其他两者，这也符合履约（或行权）时点多，投资人应付的权利金也多的直觉。

在这三次的 10000 条仿真条路径上，4 个时点的履约（或行权）次数中，以实值的百慕大期权占比较高，而且有五成七的路径会提前履约（或行权）。但观察表 17－9 可以发现除实值外，集中在到期日履约（或行权）的概率远高于其他履约（或行权）时点。配合图 17－2 可以猜测，或许是由于互换利率的波动率足够让 4 年期的互换利率走势在快到期时能产生大幅变化却又不处于发生深度虚值的窘境。

四

发行商策略和投资人策略

（一）发行商策略

由于可以提早履约（或行权）的一方为投资人，故发行商在每个履约（或行权）日都有可能面临被提早履约（或行权）的可能性。换句话说，百慕大式利率互换期权在履约（或行权）日的价格变动将是最巨幅的，甚至 *Delta* 常发生跳动的不连续情形，因此，对于发行商而言，发行百慕大式利率互换期权后的避险策略是相当难制定的。文献提及可以通过 Pathwise Delta 与 Likelihood Ratio Delta 来求得真正的避险参数，内容可以参考 Piterbarg（2004）、Glasserman 和 Zhao（1999）的论文。原则上，在 4 年期互换利率走高时，为了避免被提前履约（或行权），可以先在市场买入百慕大式利率互换期权，做反向操作即可；而当 4 年期互换利率走低时，若走势已达虚值，则无须有大动作，倘若走势仍在实值，但程度不深，如果在可容忍的亏损内，则不必急于做反向操作。

（二）投资人策略

由于投资人是优势方，只要判断的形势没有错，在投资之后，持续观察 4 年期的利率走势，并在最适当的时点选择提前履约（或行权）即可。然而，现实生活中，最适当履约（或行权）时点太难判断，故除了经验法则外，若有连续几波 4 年期互换利率走低的情况，那么为了避免 4 年期互换利率降低至虚值，或许可以考虑在下个履约（或行权）日还是实值时就选择履约（或行权）。

附录　最小平方蒙地卡罗法

在市场模型（LMM）下，一些简易利率衍生产品可得到封闭解，然而，当到期收益型态稍微复杂后，只能用数值方法去寻找理论价格，其中，又以蒙地卡罗法最容易使用。虽然蒙地卡罗的收敛速度相较于展树（比如三叉树）或有限差分法较慢，但仍可通过反向抽样（Antithetic Sampling）及控制变量（Control Variates）来弥补该缺陷。详见 P. Jackel 的书“Monte Carlo Methods in Finance”

以及 Hull－White（1988，JFQ）。

前段所提的数值方法对于具有复杂性到期结构的欧式产品，基本上都是可以定价的。然而，对于美式或百慕大式的产品定价，由于面临提早履约（或行权）的问题，上面的方法需要再扩充。Longstaff 与 Schwartz（2001）提出的最小平方蒙地卡罗法 LSMC（Least－Squared Monte Carlo），就是为了解决提早履约（或行权）的问题。事实上。针对百慕大式的利率互换期权的定价，文献中记载很多方法可以用，本章将采用直觉性较高且较简单的 LSMC 作为定价依据。

（一）最小平方蒙地卡罗法

对买方而言，通过比较持有价值（Holding Value）与履约（或行权）价值（Exercise Value）的高低来决定是否提早履约（或行权），是最容易判断的方式。假设仿真 M 次，仿真路径为 ω_m，$m\in\{1, 2, \cdots, M\}$。沿用前文使用的到期日结构 $0=T_1<T_2<\cdots\cdots<T_{K+1}$，并且定义在 t 时点观察 T_n 时点的持有价值为 $H_n(t)$，履约（或行权）价值为 $E_n(t)$。

Longstaff 与 Schwartz 的想法是，面对仿真出来的所有路径，应找出一个履约（或行权）法则（Stopping Rule）的矩阵（横向为时间，纵向为路径），再根据此矩阵做现金流量的折现，平均得到期初价格。因此，每个履约（或行权）时点的持有价值 $H_n(T_n)$ 与履约（或行权）价值 $E_n(T_n)$ 在此显得相当重要。一般而言，持有价值是肯定无法观察到的，而履约（或行权）价值则要看产品履约（或行权）时点收益型态的复杂度而定，在此，我们讨论最概化的情况：持有价值 $H_n(T_n)$ 与履约（或行权）价值 $E_n(T_n)$ 都无法从一条仿真路径上直接观察到。

因此，在决定履约（或行权）法则（Stopping Rule）矩阵之前，我们需要在 M 个仿真路径上，就每个时点 T_n 估计持有价值 $H_n(T_n)$ 与履约（或行权）价值 $E_n(T_n)$。图 A－1 是以估计持有价值为例。

在图 A－1 中，每个路径 ω_i 上，由于持有价值观察不到，因此用 $\tilde{H}_n(T_n,\omega_i)$ 代替。它的算法通常是把 T_n 之后的所有可能现金流量（图 A－1 里的椭圆形）折现至 T_n 加总。然而 $\tilde{H}_n(T_n,\omega_i)$ 并不表示真正的持有价值，充其量只是一个点的估计罢了。所以为了估计真正的持有价值，Longstaff 与 Schwartz 选择回归模型里的最小平方法。再回到图 A－1，可以发现，在 T_n 时点上，总共有 M 个 $\tilde{H}_n(T_n,\omega_i)$，Longstaff 与 Schwartz 把这 M 个可能的持有价值当作应变量，再引入自变量，便可以做出一条 T_n 时点上的回归估计式，最后把这些自变量代入估计

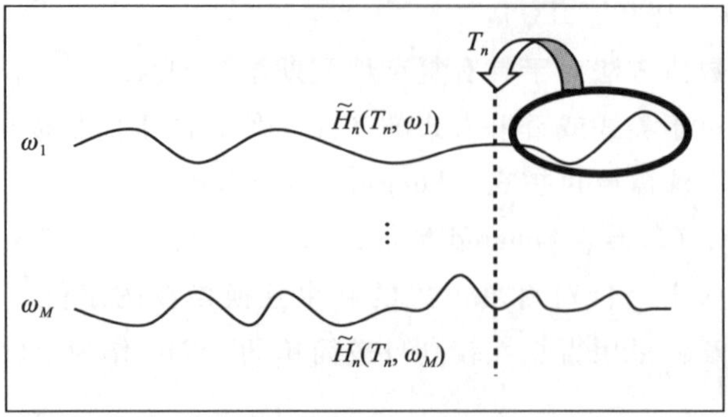

图 A-1　最小平方蒙地卡罗法估计持有价值

出来的回归式，便求得真正持有价值的估计量 $\hat{H}_n$（T_n，ω）。同样，履约（或行权）价值的估计量 $\hat{E}_n(T_n,\omega)$，也可用相同办法求得。

在进行定价之前，还需先求得一个履约（或行权）法则（Stopping Rule）的矩阵，以计算现金流量。在求得该矩阵之前，还有一点需要注意，就是从期末往期初进行。这表示一开始的履约（或行权）矩阵应该全为0，在期末 T_{K+1}时先决定履约（或行权）与否。履约（或行权）记1；反之记0。在 T_K 时，经由期末的0与1决定 $\tilde{H}_n(T_n,\omega_i)$与 $\tilde{E}_n(T_n,\omega_i)$的大小，进而求得 $\hat{H}_n(T_n,\omega_i)$与 $\hat{E}_n(T_n,\omega_i)$，最后比较两个估计量的大小，履约（或行权）记1并将后面各时点记0，不履约（或行权）则记0；如此下去，便可求得履约（或行权）法则（Stopping Rule）的矩阵。下面以图 A-2 为例，说明一个路径数为5，并有4个履约（或行权）时点的履约（或行权）法则矩阵算法。

	T_4	⇒	T_3	T_4	⇒	T_2	T_3	T_4	⇒	T_1	T_2	T_3	T_4
ω_1	0		0	0		0	0	0		0	0	0	0
ω_2	0		0	0		1	0	0		0	1	0	0
ω_3	0		1	0		0	1	0		0	0	1	0
ω_4	1		0	1		0	0	1		0	0	0	1
ω_5	0		0	0		0	0	0		1	0	0	0

图 A-2　最适当履约（或行权）矩阵算法

在到期日 T_4，标的物的价格是可知的，故履约（或行权）价值也能得知，因此在 T_4 时先以0表示不履约（或行权），1表示履约（或行权）记录下来。T_3 时，若第一条路径不需要履约（或行权），记0；若第二条路径需要履约（或行权），记 1；若第三条路径不履约（或行权），记 0；若第四条路径履约（或行权），记 1，并把后面的 1 改记 0。如此下去，会出现一个只有 0 与 1 的矩阵，并且满足每一条路径上最多只有一个 1，此矩阵称为履约（或行权）法则（Stopping Rule）的矩阵。再根据这个矩阵，对每一条路径上的现金流量进行折现，最后再平均，整个 LSMC 的定价流程便完成了。

（二）基本函数（Basic Function）

在讨论基本函数之前，先来探讨回归式中自变量的选择。前面提到，执行最小平方法时，是将可能持有价值 $\tilde{H}_n$（T_n，ω_i）或可能履约（或行权）价值 $\tilde{E}_n$（T_n，ω_i）当作应变量，因此，对于自变量的选择，应该以能高度解释这两个值的变量为优先。另外，选择出来的自变量，最好是一些有流动性的基本产品，例如，利率上限看涨期权、政府公债、Libor Rate、互换利率以及零息债券价格等可观察到或有封闭解的流动性产品。

在自变量选择完成之后，需要决定的是回归式的型态，也就是决定选取好的变量。要以何种形式与应变量进行回归，例如以多项式、指数或者对数型态当自变量。Longstaff 与 Schwartz 提到，可使用的函数包含了 Laguerre 多项式、Hermite 多项式或者三角函数当作基本函数，基本上只要能使自变量矩阵正交即可。

以下仅列出具有权重的 Laguerre 多项式型态：

$$L_n(X)=\exp\left(-\frac{X}{2}\right)\frac{e^X}{n!}\frac{d^n}{dX^n}(X^n e^{-X}) \tag{A-1}$$

比如，$n=2, L_2(X)=e^{-X/2}(1-2X+X^2/2)$；

$L_3(X)=\frac{d}{dX}L_2(X)$，再一次微分即可得。

理论上，我们选择回归式右边的基本函数型态，是让所有的权重 Laguerre 多项式相加，这可以达到最佳的回归估计，而 Longstaff 与 Schwartz 则以实证说明，只需要取到 $n=3$ 就够用了。

关于基本函数的选择，在 LSMC 方法中其实没有那么重要，甚至建议直接取多项式至 3 次方即可，文中将采用简易的多项式当基本函数。至于解释变量的个数，两到三个就可以，有时候甚至一个也能得到好的估计结果，本章采用 Libor Rate 与互换利率作为解释变量；至于相互作用，则让两变量相乘来当成另一个解释变量即可。

第十八章　路径相依利率挂钩债券定价与分析：触得利逆浮动利率挂钩债券[①]

一

路径相依利率挂钩债券

（一）奇异期权（Exotic Option）

一般而言，奇异期权可分为下列四类（见表 18－1）。

表 18－1　奇异期权的分类

路径相依期权	时间相依期权	多因子期权	报偿修改型期权
平均式期权	抉择型期权	彩虹期权	数据期权
限界期权	远期生效期权	篮投期权	条件期权
回顾型期权		组合式期权	次方期权
阶梯期权		互换期权	
喊价期权			

1. 路径相依期权（Path-Dependent Option）

奇异期权的收益若与期权存续期间的挂钩标的有关，则此种奇异期权便称为路径相依期权。一般标准欧式期权到期的价值，是取决于标的资产到期日的价格

① 本章由陈松男教授、研究特助叶冠岑撰写。

与执行价之差，而不论存续期间标的资产的价格是如何变动。但是路径相依期权的特殊之处，便是期权的价值与标的资产过去的价格路径有关。常见的路径相依期权有平均式期权（Average Rate Option）、限界期权（Barrier Option）、回顾型期权（Lookback Option）、阶梯期权（Ladder Option）、喊价期权（Shout Option）。

2. 时间相依期权（Time-Dependent Option）

时间相依期权的收益与时间及当时的标的资产价格有关。常见的时间相依期权有抉择型期权（Chooser Option）以及远期生效期权（Forward Rate Option）。抉择型期权的持有人有权在到期前的某一个期间，决定该期权为看涨期权或看跌期权。因此，在决定的时间点 t，抉择型期权的价值应该是 $\max(C_t, P_t)$，即看涨期权 C_t、看跌期权 P_t 的价值取较大者。远期生效期权的买方在期初支付权利金，但是在未来的某一时期，此期权才生效，其执行价格在买卖当初是不固定的，通常是事先约定以未来生效时的标的资产价格作为基础。

3. 多因子期权（Multi-Factor Option）

标准欧式、美式或者路径相依期权的价值是取决于单一资产的价值，而多因子期权的价值则取决于两种或多种标的资产的价格。常见的多因子期权包含彩虹期权(Rainbow Option)、筐投期权(Quanto Option,或称汇率挂钩期权)、组合式期权(Basket Option)、互换期权(Exchange Option)。彩虹期权的价值取决于两种或多种标的资产的绩效，所以也称为多资产期权(Multi - Asset Option)。筐投期权又称为变量期权，此种期权的收益取决于某一标的资产的价格，而该标的资产的价格又取决于另一个标的资产。而组合式期权又称一篮子期权，顾名思义，这种期权到期的盈亏决定于一篮子内标的资产价格的平均数，而非标的资产的价格。互换期权则是期权的买方有权利以某一种资产互换另一种资产。

4. 报偿修改型期权（Payoff Modified Option）

报偿修改型期权就是将传统期权的报偿方式加以改变。常见的报偿修改型期权包括数据期权（Digital Option)、条件期权（Contingent Premium Option）及次方期权（Power Option)。数据期权又称为二元素期权（Binary Option)，此种期权的收益只有固定的两个值，也就是说，在期权合约到期时，若标的价格在某一预先约定的价格范围内，则支付持有人某一金额，但若不在该范围内，则不支付任何金额。条件期权又称后付期权（Pay - Later Option)，此种期权买方在期初期权交易成立时，并不需要支付期权的费用，如果未来期权处于实值时，才需支付费用，否则不需支付费用。由于这种期权在价外时不需支付权利金，只有在实值时执行才需支付权利金，因此价格会比传统期权还要高。而次方期权的收益和到期日标的资产价格的次方有关系。

（二）路径相依利率挂钩债券

路径相依利率挂钩债券就是此挂钩债券所投资的期权是与利率过去走势有关的路径相依期权，而路径相依期权又可分为下列几类。

1. 平均式期权

平均式期权又称为亚洲式期权（Asian Option），此期权的价值取决于过去标的资产的平均值。一般平均式期权由于平均价格的波动率较传统欧式期权的波动率低，价格也会比较便宜，所以对期权买卖双方都有利。会采用平均式期权的原因，主要是因为发行商或投资人只需要确保标的资产价格的平均会在某一个水平之上或之下，即可达到其投资或避险的目标。

而累积期权（Accumulative Option）也可以看成是一种平均式期权。例如累积利率上限期权（Cumulative Interest Rate Cap），买方如果因为利率的走势，使公司的累积利息费用超过某一个特定上限，则公司将可获得补偿，这样就可以让公司的总利息支出维持在一定的水平，如此就可以规避利率风险。

2. 限界期权

限界期权又称为障碍期权。顾名思义，它是存在一种限界价格（Barrier Price）或障碍价格，当标的资产碰到限界价格时，就会有不同结果发生，可能是生效（或敲入），也可能是敲出，视契约种类而定。正因为限界期权比传统欧式期权多了一个限界，所以限界期权的价格会比传统欧式期权低。

所谓的敲出期权（Knock - Out Option），是当标的资产价格碰触到限界价格时，期权就自动失效了。而生效（或敲入）期权（Knock - In Option）就是当标的资产价格触碰到所设定的限界价格时，期权就自动生效了。此外，还有一种限界期权称为双重限界期权（Double Barrier Option），此种期权同时存在两个限界价格，即一个价格区间，只要标的资产的价格触碰到其中一个限界价格的时候，即跳出区间，期权将自动敲出失效。

3. 回顾型期权

回顾型期权可以让持有人由期权存续期间的最高标的资产价格或最低标的资产价格而获利，因此对持有人较有利。因为这个特性，所以回顾型期权的价格会比一般期权的价格高，波动率愈大，回顾型期权的价值愈高。

回顾型期权通常可以分为浮动执行价回顾型（Floating Strike Lookback）及固定执行价回顾型（Fixed Strike Lookback）。浮动执行价回顾型看涨期权的执行价是过去标的资产价格路径的最小值，所以投资人在到期时可以得到到期标的资产价格与最小值之间的价差；而浮动执行价回顾型看跌期权的执行价是过去标的资产价格路径的最大值，所以投资人在到期时可以得到到期标的资产价格与最大值之间的价差。

而固定执行价回顾型看涨期权的到期收益，即为期初到期末之间标的资产价格的最大值与执行价之间的价差；而固定执行价回顾型看跌期权的到期收益，即为期初到期末之间标的资产价格的最小值与执行价之间的价差。

阶梯期权与喊价期权可以看成是回顾型期权的特例，因为当分割的阶梯次数或喊价次数趋近于无穷大时，这两种期权都会收敛至回顾型期权。

二

产品介绍

目前 ING 荷兰荷兴银行推出了一档以 12 个月 USD Libor 利率为挂钩标的的利率挂钩债券。这个产品跟一般利率挂钩债券最大的不同在于不管指标利率的走势如何，它都能保证给投资人 15% 的总配息（除非投资人提前赎回）。基本上它是一个搭配限界型期权的利率挂钩债券。这种产品条款的设计在指标利率处于相对低档的时候是相当吸引投资人的。

当然，发行商可以根据市场的需求，设计出不同的利率期权与债券的组合来吸引不同的投资人。一般来说，搭配路径相依期权比搭配一般期权更吸引投资人的原因，是因为路径相依期权可以达到某种特定目标。举例来说，平均式期权可以降低权利金、回顾型或阶梯型期权可以提高收益。以下我们就一一介绍此产品的条款内容、解析、投资人的风险、定价、敏感度分析、发行商的避险策略及投资人的投资策略。

（一）产品条款（Indicative - Term sheet）（见表 18 - 2）

表 18 - 2　统一安联人寿 - 触得利逆浮动利率挂钩债券产品说明书

发行机构	ING 荷商荷兴银行
挂钩标的	12 个月 USD Libor（伦敦金融业隔夜美元拆款利率）（可改为 LPR 利率）
计价币别	美元（可改为人民币计价）
投资期间	10 年

续表

发行机构	ING 荷商荷兴银行
计息方式	1. 第一年：12% 2. 第二年以后： （1）在累积各年度的收益率总和未达 15% 时，当年利息以［10% －2 ×12 个月 USD 期末 Libor］计算，但累积至当年的收益率总和最高以 15% 为限 （2）在累积收益率总和已达 15% 时，可于当年付息日一次性领回本金及当期利息，或继续持有至第 10 年，每年并以［12 个月 USD 期初 Libor］配息 3. 若 10 年满期时，累积收益率总和未达 15% 时，则补齐 15% 的收益率，连同本金返还
发行公司付息日	每年 11 月 14 日付息一次（若遇假日，则递延至下一个营业日）
本公司付款日	发行公司付息日加上 5 个工作日，汇率参考日期为发行公司付息日前一日
最低保证投资收益率	15%
赎回机制	在累积收益率总和达 15% 时，发行机构有权于当年付息日全部或部分赎回此挂钩债券，并于赎回时一次性领回本金及当期配息

注：12 个月 USD 期末 Libor：以当年付息日的前五个定价日的伦敦时间上午 11：00 Telerate Page 3735 的 12M_ USD_ Libor 为准。

（二）产品解析

从产品配息状况可知，本产品是属于递延支付型逆浮动利率债券（Deferred Inverse FRN），然后又多了保障累积总配息 15% 的条款。在投资人预期未来利率将维持相对低档的情况下，连结利率并采用反浮动计息结构的挂钩债券会是一个不错的选择，况且从本产品计息方式的第一条，我们可以发现，其首年的利息就高达 12%，占了总配息的 80% 左右，这是一个相当高的比例。也就是说，剩下 3% 配息只要在未来 9 年内完成即可，因此只要 12 个月 USD Libor 利率一直维持低水平或缓慢上升的话，此产品就很有可能提前达到累积总配息的目标，不仅可以缩短债券的持有期间，更隐含着投资人有机会以较短的时间赚取较高的收益。在这个低利的时代下，对投资人来讲是非常具有吸引力的。

基本上这样产品的结构可以拆解成零息债券与期权部分。期权部分为利率下限期权，而且总配息不得高于 15%，一旦总配息达到 15% 时，利率下限期权就会和挂钩债券一同自动失效。再者，如果 12 个月 USD Libor 利率在本产品存续期间都维持在相对低档水平，那么投资人也许可以获得超过 15% 的总配息率，所以这样的条款让投资人失去了获得更高收益的可能性，因此，这样的利率下限期权会比一般的利率下限期权还便宜，而这样的利率下限期权就可以看成是一种限界型的利率下限期权。

（三）投资人的风险

投资人投资统一安联人寿－触得利逆浮动利率挂钩债券会面临以下几种风险。

1. 汇率风险

因为此产品是以美元计价，投资人必须先将手中的人民币兑换成美元，而配息也是直接将美元配息到美元账户，等到产品到期时，投资人再将所有美元换成人民币，这中间便会有汇率风险（当然原本就拥有美元存款的投资人就没有此风险）。

2. 提前到期风险

根据产品说明书里的赎回机制可知，当累积总配息达15%时，发行商有权执行提前赎回的权利，所以对于投资人来说，这个产品就具有提前到期风险。

3. 信用风险

发行商本身的信用风险也需要考虑，若在投资期间，发行商发生信用违约，则投资人就可能拿不回本金，所以对投资人来说就具有发行商的信用风险。

4. 流动性风险

此产品是一个为期10年的产品，若投资人想要提前出场，则必须要在市场上出售，若市价不佳，就有可能产生亏损。因此，投资人面临流动性风险，也就是提前出场必须付出的成本。

5. 利率风险

当美元利率在产品存续期间上升，若投资人提前赎回此债券，可能因为债券市场价格降低，而无法拿回当初投资的本金。

三 产品定价

（一）收益率曲线的估计

为了要定价利率衍生金融产品，一般我们必须要找出此产品发行日当天的

Libor 报价（见表 18－3）。而市场上的 USD Libor 只有 1 年期以内的报价，分别是 1 天、1 个星期、2 个星期、1 个月……12 个月，而本债券的存续期间为 10 年，为了算出更长天期的 USD Libor，1 年期以上的 Libor 则必须利用互换利率（Fixed Swap Rate）的报价（见表 18－4）来求出。根据表 18－4 所列的互换利率报价，我们便可以绘出产品发行日 USD Libor 的收益率曲线（见图 18－1）。

表 18－3　　产品发行日 USD Libor 市场报价

到期日	Libor（%）	到期日	Libor（%）
s/n－o/n	1.03125	6m	1.24000
1w	1.08750	7m	1.27125
2w	1.10125	8m	1.30375
1m	1.12000	9m	1.34125
2m	1.17000	10m	1.39000
3m	1.17125	11m	1.44000
4m	1.20000	12m	1.49000
5m	1.22000		

注：数据源－The British Bankers Association 网站。

表 18－4　　产品发行日互换利率的报价

Maturity（Year）	Swap Rate	Maturity（Year）	Swap Rate
1	0.01455	9	0.04465
2	0.02135	10	0.046105
3	0.02738	12	0.048355
4	0.03203	15	0.050755
5	0.035735	20	0.05283
6	0.0386	25	0.053535
7	0.041	30	0.053645
8	0.04298		

注：数据源－Datastream 数据库。

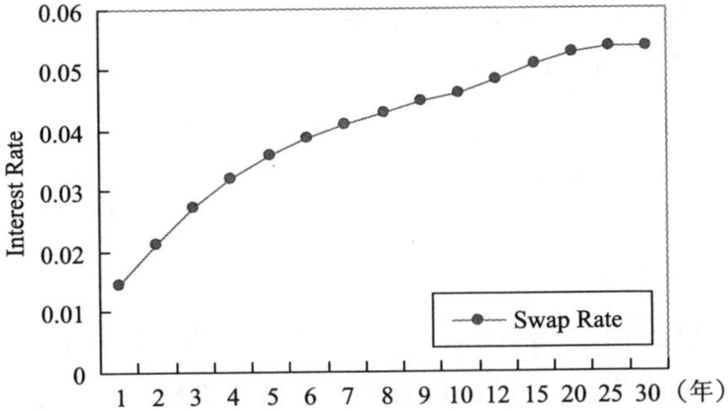

图 18－1 USD Libor 零息债券收益曲线（Zero Curve）

（二）校准模型参数（Calibration）

1. 计算利率上限期权的市场价格

在 Hull－White 的利率随机过程中，有两个重要的参数：决定短期利率波动的 α 与决定长期相对于短期利率波动率的 σ。为了要使三叉树利率与市场利率期间结构一致，所以必须校准 α 与 σ 这两个参数。我们必须利用市场上的利率上限期权的报价来进行校准。一般利率上限期权的报价是以波动率作为报价，因此将波动率代入 Black 模型（1976），以求出利率上限期权的市场价格。

其计算过程如表 18－5 所示：

表 18－5　　2003 年 11 月 14 日利率上限期权市场价格计算表

Maturity（年）	Vol（1）	Libor（2）	zcb（3）	Forward（4）	d_1（5）	N（d_1）（6）	d_2（7）	N（d_2）（8）	Caplet（9）
1	0.4374	0.01455	0.98566	0.0282	0.2187	0.586558	－0.2187	0.413442	0.004811
2	0.4828	0.02135	0.95863	0.03955	0.34139	0.633595	－0.3414	0.366405	0.010129
3	0.4301	0.02738	0.92216	0.04611	0.37248	0.645231	－0.3725	0.354769	0.01235
4	0.384	0.03203	0.88152	0.05069	0.384	0.649511	－0.384	0.350489	0.013361
5	0.3445	0.03574	0.83899	0.05428	0.38516	0.649942	－0.3852	0.350058	0.027314
7	0.2966	0.041	0.75482	0.05811	0.39236	0.652606	－0.3924	0.347394	0.040165
10	0.2524	0.04611	0.63716						

表 18－5 中各字段的计算方式如下：

（1）市场上利率上限期权波动率报价（由于 Datastream 数据库只提供 1 年期、5 年期、7 年期与 10 年期资料，故本章的研究范围亦局限于此）。

（2）不同到期期间的 Libor。

（3）利用 $\frac{1}{(1+\text{Libor})^n}$ 求出所有不同到期年限的零息债券价格。

（4）利用零息债券价格与即期利率、远期利率在完全竞争市场无套利机会下，求算出在不同时点下的所有远期利率。

$$[1+y(0,t)]^t[1+f(0,t,T)]^{T-t}=[1+y(0,T)]^T \quad (18-1)$$

$$f(0,t,T)=\left\{\frac{[1+y(0,T)]^T}{[1+y(0,t)]^t}\right\}^{\frac{1}{T-t}}-1=\left[\frac{P(0,t)}{P(0,T)}\right]^{\frac{1}{T-t}}-1 \quad (18-2)$$

其中：

$y(0,t)$：到期收益率；

$f(0,t,T)$：在时点 0 观察未来时点 t 和 T 之间的远期利率；

$P(0,t)$：在 0 时点下，t 时点到期的零息债券价格。

例如：$f(0,1,2)=\left[\frac{P(0,1)}{P(0,2)}\right]^{\frac{1}{2-1}}-1=\left(\frac{0.98566}{0.95863}\right)^{\frac{1}{2-1}}-1=0.0282$

其他时点的远期利率依次类推。

（5）~（9）一般市场上都是假设远期利率是呈现对数正态分配的，因此我们利用 Black 期货看涨期权定价模型来定价市场上平值 Caplet 的价格，其公式如下：

$$\text{Caplet}(0,t_k,t_{k+1})=P(0,t_k)[f(0,t_k,t_{k+1})N(d_1)-R_{Cap}N(d_2)]\Delta\tau L$$

$$d_1=\frac{\ln\left[\frac{f(0,t_k,t_{k+1})}{R_{Cap}}\right]+\frac{\sigma^2}{2}(t_k-0)}{\sigma\sqrt{t_k-0}}$$

$$d_2=d_1-\sigma\sqrt{t_k-0} \quad (18-3)$$

其中：

$\Delta\tau=1$；

$L=$本金；

$f(0,t,T)$：在时点 0 观察未来时点 t_k 和 t_{k+1} 之间的远期利率；

$P(0,t_k)$：在 0 时点下，在时点 t_k 到期的零息债券价格；

σ：远期利率的波动率；

R_{Cap}：执行利率。

例如：

Caplet（0，1，2）$=0.98566(0.0282\times0.586558-0.0282\times0.413442)\times1\times1$

$=0.004$

其他时点的 Caplet 的价格依次类推。

2. 利用 Hull－White 利率模型导出利率上限期权的理论价格

由于利率上限期权相当于零息债券的看跌期权①，因此我们可以利用 Hull－

① 利率上限期权可视为零息债券看跌期权的推导。

White 的零息债券看跌期权定价公式来计算 Caplet 的价值。

在 s 时点之下，到期日为 t、标的零息债券的到期日为 T、执行价为 K 的零息债券看跌期权的定价公式为：

$$p(s,t,T)=P(s,t)[KN(-d_2)-P(t,T)N(-d_1)]$$

$$=KP(s,t)N(-d_2)-P(s,T)N(-d_1) \qquad (18-4)$$

$$d_1=\frac{\ln\left[\frac{P(s,T)}{KP(s,t)}\right]+\frac{\sigma_p^2}{2}}{\sigma_p}=\frac{\ln\left[\frac{P(t,T)}{K}\right]+\frac{\sigma_p^2}{2}}{\sigma_p}$$

$$d_2=d_1-\sigma_p$$

其中：

$p(s,t,T)$：零息债券看跌期权；

$P(t,T)$：在 t 时点下，T 到期的远期零息债券价格；

σ_p^2：远期债券价格波动率。

例如：$p(0,1,2)=KP(0,1)N(-d_2)-P(0,2)N(-d_1)$

$=0.97258\times0.98566\times0.505132-0.95863\times0.494868$

$=0.009839724$

$p(0,2,3)=KP(0,2)N(-d_2)-P(0,3)N(-d_1)$

$=0.96196\times0.95863\times0.506921-0.92216\times0.493079$

$=0.01276642183$

其他时点的零息债券看跌期权依次类推。

由上述的方法，我们就可以求算在 Hull - White 模型下不同到期日的 Caplet 的价值，计算过程如表 18 - 6 所示。

表 18 - 6 Hull - White 模型下利率上限期权理论价格计算表

α	0.1	σ	0.0284					
Maturity（年）	zcb	Forward Price	Forward Sigma	d_1	$N(-d_1)$	d_2	$N(-d_2)$	Caplet
1	0.98566							
2	0.95863	0.97258	0.02573	0.0128648	0.494868	-0.0128648	0.505132	0.009839724
3	0.92216	0.96196	0.034699	0.0173495	0.493079	-0.0173495	0.506921	0.012764771
4	0.88152	0.95593	0.040593	0.0202964	0.491903	-0.0202964	0.508097	0.014274524
5	0.83899	0.95176	0.044845	0.0224226	0.491055	-0.0224226	0.508945	0.015008877
7	0.75482	0.89968	0.091522	0.0457612	0.48175	-0.0457612	0.51825	0.027550685
10	0.63716	0.84412	0.142864	0.0714318	0.471527	-0.0714318	0.528473	0.036283622

注：α 与 σ 的选取将在下一个步骤中说明。

3. 找出使误差达到最小化的最适当的 α 与 σ 的组合

接下来我们就要来进行校准，为了让 Hull - White 模型符合市场上利率上限期权的价格，我们利用市场上 1 年期到 10 年期平值利率上限期权的市价，求算出能让 Hull - White 模型所算出的理论价格与市场价格的误差平方和最小的 α 与 σ 的组合，即最小化下列函数式：

$$SSE = \underset{\alpha,\sigma}{Min}\sum_{i}(P_i - V_i)^2 \tag{18-5}$$

其中：

P_i = 利率期权的市场价格；

V_i = Hull - White 利率模型所计算出来的利率期权理论价格。

表 18 - 7 列报利用产品发行日的市场数据对 Hull - White 模型及 α 与 σ 参数的校准过程。根据校准结果，我们得到 Hull - White 模型参数 α 为 0.1，而 σ 为 0.0284，至于误差（SSE）则为 5.3774E - 05（相当小的误差水平）。

表 18 - 7　　　　利率上限期权市价与模型理论价格之差

α	0.1	σ	0.0284	
Maturity（年）	Vol	Caplet 市价	Hull - White 模型理论价格	diff
1	0.4374	0.0048111	0.009839724	2.5287E - 05
2	0.4828	0.0101295	0.012764771	6.94491E - 06
3	0.4301	0.0123498	0.014274524	3.7045E - 06
4	0.384	0.0133611	0.015008877	2.71515E - 06
5	0.3445	0.0273135	0.027550685	5.625E - 08
7	0.2966	0.0401651	0.036283622	1.50662E - 05
10	0.2524			
			SSE	5.3774E - 05

（三）利率三叉树的建构

1. 第一阶段利率树

由表 18 - 7 校准 Calibration 过程得知 $\alpha = 0.1$，$\sigma = 0.0284$，本产品每年付息一次，10 年期则共有 10 次付息。第一阶段利率树形图就如同前述模型所假设 $\theta(t) = 0$，而且 r 的初始值为 0：

$$dr^* = -\alpha r^* dt + \sigma dz$$

期望值 $E[dr] = Mr^* = (e^{-\alpha\Delta t} - 1)r^* = -0.095162582r^*$

变异数 $Var[dr^*] = V = \dfrac{\sigma^2(1 - e^{-2\alpha\Delta t})}{2\alpha} = \dfrac{(0.0284)^2 \times 0.181269247}{0.2} = 0.000731023$

$\sqrt{V} = 0.02703743$

$\Delta r^* = \sqrt{3V} = 0.046830202$

$M = -0.095162582$

$$\frac{-0.184}{M} < j_{Max} < \frac{-0.816}{M} \qquad \Rightarrow 1.93 < j_{Max} < 8.57$$

$$\frac{0.184}{M} > j_{Min} > \frac{0.816}{M} \qquad \Rightarrow -1.93 > j_{Min} > -8.57$$

为了应用方便，我们取 j_{Max} 为大于 1.93 的最小整数，而 $j_{Max} = -j_{Min}$，即 $j_{Max} = 2$，$j_{Min} = -2$。因此，我们便可以建造第一阶段利率树（见表 18－8）。

表 18－8　　第一阶段利率三叉树形图与几率

方向几率				第 t 期 Libor										
j	上升	不变	下降	$i=0$	$i=1$	$i=2$	$i=3$	$i=4$	$i=5$	$i=6$	$i=7$	$i=8$	$i=9$	$i=10$
2	0.8993	0.0111	0.0896			0.0937	0.0937	0.0937	0.0937	0.0937	0.0937	0.0937	0.0937	0.0937
1	0.1236	0.6576	0.2188		0.0468	0.0468	0.0468	0.0468	0.0468	0.0468	0.0468	0.0468	0.0468	0.0468
0	0.1667	0.6667	0.1667	0	0	0	0	0	0	0	0	0	0	0
－1	0.2188	0.6576	0.1236		－0.0468	－0.0468	－0.0468	－0.0468	－0.0468	－0.0468	－0.0468	－0.0468	－0.0468	－0.0468
－2	0.0896	0.0111	0.8993			－0.0937	－0.0937	－0.0937	－0.0937	－0.0937	－0.0937	－0.0937	－0.0937	－0.0937

首先，定义期数为 i，而且状态为 j，则任一节点 (i,j) 的利率为 $r^* = j\Delta r^*$。举例而言，节点 $(1,1)$ 的利率为 $r^* = 1\times(0.04683) = 0.04683$，而节点 $(1,2)$ 的利率则为 $r^* = 2\times(0.04683) = 0.0937$，其他节点则依序类推。方向几率的计算公式如下：

$$P_u = \frac{1}{6} + \frac{j^2M^2 + jM}{2} \qquad \text{（利率上升）}$$

$$P_m = \frac{2}{3} - j^2M^2 \qquad \text{（利率不变）}$$

$$P_d = \frac{1}{6} + \frac{j^2M^2 - jM}{2} \qquad \text{（利率下降）}$$

例如：当 $j = 0$ 时，$P_u = \frac{1}{6} + \frac{0^2\times(-0.09516)^2 + 0\times(-0.09516)}{2}$ $= 0.1667$

$$P_m = \frac{2}{3} - 0^2\times(-0.09516)^2 = 0.6667$$

$$P_d = \frac{1}{6} + \frac{0^2\times(-0.09516)^2 - 0\times(-0.09516)}{2} = 0.1667$$

而 $j = -1$，1 时，其方向几率也是依次类推。至于当 $j = 2$ 及 $j = -2$ 时，方向几率的计算公式请分别参考第三章的式（3－8）与式（3－7）。

2. 第二阶段利率树

第一阶段利率树建构完后，我们接着运用迭代法来找出各期的 Arrow－Deubreu Prices$Q_{i,j}$以及平移函数 α（t）。求解公式请参考第三章的说明，而我们将计算结果列于表 18－9。其中：

$$Q_{1,1}=P_u e^{-\alpha(0)\Delta t}=0.1667e^{-0.0146(1)}=0.1643$$

$$Q_{1,0}=P_m e^{-\alpha(0)\Delta t}=0.6667e^{-0.0146(1)}=0.657$$

$$Q_{1,-1}=P_d e^{-\alpha(0)\Delta t}=0.1667e^{-0.0146(1)}=0.1643$$

表 18－9　　　　Arrow－Deubreu Prices $Q_{i,j}$

j	$i=0$	$i=1$	$i=2$	$i=3$	$i=4$	$i=5$	$i=6$	$i=7$	$i=8$	$i=9$	$i=10$
2			0.0188	0.0382	0.0528	0.062	0.0666	0.068	0.067	0.0646	0.0613
1		0.1643	0.2067	0.2042	0.1877	0.1686	0.1507	0.1349	0.1213	0.1096	0.0994
0	1	0.6570	0.4959	0.4102	0.3574	0.3198	0.2902	0.2652	0.2435	0.2243	0.2071
－1		0.1643	0.2165	0.2230	0.2122	0.1959	0.1787	0.1624	0.1476	0.1344	0.1226
－2			0.0207	0.0466	0.0714	0.0929	0.1105	0.1243	0.1347	0.142	0.1468
α（i）	0.0146	0.0281	0.0401	0.0478	0.0538	0.0579	0.0622	0.0656	0.0687	0.0717	0.0756

接着，我们要由 Arrow－Deubreu Security 求出第二期到期零息债券的现值：

$$Q_{1,1}e^{-[\alpha(1)+1\times\Delta r]}+Q_{1,0}e^{-[\alpha(1)+0\times\Delta r]}+Q_{1,-1}e^{-[\alpha(1)+(-1)\times\Delta r]}$$

为了要让建造出来的 Hull－White 利率三叉树与市场期间结构一致，必须要让利用 Arrow－Deubreu Security 求出第 2 期到期零息债券的价格与市场上的零息债券的价格 $P(0,2)$相等，即如式（18－6）所示：

$$P(0,2)=Q_{1,1}e^{-[\alpha(1)+1\times\Delta r]}+Q_{1,0}e^{-[\alpha(1)+0\times\Delta r]}+Q_{1,-1}e^{-[\alpha(1)+(-1)\times\Delta r]} \tag{18-6}$$

$$0.95863=0.1643e^{-[\alpha(1)+0.04683]}+0.657e^{-\alpha(1)}+0.1643e^{-[\alpha(1)-0.04683]}$$

将式（18－6）代入各数值并移项，可得 α（1）＝0.0281。接着再利用第 2 期（$i=2$）。

Arrow－Deubreu Security 求出第 3 期到期零息债券的价格，并令它等于市场价值，便可求出 α（2），依次类推，则依序可求出第 0 期至第 10 期的平移函数。

然后，将第一阶段所求出各节点的利率再加上平移函数 α（t），即可得到第二阶段的利率三叉树形图（见表 18－10），而第二阶段利率三叉树的各分支节点的几率与第一阶段利率三叉树相同。

表 18-10 第二阶段利率三叉树形图（第 t 期 Libor）

j	$i=0$	$i=1$	$i=2$	$i=3$	$i=4$	$i=5$	$i=6$	$i=7$	$i=8$	$i=9$	$i=10$
2			0.1338	0.1414	0.1475	0.1516	0.1559	0.1592	0.1623	0.1654	0.1693
1		0.0749	0.0869	0.0946	0.1007	0.1048	0.1091	0.1124	0.1155	0.1185	0.1225
0	0.0146	0.0281	0.0401	0.0478	0.0538	0.0579	0.0622	0.0656	0.0687	0.0717	0.0756
-1		0	0	0.001	0.007	0.0111	0.0154	0.0188	0.0218	0.0249	0.0288
-2			0	0	0	0	0	0	0	0	0

注：树形图中出现利率等于零是因为 d_r 为正态分配，所以在利率非常低的时候，例如节点（1，-1）的下方利率会出现负值。然而在现实环境中，出现负的利率的机会微乎其微，因此以零代替它，其他依次类推。

在这里我们应该注意的是，由于我们所求得的利率是属于断续型的，然而 Hull-White 利率模型中的利率是属于连续复利型的，因此最后我们必须将所求出的断续型利率转换为连续复利型的利率，转换公式如下：

$$Libor\ (i,\ j)\ =\frac{e^{r(i,j)d_t}-1}{d_t} \tag{18-7}$$

其中，$r(i,j)$为表 18-10 中的(i,j)节点的断续型利率；Libor(i,j)为(i,j)节点的连续复利型利率。

转换后的连续复利型利率列报于表 18-11。

表 18-11 2003 年 11 月 14 日 Hull-White 模型利率三叉树形图（第 t 期 Libor）

j	$i=0$	$i=1$	$i=2$	$i=3$	$i=4$	$i=5$	$i=6$	$i=7$	$i=8$	$i=9$	$i=10$
2			0.1431	0.1519	0.1589	0.1637	0.1687	0.1726	0.1762	0.1798	0.2015
1		0.0778	0.0908	0.0992	0.1059	0.1104	0.1152	0.1190	0.1224	0.1259	0.1388
0	0.0147	0.0285	0.0409	0.0489	0.0553	0.0596	0.0642	0.0678	0.0711	0.0744	0.0817
-1		0	0	0.0010	0.0070	0.0112	0.0155	0.0189	0.0221	0.0252	0.0296
-2			0	0	0	0	0	0	0	0	0

（四）路径函数的选取与定价结果分析

在建构出利率三叉树形图之后，接下来的工作便是要决定用什么路径函数来代表过去 USD 12 个月 Libor 所走过的路径。由第三章第二部分可知，所选取的路径函数必须要满足第一个条件，也就是必须能够由 $F(t,S)$ 与 $S(t+\Delta t)$ 来计算路径函数 $F(t+\Delta t,S)$，因此我们决定采用未配息率来作为路径函数。所谓的未配息率就是在总配息固定为 15% 的情形下，这一期的配息率支付以后，剩下仍未付出的配息。举例说明如下：

假设此产品发行之后，USD 12 个月 Libor 未来三年的走势（每年观察一次）分别为3.50%、4%与4.75%，而第一年的固定配息率为12%，所以前三期的配息率分别为 12%、2%（= MAX [10% - 2 × 4%，0]）及 0.50%（= MAX [10% -2 ×4.75%，0]），因此 3 年后投资人共可领到 14.5%（=12% +2% + 0.50%）的累积配息，未配息率为 0.5%（=15% - 14.5%）。如果再下一期的 USD 12 个月 Libor 利率为 4.95%，则配息率为 0.10%（= MAX [10% - 2 × 4.95%，0]），所以累积配息率就变成了 14.6%（=14.5% +0.1%），未配息率只剩下 0.40%（=15% - 14.6%）。由此可知，我们可以从前一期的路径函数 0.5%（即 3 年后的未配息率）与这一期的标的资产价格 0.10%（即第四期的配息率）得到这一期的路径函数 0.40%（=15% - 14.6%）（即 4 年后的未配息率），所以未配息率满足路径函数的第一个条件。具体见表 18 - 12。

表 18 - 12　　路径函数假想表

	当期 Libor 利率	当期配息	累积总配息	未配息率
第一个付息日	3.50%	12%（固定）	12%	3.00% （=15% -12%）
第二个付息日	4%	2% = MAX(10% -2 ×4%,0)	14% =12% +2%	1% （=15% -14%）
第三个付息日	4.75%	0.50% = MAX(10% -2 ×4.75%,0)	14.5% =14% +0.5%	0.5% （=15% -14.5%）
第四个付息日	4.95%	0.10% = MAX(10% -2 ×4.95%,0)	14.6% =14.5% +0.1%	0.40% （=15% -14.6%）

又因为统一安联人寿 - 触得利逆浮动利率挂钩债券在定价的时候，每个节点上的路径函数 $F(t, S)$ 会随着时间的推移而快速增加，因此我们只在每个节点上选取几个代表性的路径函数来表示所有可能的路径函数（在此我们先固定在每一个节点上选取 3 个路径函数），而且要使所选取的路径函数估计点能够涵盖所有可能的路径函数，因此我们选出最大、最小和其中间点为 3 个可能的路径函数。

我们从利率三叉树中选取 4 个点来说明如何运用 Hull - White 模型的方法来定价路径相依的利率期权。如图 18 - 2 所示，假设取出的是中间 2 ~ 10 年的部分，票面利率的计算方式为 Max（10% - 2 × 12 个月 USD Libor，0）。首先说明各节点内所代表的意义，以 A 节点为例。

1. 最上面的（4%，2% = Max［10% − 2 × 4%，0］）代表（USD 12 个月 Libor 利率，是该点的年配息率）。

2. 中间的 2%、2.5%、3% 分别为三个路径函数值（即未配息率）。

3. 最下面的 $v_{A,1}$、$v_{A,2}$、$v_{A,3}$分别代表各路径函数所对应的挂钩债券价值，其价值是利用后推法求出，求算方法如下：

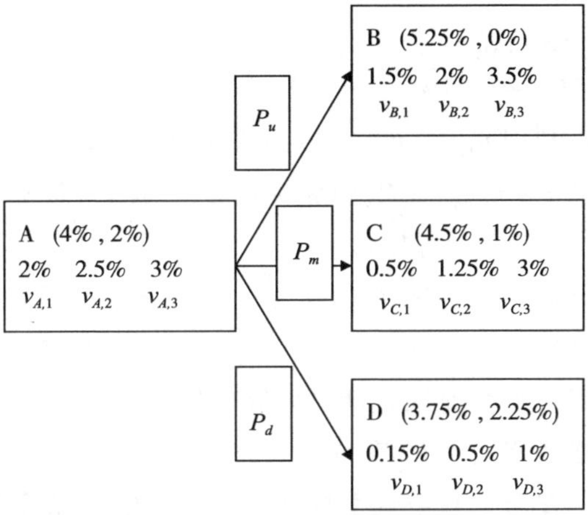

图 18－2 利率三叉树

假设在 B、C、D 各点中所有的挂钩债券价格都已知，现在我们要计算出节点 A 所对应的挂钩债券价格 $v_{A,1}$、$v_{A,2}$、$v_{A,3}$。以 $v_{A,2}$为例，因为所对应的未配息率为 2.5%，所以到了 B 点的未配息率还是 2.5%（=2.5% −0），但是 2.5% 这个路径函数值并不是 B 节点所选取的 3 个路径函数值的其中一个，所以为了要计算 $v_{A,2}$在 B 节点路径函数 2.5% 所对应的挂钩债券价值 $v_{A,2u}$，我们就必须利用内插法来计算 $v_{A,2u}$。已知 $F_{i+1,j+1,k_1} \leqslant F_{i+1,j+1,k_u} \leqslant F_{i+1,j+1,k_2}$，$v_{i+1,j+1,k_1} \leqslant v_{i,j,k_u} \leqslant v_{i+1,j+1,k_2}$，求解 v_{i,j,k_u}：

$$\frac{F_{i+1,j+1,k_u} - F_{i+1,j+1,k_1}}{F_{i+1,j+1,k_2} - F_{i+1,j+1,k_1}} = \frac{v_{i+1,j+1,k_u} - v_{i+1,j+1,k_1}}{v_{i+1,j+1,k_2} - v_{i+1,j+1,k_1}} \tag{18-8}$$

移项后可得到：

$$v_{i,j,k_u} = v_{i+1,j+1,k_1} + \frac{F_{i+1,j+1,k_u} - F_{i+1,j+1,k_1}}{F_{i+1,j+1,k_2} - F_{i+1,j+1,k_1}} \times (v_{i+1,j+1,k_2} - v_{i+1,j+1,k_1}) \tag{18-9}$$

因为 2.5%（$F_{i+1,j+1,k_u}$）介于 2%（$F_{i+1,j+1,k_1}$）和 3.5%（$F_{i+1,j+1,k_2}$）中间，所以 $v_{A,2u}$的价格就会介于 $v_{B,1}$和 $v_{B,2}$中间，所以根据式（18－9）可以得到：

$$v_{A,2u} = v_{B,1} + \frac{2.5\% - 2\%}{3.5\% - 2\%} \times (v_{B,2} - v_{B,1})$$

同样的方法，我们可以算出 $v_{A,2m}$与 $v_{A,2d}$：

在C节点，路径函数1.5%（=2.5%－1%）介于3%和1.25%中间，所以：

$$v_{A,2m}=v_{C,1}+\frac{1.5\%-1.25\%}{3\%-1.25\%}(v_{C,3}-v_{C,2})$$

在D节点，路径函数0.25%（=2.5%－2.25%）介于0.15%和0.5%中间，所以：

$$v_{A,2d}=v_{D,2}+\frac{0.25\%-0.15\%}{0.5\%-0.15\%}\times(v_{D,2}-v_{D,1})$$

最后我们就可以利用$v_{A,2u}$、$v_{A,2m}$与$v_{A,2d}$来求解$v_{A,2}$如下：

$$v_{A,2}=e^{-r\Delta t}[P_u(0\%+v_{A,2u})+P_m(1\%+v_{A,2m})+P_d(2.25\%+v_{A,2d})] \quad (18-10)$$

同理，我们也可以算出$v_{A,1}$与$v_{A,3}$：

$$v_{A,1}=e^{-r\Delta t}[P_u(0\%+v_{A,1u})+P_m(1\%+v_{A,1m})+P_d(2.25\%+v_{A,1d})] \quad (18-11)$$

$$v_{A,3}=e^{-r\Delta t}[P_u(0\%+v_{A,3u})+P_m(1\%+v_{A,3m})+P_d(2.25\%+v_{A,3d})] \quad (18-12)$$

重复以上的步骤一直往前推，就可以算出期初统一安联人寿－触得利逆浮动利率挂钩债券的价格为97.24667美元。

根据契约内容，并未记载申购手续费及每年的信托保管费用，因此暂时忽略发行商在这一部分的获利。该债券的实际发行价格为100美元，所以发行商的利润为2.75333美元（=100－97.24667）。

$$发行商利润率=\frac{实际发行价格-理论价格}{理论价格}=\frac{发行利润}{理论价格}$$

因此10年的总利润率为2.8313%（=2.75333美元/97.24667美元×100%），而平均年收益率则为0.2796%，即每年有28bp的利润。

在了解了统一安联人寿－触得利逆浮动利率挂钩债券的结构与定价后，下一部分我们要找出此产品的避险参数，才能得知各个参数变化对于统一安联人寿－触得利逆浮动利率挂钩债券价格的影响及风险。

四

避险参数及敏感度分析

（一）敏感度分析

1. 利率回归速度α及利率波动率σ对挂钩债券价值的影响

从图 18 – 3 中我们可以看到挂钩债券价格与利率回归速度 α 呈现正向关系。在相同波动率之下，利率回归速度愈高，挂钩债券的价值也就愈高；反之，当利率回归速度愈低，挂钩债券的价值也就愈低。因为当利率回归速度愈高时，代表利率向平均利率水平趋近的速度愈快，愈容易回复到平均值，所以短期利率波动率愈小，也就是说，短期利率较有可能继续维持在低档的水平，使得挂钩债券前几年的配息会比较高，因此挂钩债券的价格也会比较高。

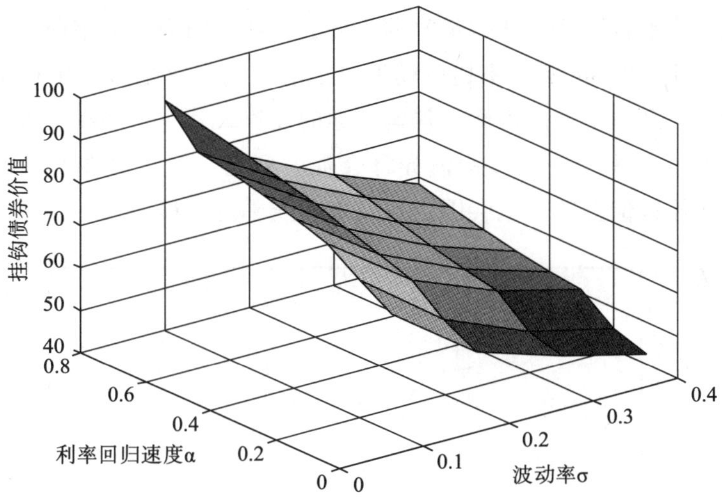

图 18 – 3 挂钩债券与利率回归速度与波动率的关系

从图 18 – 3 中，我们可以看到挂钩债券价格与利率波动率 σ 呈现反向关系。在相同利率回复速度之下，波动率愈高，则挂钩债券的价值愈低；反之，当波动率愈低，挂钩债券的价值也就愈高。因为波动率愈低，也就代表利率的走势不太会有激烈的变化，因此对于挂钩债券的投资人而言，投资的前几年就可以收到大部分的配息，这对投资人是有利的，但相对于发行商来说是不利的，因此挂钩债券的成本价格就会比较高。

此外，我们发现，当利率回归速度较低时，波动率对于挂钩债券价值的影响比在利率回归速度高的时候大。因为当利率回归速度较低时，短期利率波动率会变大，波动率愈低会使利率的整体波动率大幅缩小，因此挂钩债券的价值就会大幅提升（因为是逆浮动债券）；反之，当利率回归速度较高时，已经使得利率波动程度较低，所以波动率对于利率的整体波动程度的影响就会比较小，所以波动率对于挂钩债券价值的影响也就变得比较小。

2. 收益率曲线整条平移对挂钩债券价值的影响

由图 18－4 可以看出，收益率曲线整条平移对挂钩债券的价值有很大影响。如果收益率曲线平行上移，则挂钩债券的价格会下降，因为收益率曲线整条平移代表 Hull－White 的利率树也会跟着做相应的改变，所以收益率曲线平行上移，将会使 Hull－White 的利率树所模拟出来的短期利率走势整个往上移动，使未来每一期的配息率降低。因此，挂钩债券的投资人就有可能在 10 年期满时才能拿回所有的配息与本金，增加债券的持有时间，所以使挂钩债券的价值下降；反之，收益率曲线平行下移，挂钩债券的价格会上涨，因为收益率曲线平行下移的时候，会使 Hull－White 的利率树所模拟出来的短期利率走势整个往下移动，使未来每一期的配息率增加。因此，挂钩债券的投资人就有可能在投资的前几年就拿回总配息 15% 及本金，此挂钩债券将会提前到期，缩短债券持有期间。所以这解释了为何挂钩债券的价值会因为收益率曲线平行下移而上升。

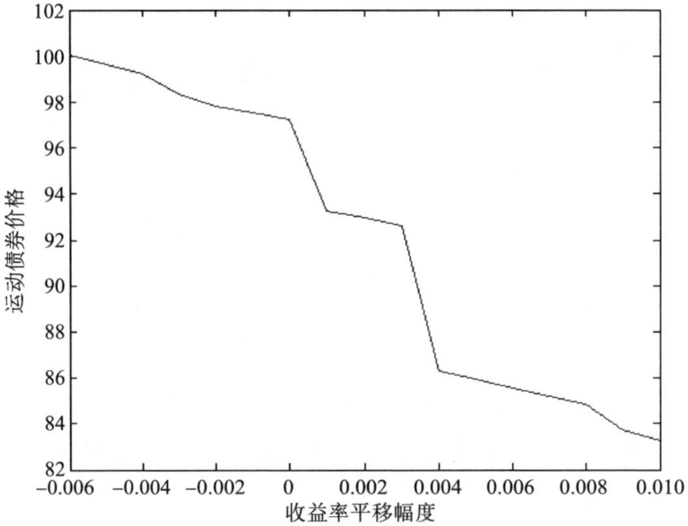

图 18－4　收益率平移幅度与挂钩债券价值的关系

（二）避险参数分析

1. 避险参数：Delta（收益率曲线平移对挂钩债券价值的影响）

Delta 是指当收益率曲线变动一单位时对挂钩债券价值的影响。但由于统一安联人寿逆浮动利率挂钩债券没有公式解，因此无法求出 Delta 的公式解，所以只能利用 step by step 的方法求出。在这里我们只计算最期初的 Delta。首先计算出一开始的挂钩债券价格 V_0，接着计算当收益率曲线平行上移 1bp 之后所得到

的挂钩债券价格 V_1，如此就可以计算出因为收益率曲线平移所引起的价格变动，然后再除以平移幅度，便可得到挂钩债券的 Delta，公式如下：

$$Delta = \frac{\Delta V}{\Delta r} = \frac{V_1 - V_0}{\Delta r} \tag{18-13}$$

Δr 代表收益率平移幅度。原来的挂钩债券价值为 97.24667 美元，而当收益率曲线向上平移 1bp，所得到的挂钩债券价格为 97.21969 美元，因此便可得到挂钩债券的 Delta，为 -0.02698 [= (97.21969 - 97.24667) /1]。在这里我们所算出来的 Delta 的意义为当收益率上升 1bp 时，挂钩债券价值会下降 0.02698 美元（或当收益率上升 10bp 时，挂钩债券价值会下降 0.2698 美元）。

2. 避险参数：Vega（利率波动率 σ 对挂钩债券价值的影响）

Vega 是指利率波动率 σ 变动一单位对挂钩债券价值的影响。其计算方式与 Delta 相似，就是先计算出一开始的挂钩债券价格 V_0，接着计算出当波动率 σ 变动 0.1%之后所得到的挂钩债券价格 V_1，如此就可以计算出因为波动率变动 0.1%所引起的价格变动，然后再除以变动程度，就可得到挂钩债券的 Vega。公式如下：

$$Vega = \frac{\Delta V}{\Delta \sigma} = \frac{V_1 - V_0}{\Delta \sigma} \tag{18-14}$$

$\Delta\sigma$ 代表波动率变动程度。原来的挂钩债券价值为 97.24667 美元，而当波动率增加 0.1%时，所得到的挂钩债券价格为 97.01979 美元，因此可得到挂钩债券的 Vega，为 -2.26882 [= (97.01979 - 97.24667) /0.1]。在这里我们所算出来的 Vega 的意义为当波动率上升 1%时，挂钩债券价值会下降 2.26882 美元（或当波动率上升 0.1%时，挂钩债券价值会下降 0.226882 美元）。

五

发行商的风险及避险策略分析

（一）发行商的风险

从统一安联人寿 - 触得利逆浮动利率挂钩债券的配息结构来看，发行逆浮动债券其实就是会增加浮动利率的负债，所以指标利率愈低，对投资人愈有利，对发行商而言就愈不利。所以从发行商的角度来看，当 12 个月的 USD Libor 持续在低档徘徊时，发行商将会在挂钩债券存续期间的前几年，就支付给投资人大部分的利息费用。虽然总利息费用都是 15%，但是由于货币是具有时间价值的，又或者发行商有资金成本的考虑，所以发行商如果可以延后或拉长利息的支付，对发行商而言就愈有利。相反的，愈早支付利息对发行商则愈不利。

我们可以用简单的到期时间与发行商的平均利率成本的关系来说明，在这里我们先暂时忽略时间价值。假设由于利率一直没有回升，导致发行商在 3 年内就支付了 15% 的总利息费用，因此挂钩债券就此到期。对发行商而言，平均利率成本大约就是 5%（=15%/3）；但是如果由于利率的回升，使得挂钩债券在第 10 年才到期，这个情况对发行商来说是最有利的，平均利率成本大约可以降低到 1.5%（=15%/10），发行商的利率成本足足减少了一半以上，而且前 3 年省下来的利息费用，可以拿来做其他投资而获利。这就是刚刚所提到的资金成本的考虑，因此发行券商要规避的风险是 USD Libor 利率下降或持续在低档徘徊的风险。

（二）发行商避险策略

对于发行商而言，如果要规避利率下降或持续在低档徘徊的风险时，最简单的方法就是直接利用利率期货来避险，因为出售利率期货可以完全规避利率下跌的风险（见图 18－5）。

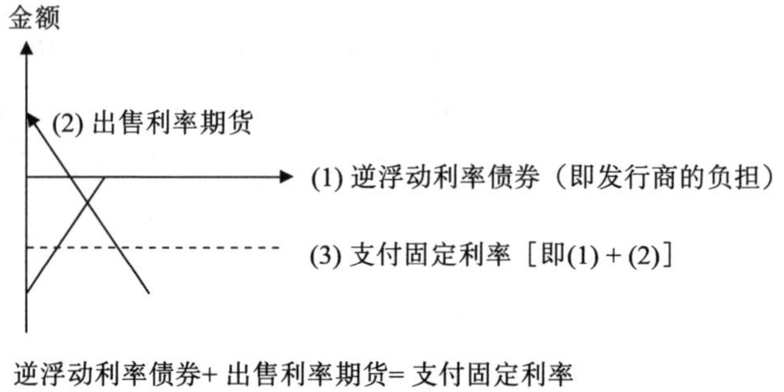

图 18－5　利用利率期货进行完全避险（以投资人的角度来看）

若是以发行部位来看，可以用图 18－6 表示。

为了要降低交易成本，我们可以利用 IRS（利率互换），因为发行统一安联人寿－触得利逆浮动利率挂钩债券等于卖出一个零息债券与一个限界型的利率下限期权给投资人，中间 9 年的配息方式其实相当于利率看跌期权，所以发行商只要对利率看跌期权的部分进行避险即可。利用“付固定利率，收浮动利率”的利率互换方式，可使发行商的利率成本固定，完全规避利率风险，而且卖出利率看跌期权所得的权利金也可以降低发行商的资金成本。

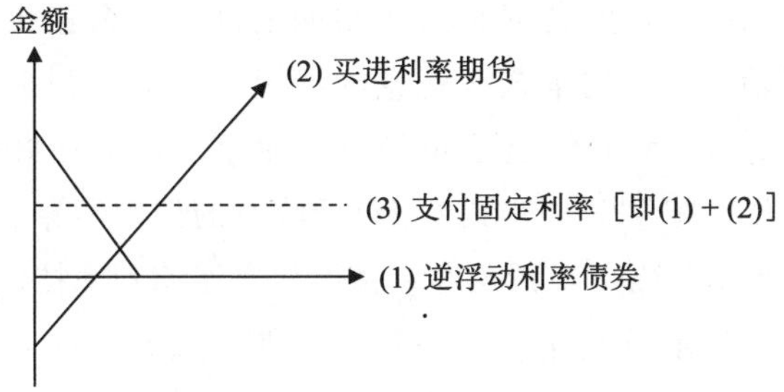

图 18-6 利用利率期货进行完全避险（以发行商的角度来看）

另外，我们可将利率看跌期权的部分利用拆解的方式分解成下列式子：

MAX（10% -2×12 个月 USD Libor，0）

=2×MAX（5% -12 个月 USD Libor，0） (18-15)

=2[（5% -12 个月 USD Libor） +MAX（12 个月 USD Libor-5%，0）] (18-16)

其中，在式（18-15）中，MAX（5% -12 个月 USD Libor，0）为利率看跌期权，至于在式（18-16）中，（5% -12 个月 USD Libor）就是逆浮动债券，而 MAX（12 个月 USD Libor-5%，0）就是利率看涨期权，中间 9 年的配息方式其实就是利率看跌期权，执行利率为 5%。如果先不考虑提前到期的因素，为规避每年的利率风险，以下两种策略可提供参考：

1. 买进两单位的（美式）利率看跌期权，执行利率为 5%。

2. 买进两单位的逆浮动债券（固定利率为 5%）以及买进两单位的（美式）利率看涨期权，执行利率为 5%。

六 投资人投资策略与分析

观察统一安联人寿-触得利逆浮动利率挂钩债券的配息结构，发行这种产品最能吸引到认为未来利率水平会持续在低档徘徊（或甚至下跌）而只想要有稳定收入的保守的投资人，因为 10 年保障 15% 的配息，而且有机会提前到期，这的确是一个相当有吸引力的产品，毕竟在全球经济情况仍旧呈现混沌不明的状况下，稳定的投资渠道或许是投资人最重要的投资考虑。相对于较积极的投资人来讲，即便有15%的保障总配息率，只要利率真的如预期上升，那么就会很有可能出现在第10年到期时才能够领回全部的本金与配息的情况，而引起利率持续回升的原因可能是因为全球景气复苏，而景气复苏正是投资股票市场的最好时机。在这种情况下，挂钩债券投资人的资金却被困在这相对低收益的挂钩债券上面，所以看升利率的投资人就不会考虑投资统一安联人寿－触得利逆浮动利率挂钩债券。

接下来用简单的情境分析来模拟投资人可能的收益情况。我们分别讨论在利率持续徘徊低档、利率缓慢回升与利率快速回升的情况下，投资人可能的收益率与风险。

（一）利率持续在低档徘徊的情况下

当利率持续在低档徘徊时，由表18－13可以看出，此挂钩债券在第二年（即第二期配息）时就可以拿到15%的总配息率。在这种微利的投资环境中，能有这样的投资收益率是相当惊人的，所以相对于其他可选择的投资标的，统一安联人寿－触得利逆浮动利率挂钩债券是一个相当好的投资选择。

表18－13　　12个月USD Libor持续徘徊低档的情况

期初	当期Libor利率	当期配息	累积总配息
	2.00%	0	0
第一个付息日	2.05%	12%（固定）	12%
第二个付息日	2.09%	5.82% =MAX（10%－2×2.09%，0）	17.82% =12%＋5.82%
第三个付息日	2.11%	5.78% =MAX（10%－2×2.11%，0）	23.6% =17.82%＋5.78%
第四个付息日	2.18%	5.64% =MAX（10%－2×2.18%，0）	29.24% =23.6%＋5.64%

（二）利率缓慢回升的情况下

由表18－14我们可以看到，因为利率缓慢回升，使得挂钩债券的配息率不像之前利率持续在低档徘徊时那么高，但是每年还是会有配息，所以在第三年（即第三期配息）时就可拿到15%的总配息率，平均投资收益率还算不错，所以投资人如果预期未来利率是缓慢回升，则投资统一安联人寿－触得利逆浮动利率挂钩债券仍旧是一个不错的选择。

表 18－14　　12 个月 USD Libor 缓慢回升的情况

	当期 Libor 利率	当期配息	累积总配息
期初	2.00%	0	0
第一个付息日	2.95%	12%（固定）	12%
第二个付息日	3.85%	2.30% ＝MAX（10%－2×3.85%，0）	14.30% ＝12%＋2.3%
第三个付息日	4.65%	0.70% ＝MAX（10%－2×4.65%，0）	15% ＝14.3%＋0.7%
第四个付息日	4.95%	0.10% ＝MAX（10%－2×4.95%，0）	15.1% ＝15%＋0.1%

（三）利率快速回升的情况下

由表 18－15 我们可以看到，除了前一次的配息率还不错之外（因为是固定配息），之后利率快速回升，使每一期的配息率愈来愈少，在第三年后更由于 12 个月 USD Libor 利率突破 5%，使投资人所得到的配息率几乎为零，一直要等到第十年到期时才能拿到剩下的配息率。因此，投资人如果预期未来利率会快速回升，则投资人在投资统一安联人寿－触得利逆浮动利率挂钩债券之前，应先审慎考虑一番。

表 18－15　　当 12 个月 USD Libor 快速回升的情况

期初	当期 Libor 利率（%）	当期配息（%）	累积总配息（%）
	2.00	0	0
第一个付息日	3.85	12（固定）	12
第二个付息日	4.55	0.90	12.9
第三个付息日	5.25	0	12.90
第四个付息日	6.35	0	12.90
第五个付息日	7.00	0	12.9
第六个付息日	7.45	0	12.90
第七个付息日	8.10	0	12.9
第八个付息日	8.65	0	12.9
第九个付息日	9.25	0	12.9
第十个付息日	10.15	2.10	15

参考文献

（一）中文部分

1. 陈松男：《金融工程学——金融创新科技》，中国财政经济出版社 2018 年版。

2. 陈松男：《结构式金融产品设计与创新（一）》和《结构式金融产品设计与创新（二）》，机械工业出版社 2014 年版。

3. 陈松男：《利率衍生品设计原理与应用》，机械工业出版社 2014 年版。之前的书名为《利率金融工程学》。

4. 陈松男：《固定收益证券与衍生品》，机械工业出版社 2014 年版。

（二）英文部分

1. Arvanitis A., J. Gregory, and J. P. Laurent (1999), "Building Models for Credit Spread", Journal of Derivatives, Fall, PP. 27–43.

2. Black, Fischer and J. C. Cox (1976), "Valuing Corporate Securities: Some Effects of Bond Indenture Provisions", Journal of Finance 31, 351–376.

3. Black, F. E. Derman, and W. Toy (1990), "A One-Factor Model of Interest Rates and Its Application to Treasury Bond Options", Journal of Financial Analysts, PP. 33–39.

4. Brace, A., D. Gatarek, and M. Musiela (1997), "The Market Model of Interest Rate Dynamics", Mathematical Finance, 7, PP. 127–155.